Vertuschter Skandal

Studienreihe der Landesbeauftragten
für die Unterlagen des Staatssicherheitsdienstes der ehemaligen DDR in Sachsen-Anhalt

Sonderband

Florian Steger, Carolin Wiethoff und Maximilian Schochow

# Vertuschter Skandal
Die kontaminierte Anti-D-Prophylaxe in der DDR
1978/1979 und ihre Folgen

mitteldeutscher verlag

Umschlaggestaltung unter Verwendung einer Graphik „Hepatitis nach Anti-D" (Quelle: BArch, Bestand DQ 1/11705) und eines Ausschnitts „Anlage zur Gütevorschrift 14/76 (ARp 08/30/12-08)" (Quelle: BArch, Bestand DQ 1/11705).

*Bibliografische Information der Deutschen Nationalbibliothek*
Die Deutsche Nationalbibliothek registriert diese Publikation in der Deutschen Nationalbibliografie; detaillierte bibliografische Daten im Internet unter http://d-nb.de.

*Alle Rechte vorbehalten.*
Das Werk ist urheberrechtlich geschützt. Jede Verwertung außerhalb der Freigrenzen des Urheberrechts ist ohne Zustimmung des Verlages unzulässig und strafbar. Das gilt insbesondere für Vervielfältigungen, Übersetzungen, Mikroverfilmungen und die Einspeicherung und Verarbeitung in elektronischen Systemen.

2017
© mdv Mitteldeutscher Verlag GmbH, Halle (Saale)
www.mitteldeutscherverlag.de

Gesamtherstellung: Mitteldeutscher Verlag, Halle (Saale)

ISBN 978-3-95462-753-0

Printed in the EU

# Inhaltsverzeichnis

Geleitwort .................................................................................. 9

Einleitung ................................................................................ 11

1 Auftreten von Hepatitiserkrankungen nach der Anti-D-Immunprophylaxe und die Suche nach den Verantwortlichen ............... 23
   1.1 Hintergründe der Erkrankungen und erste Ermittlungen ............... 23
      1.1.1 Die Ereignisse 1978: Erkrankung der Spender und Anti-D-Produktion .......................................................... 23
      1.1.2 Massenhaftes Auftreten von Erkrankungen in allen Bezirken der DDR im Frühjahr 1979 ....................... 33
      1.1.3 Mecklingers Anzeige und erste Befragungen der Staatsanwaltschaft .......................................................... 51
      1.1.4 Einholen eines Sachverständigengutachtens ...................... 65
   1.2 Das Ermittlungsverfahren ............................................................ 70
      1.2.1 Ergebnisse der Vernehmungen und strittige Punkte ............ 72
      1.2.2 Auf dem Weg zur Anklage .................................................. 92
   1.3 Anklage, Hauptverhandlung und Urteil ...................................... 105
      1.3.1 Die Anklage ...................................................................... 105
      1.3.2 Die Hauptverhandlung ...................................................... 117
      1.3.3 Das Urteil .......................................................................... 124
   1.4 Berufung gegen das Urteil und Abmilderung der Strafen ............. 128

2 Situation der betroffenen Frauen in der DDR 1978/1979–1990 .......... 140
   2.1 Information der Frauen und ärztliche Behandlung ....................... 140
      2.1.1 Staatliche Weisungen zum Umgang mit den Frauen ........... 140
      2.1.2 Kritik aus der Bevölkerung ................................................ 146
      2.1.3 Erste Schritte: Untersuchung und Einweisung von Betroffenen ins Krankenhaus .................................... 150
      2.1.4 Der stationäre Aufenthalt .................................................. 154

    2.1.5 Medizinische Betreuung und Leberpunktionen ................... 159
2.2 Festlegung von Ausgleichszahlungen ........................................... 162
    2.2.1 Rechtliche Grundlagen des Schadensausgleichs ............... 162
    2.2.2 Anweisungen des Ministeriums für Gesundheitswesen ....... 164
    2.2.3 Regelungen der Staatlichen Versicherung ......................... 168
    2.2.4 Forderungen der Betroffenen .............................................. 169
    2.2.5 Neuregelung der Ausgleichszahlungen ............................... 175
    2.2.6 Weitere Beschwerden .......................................................... 181
2.3 Staatlicher Umgang mit Strafanzeigen aus der Bevölkerung ........ 186
2.4 Fehler bei der Erfassung und Konsequenzen ............................... 192
2.5 Staatlicher Umgang mit chronischen Erkrankungen und
Konsequenzen für die Erkrankten ........................................................ 197
    2.5.1 Anzahl der langfristigen Erkrankungen ............................... 197
    2.5.2 Dispensairebetreuung und Begutachtung .......................... 202
    2.5.3 Versorgung oder Forschung? .............................................. 210
    2.5.4 Einschnitte in die Lebensplanung ....................................... 225

**3 Von der Wiedervereinigung bis heute** ............................................ **229**
3.1 Auf dem Weg zu einem eigenständigen
Entschädigungsgesetz .......................................................................... 229
    3.1.1 Situation der Betroffenen nach der
    Wiedervereinigung ........................................................................ 229
    3.1.2 Große Anfrage der SPD ....................................................... 238
    3.1.3 Gespräche in den Bundesländern und
    Diskussionen im Bundestag ......................................................... 242
    3.1.4 Stagnation und Regierungswechsel .................................... 246
3.2 Das Anti-D-Hilfegesetz .................................................................. 253
3.3 Weitere Kritikpunkte nach dem Anti-D-Hilfegesetz ....................... 262
    3.3.1 Verfassungsbeschwerde und Petitionen ............................. 262
    3.3.2 Politisches Engagement zur Verbesserung
    des Anti-D-Hilfegesetzes .............................................................. 268
    3.3.3 Kritik der Betroffenen an Forschungsprojekten ................... 278
3.4 Ausblick: Entwicklungen bis heute ................................................ 284

4 Schluss ............................................................................................... 291

5 Quellen und Literatur ....................................................................... 300
    5.1 Quellen ....................................................................................... 300
    5.2 Literatur ...................................................................................... 305

Autorenverzeichnis .............................................................................. 307

# Geleitwort

Die Zusammenhänge und Hintergründe des hallischen Arzneimittelskandals von 1978/1979 sowie die Folgen für die betroffenen Frauen aufzuarbeiten, ist das Ziel dieser wissenschaftlichen Untersuchung. Die Aufgabe der Landesbeauftragten für Stasi-Unterlagen besteht in der Aufarbeitung der Vergangenheit, die von der Tätigkeit des Ministeriums für Staatssicherheit der ehemaligen DDR und politischer Einflussnahme belastet ist. Dazu gehören zunehmend auch Themen der Gesundheitspolitik.
Der Vorstand des Deutschen Vereins Anti-D HCV-Geschädigter e.V. wandte sich im Jahr 2014 an mich als Landesbeauftragte und bat mich um Unterstützung. In unseren Gesprächen wurde deutlich, dass die Frauen nicht nur an den Folgen des Geschehens von 1978/1979 leiden. Sie leiden auch darunter, dass sie immer wieder zu Objekten von Begutachtung und Beurteilung geworden sind. Die nahezu zeitgleiche Infektion eines „homogenen Patientinnenkollektivs" ist objektiv ein bedeutsamer Gegenstand für Forschungsarbeit. Die Frauen fühlen sich bis heute hauptsächlich als Gegenstand von Forschung und fragen zu Recht, ob mehrfache äußerst schmerzhafte Untersuchungen an ihnen selbst und teilweise an ihren Kindern wirklich der Diagnose oder nicht eigentlich zuerst der Forschung dienten, über die sie nicht informiert worden waren.
Bis 1989 gehörte es zur Gesundheitspolitik, die Frauen zu isolieren und nicht über das Ausmaß der Krankheitsfälle in der DDR zu informieren. Die Frauen und ihre weitgehend noch unbekannte Erkrankung wurden zum Gegenstand staatlicher Untersuchung, staatlicher Verheimlichung und teilweise staatlicher Entschädigung. Die Frauen wurden auch innerhalb ihrer Aufgaben in der Gesellschaft als Mütter und als Arbeitskräfte unter Druck gesetzt, perfekt zu funktionieren. Viele betroffene Frauen haben sich von Beginn an gegen die Unterstellung von Simulation verwehren müssen. Als schwer erkrankte Patientinnen mussten sie sich immer wieder für ihre Rechte einsetzen und gegen Widerstände und Verharmlosung ankämpfen.

Erst seit 1990 war es ihnen möglich, eigene Interessensvertretungen zu bilden. Seitdem arbeiten die Frauen daran, die Hintergründe ihrer Geschichte aufzuarbeiten und zu verstehen.

Die vorliegende Arbeit ist die erste wissenschaftliche Aufarbeitung des Geschehens, die unter Einbeziehung der betroffenen Frauen entstanden ist. Die Frauen stellten den Wissenschaftlern ihre Unterlagen zur Verfügung. Dieser Beitrag unternimmt es, den Umgang mit dem hallischen Arzneimittelskandal bis in die Gegenwart hinein zu untersuchen und damit auch einen Beitrag zur aktuellen Debatte um die Fragen der Entschädigung und Anerkennung der betroffenen Frauen zu leisten.

In den Gesprächen mit den Frauen ist mir klar geworden, dass sie in den Debatten um die gesetzlichen Regelungen ihrer Entschädigung durch den Deutschen Bundestag zwar auch Hilfe und Unterstützung erfahren haben, dass ihre Unzufriedenheit mit der Praxis dieser Regelungen aber dennoch anhält. Deshalb haben sie auch Gesprächsbedarf angemeldet. Der Eindruck mangelnder Anerkennung ihrer Lebenssituation bleibt unter anderem dadurch bestehen, dass die Begutachtung der Schädigung von ihnen scharf zu kritisieren ist und Einkommenseinbußen aufgrund von Erkrankungen und Leistungsminderungen nicht berücksichtigt werden.

Diese Arbeit ist ein Gesprächsbeitrag, um einem breiten Publikum ein besseres Verständnis dieser komplizierten Materie zu ermöglichen.

Ich danke den betroffenen und vielfach engagierten Frauen für ihr Vertrauen.

Ich danke Professor Florian Steger, Carolin Wiethoff und Maximilian Schochow für ihre Einfühlung und ihre Genauigkeit.

Ich hoffe sehr, dass dieser Band den Frauen den Respekt der Gesellschaft zeigen kann und dass diese unabhängige Forschungsarbeit allen Beteiligten eine gute Grundlage für weitere Beratungen sein wird.

Birgit Neumann-Becker
Landesbeauftragte für die Unterlagen des Staatssicherheitsdienstes der ehemaligen DDR in Sachsen-Anhalt

# Einleitung

„Im Februar 1979 erhielt ich eine Zwangseinweisung in ein Krankenhaus, nachdem eine Blutkontrolle angeordnet und durchgeführt worden war. Den Grund für die Einweisung erfuhr ich nicht. Es ging mir verdammt schlecht. Beim Betreten des Krankenzimmers sahen mich elf Frauen an. Ein Bett war nur noch frei. Ich erinnere mich an einen Raum, der nur ein freihängendes Waschbecken zur Verfügung hatte. Ohne Vorhang, ohne Sichtschutz. Es war ein eher dunkler Saal mit spärlicher Beleuchtung. Die Seuchenstation erstreckte sich über die gesamte Ebene des Obergeschosses und umfasste mehrere Zimmer. Die Infektionsstationen im gesamten Land waren zu diesem Zeitpunkt gefüllt."[1] Nach acht Wochen wurde die Autorin, die unter dem Pseudonym Britt Brandenburger die Ereignisse aus dem Jahr 1979 veröffentlichte, ohne Aufklärung und ohne Diagnose aus dem Krankenhaus entlassen. Den Grund für ihre Zwangseinweisung, den wochenlangen Krankenhausaufenthalt und die Untersuchungen erfuhr Britt Brandenburger erst 1995 durch einen Zufall: Sie wurde 1978 mit dem Hepatitis-C-Virus infiziert. Nach der Geburt ihrer ersten Tochter im Herbst 1978 hatte sie ein Serum zur Anti-D-Immunprophylaxe erhalten, das mit dem Hepatitis-C-Virus kontaminiert war.[2] Sie wusste 17 Jahre nichts über ihre Hepatitis-C-Infektion und hatte in diesem Unwissen 1980 bei der Geburt ihrer zweiten Tochter den Virus auch auf ihr Kind übertragen. Wie Britt Brandenburger ging es vielen Frauen in der DDR. Sie wurden zwangsweise von ihren Familien getrennt, meist mehrere Wochen auf Isolierstationen festgehalten und – zumindest zunächst – ohne Aufklärung medizinisch betreut. Die Zahlen über die tatsächlichen Infektionen infolge der Anti-D-Immunprophylaxe differieren. Fest steht, dass in den Jahren 1978 und 1979 mehrere tausend Ampullen mit dem kontaminierten Serum ver-

---
1 Britt Brandenburger: Frauen klagen an. Das wütende Virus. Neckenmarkt 2011, S. 22.
2 Brandenburger: Frauen klagen an (Anm. 1), S. 12.

wendet wurden und damit ein großer Kreis von Frauen potenziell mit Hepatitis C infiziert worden war.[3]

Eine Anti-D-Immunprophylaxe oder Rhesusprophylaxe wird auch heute noch schwangeren Frauen verabreicht, die eine andere Rhesusgruppe als ihr Kind aufweisen. Neben den Blutgruppen A, B und 0 gibt es weitere Blutgruppenmerkmale wie das Rhesussystem. 1940 hatten Karl Landsteiner (1868–1943) und Alexander Solomon Wiener (1907–1976) das Erythrozyten-Antigen-System entdeckt.[4] Rhesus-positive Individuen besitzen dieses System und damit spezielle Proteine auf der Zellmembran der Erythrozyten, den roten Blutkörperchen. Rhesus-negative besitzen das Erythrozyten-Antigen-System nicht. Der Name Rhesusfaktor geht auf die Verwendung von Erythrozyten aus dem Blut von Rhesusaffen für die Gewinnung der ersten Testseren zurück. Bei Rhesus-negativen Müttern, die ein Rhesus-positives Kind bekommen, tritt eine Rhesus-Inkompatibilität auf. Dabei bildet der Rhesus-negative Organismus Antikörper gegen die Rhesus-positiven Erythrozyten. Diese Antigen-Antikörper-Reaktion kann zu einer lebensbedrohlichen Situation führen. Daher erhalten diese Frauen während und unmittelbar nach der Schwangerschaft sowie nach einem Schwangerschaftsabbruch oder einer Fehlgeburt eine Prophylaxe mit Anti-D-Immunglobulinen. So werden die fremden Erythrozyten zerstört. Die Prophylaxe wurde in der Bundesrepublik Deutschland in den späten 1960er Jahren eingeführt.[5] In der DDR war sie 1970/71 von einer Forschungsgruppe unter der Leitung des Obermedizinalrats (OMR) Dr. Wolfgang Schubert (*1924) entwickelt worden. Für die Entwicklung des Präparats und die Einführung in die Praxis wurde Schubert 1976 mit dem Nationalpreis der DDR ausgezeichnet. Er war Ärztlicher Direktor des Bezirksinstituts für das Blutspende- und Transfusionswesen Halle (Saale). Unter seiner Leitung

---

3 StA Halle (Saale), Handakte 4. Sachverständigengutachten vom 17.5.1979, Bl. 57–81, hier Bl. 74.
4 Walter Briedigkeit: Karl Landsteiner. Arzt – Forscher – Entdecker der menschlichen Blutgruppen. Berlin 2012.
5 Volker Kiefel: Transfusionsmedizin und Immunhämatologie. Grundlagen – Therapie – Methodik. 4. Aufl. Berlin, Heidelberg 2013, S. 425–428.

wurde der Impfstoff für die gesamte DDR hergestellt. Für die Produktion des Impfstoffs erhielt das Bezirksinstitut für das Blutspende- und Transfusionswesen Halle (Saale) humanes Plasma geeigneter Spender von den anderen Bezirksinstituten der DDR.[6]

Im Frühjahr 1978 hatte Schubert die Information des Bezirksinstituts für Blutspende- und Transfusionswesen Neubrandenburg erhalten, dass im Bezirk Neubrandenburg mehrere Plasmaspender erkrankt waren. Das Plasma der erkrankten Spender war bereits an das Bezirksinstitut für Blutspende- und Transfusionswesen Halle (Saale) geliefert und dort zu zwei Chargen mit je etwa 1.000 Ampullen Anti-D-Immunglobulin verarbeitet worden.[7] Vor diesem Hintergrund stand Schubert vor der Alternative, die kontaminierten Chargen Anti-D-Immunglobulin zu vernichten und den Produktionsverlust durch Importe aus dem Nichtsozialistischen Wirtschaftsgebiet (NSW) zu ersetzen.[8] Oder er konnte die fraglichen Chargen zurück in den Produktionsprozess geben. Der Direktor des Staatlichen Kontrollinstituts für Seren und Impfstoffe, Professor Dr. Friedrich Oberdoerster (1915–1984),[9] hatte einen Import ausgeschlossen und Schubert für die Lieferung des Wirkstoffs verantwortlich gemacht. Daraufhin fasste Schubert einen folgenreichen Entschluss: Die beiden bereits fertiggestellten Chargen wurden zu einer neuen Charge umgearbeitet.[10] Anschließend wurden die Chargen beim Staatlichen Kontrollinstitut für Seren und Impfstoffe zur Prüfung eingereicht, ohne darauf hinzuweisen, dass die verdächtigen Plasmen darin verarbeitet worden

---

6 Anne Mesecke: Nur eine Spritze. Die Hepatitis-C-Virusinfektionen durch Anti-D-Immunisierung in der DDR. In: Andreas Frewer, Rainer Erices (Hg.): Medizinethik in der DDR. Moralische und menschenrechtliche Fragen im Gesundheitswesen. Stuttgart 2015, S. 119–127, hier S. 120.
7 StA Halle (Saale), Handakte 4. Aktenvermerk über einen Informationsbesuch im Bezirksinstitut für Blutspende- und Transfusionswesen Neubrandenburg, 15.2.1979, Bl. 31–33, hier Bl. 31.
8 StA Halle (Saale), Handakte 1. Schubert an Staatliches Kontrollinstitut für Seren und Impfstoffe (in Durchschrift an Stellvertreterin des Ministers für Gesundheitswesen), 23.6.1978, Bl. 99.
9 o. A.: Oberdoerster, Friedrich. In: Andreas Herbst, Winfried Ranke, Jürgen Winkler (Hg.): So funktionierte die DDR. Lexikon der Funktionäre. Bd. 3. Reinbek bei Hamburg 1994, S. 247.
10 Mesecke: Nur eine Spritze (Anm. 6), S. 123 f.

waren. Das Staatliche Kontrollinstitut gab die Chargen frei und das Anti-D-Immunglobulin wurde in den Bezirken der DDR verteilt.[11]

Ende Dezember 1978 häuften sich in der DDR Meldungen über erkrankte Frauen, die eine Anti-D-Immunprophylaxe erhalten hatten. Die Betroffenen klagten unter anderem über Oberbauchbeschwerden, Appetitlosigkeit sowie verfärbten Urin und zeigten Symptome einer Hepatitis. Der Gesundheitsminister der DDR, Obermedizinalrat (OMR) Professor Dr. Ludwig Mecklinger (1919–1994),[12] hielt die Anti-D-Prophylaxe für die Ursache der Erkrankungen und ließ die verdächtigen Chargen Mitte Januar 1979 sperren.[13] Zudem ordnete er an, dass alle Frauen, die seit dem 1. September 1978 eine Anti-D-Prophylaxe erhalten hatten, erfasst und medizinisch überwacht werden sollten.[14] Sofern die Frauen erhöhte Blutwerte oder Symptome einer Hepatitis aufwiesen, wurden sie ins Krankenhaus zwangseingewiesen und von ihren Säuglingen, Kindern und Partnern getrennt. Im März 1979 meldeten die Krankenhäuser, dass auch Frauen erkrankt waren, die den Wirkstoff aus nachfolgenden Chargen des Anti-D-Immunglobulins erhalten hatten. Bei erneuter Kontrolle des Bezirksinstituts für Blutspende- und Transfusionswesen Halle (Saale) stellte sich heraus, dass durch Wiederverwendung einer Waschflüssigkeit diese Chargen kontaminiert worden waren. Auch diese Chargen wurden gesperrt.[15] Bis Anfang September 1979 erkrankten mehrere tausend Personen, darunter auch infizierte Kontaktpersonen.[16] Der Gesundheitsminister reagier-

---

11  StA Halle (Saale), Handakte 1. Anlage 1: Zum Sachverhalt., o. D., Bl. 1–5, hier Bl. 1.
12  Peter Schneck: Mecklinger, Ludwig. In: Helmut Müller-Enbergs, Jan Wielgohs, Dieter Hoffmann, Andreas Herbst, Ingrid Kirschey-Feix (Hg.): Wer war wer in der DDR? Ein Lexikon ostdeutscher Biographien. Bd. 2. Berlin 2010, S. 860–861.
13  StA Halle (Saale), Handakte 3. Minister für Gesundheitswesen an Bezirksärzte, Betreff: Verdacht auf Hepatitis-Erkrankungen nach Anti-D Immunprophylaxe (Weisung Nr. 1), 23.1.1979, Bl. 20–22, hier Bl. 20.
14  StA Halle (Saale), Handakte 3. Minister für Gesundheitswesen an Bezirksärzte (Anm. 13), Bl. 20 f.
15  StA Halle (Saale), Handakte 1. Minister für Gesundheitswesen an Bezirksärzte (nachrichtlich: Bezirkshygieniker), Betr.: Hepatitiserkrankungen nach Anti-D-Immunprophylaxe (Weisung Nr. 4) 13.3.1979, Bl. 176–177, hier Bl. 176.
16  StA Halle (Saale), Strafakte II. Ministerium für Gesundheitswesen, Anlage 1 zum Schreiben vom 26.11.1979, Anti-D nach Chargen (bis 35. Woche, vorläufige Zahlen), Bl. 59.

te mit mehreren Anweisungen an die Bezirksärzte und erstattete Anzeige gegen Schubert und den Leiter der Technischen Kontrollorganisation des Bezirksinstituts für Blutspende- und Transfusionswesen Halle (Saale).[17] Daraufhin leitete die Generalstaatsanwaltschaft der DDR ein Ermittlungsverfahren gegen die beiden ein.

Das Hepatitis-C-Virus wurde erst Ende der 1980er Jahre entdeckt und erhielt seinen Namen. Zuvor war lediglich bekannt, dass es neben der Hepatitis A und B weitere Typen gab, die allgemein unter dem Begriff Non-A-Non-B-Hepatitis zusammengefasst wurden.[18] Bei vielen Frauen, die in der DDR mit der kontaminierten Prophylaxe infiziert worden waren, wurde die Erkrankung chronisch und verlief mit jahrelangen Beschwerden. Diese betrafen nicht nur die Leber, sondern äußerten sich als sogenannte extrahepatische Manifestationen in Müdigkeit, Konzentrationsstörungen, Gelenkschmerzen, Gefäßerkrankungen sowie psychischen Beschwerden.[19] Eine öffentliche Debatte zu den Ereignissen von 19/8/1979 wurde in der DDR nicht geführt. Der Prozess gegen die Beschuldigten verlief unter Ausschluss der Öffentlichkeit. Die Infektionen wurden als Impfschaden bewertet und nach der Zweiten Durchführungsbestimmung zum „Gesetz zur Verhütung und Bekämpfung übertragbarer Krankheiten beim Menschen" (GÜK) vom 27. Februar 1975 behandelt.[20] Einige Frauen erhielten Entschädigungsleistungen. Auch Lohnausgleichszahlungen wurden in den folgenden Jahren vorgenommen. Mitte der 1990er Jahre waren Verbände der Betroffenen entstanden, der Bundesverband Anti-D-geschädigter Frauen e. V. und der Deutsche Verein HCV-Geschädigter e. V. Diese forderten

---

17 StA Halle (Saale), Strafakte I. Minister für Gesundheitswesen an Generalstaatsanwalt der DDR, 14.3.1979, Bl. 3.
18 Mesecke: Nur eine Spritze (Anm. 6), S. 120 f.
19 Privatarchiv, Aktenordner B. Institut für klinische Immunologie und Transfusionsmedizin der Universitätsklinik Leipzig, an Deutschen Bundestag, Ausschuss für Gesundheit, Stellungnahme zum Entwurf des Anti-D-Hilfegesetzes, BT Drs. 14/2958, 15.5.2000, unpag.
20 Zweite Durchführungsbestimmung zum Gesetz zur Verhütung und Bekämpfung übertragbarer Krankheiten beim Menschen – Schutzimpfungen und andere Schutzanwendungen – vom 27.2.1975. In: Gesetzblatt der DDR. Teil I. Nr. 21. Berlin 1975, S. 353–357.

von der Bundesregierung eine Entschädigung und eine öffentliche Anerkennung. Im Jahr 2000 wurde von der rot-grünen Bundesregierung das Anti-D-Hilfegesetz erlassen, welches „die unbefriedigende Situation" der Betroffenen verbessern sollte.[21] Das Anti-D-Hilfegesetz gewährte einem Teil der Frauen eine Einmalzahlung sowie monatliche Renten. Die Voraussetzung für den Bezug einer Rente und den Erhalt einer Einmalzahlung wurde an die Minderung der Erwerbsfähigkeit geknüpft und nach dem jeweiligen Grad gewährt.[22]

Durch zahlreiche Initiativen der Betroffenen-Verbände rückten die Ereignisse der Jahre 1978/1979 in die Öffentlichkeit. Die persönlichen Schilderungen von Britt Brandenburger trugen dazu ebenso bei[23] wie ein Film der beiden Journalistinnen Anne Mesecke und Ariane Riecker aus dem Jahr 2012. Unter Rückgriff auf Archivalien und Zeitzeugeninterviews stellten sie die Geschichte aus journalistischer Sicht dar.[24] Der Film entstand für den Rundfunk Berlin-Brandenburg in Zusammenarbeit mit der Bundesstiftung zur Aufarbeitung der SED-Diktatur. Er hat eine breite Resonanz gefunden, so auch bei sächsischen Ärzten, die ihn für „absolut entbehrlich" halten, da er „fachlich historisch unzureichend und theatralisch politisch" sei.[25] Eine erste wissenschaftliche Auseinandersetzung mit den rechtlichen Aspekten nach der Wiedervereinigung wurde von Elke Beatrice Käser in ihrer juristischen Dissertation vorgelegt.[26] Dennoch fehlt bisher eine wissenschaftliche

---

21 Bundestags-Drucksache (BT-Drs.) 15/2792. Antwort der Bundesregierung auf die Kleine Anfrage der Abgeordneten Jens Spahn, Andreas Storm, Annette Widmann-Mauz, weiterer Abgeordneter und der Fraktion der CDU/CSU, 26.3.2004, S. 1–7, hier S. 1, http://dip21.bundestag.de/dip21/btd/15/027/1502792.pdf (aufgerufen am 15. Juli 2016).

22 Gesetz über die Hilfe für durch Anti-D-Prophylaxe mit dem Hepatitis-C-Virus infizierte Personen (Anti-D-Hilfegesetz). In: Bundesgesetzblatt. Teil I. Nr. 38. Bonn 2000, S. 1270–1272.

23 Britt Brandenburger: Die Frau(en) und das Virus. Verloren geglaubte Hoffnung. Gelnhausen 2006; Brandenburger: Frauen klagen an (Anm. 1).

24 Mesecke: Nur eine Spritze (Anm. 6).

25 Siegwart Bigl, Wilfried Oettler: Nur eine Spritze. Der größte Medizinskandal der DDR. In: Ärzteblatt Sachsen 12 (2012), S. 512–516, hier S. 516.

26 Elke Beatrice Käser: Der Hallesche HCV-Impfschadensfall 1978/79 und die Verantwortung der Bundesrepublik Deutschland – gleichzeitig ein Beitrag zur intertemporalkol-

Arbeit, die sich umfassend mit den Ereignissen auseinandersetzt und diese kritisch in den Blick nimmt.

Die Kontamination von Anti-D-Immunglobulin-Chargen mit Hepatitis-C-Viren ist nicht auf die DDR beschränkt. Zwischen 1977 und 1978 wurden in Irland unwissentlich Chargen mit Hepatitis-C-Viren verwendet. Eine 1996 eingesetzte Untersuchungskommission kam zu dem Ergebnis, dass das Blutplasma einer einzigen erkrankten Person zu der Kontamination geführt hatte.[27] Vor diesem Hintergrund ist die wissenschaftliche Bearbeitung der Geschichte der Hepatitis-C-Infektionen, des Strafprozesses und des Umgangs mit den betroffenen Frauen in der DDR notwendig, die den politischen Kontext beachtet. Das Gesundheitswesen der DDR war staatlich organisiert und unterstand dem direkten Einfluss der SED. Mit Mecklinger war erstmals ein SED-Mitglied Gesundheitsminister.[28] Die Ereignisse aus den Jahren 1978/1979 zeigen, dass neben dem Gesundheitsminister weitere Personen aus dem Bereich des Gesundheitswesens als politische Akteure handelten. In jüngst veröffentlichten Arbeiten zu den geschlossenen Venerologischen Stationen in der DDR wurde herausgearbeitet, wie stark die Medizin in der DDR politisiert war. Danach beschränkten sich die Akteure bei ihrem Handeln nicht nur auf eine bloße Übernahme politischer Vorgaben. Sie prägten das politische System selbst durch ihre Normen, die sie in der alltäglichen Praxis anwandten.[29] Der Alltag in den geschlossenen Venerologischen Stationen war durch Zwangseinweisungen, Isolation und Terror geprägt. Die Patientinnen in den geschlossenen Venerologischen

---

lisionsrechtlichen Fragestellungen aus einfachgesetzlicher und verfassungsrechtlicher Ebene. Leipzig 1999.

27 Elizabeth Kenny-Walsh: Clinical Outcomes after Hepatitis C Infection from Contaminated Anti-D Immune Globulin. In: The New England Journal of Medicine 340 (1999), S. 1228–1233.
28 Jürgen Wasem, Doris Mill, Jürgen Willhelm: Gesundheitswesen und Sicherung bei Krankheit und im Pflegefall. In: Christoph Boyer, Klaus-Dietmar Henke, Peter Skyba (Hg.): Geschichte der Sozialpolitik in Deutschland seit 1945. 1971–1989. Deutsche Demokratische Republik. Bewegung in der Sozialpolitik, Erstarrung und Niedergang. Bd. 10. Baden-Baden 2008, S. 365–415, hier S. 374.
29 Florian Steger, Maximilian Schochow: Traumatisierung durch politisierte Medizin. Geschlossene Venerologische Stationen in der DDR. Berlin 2016, S. 8.

Stationen wurden ohne Aufklärung und gegen ihren Willen über mehrere Wochen zwangsweise behandelt.[30] Auch die Frauen, die durch eine kontaminierte Prophylaxe infiziert worden waren, wurden plötzlich, zum Teil in Unkenntnis über den Grund, monatelang von ihren Familien getrennt. Sie wurden von einer politisierten Medizin versorgt und teilweise für wissenschaftliche Forschungsprojekte eingesetzt. So ist danach zu fragen, welche persönlichen Folgen die Ereignisse für sie und ihre Angehörigen hatten. Zudem waren die infizierten Frauen direkt von den Maßnahmen des staatlichen Gesundheitswesens betroffen, die näher untersucht werden sollen. Inwiefern wurde durch staatliche Institutionen reagiert und wie wurde dabei mit den Frauen umgegangen? Untrennbar hängt damit die Frage nach einer fürsorglichen Verantwortungspflicht vonseiten des medizinischen Personals, aber auch vonseiten staatlicher Institutionen zusammen. Dabei gilt es nach einer umfassenden Aufklärung der Patientinnen ebenso zu fragen wie nach der anschließenden medizinischen Versorgung. Hier ist auch zu fragen, inwiefern die ärztliche Behandlung von Forschungsinteressen geleitet war und ob diese transparent kommuniziert wurden.

Eine Trennung zwischen ökonomischer Entwicklung und dem Gesundheitswesen in der DDR kann ebenso wenig vorgenommen werden wie die Trennung von politischem Unrecht und den medizinischen Folgen für die Betroffenen.[31] Aktuelle Forschungen hierzu belegen, welche Konsequenzen eine politische Verfolgung auf den weiteren Lebensweg der Betroffenen hatte.[32] Eine zentrale Rolle kommt dabei dem Ministerium für Staatssicherheit zu, das Einfluss auf den Bereich des Gesundheitswesens hatte.

---

30  Florian Steger, Maximilian Schochow: Disziplinierung durch Medizin. Die geschlossene Venerologische Station in der Poliklinik Mitte in Halle (Saale) 1961–1982. 3. Aufl. Halle (Saale) 2015, S. 173; Steger, Schochow: Traumatisierung durch politisierte Medizin (Anm. 29), S. 8.

31  Andreas Frewer, Rainer Erices: Medizin und Ethik in der DDR. Zur Einführung. In: Andreas Frewer, Rainer Erices (Hg.): Medizinethik in der DDR. Moralische und menschenrechtliche Fragen im Gesundheitswesen. Stuttgart 2015, S. 7–14, hier S. 7.

32  Stefan Trobisch-Lütge, Karl-Heinz Bomberg (Hg.): Verborgene Wunden. Spätfolgen politischer Traumatisierung in der DDR und ihre transgenerationale Weitergabe. Gießen 2015; Kornelia Beer: Der lange Schatten der Geschichte. Weiterleben nach politischer Haft in der DDR. In: Frewer, Erices: Medizinethik in der DDR (Anm. 31), S. 81–100.

So war gerade unter den Ärztinnen und Ärzten der DDR eine informelle Zusammenarbeit mit dem Ministerium für Staatssicherheit besonders ausgeprägt – insbesondere im Bereich der Psychiatrie und der Sportmedizin.[33] Dabei kam vor allem den Bezirksärzten eine wesentliche Rolle zu.[34] Es hat sich gezeigt, dass Ärztinnen und Ärzte in leitenden Funktionen von der Zusammenarbeit mit dem Ministerium für Staatssicherheit profitierten, indem sie sich Vorteile für ihre Forschung und für die medizinischen und biotechnischen Entwicklungen ihrer Kliniken beschafften.[35] Denn das Gesundheitswesen war stark unterfinanziert und blieb trotz der Aufwertung der Sozialpolitik Anfang der 1970er Jahre bei der Mittelzuteilung benachteiligt.[36] Die Ereignisse der Jahre 1978/1979 sind von diesem Mangel geprägt, da das Spenderplasma rar war und das Staatliche Kontrollinstitut für Seren und Impfstoffe einen Import aus dem Nichtsozialistischen Wirtschaftsgebiet (NSW) abgelehnt hatte. Das Ministerium für Staatssicherheit war auch in die Ermittlungen involviert, wie es zu der Kontamination der Chargen gekommen war. Es nahm Einfluss auf die Ermittlungen und begleitete das Strafverfahren.

Die vorliegende Arbeit ist wie folgt gegliedert: Im ersten Kapitel werden die Hintergründe des Geschehens dargestellt. So stehen das Auftreten von Hepatitiserkrankungen nach der Anti-D-Prophylaxe und die Suche nach den Verantwortlichen im Vordergrund. Offiziell ermittelte die Staatsanwaltschaft Halle (Saale) in enger Zusammenarbeit mit der Generalstaatsanwaltschaft

---

33 Francesca Weil: Ärzte als inoffizielle Mitarbeiter des Ministeriums für Staatssicherheit der DDR. In: Frewer, Erices: Medizinethik in der DDR (Anm. 31), S. 29–58, hier S. 34; Francesca Weil: Zielgruppe Ärzteschaft. Ärzte als inoffizielle Mitarbeiter des Ministeriums für Staatssicherheit der DDR. Göttingen 2008; Sonja Süß: Politisch mißbraucht? Psychiatrie und Staatssicherheit in der DDR. Berlin 1999.

34 Rainer Erices, Antje Gumz: „Hier läuft bald gar nichts mehr". BStU-Quellen zur Entwicklung des Gesundheitswesens in der DDR. In: Frewer, Erices: Medizinethik in der DDR (Anm. 31), S. 15–28, hier S. 24.

35 Rainer Erices, Antje Gumz, Andreas Frewer: Arzt, Akademiepräsident, Aufsichtsrat. Der DDR-Mediziner Horst Klinkmann im Dienst des Staates. In: Frewer, Erices: Medizinethik in der DDR (Anm. 31), S. 185–196, hier S. 191.

36 Peter Skyba: Sozialpolitik der Ära Honecker aus institutionentheoretischer Perspektive. In: Christoph Boyer, Peter Skyba (Hg.): Repression und Wohlstandsversprechen. Zur Stabilisierung von Herrschaft in der DDR und der CSSR. Dresden 1999, S. 49–62, hier S. 56.

Berlin. Das Ermittlungsverfahren endete schließlich mit einer nicht-öffentlichen Anklage. Schubert und der Leiter der Technischen Kontrollorganisation des Bezirksinstituts für Blutspende- und Transfusionswesen Halle (Saale) wurden zu Gefängnisstrafen, die zur Bewährung ausgesetzt wurden, verurteilt. Die ausgewerteten Akten des Ermittlungsverfahrens geben Aufschluss über die Hintergründe der Erkrankungen, aber auch über den Umgang mit den beiden Beschuldigten und über die Einschätzung der Angelegenheit durch die Verantwortlichen in der DDR. Hier stehen folgende Fragen im Vordergrund: Wusste das Ministerium für Gesundheitswesen von der Kontamination der Chargen? Welche Rolle spielten die zuständigen Prüfinstanzen wie das Staatliche Kontrollinstitut für Seren und Impfstoffe? Wie wurde die Verantwortung der beiden Beschuldigten gewertet und zu welcher Einschätzung kommen wir heute? Welche Rolle hatte das Ministerium für Staatssicherheit bei den Ermittlungen?

Im zweiten Kapitel wird auf die Situation der betroffenen Frauen eingegangen. Wie wurden die Frauen 1979 und auch danach über die Ereignisse und die Folgen für ihre Gesundheit aufgeklärt? Wie sahen der Krankenhausaufenthalt und die ärztliche Behandlung der Frauen aus? Hatten sie die Möglichkeit einer freien Arztwahl und welche Rechte hatten sie in Bezug auf die ärztliche Behandlung? Zum anderen stellt sich die Frage nach einer materiellen Entschädigung der Frauen durch die DDR. Die Erkrankungen wurden in der DDR als Impfschäden erfasst, und es wurden nach dem „Gesetz zur Verhütung und Bekämpfung übertragbarer Krankheiten beim Menschen" (GÜK) Ausgleichszahlungen gewährt. Hier war auch die Staatliche Versicherung der DDR involviert, welche die Zahlungen vornahm. Neben den unmittelbaren Maßnahmen des Ministeriums für Gesundheitswesen und der sich daraus ergebenden Situation für die Betroffenen wird auch nach langfristigen Erkrankungen gefragt. Wie wurden die Frauen bei längerer Erkrankung ärztlich behandelt und finanziell unterstützt? Dabei stellt sich insbesondere die Frage nach der ärztlichen Versorgung und dem Forschungsinteresse der beteiligten Ärztinnen und Ärzte. Inwiefern war die ärztliche Behandlung von Forschungsinteressen geleitet und welche Rolle spielten in diesem Zusammenhang staatliche Institutionen? Inwiefern waren die Untersuchungen notwendig für eine Heilung oder Verbesserung der gesundheitlichen Situation der Frauen? Wurden Untersuchungen an den Frauen vorgenommen, die ausschließlich der Forschung dienten?

Im dritten Kapitel wird auf die Situation der Frauen nach der deutsch-deutschen Wiedervereinigung eingegangen. Die Frauen waren mit einem neuen politischen System konfrontiert, das sie nicht kannten. Sie konnten sich zusammenschließen, ihre Interessen bündeln und sich aktiv für ihre Rechte einsetzen. Vor allem aber konnten sie die Öffentlichkeit über das ihnen geschehene Unrecht aufklären. Untersucht wird, wie die Frauen mit einer chronischen Erkrankung für ihre Anerkennung und Entschädigung kämpften, und wie diese durch politische Initiativen unterstützt wurden. Welche Rolle spielt in diesem Zusammenhang ihre Versorgung in der DDR? In diesem Teil wird dargestellt, welche Schwierigkeiten für die betroffenen Frauen nach der deutschen Wiedervereinigung auftroten und welche Streitpunkte zwischen den Frauen und der Bundesregierung bestanden. In einem Schlusskapitel werden die Ergebnisse zusammengeführt und diskutiert.

Für die Untersuchung der Fragen standen zahlreiche Quellen zur Verfügung. Zum einen konnten wir auf die Akten der Staatsanwaltschaft Halle (Saale) zurückgreifen, die einen Einblick in das Ermittlungsverfahren und die Ursachen der kontaminierten Anti-D-Prophylaxe geben. Ergänzt wurden diese durch Akten der Behörde des Bundesbeauftragten für die Stasi-Unterlagen (BStU), die Aufschluss über die Aktivitäten des Ministeriums für Staatssicherheit in dieser Hinsicht ermöglichen. Die Situation der Betroffenen in der DDR konnten wir anhand von Dokumenten rekonstruieren, die uns von den Frauen zur Verfügung gestellt wurden. Zudem haben wir den Bestand des Ministeriums für Gesundheitswesen (DQ 1) im Bundesarchiv Berlin ausgewertet, um Fragen zur ärztlichen Behandlung, den Ausgleichszahlungen und der Forschung an den Patientinnen zu beantworten. Der Bestand DQ 1 beinhaltete zudem zahlreiche Eingaben von Frauen an die staatlichen Stellen der DDR in den Jahren 1979 bis 1989/90. Die Ereignisse nach der Wiedervereinigung lassen sich anhand der uns zur Verfügung gestellten Schriftstücke des Deutschen Vereins HCV-Geschädigter e. V. rekonstruieren. Den gesamten Quellenbestand haben wir quellenkritisch ausgewertet. Darüber hinaus haben wir die Methode der Oral History genutzt und mit betroffenen Frauen narrative Interviews durchgeführt. Diese haben uns einen Einblick in die individuellen Erfahrungen und die persönliche Situation gegeben.[37] Zudem wurden von betroffenen Frauen Fragebögen ausgefüllt, die von uns ebenfalls kritisch ausgewertet wurden. Wir haben versucht, alle Akteure anzusprechen und mit ihnen ein Gespräch zu führen. Leider standen nicht alle Verantwortlichen gleichermaßen als Gesprächspartner zur Verfügung.

Wir haben uns entschlossen, einige Namen von Ärzten nicht zu anonymisieren, da sie in Medienberichten und vorangegangenen Publikationen mehrfach öffentlich gemacht worden sind und in Datenbanken eingesehen werden können. Allen Zeitzeugen, die mit uns ein Interview führten, haben wir Anonymität zugesichert. An diese Vereinbarung werden wir uns halten. Zur Wahrung der Persönlichkeitsrechte werden alle Namen real existierender oder bereits gestorbener Personen aus den Archivunterlagen des Bundesbeauftragten für die Unterlagen des Staatssicherheitsdienstes der ehemaligen DDR (BStU), der Staatsanwaltschaft Halle (Saale) (StA Halle (Saale)) sowie des Bundesarchivs (BArch) vollständig anonymisiert. Damit sind Rückschlüsse auf die Identität dieser Personen nicht möglich.

Für die Begleitung des Projekts und die finanzielle Unterstützung möchten wir uns bei der Landesbeauftragten für die Unterlagen des Staatssicherheitsdienstes der ehemaligen DDR, Frau Birgit Neumann-Becker, bedanken. Dank gilt darüber hinaus dem Leitenden Oberstaatsanwalt Halle (Saale), Herrn Jörg Wilkmann, der uns durch die Einsicht in die Akten eine detaillierte Betrachtung des Ermittlungsverfahrens ermöglicht hat. Besonders bedanken möchten wir uns bei den betroffenen Frauen, die das Projekt initiierten, mit uns Interviews geführt und uns umfassendes Material zur Verfügung gestellt haben. Dank gilt darüber hinaus Frau Nadine Wäldchen, Frau Silvia Fischer und Frau Nicole Adam für ihre vielfältige Unterstützung.

---

37 Thomas Lee Charlton, Lois E. Myers, Rebecca Sharpless (Hg.): Thinking about oral history. Theories and applications. Lanham, New York, Toronto, Plymouth 2008.

# 1 Auftreten von Hepatitiserkrankungen nach der Anti-D-Immunprophylaxe und die Suche nach den Verantwortlichen

## 1.1 Hintergründe der Erkrankungen und erste Ermittlungen

### 1.1.1 Die Ereignisse 1978: Erkrankung der Spender und Anti-D-Produktion

Am 17. April 1978 erhielt der Leiter des Bezirksinstituts für Blutspende- und Transfusionswesen Halle (Saale), Wolfgang Schubert, einen Anruf des Ärztlichen Direktors des Bezirksinstituts für Blutspende- und Transfusionswesen Neubrandenburg. Dieser teilte Schubert mit, dass zwei Spender, deren Blut zur Produktion von Anti-D-Immunglobulin an das Institut in Halle (Saale) geliefert worden war, möglicherweise an Hepatitis erkrankt waren. Bei den beiden Spendern handelte es sich um einen Mann und eine Frau.[38]

Der Ärztliche Direktor des Bezirksinstituts Neubrandenburg hatte selbst erst an diesem Tag von der Oberschwester und dem Oberarzt erfahren, dass sich mehrere Spender mit Symptomen einer Hepatitis im Bezirkskrankenhaus befanden.[39] Insgesamt handelte es sich um fünf Personen. Die Plasmaspender waren vor ihrer Spende mit den Erythrozyten einer Antigen-Spenderin immunisiert worden. In Neubrandenburg waren auf-

---

[38] StA Halle (Saale), Handakte 2. Gegenüberstellungsprotokoll zwischen dem Beschuldigten OMR Dr. med. Schubert, Wolfgang (...) und dem Zeugen (...), 18.9.1979, Bl. 77–83.
[39] StA Halle (Saale), Handakte 2. Vernehmungsprotokoll des Zeugen (...), 26.7.1979, Bl. 123–125, hier Bl. 125.

grund des Ausfalls einer langjährigen Spenderin die Erythrozyten einer anderen Spenderin verwendet worden.[40] Diese „Boosterung mit einem möglicherweise infektiösen Blut" hatte bereits am 23. Februar 1978 stattgefunden.[41] Das Blut der zwei Spender war dem Bezirksinstitut für Blutspende- und Transfusionswesen Halle (Saale) im März 1978 zugegangen. Auf dem Lieferblatt war nachträglich notiert worden, dass am 17. April 1978 eine Meldung an Schubert erfolgt war, dass die gelieferten Proben unter „Hepatitis-Verdacht" standen.[42] Das Material der drei anderen erkrankten Spender war zeitgleich an das Staatliche Institut für Immunpräparate und Nährmedien (SIFIN) versandt worden.[43] Diese Plasmen waren nicht für die Produktion in Frage gekommen, „da sie einen spezifischen Titer aufwiesen, der für die Herstellung des Human-Immunglobulin-Anti-D zu niedrig war."[44] Auch das Staatliche Institut für Immunpräparate und Nährmedien hatte am 17. April 1978 eine entsprechende Meldung erhalten.[45] Die Oberschwester des Neubrandenburger Bezirksinstituts sagte später aus, dass sie dem Ärztlichen Direktor anhand der Speditionskarte mitgeteilt habe, wohin die Plasmen gegangen waren. Daraufhin hatte dieser zunächst mit dem Institut für Immunpräparate und Nährmedien und anschließend mit dem Bezirksinstitut in Halle (Saale) telefoniert.[46]

Schnell bestand im Bezirksinstitut für Blutspende- und Transfusionswesen Neubrandenburg der Verdacht, dass die Erythrozytenspenderin die Ursache für die Erkrankungen war.[47] Der Oberarzt und Leiter der Abteilung

---

40 StA Halle (Saale), Handakte 4. Aktenvermerk über einen Informationsbesuch (Anm. 7), Bl. 31.
41 StA Halle (Saale), Handakte 1. Handschriftlicher Vermerk, o. D., Bl. 167.
42 StA Halle (Saale), Handakte 1. Anlage, Bl. 165–166, hier Bl. 165.
43 StA Halle (Saale), Handakte 1. Anlage (Anm. 42), Bl. 166.
44 StA Halle (Saale), Handakte 1. Protokoll der Expertenkommission zur Klärung der Ursachen von Hepatitiserkrankungen nach der Anwendung von Human-Immunglobulin-Anti-D am 18.1.1979 im Staatlichen Kontrollinstitut für Seren und Impfstoffe Berlin, 24.1.1979, Bl. 48–50, hier Bl. 49.
45 StA Halle (Saale), Strafakte Ia. Handschriftlicher Vermerk (Anm. 41), Bl. 79.
46 StA Halle (Saale), Handakte 2. Vernehmungsprotokoll (Anm. 39), Bl. 125.
47 StA Halle (Saale), Handakte 2. Vernehmungsprotokoll des Zeugen (…), 1.8.1979, Bl. 131–135, hier Bl. 134.

Blutgruppenseren hatte diese am 17. April 1978 in das Bezirkskrankenhaus zur Leberbiopsie überwiesen. Verbunden war dies mit dem Hinweis, dass die Übertragung des Erythrozytensediments der Spenderin vermutlich bei fünf Personen eine Hepatitis ausgelöst hatte. Die Erythrozytenspenderin hatte um Weihnachten 1977 über Appetitlosigkeit und Völlegefühl mit Schmerzen unter dem rechten Rippenbogen geklagt. Die Leber war „tastbar" und „druckschmerzhaft" gewesen.[48]

Die Erkrankung der anderen Spender war schon einige Tage, bevor der Ärztliche Direktor informiert worden war, im Bezirksinstitut Neubrandenburg bekannt geworden. Denn bereits am 8. und 10. April 1978 waren die beiden Spender, deren Plasma nach Halle (Saale) gegangen war, in das Bezirkskrankenhaus Neubrandenburg eingeliefert worden. Der Oberarzt des Bezirksinstituts für Blutspende- und Transfusionswesen Neubrandenburg hatte kurz darauf die telefonische Information von dort erhalten, dass beide aufgrund einer infektiösen Erkrankung aufgenommen worden waren. Dabei habe der Oberarzt des Bezirkskrankenhauses „möglicherweise" von einem Verdacht auf Hepatitis gesprochen und auf einen „Zusammenhang zwischen der Spendertätigkeit dieser beiden Personen und ihrer Erkrankung" hingewiesen.[49] Daraufhin waren die anderen Spender in das Bezirksinstitut für Blutspende- und Transfusionswesen bestellt worden. Der dortige Oberarzt hatte sie persönlich untersucht, ihnen Blut abnehmen lassen und sie anschließend in das Bezirkskrankenhaus eingewiesen. Ihm war schnell klar geworden, dass entweder das Blut der Antigen-Spenderin oder eine Infektion durch eine „andere Kontaktperson, die alle 5 gemeinsam hatten" die Ursache gewesen war. In späteren Zeugenvernehmungen konnte er sich nicht mehr daran erinnern, ob er vor dem 17. April 1978 mit dem Ärztlichen Direktor darüber gesprochen hatte.[50] Die Oberschwester des Bezirksinstituts in Neubrandenburg gab später an, dass sich die anderen

---

48   StA Halle (Saale), Handakte 1. Bezirksinstitut für Blutspende- und Transfusionswesen Neubrandenburg an Interne Abteilung des Bezirkskrankenhauses Neubrandenburg, 17.4.1978, Bl. 168.
49   StA Halle (Saale), Handakte 2. Vernehmungsprotokoll (Anm. 47), Bl. 132.
50   StA Halle (Saale), Handakte 2. Vernehmungsprotokoll (Anm. 47), Bl. 133.

Spender nach eigenen Aussagen nicht krank gefühlt hätten.[51] In der akuten Erkrankungsphase hatten die Tests erhöhte Serum-Glutamat-Pyruvat-Transaminase-Werte (SGPT-Werte) ergeben.[52] Der Serum-Glutamat-Pyruvat-Transaminase-Wert bezieht sich auf ein Leberenzym, dessen erhöhte Konzentration im Blut auf eine Schädigung der Leber hinweisen kann. Das Institut in Neubrandenburg hatte die Spenderplasmen auf HBs-Antigen, also das Hepatitis-B-Virus, testen lassen. Da der Antigennachweis „mit keiner Methode gesichert" werden konnte, hatte der Ärztliche Direktor des Neubrandenburger Instituts gegenüber der Kreisärztin darauf hingewiesen, dass er von einer Hepatitis A ausging.[53] Der Oberarzt des Bezirksinstituts behauptete später allerdings, dass er und der Ärztliche Direktor „von Anfang an alle 3 Hepatitisformen in Erwägung gezogen" hätten. Er betonte in diesem Kontext auch, dass ein negatives Ergebnis der Untersuchungen auf Hepatitis B „nicht zur Verarbeitung der als infektiös gemeldeten Plasmen der Spender hätte führen dürfen."[54]

Doch dies war bereits geschehen, denn das Plasma war in Halle (Saale) schon zu zwei Chargen, die mit einer fortlaufenden Nummerierung versehen wurden (60378 und 70478),[55] verarbeitet worden.[56] Eine Charge umfasste etwa 1.000 Ampullen. Schubert gab später an, dass aufgrund der unterschiedlichen Qualität das Plasma von etwa zehn Spendern miteinander verarbeitet werden müsse. „Global" könne man davon ausgehen, dass in einer Charge ein Zehntel des Plasmas der erkrankten Spender verarbeitet wurde.[57]

Zum Zeitpunkt des Anrufs aus Neubrandenburg war noch alles unter Ver-

---

51  StA Halle (Saale), Handakte 2. Vernehmungsprotokoll (Anm. 39), Bl. 124.
52  StA Halle (Saale), Strafakte Ia. Bezirksinstitut für Blutspende- und Transfusionswesen (BIBT) Neubrandenburg an Institut für Impfstoffe Dessau, 17.4.1978, Bl. 82.
53  StA Halle (Saale), Strafakte Ia. BIBT Neubrandenburg an Kreisärztin, Rat des Kreises Neubrandenburg, 1.6.1978, Bl. 78.
54  StA Halle (Saale), Handakte 2. Vernehmungsprotokoll (Anm. 47), Bl. 135.
55  Es handelte sich dabei um die Nummer der Charge, den Monat und das Jahr, in dem diese entstanden war. Im Folgenden werden die im Jahr 1978 produzierten Chargen nur noch mit der jeweiligen Nummer angegeben (hier zukünftig also 6 und 7).
56  StA Halle (Saale), Handakte 2. Protokoll über die Befragung des OMR Dr. med. Schubert, Wolfgang, 29.5.1979, Bl. 1–4, hier Bl. 3.
57  StA Halle (Saale), Handakte 2. Protokoll (Anm. 56), Bl. 2.

schluss. Schubert ließ das Material sofort durch eine Mitarbeiterin sperren.[58] Außerdem rief er unverzüglich das Institut für Impfstoffe Dessau an und sandte diesem zwei Ampullen der Chargen 6 und 7 mit der Bitte zu, diese im Radio-Immun-Assay (RIA) auf das HBs-Antigen, den Nachweis auf das Hepatitis-B-Virus, zu testen. Gleichzeitig hatte er das Bezirksinstitut für Blutspende- und Transfusionswesen Neubrandenburg gebeten, per Eilpost drei Proben nach Dessau zu schicken.[59] Dies war noch am 17. April 1978 geschehen. Der Ärztliche Direktor des Neubrandenburger Instituts bezog sich auf Schuberts Anruf in Dessau und bat darum, drei Seren auf HBs-Antigen im Radio-Immun-Assay zu testen. Es handelte sich dabei um Seren der beiden Spender, die nach Halle (Saale) gegangen waren, sowie das Serum der Antigen-Spenderin. Daneben waren auch Proben der drei anderen Spender und der ursprünglichen Antigen-Spenderin, die wegen einer nicht näher benannten Erkrankung ausgefallen war, an das Institut für Impfstoffe gegangen. Insgesamt hatte dieses sieben Proben aus Neubrandenburg erhalten. Der Ärztliche Direktor des Neubrandenburger Bezirksinstituts bat darum, die anderen Proben ebenfalls zu untersuchen, „da hierbei unter Umständen versicherungsrechtliche Fragen relevant werden können."[60] Dieser Hinweis hatte den Hintergrund, dass eine Schadensregulierung erfolgen sollte. Es war vorgesehen, den entstandenen Schaden nach der „Verordnung über die Erweiterung des Versicherungsschutzes bei Unfällen in Ausübung gesellschaftlicher, kultureller oder sportlicher Tätigkeiten" vom 11. April 1973 zu entschädigen.[61]
Neben dem Material der erkrankten Plasma- und Erythrozytenspender hatte das Bezirksinstitut für Blutspende- und Transfusionswesen Halle (Saale) weiteres Material testen lassen. Denn Schubert ging davon aus, dass man Hepatitisviren durch eine Fraktionierung von Plasma eliminie-

---

58  StA Halle (Saale), Handakte 2. Vernehmungsprotokoll der Zeugin (…), 1.8.1979, Bl. 136–140, hier Bl. 139.
59  StA Halle (Saale), Strafakte Ia. Schubert an Institut für Impfstoffe Dessau, 17.4.1978, Bl. 83.
60  StA Halle (Saale), Strafakte Ia. BIBT Neubrandenburg an Institut für Impfstoffe Dessau (Anm. 52).
61  StA Halle (Saale), Strafakte Ia. BIBT Neubrandenburg an Kreisärztin (Anm. 53).

ren konnte. Zu diesem Zweck hatte er Material, welches Australia-Antigen enthielt, ein Protein, das auf das Hepatitis-B-Virus hinweist, vor und nach der Fraktionierung testen lassen. Dabei war das Plasma normaler Blutspender verwendet worden, welche aufgrund eines hohen HBs-Gehaltes im Blut für die klinische Verwendung ausgeschieden waren.[62] Die Leiterin der Laborabteilung des Bezirksinstituts Halle (Saale) schickte Ende April 1978 weitere Proben an das Institut für Impfstoffe Dessau. Es handelte sich hierbei um zwei Ampullen Plasma, welches für die Fraktionierung des Gammaglobulins (IgG) verwendet worden war, und zwei Ampullen einprozentige Gammaglobulin-Lösung. Die Leiterin der Laborabteilung bat darum, die Proben auf „Australia-Antigen" zu prüfen.[63]

Die ersten Testergebnisse lagen im Institut für Impfstoffe Dessau am 27. April 1978 vor.[64] Damit waren beide Proben der verdächtigen Chargen 6 und 7 negativ getestet worden. Die vier weiteren übersandten Ampullen aus dem Bezirksinstitut Halle (Saale) waren hingegen alle positiv getestet worden. Die Werte der vom Bezirksinstitut für Blutspende- und Transfusionswesen Neubrandenburg übersandten Proben variierten stark.[65] Der zuständige Mitarbeiter des Instituts für Impfstoffe teilte Schubert am 16. Mai 1978 die Ergebnisse der Testung mittels Radio-Immun-Assay (RIA) mit. Hierbei bezog er sich auf alle Proben, die er sowohl aus Halle (Saale) als auch aus Neubrandenburg erhalten hatte. Die Proben, die dem Institut für Impfstoffe nachträglich aus Halle (Saale) zugesandt wurden, waren positiv, die Ampullen der Chargen 6 und 7 negativ getestet worden. Auch die Spender waren in der Liste aufgeführt. Alle sieben Proben aus Neubrandenburg waren negativ auf Hepatitis B getestet worden.[66]

---

62 StA Halle (Saale), Handakte 2. Vernehmungsprotokoll des Beschuldigten OMR Dr. med. Schubert, Wolfgang, 14.8.1979, Bl. 51–57, hier Bl. 55.
63 StA Halle (Saale), Strafakte Ia. BIBT Halle an Institut für Impfstoffe Dessau, 26.4.1978, Bl. 84.
64 StA Halle (Saale), Handakte 2. Zeugenvernehmung (…) (Institut für Impfstoffe Dessau), 24.8.79, Bl. 160–162, hier Bl. 162.
65 StA Halle (Saale), Handakte 1. Handschriftliche Notiz (…) (Testergebnisse), Bl. 182.
66 StA Halle (Saale), Strafakte Ia. Institut für Impfstoffe Dessau an BIBT Halle, 16.5.1978, Bl. 4.

Das Neubrandenburger Institut hatte zudem Proben der Spenderplasmen an das Bezirksinstitut für Blutspende- und Transfusionswesen in Magdeburg und das Bezirkshygieneinstitut in Erfurt geschickt. Diese wurden in unterschiedlichen Testverfahren geprüft und wiesen ebenfalls negative Testergebnisse auf.[67] Auch das Bezirksinstitut in Halle (Saale) hatte den im Magdeburger Bezirksinstitut möglichen Hämagglutinationstest genutzt. Mit diesem waren das Ausgangsplasma und die Lösung auf HBs-Antigen getestet worden. Die Ergebnisse trafen am 8. Mai 1978 in Halle (Saale) ein. Das Ausgangsplasma war positiv getestet worden, die Gammaglobulin-Lösung negativ.[68]

Die Leiterin der Laborabteilung des Bezirksinstituts für Blutspende- und Transfusionswesen in Halle (Saale) hatte zudem zwei Proben an das Staatliche Institut für Seren und Impfstoffe in Berlin geschickt. Sie bat einen dortigen Mitarbeiter „wie telefonisch abgesprochen" um eine Kontrolluntersuchung. Geprüft werden sollte das HBsAg-positive Plasma, das zur Fraktionierung verwendet worden war, ebenso wie die einprozentige Lösung.[69] Die Tests mittels einer Überwanderungselektrophorese ergaben, dass das Ausgangsplasma positiv und die Lösung negativ getestet worden war. Dieses Ergebnis teilte das Kontrollinstitut am 31. Mai 1978 Schubert mit.[70]

Insgesamt hatten also mehrere Tests mit drei verschiedenen Prüfmethoden stattgefunden. Dabei waren in allen Verfahren die Proben der Spender negativ auf Antikörper gegen das Hepatitis-B-Virus getestet worden. Gleiches galt für die Proben der beiden in Halle (Saale) angefertigten Chargen, die ebenfalls keinen Nachweis auf das Hepatitis-B-Virus ergaben. Gleichzeitig war in den unterschiedlichen Prüfverfahren das Ergebnis der Fraktionie-

---

67 StA Halle (Saale), Strafakte Ia. Bericht. Anti-D-Immunisierung – Hepatitis – Anti-D-Fraktionierung, o. D., Bl. 23–24, hier Bl. 24.
68 StA Halle (Saale), Strafakte Ia. BIBT Magdeburg, 4.5.1978, [Eingangsstempel des BIBT Halle (Saale) vom 8. Mai 1978], Bl. 7.
69 StA Halle (Saale), Handakte 1. BIBT Halle an Staatliches Kontrollinstitut für Seren und Impfstoffe, 2.5.1978, Bl. 178.
70 StA Halle (Saale), Handakte 1. Staatliches Kontrollinstitut für Seren und Impfstoffe an BIBT Halle, 31.5.1978, Bl. 179.

rung eines Australia-antigenhaltigen Ausgangsplasmas getestet worden. Das Ausgangsmaterial enthielt laut aller Tests das HBs-Antigen. Bei der geprüften Lösung, die nach der Fraktionierung entstanden war, ergaben die Tests unterschiedliche Ergebnisse. Während die Testverfahren aus Magdeburg und dem Kontrollinstitut Berlin ein negatives Ergebnis erzielt hatten, war das Material im Institut für Impfstoffe Dessau positiv getestet worden, enthielt damit also noch Antikörper gegen das Hepatitis-B-Virus.

Im Mai 1978 lagen die Ergebnisse der Leberbiopsien vor. Diese hatten bei den zwei Spendern, deren Proben in Halle (Saale) verarbeitet worden waren, eine akute Virushepatitis ergeben. Am 23. Mai 1978 übersandte der Oberarzt der Medizinischen Klinik Neubrandenburg die Befunde an das dortige Bezirksinstitut für Blutspende- und Transfusionswesen. Bei beiden Spendern war der Verlauf komplikationslos und ohne klinische Testsymptome. Beide waren im April 1978 erkrankt und wiesen ähnliche Symptome auf, unter anderem Bauchschmerzen, Appetitlosigkeit, Übelkeit, Kopfschmerzen und eine Gelbfärbung.[71] Auch die anderen drei Spender waren an einer akuten Virushepatitis erkrankt. Dies hatte die Klinik für Innere Medizin Neubrandenburg der zuständigen Kreisärztin bereits am 8. Mai 1978 mitgeteilt.[72]

Am 1. Juni 1978 unterrichtete Schubert das Staatliche Institut für Seren und Impfstoffe von den Testergebnissen der Spenderplasmen. Er ging zudem auf das Plasma ein, das nach der Fraktionierung getestet worden war. Einzig im RIA-Test sei dieses „schwächer positiv als das Ausgangsmaterial" gewesen.[73] Nur falls man diesem Testverfahren „einen absoluten Beweiswert und keine Unspezifität" zuordne, könne widerlegt werden, dass das Fraktionierungsverfahren „hepatitissicher" sei.[74] Schubert sah daher gegen

---

71 StA Halle (Saale), Strafakte Ia. Bezirkskrankenhaus Neubrandenburg an BIBT Neubrandenburg, 23.5.1978, Bl. 21 f.
72 StA Halle (Saale), Strafakte Ia. BIBT Neubrandenburg an Kreisärztin (Anm. 53).
73 StA Halle (Saale), Handakte 1. Schubert an Staatliches Kontrollinstitut für Seren und Impfstoffe, Human-Immunglobulin-Anti-D Chargen 060378 und 070478, 1.6.1978, Bl. 97.
74 StA Halle (Saale), Handakte 1. Schubert an Staatliches Kontrollinstitut für Seren und Impfstoffe (Anm. 73).

die Verwendung der Chargen keinen Einwand. Doch die stellvertretende Direktorin des Kontrollinstituts erteilte ihm eine klare Absage. Nach Rücksprache mit dem Direktor des Kontrollinstituts, Friedrich Oberdoerster, sei entschieden worden, die beiden Chargen nicht für den Verkehr freizugeben. Sie lehnte einen Einsatz klar ab: „In Anbetracht der Unsicherheit bezüglich der klaren Aussage zur Diagnose Hepatitis, wie Sie sie hier auch im letzten Absatz Ihres Schreibens formuliert haben, sind wir der Meinung, daß wir in dieser Angelegenheit kein Risiko eingehen können."[75]

Doch Schubert gab sich mit dieser Antwort nicht zufrieden. Er teilte einige Tage später mit, dass er auch aus medizinischer Sicht keinen Grund gegen den Einsatz dieser Chargen sehe. Schubert wies darauf hin, dass sein Institut seit zehn Jahren Anti-D-Immunglobulin herstelle, ohne dass jemals eine Hepatitisübertragung beobachtet worden sei. Die Plasmafraktionierung sei eingeführt worden, um das Hepatitisrisiko so weit wie möglich zu senken. Gleichzeitig unterrichtete er das Kontrollinstitut davon, noch eine weitere Charge „einbeziehen" zu wollen: Es handelte sich hierbei um die Charge 90677, welche „leicht pyrogenhaltig" sei. Dies hielt Schubert für „klinisch irrelevant", da das Präparat in fünf Milliliter aufgelöst werde.[76] Schubert machte der Stellvertretenden Direktorin des Kontrollinstituts deutlich, dass das Material knapp sei und mit einem Engpass gerechnet werden müsse. Denn die Herstellung von Immunglobulin-Anti-D im Bezirksinstitut in Halle (Saale) sollte aufgrund von Baumaßnahmen 1979 eingestellt werden. Stattdessen war vorgesehen, dass das Bezirksinstitut für Blutspende- und Transfusionswesen in Neubrandenburg die Produktion übernahm. Doch das Ministerium für Gesundheitswesen hatte telefonisch mitgeteilt, dass sich die Übernahme verzögere, da das Bezirkskrankenhaus nicht planmäßig fertiggestellt werde. Die Räume, die für die Produktionsübergabe benötigt wurden, hatte das Zentrallabor des Bezirkskrankenhauses belegt. Schubert führte an, dass damit 1979/80 eine „Produktionslücke" entstehe,

---

75 StA Halle (Saale), Handakte 1. Staatliches Kontrollinstitut für Seren und Impfstoffe an Schubert, 15.6.1978, Bl. 98.
76 StA Halle (Saale), Handakte 1. Schubert an Staatliches Kontrollinstitut für Seren und Impfstoffe (Anm. 8).

welche nur durch Importe aus dem Nichtsozialistischen Wirtschaftsgebiet (NSW) gedeckt werden könne, wenn „die Durchführung der Rh-Prophylaxe nicht zeitweilig unterbrochen werden soll." Er bat das Kontrollinstitut aus diesem Grund darum, den Standpunkt noch einmal zu überdenken. Eine Durchschrift des Schreibens hatte er an die Stellvertreterin des Ministers für Gesundheitswesen gesandt, „wegen der großen Bedeutung, die dem Problem an sich zukommt."[77]

Daraufhin antwortete Oberdoerster persönlich. Er teilte mit, dass Schubert selbst in seinem Brief vom 1. Juli 1978 in Hinsicht auf das Hepatitis-Risiko zum Ausdruck gebracht habe, dass ein Risiko nicht auszuschließen sei und lehnte eine Verwendung der Chargen ab. Auch die von Schubert angesprochene Charge 90677 sei nach erneuter Prüfung „nach wie vor pyrogenhaltig und damit für die klinische Anwendung nicht zu verantworten."[78] Zu den von Schubert angesprochenen Problemen drohte Oberdoerster offen: „Die Bemerkung im letzten Abschnitt ihres Briefes vom 23.6.1978 bitte ich, gründlich zu überdenken. Sie sind als Produzent des registrierten Präparats entsprechend den arzneimittelgesetzlichen Bestimmungen verantwortlich für die Lieferung einer ausreichenden Menge in der geforderten Qualität und auch dafür, daß es ohne Unterbrechung zur Verfügung steht. Sie meinen doch wohl nicht ernsthaft, daß im Falle, daß Sie dieser Verantwortung nicht nachkommen, die Rh-Prophylaxe in der DDR zeitweilig unterbrochen werden könnte. Einer derartigen Entscheidung kann unter keinen Umständen entsprochen werden. Das gleiche trifft auf den von Ihnen angedeuteten NSW [Nichtsozialistisches Wirtschaftsgebiet]-Import zu, wenn ein Präparat für einen Produzenten in der DDR registriert ist."[79] Das Kontrollinstitut hatte damit eine Verwendung des Plasmas offen abgelehnt. Gleichzeitig setzte Oberdoerster Schubert unter Druck, dass er als Produzent eine durchgängige Prophylaxe zu sichern habe. Damit befand

---

77  StA Halle (Saale), Handakte 1. Schubert an Staatliches Kontrollinstitut für Seren und Impfstoffe (Anm. 8).
78  StA Halle (Saale), Handakte 1. Oberdoerster an Schubert, 14.7.1978, Bl. 100.
79  StA Halle (Saale), Handakte 1. Oberdoerster an Schubert (Anm. 78); Mesecke: Nur eine Spritze (Anm. 6), S. 123 f.

sich Schubert in einer Zwickmühle, denn Oberdoerster hatte auch die von ihm vorgeschlagenen Importe deutlich verneint. Schubert traf daraufhin eine folgenschwere Entscheidung, deren Auswirkungen sich um den Jahreswechsel 1978/1979 zeigen sollten.

## 1.1.2 Massenhaftes Auftreten von Erkrankungen in allen Bezirken der DDR im Frühjahr 1979

Am 29. Dezember 1979 erhielt das Bezirksinstitut für Blutspende- und Transfusionswesen Halle (Saale) „eine erste, sehr vorsichtig gehaltene Information" von der Berliner Infektionsklinik Prenzlauer Berg.[80] Diese teilte mit, dass möglicherweise im Zusammenhang mit der Gabe von Anti-D-Immunglobulin sechs Fälle von Gelbsucht aufgetreten seien. Weitere Meldungen folgten. Am 11. Januar 1979 handelte es sich in Berlin bereits um zehn Erkrankungen. Nach Angaben des zuständigen Oberarztes der Infektionsklinik Prenzlauer Berg war das Krankheitsbild trotz einer Leberpunktion unklar. Er ging daher von einer „Non-A-non-B-Hepatitis" aus.[81] Dieser Meldung aus Berlin folgten weitere Mitteilungen über sechs erkrankte Patientinnen in Wismar am 9. Januar 1979 und in Leipzig am 10. Januar 1979. Am 11. Januar 1979 waren zudem vier Erkrankungen aus Allstedt im Kreis Sangerhausen gemeldet worden.[82]

Daraufhin hatte der Bezirksarzt die Kreisärzte angewiesen, die Chargen zurückzuziehen. Das Staatliche Kontrollinstitut für Seren und Impfstoffe war informiert worden, und alle Bezirksinstitute und Bezirksblutspendezentralen wurden zur Rücksendung der Chargen aufgefordert. Zudem war das Bezirkshygieneinstitut informiert worden, welches bei der Ermittlung der Ursachen auch nach der Gabe von Anti-D-Immunglobulin forschen sollte. Der zuständige Leiter der Infektionsabteilung im Ministerium für

---

80 StA Halle (Saale), Strafakte I. BIBT Halle an Bezirksarzt Halle, Betr.: Meldung eines besonderen Vorkommnisses, 11.1.1979, Bl. 6–8, hier Bl. 7.
81 StA Halle (Saale), Strafakte I. BIBT Halle an Bezirksarzt Halle (Anm. 80), Bl. 7.
82 StA Halle (Saale), Strafakte I. BIBT Halle an Bezirksarzt Halle (Anm. 80), Bl. 7 f.

Gesundheitswesen der DDR war gebeten worden, diese Maßnahmen für alle Bezirkshygieneinstitute anzuordnen.[83] Die Infektionsklinik Prenzlauer Berg hatte zudem am 8. Januar 1979 das Staatliche Kontrollinstitut für Seren und Impfstoffe in Berlin benachrichtigt, das die verwendeten Chargen am 12. Januar 1979 gesperrt hatte.[84] Einen Tag zuvor hatte der epidemiologische Wochenbericht der Staatlichen Hygieneinspektion über das Auftreten von Hepatitiserkrankungen nach der Anti-D-Immunprophylaxe in verschiedenen Bezirken berichtet.[85]

Aufgrund dieser Ereignisse sandte Schubert am 5. Januar 1979 erneut Proben an das Institut für Impfstoffe Dessau mit der Bitte um Testung auf HBs-Antigen im Radio-Immun-Assay-Verfahren. Es handelte sich dabei um je eine Ampulle der Chargen 8, 10, 11, 14 und 15 aus 1978.[86] Am 8. Februar 1979 lag das Ergebnis vor, das in allen fünf Fällen negativ war.[87] Handschriftlich war neben den Chargen 10 und 14 „infektiös" eingefügt worden. Der zuständige Mitarbeiter gab später in den Vernehmungen an, dass er diesen handschriftlichen Vermerk erst nachträglich, „nach späteren Informationen" eingefügt habe.[88]

Der Bezirksarzt von Halle (Saale) wies am 9. Januar 1979 die Kreisärzte fernschriftlich an, die Chargen 8, 10, 11, 14 und 15 zu sperren und an den Produktionsbetrieb zurückzuschicken. Schubert rechtfertigte daraufhin gegenüber dem Bezirksarzt die Verwendung des verdächtigen Materials. Als Grund nannte er den „chronischen Mangel an Ausgangsmaterial" und die negativen Testergebnisse, aufgrund derer eine Hepatitis B habe ausgeschlossen werden können.[89] Zudem habe eine Verdünnung des „suspek-

---

83  StA Halle (Saale), Strafakte I. BIBT Halle an Bezirksarzt Halle (Anm. 80), Bl. 7 f.
84  StA Halle (Saale), Handakte 4. Sachverständigengutachten (Anm. 3), Bl. 74.
85  StA Halle (Saale), Handakte 3. Minister für Gesundheitswesen an Bezirksärzte (Anm. 13), Bl. 20.
86  StA Halle (Saale), Handakte 1. Schubert an Institut für Impfstoffe Dessau (…), 5.1.1979, Bl. 183.
87  StA Halle (Saale), Handakte 1. Institut für Impfstoffe Dessau an BIBT Halle, 8.2.1979, Bl. 184.
88  StA Halle (Saale), Handakte 1. Institut für Impfstoffe Dessau (Anm. 87), handschriftlich unterschriebener Vermerk vom 24. August 1979 auf der Rückseite des Dokumentes.
89  StA Halle (Saale), Strafakte I. BIBT Halle an Bezirksarzt Halle (Anm. 80), Bl. 6 f.

ten Materials" die Infektiosität senken können.[90] Seit zehn Jahren sei keine Erkrankung bei Anwendung des Präparats bekannt geworden, obwohl die Spender lediglich in der Überwanderungselektrophorese auf Australia-Antigen untersucht worden seien. Schubert verteidigte seine Entscheidung mit der Situation im Bezirksinstitut für Blutspende- und Transfusionswesen Halle (Saale). Im Projektierungsvertrag war eine Erweiterung des Bezirksinstituts in Halle (Saale) bis zum 30. September 1978 festgelegt worden. Noch 1978 sollte mit den Bauarbeiten begonnen werden. Das Bezirksinstitut Neubrandenburg habe die geplante Übernahme der Anti-D-Immunglobulin-Produktion „immer weiter hinausgeschoben, so daß eine Produktionslücke unvermeidlich erschien."[91] Schubert gab an, dass sich an dieser problematischen Situation bislang nichts geändert habe.

Der Ärztliche Direktor des Bezirksinstituts Neubrandenburg hatte währenddessen Präparate der Leberbiopsien der Spender an das Referenzzentrum für Lebererkrankungen bei der Gesellschaft für Pathologie der DDR übersandt. Er erhielt am 23. Januar 1979 von dort die Mitteilung, dass in allen fünf Fällen die in Neubrandenburg gestellte Diagnose bestätigt werden könne. Es läge „die typische Befundkombination einer akuten Hepatitis vom Typ der Virushepatitis" vor.[92] Die Fälle zeigten untereinander nur geringe Abweichungen. Der Leiter des Referenzzentrums gab an, dass es im akuten Stadium der Hepatitis nicht möglich sei, eine Differenzierung zwischen den verschiedenen Formen vorzunehmen. Daher könne „von morphologischer Seite" auch nicht Stellung dazu bezogen werden, ob eine Hepatitis A oder Non-A-Non-B vorliege.[93]

Mitte Januar 1979 fand eine Betriebskontrolle im Bezirksinstitut für Blutspende- und Transfusionswesen Halle (Saale) statt, die von Mitarbeitern des Staatlichen Kontrollinstituts für Seren und Impfstoffe und des Instituts für Arzneimittel (IfAR) durchgeführt wurde. Die Kontrolle des Wasch-

---

90 StA Halle (Saale), Strafakte I. BIBT Halle an Bezirksarzt Halle (Anm. 80), Bl. 6 f.
91 StA Halle (Saale), Strafakte I. BIBT Halle an Bezirksarzt Halle (Anm. 80), Bl. 7.
92 StA Halle (Saale), Strafakte Ia. Referenzzentrum für Lebererkrankungen bei der Gesellschaft für Pathologie der DDR an BIBT Neubrandenburg, 23.1.1979, Bl. 25.
93 StA Halle (Saale), Strafakte Ia. Referenzzentrum an BIBT Neubrandenburg (Anm. 92).

prozesses ergab, dass jede Charge, mit Ausnahme der Charge 160978, die Waschflüssigkeit der jeweils vorhergehenden Charge enthielt. Gleichzeitig versuchten die Kontrolleure herauszufinden, welche Spender mehrfach in den verdächtigen Chargen auftauchten. Insgesamt waren in den Chargen 6 bis 23 „Plasmen von 35 Spendern bei der Herstellung zu Fraktionierung gelangt."[94] In Bezug auf die beiden Spender aus Neubrandenburg wurde festgehalten, dass diese im Jahr 1978 mit den Symptomen einer Hepatitis erkrankt waren. Offenbar verfügten die Kontrolleure über wenige Informationen, denn der Name einer Spenderin wurde im Protokoll falsch geschrieben und die Angaben zur Erkrankung waren ungenau. Vermerkt war hierzu, dass genauere Angaben zum Zeitpunkt der Kontrolle nicht vorlagen. Die Kontrolleure konnten sich lediglich auf den Brief von Schubert an das Staatliche Kontrollinstitut von Juni 1978 berufen. Das Plasma der Spenderin aus Neubrandenburg war in den Chargen 6 bis 12 sowie in der Charge 15 verarbeitet worden, das Plasma des Spenders in den Chargen 10 bis 14. Die Kontrolle ergab, dass das Endprodukt der Gefriertrocknung, das sogenannte Lyophilisat der beiden Chargen, zur Charge 15 umgearbeitet worden und hierbei auch die Waschflüssigkeit der Charge 14 verwendet worden war. Bis zum 15. Januar 1979 waren den Kontrolleuren insgesamt 26 Erkrankungen infolge des Einsatzes der Chargen 8 bis 15 bekannt geworden.[95] Bei der Kontrolle wurden zudem sechs weitere verdächtige Spender ermittelt, deren Plasma in die Chargen eingegangen war. Dabei berücksichtigte diese Aufteilung nicht die aus den jeweils vorangehenden Chargen verwendete Waschflüssigkeit.[96] Die Kontrolleure stellten außerdem fest, dass die Charge 16 der Charge 90677 entsprach, welche das Kontrollinstitut „wegen pyrogener Verunreinigungen" nicht freigegeben hatte.[97] Falls alle acht Spender als verdächtig eingestuft würden, blieben letztlich nur die Chargen 16 und 21 als unverdächtig übrig.

---

94  StA Halle (Saale), Strafakte Ia. Protokoll zur Betriebskontrolle, 23.1.1979, Bl. 47–56, hier Bl. 48.
95  StA Halle (Saale), Strafakte Ia. Protokoll (Anm. 94), Bl. 49.
96  StA Halle (Saale), Strafakte Ia. Protokoll (Anm. 94), Bl. 51.
97  StA Halle (Saale), Strafakte Ia. Protokoll (Anm. 94), Bl. 52.

Die Kontrolleure beanstandeten mehrere Punkte, unter anderem, dass das Plasma der Spender zum Einsatz gekommen war, nachdem deren Erkrankung schon bekannt war. Ein weiterer Punkt betraf die Umarbeitung der Chargen 6 und 7 zur Charge 15, ohne dass mit dem Kontrollinstitut Rücksprache gehalten worden war. Zudem wurde beanstandet, dass bei den Anträgen auf Freigabe der Chargen 15 und 16 keine Hinweise auf die inzwischen erfolgte Umarbeitung beider Chargen gegeben worden waren.[98] Die Kontrolleure schlugen vor, neben den bereits gesperrten Chargen 8, 10, 11, 14 und 15 auch die Chargen 9, 12 und 13 zu sperren. Für die Zukunft sollte ein Vorrat von Anti-D-Immunglobulin angelegt werden. Hierdurch sollten die Plasmen erst nach einer Inkubationszeit von vier bis sechs Monaten und nach erneuter Untersuchung der Spender zum Einsatz kommen. Die gleichen Maßnahmen waren für Antigen-Spender vorgesehen. Der Kreis der acht verdächtigen Spender sollte eingegrenzt werden. Hierzu wurde vorgeschlagen, deren Laborbefunde und Anamnesen durch das Ministerium für Gesundheitswesen anzufordern und dem Kontrollinstitut zu übermitteln.[99] Zudem erhielt das Bezirksinstitut für Blutspende- und Transfusionswesen Halle (Saale) mehrere Auflagen. Schubert und der zuständige Leiter der Technischen Kontrollorganisation (TKO) hatten in voneinander unabhängigen Darlegungen Stellung zu den Beanstandungen zu nehmen. Das Plasma von Spendern, bei denen nach der Spende eine Hepatitis aufgetreten war oder bei denen der Verdacht auf eine vor der Spende erfolgte Hepatitisinfektion bestand, sollte nicht verwendet werden. Bereits verwendetes Plasma und die daraus folgenden Zwischenprodukte sollten in diesem Fall vernichtet werden. Über aus diesem Plasma hergestellte, bereits im Verkehr befindliche Produkte waren beide Kontrollinstanzen unverzüglich zu informieren. Ferner sollte das Bezirksinstitut für Blutspende- und Transfusionswesen Halle (Saale) die vorgeschlagenen Veränderungen auf ihre Durchführbarkeit prüfen.[100]

---

98  StA Halle (Saale), Strafakte Ia. Protokoll (Anm. 94), Bl. 52.
99  StA Halle (Saale), Strafakte Ia. Protokoll (Anm. 94), Bl. 53f.
100 StA Halle (Saale), Strafakte Ia. Protokoll (Anm. 94), Bl. 55.

Schubert erklärte anschließend in seiner Stellungnahme den Einsatz der beiden Spenderplasmen „retrospektiv" zu einer „Fehlentscheidung", die „nur aus der damaligen Situation verständlich" werde.[101] Seine Entscheidung rechtfertigte er damit, dass er das Plasma in unterschiedlichen Verfahren testen lassen und das Fraktionierungsverfahren als „hepatitissicher" eingeschätzt habe.[102] Die aus Neubrandenburg übermittelten Befunde hätten nicht eindeutig für eine Virushepatitis gesprochen. Der Verlauf der Erkrankungen sei „praktisch anikterisch" gewesen und selbst in der später übermittelten Epikrise werde eine Cytomegalie, eine Erkrankung mit dem Cytomegalovirus, einem Herpesvirus, nicht ausgeschlossen. Schubert behauptete zudem, von der Erkrankung der anderen drei Spender in Neubrandenburg nichts gewusst zu haben. Er habe seine Entscheidung auch aufgrund des knappen und sich stetig verringernden Ausgangsmaterials getroffen. Anfang des Jahres 1978 hatte dem produzierenden Institut in Halle (Saale) nur noch eine Menge von 6,7 Litern zur Verfügung gestanden, welche dem Bedarf eines Monats entsprach. Daher hatte Schubert „auf der Direktoren-Konferenz in Frankfurt (Oder) einen erneuten Appell an die Kollegen gerichtet, die Zulieferung zu steigern."[103] Trotzdem sei von den Instituten aus Cottbus und Frankfurt (Oder) und von der Blutspendezentrale Dessau 1978 kein Ausgangsmaterial geliefert worden.

Schubert berichtete über neue Aufgaben des Bezirksinstituts für Blutspende- und Transfusionswesen Halle (Saale) im Zusammenhang mit dem Ausbau des Klinikums Kröllwitz zu einem Herzoperations- und Nierentransplantationszentrum. Aufgrund von Verzögerungen beim Bau des Bezirkskrankenhauses in Neubrandenburg habe sich die geplante Übernahme der Produktion nicht umgehend realisieren lassen. Daher habe er sich bemüht, den Bestand an Anti-D-Immunglobulin zu erhöhen. Dies war trotz Planübererfüllung nicht gelungen. Die Bestände waren von etwa

---

101 StA Halle (Saale), Handakte 1. Schubert an Staatliches Kontrollinstitut für Seren und Impfstoffe, Stellungnahme zu den im Protokoll vom 19.1.1979 getroffenen Beanstandungen, 8.2.1979, Bl. 105–107, hier Bl. 105 f.
102 StA Halle (Saale), Handakte 1. Schubert, Stellungnahme (Anm. 101), Bl. 105 f.
103 StA Halle (Saale), Handakte 1. Schubert, Stellungnahme (Anm. 101), Bl. 106.

10.000 Ampullen am 1. Januar 1978 auf 8.000 Ampullen am 1. Januar 1979 zurückgegangen. Die Sperrung der Chargen war hierbei noch gar nicht berücksichtigt. Zu der empfohlenen Vorratsbildung gab er daher an, dass diese höchstens für zwei Monate möglich sei. Zwar habe sich die Zulieferung verbessert, aber ein Vorrat für sechs Monate sei nicht realisierbar. Schubert wies in seiner Stellungnahme außerdem darauf hin, dass ihm keine Bestimmungen bekannt seien, nach der Umarbeitungen von Chargen besonders berichtspflichtig seien.[104]

Auch der Leiter der Technischen Kontrollorganisation nahm Stellung zu den Beanstandungen. Er bestritt, von der Verwendung des verdächtigen Plasmas bei der Erstellung der Chargen 8 bis 14 gewusst zu haben.[105] Die Entscheidung über den Einsatz des Ausgangsmaterials unterliege allein dem für die Herstellung verantwortlichen Leiter. Der Leiter der Technischen Kontrollorganisation gab an, trotz der Vorbehalte des Staatlichen Kontrollinstituts von Schuberts Argumenten für eine Umarbeitung der Plasmen überzeugt gewesen zu sein. Er berief sich zudem auf § 19 der Siebenten Durchführungsbestimmung zum Arzneimittelgesetz.[106] Danach entscheide der für die Herstellung verantwortliche Leiter über die Verwendung der Arzneimittel, die wegen der Prüfung nicht für den Verkehr freigegeben worden waren. Abschließend erklärte er, dass ihm erst „nach Auswertung aller inzwischen bekannt gewordenen Fakten das verhängnisvolle Zusammenwirken von Irrtümern und daraus resultierender Fehlhandlungen sowie das Ausmaß der Folgen bekannt geworden" sei.[107]

Um den Sachverhalt zu klären, hatte das Ministerium für Gesundheitswesen eine Expertenkommission unter dem Vorsitz von Friedrich Ober-

---

104  StA Halle (Saale), Handakte 1. Schubert, Stellungnahme (Anm. 101), Bl. 106.
105  StA Halle (Saale), Strafakte Ia. (…) an Staatliches Kontrollinstitut für Seren und Impfstoffe, Stellungnahme zu den im Protokoll der Betriebskontrolle im BIBT Halle ausgesprochenen Beanstandungen, 12.2.1979, Bl. 60–62, hier Bl. 60.
106  Siebente Durchführungsbestimmung zum Arzneimittelgesetz – Staatliche Prüfung von Seren, Impfstoffen und anderen Arzneimitteln vom 16. Dezember 1969. In: Gesetzblatt der DDR. Teil II. Nr. 6. Berlin 1970, S. 27–34.
107  StA Halle (Saale), Strafakte Ia. (…) an Staatliches Kontrollinstitut für Seren (Anm. 105), Bl. 62.

doerster eingesetzt. Diese tagte am 18. Januar 1979 im Staatlichen Kontrollinstitut für Seren und Impfstoffe Berlin. Das Staatliche Kontrollinstitut repräsentierten neben dem Leiter vier weitere Mitarbeiter. Anwesend waren Vertreter der Bezirksinstitute für Blutspende- und Transfusionswesen Cottbus, Halle (Saale) und Magdeburg. Auch Vertreter mehrerer Kliniken nahmen an der Sitzung der Expertenkommission teil. So war ein Vertreter des Städtischen Krankenhauses Berlin Prenzlauer Berg, der Frauenklinik Dresden und der Medizinischen Klinik der Medizinischen Akademie Dresden anwesend. Auch eine Mitarbeiterin der Hauptabteilung Hygiene und Staatliche Hygieneinspektion des Gesundheitsministeriums war anwesend, ebenso wie je eine Mitarbeiterin des Hygieneinstituts Erfurt und des Instituts für Arzneimittelwesen der DDR.[108]

Bis zum 19. Januar 1979 waren 47 Erkrankungen bekannt geworden. Diese führte die Expertenkommission auf die Verwendung der beiden Spenderplasmen aus Neubrandenburg in den Chargen 8 bis 15 zurück. Aufgrund der durchgeführten Untersuchungen wurde davon ausgegangen, dass es sich nicht um eine Hepatitis B, sondern um eine Hepatitis A oder Non-A-Non-B handelte. Zum Nachweis der Hepatitisform sollten mehrere Maßnahmen ergriffen werden. Ein elektronenmikroskopischer Nachweis von Antikörpern gegen Hepatitis A sollte in den Seren und Stuhlproben von 10 frisch erkrankten Patienten erbracht werden. Zur Sicherung einer Non-A-Non-B-Hepatitis wurde vorgeschlagen, ein Referenzlaboratorium der Weltgesundheitsorganisation einzubeziehen. Es war vorgesehen, die Spenderseren und Blutproben einiger erkrankter Patientinnen in mehreren Testverfahren zu untersuchen, um eine Hepatitis B wirklich auszuschließen.[109]

Bei der Verwendung der Chargen 17 bis 23 ging die Expertenkommission von einem „vertretbarem Risiko hinsichtlich der Gefahr der Übertragung einer Hepatitis" aus. Sie begründete dies mit der Tatsache, dass diese Chargen kein Plasma der beiden Spender aus Neubrandenburg enthielten. Zudem sei „anzunehmen, daß durch die Sterilisation der wiederholt verwen-

---

108 StA Halle (Saale), Handakte 1. Protokoll der Expertenkommission (Anm. 44), Bl. 48.
109 StA Halle (Saale), Handakte 1. Protokoll der Expertenkommission (Anm. 44), Bl. 49.

deten Austauschgele ggf. vorhandenes Hepatitisvirus inaktiviert" werde. Eine in Betracht gezogene Strahlensterilisation der Chargen 8 bis 15 lehnte die Expertenkommission ab. Gleichzeitig wurde „dringend empfohlen", die Immunprophylaxe nicht zu unterbrechen.[110] Alle bisher nicht erkrankten Frauen, die mit dem Anti-D dieser Chargen behandelt worden waren, sollten im Abstand von vier Wochen zweimal je 6 ml Gammaglobulin erhalten und in die Dispensairebetreuung einbezogen werden. Auch Säuglinge, deren Mütter an Hepatitis erkrankt waren oder hohe Transaminasewerte aufwiesen, sollten Gammaglobulin erhalten. Die Erfassung und Betreuung der Patientinnen sollte den Kreisärzten übertragen werden.[111]

Neben dem Einsatz einer Expertenkommission zur Klärung der Ursachen hatte das Ministerium für Gesundheitswesen weitere Maßnahmen ergriffen. Gesundheitsminister Ludwig Mecklinger informierte die Bezirksärzte am 23. Januar 1979 darüber, dass die Chargen 8 bis 15 gesperrt und sichergestellt worden waren. Er gab an, dass der Zusammenhang zwischen den aufgetretenen Erkrankungen und der Anti-D-Prophylaxe untersucht werde und wies spezielle Maßnahmen zum Umgang mit den betroffenen Frauen an.[112]

Neben dem Bezirksinstitut in Halle (Saale) wurde auch das Bezirksinstitut in Neubrandenburg geprüft, in dem am 9. Februar 1979 ein „Informationsbesuch" von Vertretern des Kontrollinstituts stattfand. Dabei stellte sich heraus, dass die Erythrozyten der Antigen-Spenderin nur einmalig bei den fünf Spendern verwendet worden waren. Zwar war die Spenderin seit 1976 im Bezirksinstitut Neubrandenburg registriert und hatte vor diesem Zeitpunkt am 15. November 1977 das letzte Mal Blut gespendet. Ihre Erythrozyten waren jedoch nur deshalb benutzt worden, weil die bisherige Spenderin erkrankt war, die seit 1970 Erythrozyten gespendet hatte. Die Spenderin, mit deren Erythrozyten die fünf Plasmaspender immunisiert worden waren, hatte sich bereits Mitte Januar 1978 aufgrund von Ober-

---

110 StA Halle (Saale), Handakte 1. Protokoll der Expertenkommission (Anm. 44), Bl. 50.
111 StA Halle (Saale), Handakte 1. Protokoll der Expertenkommission (Anm. 44), Bl. 50.
112 StA Halle (Saale), Handakte 3. Minister für Gesundheitswesen an Bezirksärzte (Anm. 13), Bl. 20.

bauchbeschwerden in ärztliche Behandlung begeben. Stuhl und Urin seien unauffällig gewesen.[113] Die Erythrozytenspenderin war am 14. April 1978 in das Bezirksinstitut für Blutspende- und Transfusionswesen Neubrandenburg bestellt und anschließend zur weiteren Klärung der Diagnose in das Bezirkskrankenhaus überwiesen worden. Eine erbetene Leberpunktion hatte nicht stattgefunden, da im Bezirkskrankenhaus Neubrandenburg „weder klinisch noch paraklinisch ein Anhalt für eine Hepatitis zu finden war."[114]

Diese Information hatte der Ärztliche Direktor des Neubrandenburger Bezirksinstituts bereits Ende Januar 1979 Oberdoerster mitgeteilt und ihm die Epikrisen und einen kurzen Bericht zugesandt. Alle fünf Personen hätten mehrfach Blut gespendet und seien niemals bei den durchgeführten Kontrolluntersuchungen aufgefallen. Er informierte Oberdoerster zudem über die negativen Testergebnisse hinsichtlich des HBs-Antigens sowie des HBs-Antikörpers, die nach der Prüfung in Dessau, Erfurt und Magdeburg vorlagen.[115] Die Virushepatitis aller fünf Spender war durch eine Biopsie gesichert. Bei einem Spender hatte die Hepatitis einen anikterischen Verlauf genommen. Im Protokoll wurde zudem über das gewonnene Material und die Lieferung berichtet. Das Bezirksinstitut in Halle (Saale) hatte mehr Blut von der Spenderin als von dem Spender erhalten. Das Blut der Erythrozytenspenderin war „bis auf die zur Immunisierung verwendeten Blutkörperchen" vernichtet worden.[116] Ferner ging es um die zukünftige Produktion des Anti-D-Immunglobulins im Bezirksinstitut für Blutspende- und Transfusionswesen Neubrandenburg. Das Material sollte trotzdem den Vermerk „staatlich geprüft im BIBT-Halle" erhalten.[117] Das Institut für Arz-

---

113 StA Halle (Saale), Handakte 4. Aktenvermerk über einen Informationsbesuch (Anm. 7), Bl. 31.
114 StA Halle (Saale), Handakte 4. Aktenvermerk über einen Informationsbesuch (Anm. 7), Bl. 32.
115 StA Halle (Saale), Strafakte Ia. BIBT Neubrandenburg, Bericht (Anm. 67), Bl. 23.
116 StA Halle (Saale), Handakte 4. Aktenvermerk über einen Informationsbesuch (Anm. 7), Bl. 33.
117 StA Halle (Saale), Handakte 4. Aktenvermerk über einen Informationsbesuch (Anm. 7), Bl. 34.

neimittel sollte darüber entscheiden, ob die staatliche Prüfung in Zukunft durch das Bezirksinstitut in Halle (Saale) übernommen werden könne.
Im Rahmen des Informationsbesuchs war offenbar auch der Verdacht geäußert worden, dass die Spender vor ihrer Spende nicht den Vorschriften entsprechend untersucht worden waren.[118] Zwar hatte der Ärztliche Direktor des Neubrandenburger Instituts zuvor auf mehrere Tests hingewiesen, doch diese bezogen sich auf den Zeitraum nach der Spende und der Erkrankung.[119] Er teilte dem Kontrollinstitut im Februar 1979 mit, dass seine „diesbezüglichen Nachforschungen" ergeben hätten, dass die Vermutung „leider den Tatsachen entspricht." Lediglich das Blut der Erythrozytenspenderin war am 27. Januar 1978 einem Hepatitis-Screening zugeführt worden. Der Ärztliche Direktor musste zugeben, dass dieses Vorgehen „nicht den bestehenden gesetzlichen Bestimmungen" entsprach und drückte sein Bedauern darüber aus. Bis dahin sei er stets davon überzeugt gewesen, dass die notwendigen Kontrolluntersuchungen durchgeführt würden. Er versicherte, dass dies auch ab sofort der Fall sei.[120]
Über diese ersten Ergebnisse informierte Oberdoerster das Ministerium für Gesundheitswesen, das ihn zuvor offenbar um eine Einschätzung gebeten hatte. Oberdoerster fasste den Verlauf der Ereignisse knapp zusammen und teilte die Ergebnisse der Betriebskontrolle im Bezirksinstitut für Blutspende- und Transfusionswesen Halle (Saale) mit. Er sah insbesondere die Gütevorschrift Anti-D-Immunglobulin verletzt, nach der Plasmaspender den Forderungen zur Anordnung über den Blutspende- und Transfusionsdienst beziehungsweise den hierzu erlassenen Richtlinien entsprechen mussten. In Richtlinie Nr. 1 war festgelegt, dass die Spender frei von übertragbaren Krankheiten sein mussten. Nicht in Frage kamen dabei Personen, die in den letzten fünf Jahren vor der Spende an einer Hepatitis erkrankt waren. Auch wenn in deren unmittelbarer Umgebung im letzten halben Jahr vor der Blutspende eine Hepatitis aufgetreten war, sollten po-

---

118 StA Halle (Saale), Handakte 1. BIBT Neubrandenburg an Oberdoerster, 19.2.1979, Bl. 108.
119 StA Halle (Saale), Strafakte Ia. BIBT Neubrandenburg, Bericht (Anm. 67), Bl. 24.
120 StA Halle (Saale), Handakte 1. BIBT Neubrandenburg an Oberdoerster (Anm. 118).

tenzielle Spender nicht herangezogen werden. Die Richtlinie sah ferner die Erstuntersuchung des Spenders vor. Bei dieser sollten eine Anamnese, ein Siebtest auf Hepatitis und die Kontrolle des Sozialversicherungsausweises stattfinden, vor jeder weiteren Blutspende eine Nachuntersuchung.[121] Dass das Bezirksinstitut für Blutspende- und Transfusionswesen Neubrandenburg diese Richtlinien nicht beachtet hatte, erwähnte Oberdoerster nicht. Stattdessen ging er ausführlich auf Schuberts Verantwortlichkeit ein, der seiner Ansicht nach selbst ein Risiko in der Verwendung der Chargen gesehen habe. Oberdoerster sah in den Festlegungen der Gütevorschrift und der Richtlinie Nr. 1 ausreichende Gründe gegen den Einsatz der beiden Chargen. Diese Vorschriften hätten auch bei der weiteren Verwendung der Plasmen herangezogen werden müssen.

Oberdoerster kritisierte, dass Schubert davon ausgegangen war, mithilfe des Fraktionierungsverfahrens Hepatitisviren zu eliminieren, und sich nur auf Testverfahren zum Nachweis des HBs-Antigens gestützt hatte. Er wandte dagegen ein, dass 70 bis 90 % aller posttransfusionellen Hepatiden durch Non-A-Non-B-Hepatitisviren ausgelöst werden und stützte sich dabei auf einen Bericht der Weltgesundheitsorganisation. Die Hepatitissicherheit der Immunglobuline werde zwar in der Literatur häufig erwähnt und auch von Expertengruppen der Weltgesundheitsorganisation betont. Doch um diese zu gewährleisten, seien mehrere Faktoren wichtig. Hierzu gehörten unter anderem die Kriterien für die Auswahl der Plasmaspender, das Fraktionierungsverfahren und die Anzahl der Plasmen als Ausgangsmaterial für eine Charge. Oberdoerster bezifferte diese bei normalem Human-Immunglobulin auf Plasmen von 1.000 und mehr Spender.[122] Er kritisierte insbesondere, dass sich Schubert bei der Fraktionierung nur auf die Wirkung des Äthanols verlassen habe, wofür er keinen Anhaltspunkt sah. Stattdessen verwies er darauf, dass allgemein eine Wärmebehandlung von Albuminlösungen zur Inaktivierung gegebenenfalls vorhandener Hepatitisviren gefordert

---

121 StA Halle (Saale), Strafakte Ia. Oberdoerster an Ministerium für Gesundheitswesen (HA III Hygiene und Staatliche Hygieneinspektion), 19.2.1979, Bl. 8–14, hier Bl. 10.
122 StA Halle (Saale), Strafakte Ia. Oberdoerster an Ministerium für Gesundheitswesen (Anm. 121), Bl. 11 f.

werde. Schubert hatte seiner Meinung nach keine Kenntnisse über diese Kriterien oder hatte diese fahrlässig missachtet. Der Vollständigkeit halber fügte Oberdoerster hinzu, dass Schubert seine Entscheidung auch in Anbetracht der Schwierigkeit, ausreichend Material zu erhalten, getroffen hatte. Bezüglich der Verantwortlichkeit des Leiters der Technischen Kontrollorganisation schätzte er ein, dass dieser den Einsatz der Plasmen für die Chargen 8 bis 14 hätte verhindern können, wenn er die Unterlagen dazu und deren Verbleib geprüft hätte. Eine Überprüfung wäre gerade bei diesen Plasmen wichtig gewesen, da es keine Prüfmethode zum Ausschluss einer Kontamination durch Hepatitisviren gebe. Oberdoerster hielt dem Leiter der Technischen Kontrollorganisation vor, dass dieser beim Antrag auf Freigabe der Charge 15 keinen entsprechenden Hinweis gegeben hatte. Nach Punkt 26 der Gütevorschrift hätte ihm dieser Abweichungen von der Herstellungsvorschrift sofort mitteilen müssen.[123]

Aufgrund der „Versäumnisse der beiden Verantwortlichen" sei es zur Erkrankung von mehr als 250 jungen Frauen gekommen.[124] Oberdoerster wollte diese Stellungnahme auf der nächsten Sitzung der Expertenkommission vorlegen, die am 28. Februar 1979 im Berliner Institut für Angewandte Virologie stattfand. Vertreter des Bezirksinstituts für Blutspende- und Transfusionswesen Halle (Saale) waren nicht mehr zugegen. Ansonsten waren mit einer Ausnahme dieselben Teilnehmer wie auf der ersten Sitzung im Januar anwesend.[125] Im Protokoll war festgehalten, dass die Anwesenden Oberdoersters Einschätzung teilten.

Die auf der Sitzung anwesende Vertreterin des Ministeriums für Gesundheitswesen berichtete, dass etwa 4.000 Ampullen der gesperrten Chargen Anti-D zur Anwendung gekommen waren. Die Differenz zwischen den

---

123   StA Halle (Saale), Strafakte Ia. Oberdoerster an Ministerium für Gesundheitswesen (Anm. 121), Bl. 13 f.
124   StA Halle (Saale), Strafakte Ia. Oberdoerster an Ministerium für Gesundheitswesen (Anm. 121), Bl. 14.
125   StA Halle (Saale), Handakte 1. Protokoll der Beratung der Expertenkommission zur Klärung der Ursachen von Hepatitiserkrankungen nach Anwendung von Human-Immunglobulin-Anti-D am 28.2.1979 im Institut für angewandte Virologie Berlin, 2.3.1979, Bl. 51–55, hier Bl. 51.

Summen der Chargengrößen und der Rückläufe der gesperrten Chargen wurde mit 4.363 Ampullen beziffert. Bis zum 21. Februar waren etwa 2.100 Enzymuntersuchungen bei den betroffenen Frauen durchgeführt worden, von denen etwa die Hälfte erhöhte Werte gezeigt hatte. Das Ministerium für Gesundheitswesen rechnete mit einer Erkrankung von 1.000 bis 1.500 weiteren Personen. Mecklinger hatte angewiesen, die Enzymuntersuchungen auf alle Säuglinge auszudehnen, deren Mütter mit den gesperrten Chargen immunisiert worden waren. Gründe hierfür waren die Erkrankung von zwei Säuglingen im Bezirk Leipzig und erhöhte Enzymwerte bei vier Säuglingen in den Bezirken Berlin, Potsdam und Suhl.[126]

Bislang waren keine Untersuchungen zum Nachweis von Antikörpern gegen Hepatitis A durchgeführt worden. Dies teilte der Vertreter der Medizinischen Klinik der Medizinischen Akademie Dresden mit. Mit deren Auftreten sei erst sechs bis acht Wochen nach dem Ausheilen der Krankheit zu rechnen. Er gab an, dass als „infektiöses Agens" weiterhin das Non-A-Non-B-Hepatitisvirus für wahrscheinlich gehalten werde.[127] In zehn Fällen hatte die histologische Untersuchung das typische Bild einer Virushepatitis ergeben. Weitere Leberbiopsien sollten aber nicht mehr vorgenommen werden. Stattdessen thematisierte der Vertreter der Medizinischen Klinik der Medizinischen Akademie Dresden die Bedeutung der Nachkontrolle aufgrund der Möglichkeit einer chronischen Erkrankung. Er schlug vor, ein einheitliches Schema für die Erfassung der Befunde und die Nachkontrolle anzuwenden. Dieses sollte zwischen ihm, dem Ministerium für Gesundheitswesen und der Chefärztin der Klinik Berlin Prenzlauer Berg abgestimmt werden.[128]

Diese unterbreitete gemeinsam mit dem Vertreter der Medizinischen Klinik der Medizinischen Akademie Dresden Vorschläge in Bezug auf die

---

126 StA Halle (Saale), Handakte 1. Protokoll der Beratung der Expertenkommission (Anm. 125), Bl. 52.
127 StA Halle (Saale), Handakte 1. Protokoll der Beratung der Expertenkommission (Anm. 125), Bl. 53.
128 StA Halle (Saale), Handakte 1. Protokoll der Beratung der Expertenkommission (Anm. 125), Bl. 53.

Nachsorge. Bei Patientinnen ohne Symptome (1. Gruppe) sollte nach zwei negativen Enzymbefunden ein dritter Siebtest in der 15. Woche durchgeführt werden. Bei einem unkomplizierten Krankheitsverlauf (2. Gruppe) sollte vier Wochen nach der Behandlung ein Enzymtest durchgeführt werden. Bei negativem Ergebnis war der Test nach weiteren sechs Monaten zu wiederholen. Falls der Test positiv war, sollte die Patientin in die dritte Gruppe (komplizierter Krankheitsverlauf) eingestuft werden. Diese Patientinnen sollten in die Dispensairebetreuung aufgenommen und Enzymuntersuchungen in dreimonatigen Abständen bis zur Ausheilung unterzogen werden.[129] Diese Vorschläge waren die Grundlage für eine erneute Weisung des Ministers für Gesundheitswesen am 2. März 1979, welche die Nachuntersuchungen regelte. Mecklinger orientierte sich darin genau an den Vorschlägen der Expertenkommission.[130]

Die Vertreterin des Hygieneinstituts Erfurt berichtete auf der Sitzung der Expertenkommission, dass bei einer Untersuchung von 72 Frauen in drei Fällen das HBs-Antigen nachgewiesen werden konnte. Sie schloss aber nicht aus, dass diese Patientinnen bereits vor der Immunprophylaxe Trägerinnen des Antigens gewesen waren. Gleichzeitig wies sie darauf hin, dass „im Bezirk Erfurt in vereinzelten Fällen auch nach der Sperrung HIG [Human-Immunglobulin]-Anti-D der gesperrten Chargen zur Anwendung gekommen" sei.[131] Der Leiter des Bezirksinstituts für Blutspende- und Transfusionswesen Magdeburg ging explizit auf die Verantwortlichkeit von Schubert und dem Leiter der Technischen Kontrollorganisation ein. Er schloss sich Oberdoersters Einschätzung an. Auch ein Engpass an Ausgangsmaterialien sei kein Grund, ein derartiges Risiko einzugehen. Die bisherige Konzeption der Rhesus-Prophylaxe in der DDR kritisierte er als „falsch" und schlug vor, „ein i. m. applizierbares" Anti-D-Immunglobulin

---

129 StA Halle (Saale), Handakte 1. Protokoll der Beratung der Expertenkommission (Anm. 125), Bl. 54f.
130 StA Halle (Saale), Handakte 3. Minister für Gesundheitswesen an Bezirksärzte (nachrichtlich: Bezirkshygieniker) Betr. Hepatitiserkrankungen nach Anti-D-Immunprophylaxe (Weisung Nr. 3), 2.3.1979, Bl. 25–29, hier Bl. 26.
131 StA Halle (Saale), Handakte 1. Protokoll der Beratung der Expertenkommission (Anm. 125), Bl. 53.

herzustellen.[132] Damit könnten auch Ausgangsplasmen mit einem niedrigeren Gehalt an Antikörpern gegen die Blutgruppeneigenschaft D zur Verarbeitung gelangen. Mehrere Personen, die künstlich immunisiert worden waren, kämen dann als Plasmaspender infrage. Bisher betraf dies nur zwei bis drei Personen von 30. Dementsprechend könne das Ausgangsmaterial pro Charge aus einem größeren Pool von Plasmen zusammengestellt und die Produktion des Anti-D-Immunglobulins in das Institut für Impfstoffe Dessau überführt werden, „wo eine entsprechende Technologie bereits vorhanden" sei. Die Vertreterin des Bezirksinstituts für Blutspende- und Transfusionswesen Cottbus unterstützte diesen Vorschlag: „Die bisherige Weigerung des Instituts für Impfstoffe Dessau wegen fehlender Fraktionierungskapazität vor 1983 die Produktion zu übernehmen", könne nicht akzeptiert werden.[133]

Zu den auf der Beratung besprochenen Themen wurden Schlussfolgerungen festgelegt. Ein erster Punkt betraf den Fachausschuss für Blutspende- und Transfusionswesen. Dieser sollte vom Minister für Gesundheitswesen mit einer Kontrolle der Einrichtungen des Blutspende- und Transfusionswesen beauftragt werden. Hierzu gehörten insbesondere die Auswahl und gesundheitliche Überwachung der Antigen- und Plasmaspender und die anhand der Plasmen durchgeführten labordiagnostischen Untersuchungen. Auch die Aufgaben der Immunisierungskommission und die Erarbeitung neuer Richtlinien sollten diesem Fachausschuss übertragen werden. Diese betrafen die Auswahl der Antigenspender, der Plasmaspender, die Aufbewahrung des Antigens bis zur Verwendung und die Vorratsbildung des Wirkstoffs. Ziel war es, die Plasmen sechs Monate vor der Verwendung aufzubewahren und damit die Inkubationszeit der Hepatitis abzuwarten.[134] Durch den Fachausschuss für Blutspende- und Transfusionswesen sollte ferner eine Studie erarbeitet werden, ob mit dem in Dessau erprobten Frak-

---

132 StA Halle (Saale), Handakte 1. Protokoll der Beratung der Expertenkommission (Anm. 125), Bl. 54.
133 StA Halle (Saale), Handakte 1. Protokoll der Beratung der Expertenkommission (Anm. 125), Bl. 54.
134 StA Halle (Saale), Handakte 1. Schlussfolgerungen, 2.3.1979, Bl. 56–57, hier Bl. 56.

tionierungsverfahren auch Anti-D-Immunglobulin zur intramuskulären Anwendung hergestellt werden könne.

In die überarbeitete Hepatitisrichtlinie sollten weitere Verpflichtungen des behandelnden Arztes aufgenommen werden. Hierzu gehörte, dass er eine ihm bekannt gewordene Hepatitiserkrankung eines Spenders von Blut oder Blutbestandteilen unverzüglich dem zuständigen Bezirksinstitut für Blutspende- und Transfusionswesen zu melden hatte. Gleichzeitig sollte das Institut für Impfstoffe Dessau nicht nur das Immunplasma vor der Mischung zum Ausgangspool auf HBsAg testen, sondern auch die von der Weltgesundheitsorganisation empfohlene zehnstündige Wärmebehandlung der Albuminlösungen bei 60 Grad Celsius durchführen.[135]

Im März 1979 wurde bekannt, dass auch nach der Verwendung nachfolgender Chargen Erkrankungen aufgetreten waren. Es handelte sich hierbei um die Chargen 16 und 17. Daraufhin überprüften Mitarbeiter des Staatlichen Kontrollinstituts für Seren und Impfstoffe das Institut in Halle (Saale) am 12. März 1979 erneut. Dieses Mal war auch Oberdoerster persönlich anwesend. Bei der Kontrolle wurde festgestellt, dass in den Produktionskontrollen zur Herstellung der Chargen 16, 17, 18 und 23 die Nutzung der Waschflüssigkeit der vorherigen Charge nicht ausgewiesen war. Für die Chargen 19, 20, 21 und 22 war dies hingegen ersichtlich, ebenso für die 1979 produzierten Chargen 2 bis 7. Die Waschflüssigkeit der Charge 23 war hingegen nicht in die erste Charge des Jahres 1979 gelangt, da diese zu diagnostischen Zwecken an die Laborabteilung übergeben worden war.[136] Die Angaben in der Produktionsdokumentation zu den Chargen 16 bis 23 wurden als unvollständig betrachtet. Es müsse davon ausgegangen werden, dass „wie üblich" auch diese Chargen die Waschflüssigkeit der jeweils vorangegangenen Charge enthielten.[137] Damit sei die während der Betriebskontrolle im Januar getroffene Feststellung, dass bei Charge 16 eine Ausnahme vorlag, unzutreffend.

---

135 StA Halle (Saale), Handakte 1. Schlussfolgerungen, 2.3.1979, Bl. 56–57, hier Bl. 57.
136 StA Halle (Saale), Strafakte Ia. Protokoll zur Betriebskontrolle (Datum: 12.31979), Bl. 15–19, hier Bl. 15.
137 StA Halle (Saale), Strafakte Ia. Protokoll zur Betriebskontrolle (Anm. 136), Bl. 16.

Oberdoerster ließ daraufhin die Chargen 16 bis 23 sperren. Noch vorhandene Zwischenprodukte der Charge 23 sollten sofort aus dem Fraktionierungsbereich entfernt werden. Ein erhöhtes Hepatitisrisiko für die Chargen aus 1979 wurde aber ausgeschlossen. Das Kontrollinstitut erteilte dem Bezirksinstitut in Halle (Saale) mehrere Auflagen. Die zurückgeführten Anteile der gesperrten Chargen 16 bis 22 waren in ihrer Originalverpackung unter Verschluss zu nehmen. Die Charge 23 war noch nicht ausgeliefert worden. Die Waschflüssigkeit und vorhandene Zwischenprodukte dieser Charge sollten vernichtet und das Vernichtungsprotokoll an das Kontrollinstitut gesendet werden. Ab Charge 7 aus dem Jahr 1979 durfte die anfallende Waschflüssigkeit nicht mehr in nachfolgende Chargen eingehen. Der Verbleib der Flüssigkeiten musste im Produktionsprotokoll ausgewiesen werden. Außerdem war die Produktionsdokumentation zukünftig so zu gestalten, „daß die vorhandenen Angaben Fehlinterpretationen nicht zulassen."[138] Eine neue Vereinbarung zwischen dem Direktor des Produktionsbetriebs in Halle (Saale) und den zuliefernden Einrichtungen des Blutspende- und Transfusionswesens war vorgesehen. Jedes gelieferte Einzelplasma sollte künftig ein Zertifikat enthalten. Anhand dessen sollte der Leiter der Technischen Kontrollorganisation des Bezirksinstituts Halle (Saale) erkennen, dass die Spender den Anforderungen gemäß den Richtlinien entsprachen.[139]

Zudem ergab die Kontrolle, dass 700 ml der Charge 15 verschwunden waren. Obwohl alle Lagermöglichkeiten kontrolliert wurden, blieb diese Teilcharge unauffindbar. Eine Mitarbeiterin des Instituts mutmaßte, dass sie möglicherweise zum Zeitpunkt der Abfüllung der Charge 15 versehentlich bei der Reinigung anderer Glasgefäße verworfen worden war. Berechnungen wurden angestellt, die eine Verwendung der 700 ml unwahrscheinlich machten. Dennoch wollten die Kontrolleure nicht ausschließen, dass diese 700 ml als Teilcharge in einen anderen Produktionsschritt der nachfolgenden Chargen eingegangen waren.[140]

---

138  StA Halle (Saale), Strafakte Ia. Protokoll zur Betriebskontrolle (Anm. 136), Bl. 18.
139  StA Halle (Saale), Strafakte Ia. Protokoll zur Betriebskontrolle (Anm. 136), Bl. 19.
140  StA Halle (Saale), Strafakte Ia. Protokoll zur Betriebskontrolle (Anm. 136), Bl. 16.

Einen Tag nach der Kontrolle berichtete Gesundheitsminister Mecklinger den Bezirksärzten über das Auftreten weiterer Erkrankungen nach der Verwendung der nachfolgenden Chargen. Und das, obwohl eine von ihm berufene Expertengruppe und das Staatliche Kontrollinstitut für Seren und Impfstoffe (SKISI) eine Kontamination dieser Chargen „nach gewissenhafter Einschätzung (…) weitgehend ausgeschlossen" hatten.[141] Im Zusammenhang mit den Chargen 16 und 17 handelte es sich bislang um jeweils drei Erkrankungen. Mecklinger hatte daher am 12. März 1979 die Sperrung der Chargen 16 bis 23 veranlasst. Die Anti-D-Prophylaxe sollte mit Chargen aus 1979 fortgeführt werden.[142]

### 1.1.3 Mecklingers Anzeige und erste Befragungen der Staatsanwaltschaft

Eine Bestrafung und Absetzung Schuberts war schon unmittelbar nach Bekanntwerden der Erkrankungen vorgesehen. Dies zeigt ein Schreiben des Bezirksarztes von Halle (Saale) an den Minister für Gesundheitswesen. Der Bezirksarzt hatte gleichzeitig die Bezirksleitung der SED über die Situation im Bezirksinstitut für Blutspende- und Transfusionswesen informiert. Er bat um Unterstützung bei der Gewinnung eines geeigneten Fachkaders für die amtierende Leitung des Instituts, „mit der Perspektive, nach Klärung der Angelegenheit OMR Dr. Schubert, die Leitung des Instituts endgültig zu übernehmen."[143] Er schilderte zudem die Zustände im Bezirksinstitut für Blutspende- und Transfusionswesen: „Die erneute Sperrung von Chargen Human-IgG-Anti-D hat dazu geführt, dass bei den Mitarbeitern des Bezirksinstituts für Blutspende- und Transfusionswesen labile Stimmungen

---

141 StA Halle (Saale), Handakte 1. Minister für Gesundheitswesen an Bezirksärzte (Anm. 15), Bl. 176.
142 StA Halle (Saale), Handakte 1. Minister für Gesundheitswesen an Bezirksärzte (Anm. 15), Bl. 176.
143 BArch, DQ 1/24452. Bezirksarzt Halle an Minister für Gesundheitswesen, 13.3.1979, unpag.

und Meinungen auftreten und ich damit die Erfüllung der anderen volkswirtschaftlichen Aufgaben gefährdet sehe." Daher hatte er ein Gespräch mit der amtierenden Leiterin des Instituts anberaumt, die er „aufgrund der Zuspitzung der Situation" für die Leitungstätigkeit nicht geeignet hielt.[144] Auch dem Ministerium für Staatssicherheit lag ein Bericht über die Situation im Bezirksinstitut für Blutspende- und Transfusionswesen vor. Dieser macht deutlich, dass Schubert mindestens seit 1976 im Visier der Staatssicherheit war. Denn zu diesem Zeitpunkt sei „erneut" eingeschätzt worden, dass ein Funktionswechsel im Institut erforderlich sei. Begründet wurde dies mit Schuberts Auftreten und Unklarheiten in Bezug auf sein Verhältnis zur Bundesrepublik Deutschland. Außerdem habe er die Zusammenarbeit mit anderen Instituten aus „egoistischen Gründen" abgelehnt. Ein Jahr später habe sich gezeigt, dass Schubert „Personen mit negativer Grundeinstellung" bestärke und „feindlich-negative" Diskussionen geduldet habe. Die Situation im Institut werde „nach internen Hinweisen als ‚katastrophal' eingeschätzt" und unter den Mitarbeitern herrsche große Unzufriedenheit.[145] Mecklinger erstattete am 14. März 1979 beim Generalstaatsanwalt der DDR Anzeige „zur Prüfung der strafrechtlichen Verantwortlichkeit" gegen Schubert und den Leiter der Technischen Kontrollorganisation.[146] Schubert war inzwischen beurlaubt worden. Mecklinger teilte dem Generalstaatsanwalt am 22. März 1979 einige Fakten zu den Hepatitiserkrankungen mit. Er gab an, dass für ihn kein Anhaltspunkt für eine Kontamination der Chargen 16 bis 23 bestanden habe, da die Expertengruppe nicht von einem Risiko ausgegangen sei. Nun war der Minister alarmiert, da „in der Vorwoche" auch Empfänger dieser Chargen an Hepatitis erkrankt waren.[147] Aufgrund dessen waren auch diese Chargen zu Beginn der vorhergehenden Woche gesperrt worden. Die Prüfung im Bezirksinstitut für Blutspende- und Transfusi-

---

144 BArch, DQ 1/24452. Bezirksarzt Halle an Minister (Anm. 143), unpag.
145 BStU, AOPK Halle 1142/81 TK. Bezirksverwaltung Halle, Akute Erkrankungen im Bezirk Halle nach Gabe von Anti-D-Prophylaxe, 23.2.1979, Bl. 64–67.
146 StA Halle (Saale), Strafakte I. Minister für Gesundheitswesen an Generalstaatsanwalt (Anm. 17).
147 StA Halle (Saale), Strafakte I. Ministerium für Gesundheitswesen an Generalstaatsanwalt der DDR, 22.3.1979, Bl. 4–5, hier Bl. 4.

onswesen in Halle (Saale) habe den Verdacht aufkommen lassen, dass die Waschflüssigkeit der Charge 15 der Charge 16 zugesetzt wurde und bis in die Charge 23 gelangt sei. Die Übertragung der Waschflüssigkeit sei erfolgt, um den Anti-D-Gehalt des Serums vollständig zu nutzen. Allerdings war für Mecklinger dieser Verdacht noch nicht bewiesen, da eine „aussagefähige Dokumentation über diesen Fall" fehlte.[148] Falls sich der Verdacht bestätigte, rechnete der Minister mit einer Ausdehnung der Überwachungsmaßnahmen auf ca. 1.000 bis 2.000 weitere Frauen.

Im Nachgang zu Mecklingers Anzeige übersandte dessen Stellvertreter dem Stellvertreter des Generalstaatsanwalts ein Schreiben Schuberts.[149] Darin hatte Schubert gegenüber der Stellvertreterin des Gesundheitsministers sein Vorgehen zu rechtfertigen versucht. Er bezog sich dabei auf sein Schreiben an das Staatliche Kontrollinstitut für Seren und Impfstoffe vom 23. Juni 1978, welches sie in Durchschrift erhalten hatte. Schubert wies auf die zu diesem Zeitpunkt drohende Gefahr einer Unterbrechung der Immunprophylaxe oder eines Imports aus dem Nichtsozialistischen Wirtschaftsgebiet durch die Verlagerung der Produktion nach Neubrandenburg hin. Er habe die Beurteilung des Kontrollinstituts für übervorsichtig ohne Berücksichtigung der praktischen Realisierbarkeit gehalten. Zumindest bei der pyrogenhaltigen Charge 90677 war dies für ihn eindeutig. Die Charge sei „nach nochmaliger Sterilfiltration pyrogenfrei" gewesen und „ohne Komplikationen zum Einsatz" gekommen.[150] Die zusätzliche Alkoholfällung habe die Übertragung einer Non-A-Non-B-Hepatitis nicht verhindern können. Der hohe Prozentsatz der Erkrankungen spreche dafür, „daß es sich um einen in der DDR seltenen Erreger handelt, gegen den kaum eine Immunität besteht."[151] Schubert befürchte nun, fristlos entlassen zu werden. Er halte dies in Hinsicht auf seine Motivation und sein Verhalten für unangemessen. Er

---

148 StA Halle (Saale), Strafakte I. Ministerium für Gesundheitswesen an Generalstaatsanwalt (Anm. 147), Bl. 5.
149 StA Halle (Saale), Strafakte I. Stellvertreter des Ministers für Gesundheitswesen an Stellvertreter des Generalstaatsanwaltes, 16.3.1979, Bl. 9.
150 StA Halle (Saale), Strafakte I. Schubert an Ministerium für Gesundheitswesen, 5.3.1979, Bl. 10–11, Bl. 10.
151 StA Halle (Saale), Strafakte I. Schubert an Ministerium (Anm. 150), Bl. 10.

habe seine Entscheidung uneigennützig getroffen, um einen durch eine Unterbrechung der Immunprophylaxe zu erwartenden späteren Schaden abzuwenden. Diese Entscheidung sei nicht „fahrlässig" erfolgt, denn er habe „auf die aus internationaler und eigener Erfahrung beruhenden Meinung" vertraut, dass Immunglobulin-Fraktionen hepatitissicher seien.[152] Retrospektiv hatte sich seine Einschätzung als falsch erwiesen und zog damit seiner Ansicht nach erhebliche sachliche Konsequenzen für die Auswahl von Blutspendern und die Gewinnung von Immunplasmen nach sich. Schlussendlich betonte Schubert, dass „das Problem der lückenlosen Überführung der Produktion nach Neubrandenburg (…) nahezu unlösbar geworden" sei.[153] Er warf Oberdoerster in diesem Zusammenhang vor, ihm mit seiner Antwort auf diese Problematik keine Hilfestellung gegeben zu haben: „Sollte ich nun den Bau verzögern und damit in Halle das Herzoperationsprogramm und die Erweiterung des Nierentransplantationsprogramms gefährden oder ‚aseptisch' arbeiten lassen und 8 m daneben bauen? Welchen Einfluss habe ich auf Neubrandenburg?"[154] Er hoffte auf Verständnis dafür, „unter welchen Zwangsbedingungen und nach bestmöglichem Wissen" er seine „retrospektiv falsche Entscheidung" getroffen hatte, und bat die Stellvertreterin des Gesundheitsministers um Unterstützung.[155]

Diese blieb offenbar aus, denn die Anzeige wurde aufrechterhalten und geprüft. Die Ermittlungen vor Ort übernahm der Staatsanwalt von der Abteilung III der Bezirksstaatsanwaltschaft Halle (Saale). Am 24. April 1979 fand eine Besprechung im Ministerium des Innern statt, in welcher der Auftrag erteilt wurde, die Anzeige des Ministers als Anzeigevorgang der Staatsanwaltschaft laufen zu lassen. Zunächst war vorgesehen, ein Gutachten anzufordern und „keine operativen Maßnahmen" zu ergreifen.[156]

Auch das Ministerium für Staatssicherheit war involviert. Dieses hatte be-

---

152 StA Halle (Saale), Strafakte I. Schubert an Ministerium (Anm. 150), Bl. 10.
153 StA Halle (Saale), Strafakte I. Schubert an Ministerium (Anm. 150), Bl. 11.
154 StA Halle (Saale), Strafakte I. Schubert an Ministerium (Anm. 150), Bl. 11.
155 StA Halle (Saale), Strafakte I. Schubert an Ministerium (Anm. 150), Bl. 11.
156 StA Halle (Saale), Handakte 1. Aktenvermerk Staatsanwalt [Halle (Saale)], 25.4.1979, Bl. 13.

reits im Februar 1979 Rücksprachen im Bezirkshygieneinstitut Halle (Saale) geführt und einen mündlichen Bericht seines dortigen Gesellschaftlichen Mitarbeiters für Sicherheit angefordert. Die zuständige Diensteinheit in Halle (Saale) war durch die „Hauptabteilung XX" schon vorher in Kenntnis gesetzt und gefragt worden, ob ein „operative[s] Interesse am Leiter des Institutes" bestehe.[157] Die Diensteinheit hatte diese Anfrage verneint und stattdessen die Informellen Mitarbeiter des Bezirkshygieneinstituts angewiesen, bis zum 28. Februar 1979 über Schubert zu berichten.[158] Der Bericht des Gesellschaftlichen Mitarbeiters für Sicherheit war aufschlussreich. Er gab an, dass es aufgrund der Angelegenheit mehrere Besprechungen mit Schubert im Ministerium für Gesundheitswesen gegeben habe. Dem Informanten der Staatssicherheit war bekannt, dass bereits in einer Dienstversammlung im Bezirksinstitut in Halle (Saale) das gelieferte Serum aus Neubrandenburg beanstandet worden war. Schubert habe aber angewiesen, dass „das beanstandete Serum auf die gesamte Produktion verteilt (untergemischt) wird, das ‚würde ja keiner merken'."[159] Die Mitarbeiter des Ministeriums für Staatssicherheit in Halle (Saale) waren also schon zu diesem Zeitpunkt über wichtige Aspekte informiert.

Offiziell oblag die Verantwortung für die Ermittlungen dem Bezirksstaatsanwalt Halle (Saale). Dieser informierte den Ersten Sekretär der Bezirksleitung der SED Halle (Saale) und Mitglied des Politbüros am 25. April 1979 über den Sachverhalt. Er berichtete, dass etwa 3.000 Frauen in allen Bezirken der DDR an Hepatitis erkrankt sein sollten, er aber erst ein Gutachten einholen müsse, um sich einen Standpunkt zu bilden.[160]

Für das Gutachten wurde eine sogenannte Gutachtenanforderung in Form eines Fragekatalogs entwickelt, die der Staatsanwalt in Halle (Saale) erarbeitete und der Abteilung III der Generalstaatsanwaltschaft in Berlin vorlegen

---

157 BStU, AOPK Halle 1142/81 TK. Abteilung XX/1, Information, 22.2.1979, Bl. 62.
158 BStU, AOPK Halle 1142/81 TK. Abteilung XX/1, Information (Anm. 157).
159 BStU, AOPK Halle 1142/81 TK. Abteilung XX/1, Mündlicher Bericht des GMS Lehmann, 22.2.1979, Bl. 63.
160 StA Halle (Saale), Handakte 1. Bezirksstaatsanwalt Halle (Saale) an Ersten Sekretär der SED-Bezirksleitung Halle (Saale), 25.4.1979, Bl. 14.

musste. Denn die Fragen wurden genauestens miteinander abgestimmt. Die Gutachtenanforderung sollte den Gutachtern in Berlin im Rahmen eines persönlichen Gesprächs übergeben werden. Schon fast entschuldigend bemerkte der hallische Staatsanwalt zu der Gutachtenanforderung: „Vielleicht erscheinen manche Fragen für den Sachverständigen als Selbstverständlichkeiten, für mich (später auch für den Richter) handelt es sich jedoch um Probleme."[161] Mit der Anfertigung des Gutachtens wurden der Leiter des Bezirksinstituts für Blutspende- und Transfusionswesen Magdeburg und Oberdoerster sowie einer seiner Mitarbeiter beauftragt.[162]
Für den hallischen Staatsanwalt standen bei der Erarbeitung des Gutachtens drei Fragekomplexe im Vordergrund. Diese betrafen die Produktion des Anti-D-Immunglobulins, die Pflichten der beiden Angezeigten und das Ausmaß der zu erwartenden Erkrankungen. Unter anderem fragte er danach, ob gewährleistet gewesen sei, dass das Institut mit seinen 1978 vorhandenen Kapazitäten und dem zugeleiteten Ausgangsmaterial den Bedarf in der DDR decken konnte. Und falls nicht, von wem die DDR für welchen Preis ein gleichwertiges Immunglobulin beziehen könne. Interessant war zudem die Frage nach zu erwartenden Folgeerscheinungen bei Nichteinsatz des Mittels. In Bezug auf die Pflichten der beiden Verantwortlichen wollte der Staatsanwalt vor allem „wissenschaftlich (…) zwei Einwände des Dr. Schubert widerlegen."[163] Hierbei handelte es sich um die Aussage, dass die Tests der beiden Plasmaspender und der Erythrozytenspenderin negativ waren, sodass eine Hepatitis B praktisch ausgeschlossen werden konnte. Ein weiterer Einwand betraf die Untersuchung einer Probecharge, deren Plasma in drei Tests zunächst einen stark positiven und nach der Fraktion nur noch in einem Testverfahren einen schwach positiven Wert aufgewiesen hatte.[164] Einige Fragen betrafen auch Oberdoersters eigene Verantwort-

---

161 StA Halle (Saale), Handakte 1. Vermerk Staatsanwalt [Halle (Saale)], 3.5.1979, Bl. 15.
162 StA Halle (Saale), Strafakte I. Minister für Gesundheitswesen an Generalstaatsanwalt (Anm. 17).
163 StA Halle (Saale), Handakte 1. Staatsanwalt [Halle (Saale)] an Staatliches Kontrollinstitut für Seren und Impfstoffe, 3.5.1979, Bl. 17–21, hier Bl. 19.
164 StA Halle (Saale), Handakte 1. Staatsanwalt [Halle (Saale)] an Staatliches (Anm. 163), Bl. 19.

lichkeit. So wollte der hallische Staatsanwalt wissen, warum das Kontrollinstitut nicht die Vernichtung der betreffenden Chargen angeordnet hatte. Gleichzeitig blieb die Frage, ob dieses Vorgehen der Siebenten Durchführungsbestimmung zum Arzneimittelgesetz – Staatliche Prüfung von Seren, Impfstoffen und anderen Arzneimitteln – vom 16. Dezember 1969 entsprach. Zudem stellte der Staatsanwalt die Frage, welche Entscheidungen Oberdoerster getroffen hätte, wenn ihm mitgeteilt worden wäre, dass die Chargen 8 bis 15 ebenfalls Plasma der betroffenen Spender enthielten. Eine weitere Frage betraf die Auswirkungen des Einsatzes der Chargen 8 bis 23 und die damit zusammenhängenden Erkrankungen sowie deren Schweregrad.[165]

Nachdem auch die Hauptabteilung Kriminalpolizei des Ministeriums des Innern dem überarbeiteten Entwurf der Gutachtenanforderung zugestimmt hatte, beauftragte die Abteilung III der Generalstaatsanwaltschaft den hallischen Staatsanwalt, die Anforderungen den Sachverständigen zuzuleiten.[166] Im Entwurf war auch die Frage festgehalten, ob der laut Anordnung über den Blutspende- und Transfusionsdienst geforderte Siebtest auf Hepatitis bei den Spendern ordnungsgemäß durchgeführt worden war.[167] Der Staatsanwalt aus Halle (Saale) übersandte Oberdoerster am 17. Mai 1979 die Gutachtenanforderung, in der festgelegt war, dass er gemeinsam mit dem Leiter des Magdeburger Bezirksinstituts ein Sachverständigengutachten zu den genannten Fragekomplexen erstellen sollte.[168]

Insbesondere Oberdoerster war als Leiter des Staatlichen Kontrollinstituts für Seren und Impfstoffe mit dem Sachverhalt vertraut, da dieses als verantwortliches Prüfinstitut über die Freigabe der Chargen entschieden hatte. Aus diesem Grund war Oberdoerster auch kein neutraler Gutachter, eben-

---

165  StA Halle (Saale), Handakte 1. Staatsanwalt [Halle (Saale)] an Staatliches (Anm. 163), Bl. 21.
166  StA Halle (Saale), Handakte 1. Staatsanwalt [Berlin] an Staatsanwalt [Halle (Saale)], 16.5.1979, Bl. 22.
167  StA Halle (Saale), Handakte 1. Entwurf: Staatsanwalt [Halle (Saale)] an SKISI, 16.5.1979, Bl. 23–29, hier Bl. 24.
168  StA Halle (Saale), Handakte 1. Staatsanwalt [Halle (Saale)] an Staatliches Kontrollinstitut für Seren und Impfstoffe, 17.5.1979, Bl. 30–34, hier Bl. 30.

so wenig wie sein Mitarbeiter. Auch der Leiter des Instituts für Blutspende- und Transfusionswesen Magdeburg war insofern mit der Angelegenheit befasst gewesen, da sein Institut ebenfalls die Proben aus Halle (Saale) und Neubrandenburg getestet hatte. Den Gutachtern wurde innerhalb der Ermittlungen großer Einfluss eingeräumt. Es kam mehrfach zu Besprechungen zwischen ihnen und der offenbar mit dem medizinischen Sachverhalt überforderten Staatsanwaltschaft. So fand am 30. Mai 1979 eine Beratung zwischen der Staatsanwaltschaft und dem Staatlichen Kontrollinstitut für Seren und Impfstoffe statt. Bei dieser hatte Oberdoerster Schubert massiv belastet: „Der Umstand, daß nach Ablehnung der Freigabe der Chargen 06 und 07 das von beiden Spendern stammende Plasma in den Chargen 08 bis 14 eingesetzt und die Chargen 06 und 07 zur Charge 15 umgearbeitet wurden, spräche für eine bewußte Missachtung der Pflicht, Hepatitisübertragungen durch Anwendung des Präparates zu vermeiden."[169] Ein Zusammentreffen zwischen der Staatsanwaltschaft und dem Leiter des Bezirksinstituts für Blutspende- und Transfusionswesen Magdeburg fand am 13. Juni 1979 statt. Auf dieser Zusammenkunft sollte unter anderem die Verständlichkeit des Gutachtens geprüft werden.[170] Der hallische Staatsanwalt hatte dabei die Information erhalten, dass eine Kommission berufen worden sei, die nie getagt habe. Zudem sollten am 1. Juli 1978 Hepatitisrichtlinien in Kraft treten, die bisher aufgrund von Einwänden nicht verabschiedet worden waren.[171]

Neben diesen Treffen stellte das Staatliche Kontrollinstitut für Seren und Impfstoffe der Staatsanwaltschaft schriftliches Beweismaterial zur Verfügung.[172] Im Gegenzug erhielten die Gutachter von der Generalstaatsanwaltschaft die Protokolle der ersten Befragungen, die am 29. und 30. Mai 1979

---

169 StA Halle (Saale), Handakte 1. Anlage: Vermerk über die Konsultation mit dem Direktor des Staatlichen Instituts für Impfstoffe und Seren, Prof. Oberdoerster und des Mitarbeiters des Instituts (…) am 30. Mai 1979, 1.6.1979, Bl. 44–46, hier Bl. 45. Hervorhebung im Original.
170 StA Halle (Saale), Handakte 1. Staatsanwalt [Berlin] an Staatsanwalt [Halle (Saale)], 11.6.1979, Bl. 58–60, hier Bl. 58.
171 StA Halle (Saale), Handakte 1. Vermerk Staatsanwalt [Halle (Saale)], 13.6.1979, Bl. 41.
172 StA Halle (Saale), Handakte 1. Vermerk Staatsanwalt [Berlin], 11.6.1979, Bl. 59.

stattfanden. Verbunden war dies mit der Bitte, auf „die von den Befragten vorgetragenen Argumente (…) einzugehen."[173] Die Generalstaatsanwaltschaft machte deutlich, dass es darum ging, dass die „Argumente der Verdächtigen bei der Erarbeitung des Gutachtens Berücksichtigung finden konnten."[174] Den Gutachtern wurde zudem die Möglichkeit eingeräumt, an den Vernehmungen teilzunehmen. Die Staatsanwaltschaft sah die Teilnahme sogar als erforderlich an.[175]

Bei den ersten Befragungen der beiden Angezeigten Ende Mai 1979 waren der zuständige Staatsanwalt aus Halle (Saale) und ein Oberleutnant der Kriminalpolizei anwesend. Schubert wurde damit konfrontiert, dass Mecklinger Anzeige wegen Verdacht des Verstoßes gegen das Arzneimittelgesetz gegen ihn erstattet hatte. Während der ersten Befragung ging es zunächst um die Produktion des Anti-D-Immunglobulins. Die Jahresproduktion in Halle (Saale) war mit 20.000 Ampullen geplant worden und hatte durch Rationalisierungsmaßnahmen auf 24.500 Ampullen gesteigert werden können. Am 1. Januar 1978 standen dem Institut nur noch etwa 6,5 Liter Ausgangsmaterial unterschiedlicher Qualität zur Verfügung. Schubert gab an, dass er wegen der geplanten Verlagerung der Produktion einen „gewissen Vorrat schaffen" wollte, „um diese drohende Lücke so klein wie möglich zu halten."[176] Doch der Bestand hatte sich zwischen dem 1. Januar 1978 und dem 1. Januar 1979 von 10.000 auf ca. 8.000 Ampullen verringert. Die weiteren Fragen betrafen die Ereignisse des Jahres 1978 und kreisten insbesondere um die Informationen aus Neubrandenburg. Schubert wusste nicht mehr, wann ihn der Ärztliche Direktor des Bezirksinstituts Neubrandenburg angerufen hatte. Dieser habe ihm mitgeteilt, dass die beiden Spender „leicht ikterisch erkrankt" seien und sich in stationärer Behandlung be-

---

173  StA Halle (Saale), Handakte 1. Staatsanwalt [Berlin] an Staatliches Kontrollinstitut für Seren und Impfstoffe, 6.6.1979, Bl. 40.
174  StA Halle (Saale), Handakte 1. Staatsanwalt [Berlin] an Staatsanwalt [Halle (Saale)], Verdacht des Verstoßes gegen das Arzneimittelgesetz im BIBT Halle, 6.6.1979, Bl. 39.
175  StA Halle (Saale), Handakte 1. Aktenvermerk Staatsanwalt [Halle (Saale)], 22.6.1979, Bl. 134.
176  StA Halle (Saale), Handakte 2. Protokoll (Anm. 56), Bl. 2.

fänden.¹⁷⁷ Schubert behauptete, „auf mehrfache telefonische Rückfragen" immer wieder die Antwort erhalten zu haben, „daß man offensichtlich in der Klinik selbst nicht recht wußte, worum es sich handelt."¹⁷⁸ Der ermittelnde Staatsanwalt hatte neben dieser Aussage handschriftlich „Lüge" vermerkt und gefragt, warum Schubert sich nicht selbst bei der Klinik über die Diagnose erkundigt hatte. Dieser verteidigte sich damit, dass es unüblich sei, den Auskünften anderer Kollegen nicht zu vertrauen. Er selbst habe die Erkrankung nicht für eine Virushepatitis gehalten und sich in dieser Annahme durch die negativen Testergebnisse bestätigt gesehen. Das Blut der Antigenspenderin und der Plasmaspender sei „mit erheblich empfindlicheren Tests untersucht" worden, als normalerweise bei Blutspendern üblich.¹⁷⁹ Zudem schätzte er „die Kontrollinstitute generell als übervorsichtig ein" und die Vernichtung der Chargen hätte einen Verlust von 3.000 Ampullen bedeutet.¹⁸⁰

Am 30. Mai 1979 wurde der seit 1973 amtierende Leiter der Technischen Kontrollorganisation im Bezirksinstitut für Blutspende- und Transfusionswesen Halle (Saale) befragt. Noch vor der Prüfung der Chargen hatte er von Schubert erfahren, „daß ein Spender mit Symptomen einer Hepatitis erkrankt war."¹⁸¹ Er gab an, die Chargen 6 und 7 entsprechend der Gütevorschrift geprüft und die Untersuchungsergebnisse auf dem Begleitschreiben vermerkt zu haben. Diese bezogen sich auf Hepatitis B und das Ergebnis war negativ. Der Leiter der Technischen Kontrollorganisation hatte erst später erfahren, dass die Untersuchung der Spender in Neubrandenburg lückenhaft erfolgt war und nicht den gesetzlichen Vorgaben entsprach. Erst nach dem Vorfall habe es ein Rundschreiben der Vorsitzenden der Fachkommission gegeben. In diesem war festgelegt, dass jeder Ärztliche Direktor einer Blutspendeeinrichtung mit seiner Unterschrift bestätigen sollte,

---

177  StA Halle (Saale), Handakte 2. Protokoll (Anm. 56), Bl. 3.
178  StA Halle (Saale), Handakte 2. Protokoll (Anm. 56), Bl. 3.
179  StA Halle (Saale), Handakte 2. Protokoll (Anm. 56), Bl. 3.
180  StA Halle (Saale), Handakte 2. Protokoll (Anm. 56), Bl. 4.
181  StA Halle (Saale), Handakte 2. Protokoll über die Befragung des (...), 30.5.1979, Bl. 87–89, hier Bl. 88.

dass die Untersuchungen gemäß der Richtlinie Nummer 1 erfolgt waren. Trotz der Ablehnung der Chargen durch das Kontrollinstitut hatte er sich auf Schubert verlassen, den er für „absolut kompetent [sic!]" hielt.[182]
Die Befragung des Leiters der Technischen Kontrollorganisation hatte dem Staatsanwalt offenbar dazu gedient, die Verhältnisse im Bezirksinstitut für Blutspende- und Transfusionswesen Halle (Saale) besser einzuschätzen. Der Staatsanwalt aus Halle (Saale) bemerkte hierzu gegenüber der Generalstaatsanwaltschaft in Berlin: Insbesondere aus der Befragung des Leiters der Technischen Kontrollorganisation „wird die Situation, wie sie am halleschen Institut bestand, klar. Dr. Schubert war die Kapazität, für jeden der Verantwortlichen eine Autorität. Sein Wort galt. Der TKO-Leiter (…) hat offensichtlich stets die Meinung seines Direktors geteilt. (…) [Er] räumte ein, dass er die Chargen entsprechend den Gütevorschriften, die er selbst mit erarbeitet hat, geprüft habe."[183] Die Befragung Schuberts war für den Staatsanwalt schwierig. Denn zum einen waren die Fragen gemäß den Absprachen eher allgemein gehalten. Dies sah er als Hindernis, da sich Schubert in viele wissenschaftliche Details verliere, sofern man ihm keine konkreten Fragen stelle. Zudem war dieser aufgrund seiner Tätigkeit als Gutachter auf dem Gebiet des Strafrechts bewandert und hatte die Durchführungsbestimmungen zum Arzneimittelgesetz selbst mit erarbeitet. Zur Verteidigung habe Schubert die bereits bekannte Aussage vorgebracht, dass Immunglobulin-Fraktionen hepatitissicher seien. Schubert habe betont, dass er die 3.000 Ampullen auch leicht hätte vernichten lassen können. Da er kein Risiko sah, ließ er diese öffnen und weiteren Prüfungen unterziehen. Zur Befragung Schuberts vermerkte der ermittelnde Staatsanwalt: „Ich kann es heute noch nicht belegen, ich glaube aber fast, daß es Dr. Schubert auch um eine Prestigefrage geht."[184] Die Befragung musste allerdings aufgrund des gesundheitlichen Zustandes von Schubert nach anderthalb Stun-

---

182 StA Halle (Saale), Handakte 2. Protokoll über Befragung (Anm. 181), Bl. 89.
183 StA Halle (Saale), Handakte 1. Staatsanwalt [Halle (Saale)] an Generalstaatsanwalt der DDR, Abteilung III, 1.6.1979, Bl. 36.
184 StA Halle (Saale), Handakte 1. Staatsanwalt [Halle (Saale)] an Generalstaatsanwalt (Anm. 183).

den abgebrochen werden. Der Staatsanwalt ging davon aus, dass „das zwischen uns vereinbarte <u>Ziel der Befragung erreicht</u>" worden war.[185] Falls die Generalstaatsanwaltschaft weitere Aktivitäten bis zum Eingang des Gutachtens für erforderlich halte, werde er diese selbstverständlich realisieren.[186] Schubert und der Leiter der Technischen Kontrollorganisation befanden sich zunächst noch im Stadium der Anzeigenprüfung und sollten deshalb auf Anweisung des Generalstaatsanwalts in Absprache mit dem Ministerium des Innern „vorsichtig" vernommen werden. Dies hing offenbar auch mit dem Zustand von Schubert zusammen, der sowohl körperlich als auch psychisch angeschlagen war. Die Abteilung III der Generalstaatsanwaltschaft aus Berlin hatte dem Staatsanwalt in Halle (Saale) am 23. Mai 1979 mitgeteilt, dass Schubert „außerordentlich depressiv" sei.[187]

Am 1. Juni 1979 hatte sich der Bezirksarzt von Halle (Saale) bei dem ermittelnden Staatsanwalt erkundigt, ob es aus strafrechtlicher Sicht Einwände gegen eine Tätigkeit Schuberts „in nicht verantwortlicher Position" gebe.[188] „Der nervliche Zustand des Dr. Schubert" mache dies erforderlich.[189] Der Staatsanwalt teilte daraufhin mit, dass das Anzeigenprüfungsverfahren einer Tätigkeit nicht entgegenstehe, hielt diese aber aufgrund von Schuberts Gesundheitszustand nicht für empfehlenswert. Nach einer Rücksprache mit der Generalstaatsanwaltschaft gab der hallische Staatsanwalt grünes Licht: „Die Zentrale sieht keine Einwände gegen einen Einsatz des Dr. Schubert."[190] Dessen Zustand blieb kritisch und war sogar Mitgliedern des Politbüros der SED bekannt. Denn in Halle (Saale) hatte der Bezirksstaatsanwalt den SED-Bezirkssekretär darüber informiert, „daß sich Dr. Schubert mit Selbstmordabsichten trägt, weil er seit Januar 1979 beurlaubt und ohne Ar-

---

185 StA Halle (Saale), Handakte 1. Staatsanwalt [Halle (Saale)] an Generalstaatsanwalt (Anm. 183), Hervorhebung im Original.
186 StA Halle (Saale), Handakte 1. Staatsanwalt [Halle (Saale)] an Generalstaatsanwalt (Anm. 183).
187 StA Halle (Saale), Handakte 1. Vermerk Staatsanwalt [Halle (Saale)]: Anruf von (…), Bl. 35.
188 StA Halle (Saale), Handakte 1. Vermerk Staatsanwalt [Halle (Saale)], 1.6.1979, Bl. 38.
189 StA Halle (Saale), Handakte 1. Vermerk (Anm. 188).
190 StA Halle (Saale), Handakte 1. Vermerk (Anm. 188).

beit ist."[191] Dies hatte ihm der Nachbar von Schubert mitgeteilt, der das Bezirksgericht leitete.[192]

Das Ministerium für Staatssicherheit hatte hingegen andere Informationen. Dort hatte man durch den Inoffiziellen Mitarbeiter (IM) mit dem Decknamen „Dr. Förster" erfahren, dass Schubert ein Gespräch mit dem „BA" geführt habe, womit möglicherweise der Bezirksarzt gemeint war.[193] Dieser habe Schubert versichert, dass er straffrei bleiben werde und die „gesamte Angelegenheit sich zu seinen Gunsten entscheiden wird." Der Inoffizielle Mitarbeiter „Dr. Förster" kritisierte daraufhin, dass Schubert sich nun wieder „erhaben" zeige und davon überzeugt sei, das Institut weiter leiten zu können. Der Bericht machte außerdem deutlich, dass Schubert sich als Opfer sah, dem etwas unterstellt werden sollte. Er machte hierfür leitende Mitarbeiter verantwortlich.[194] Ob diese im Ministerium für Gesundheitswesen oder der Bezirksverwaltung zu finden waren, lässt sich dem Bericht nicht entnehmen.

Am 11. Juni 1979 wandte sich Schubert mit einem Schreiben an den ermittelnden Staatsanwalt von Halle (Saale), in dem er noch einmal Argumente für sein Handeln vorbrachte. Er hatte bei der ersten Befragung am 29. Mai 1979 um einen Abbruch des Gesprächs gebeten, da er vor allem der Protokollformulierung nicht mehr folgen konnte. Der zuständige Hauptmann hatte ihm am Tag nach der Befragung das Protokoll zur Unterschrift vorgelegt. Darin fehlten seiner Ansicht nach „gewichtige Argumente zur Frage, warum ich eine abweichende Auffassung gegenüber SKISI [Staatliches Kontrollinstitut für Seren und Impfstoffe] vertreten habe."[195] Der Hauptmann hatte das Protokoll nicht geändert, sondern Schubert auf folgende

---

191 StA Halle (Saale), Handakte 1. Bezirksstaatsanwalt an Mitglied des Politbüros und 1. Sekretär der SED-Bezirksleitung, 13.6.1979, Bl. 42.
192 StA Halle (Saale), Handakte 1. Bezirksstaatsanwalt an Mitglied des Politbüros (Anm. 191).
193 BStU, Rückverfilmung AOPK 1142/81. Abteilung XX/1, Mündlich informierte der IM zu nachfolgenden Problemen (IM Dr. Förster), 14.6.1979, Bl. 168.
194 BStU, Rückverfilmung AOPK 1142/81. Abteilung XX/1, Mündlich informierte der IM (Anm. 193), unpag.
195 StA Halle (Saale), Handakte 1. Schubert an Staatsanwalt [Halle (Saale)], 11.6.1979, Bl. 187.

Befragungen vertröstet. Schubert versuchte nun auf diesem Weg, das Protokoll zu vervollständigen. Er verwies auf eine 1969 in der DDR durchgeführte Studie mit 3.000 Verlaufskontrollen, welche die Hepatitissicherheit von Fraktionierungen belegt habe. Er behauptete zudem, dass die Gütevorschrift übererfüllt worden sei, da die Neubrandenburger Spender mit Methoden untersucht worden waren, die normalerweise nicht angewendet werden würden. Gleichzeitig ging er auf die fraktionierte Probecharge ein, die vorher stark Australia-antigenhaltiges Plasma enthalten habe und nach der Fraktionierung nur noch im Radio-Immun-Assay schwach positiv gewesen sei. Hierbei habe es sich um das konzentrierte Endprodukt gehandelt, das noch verdünnt werden musste. Normalerweise werde eine Verdünnung von zehn zu vier angewendet, bei einer Verdünnung von zehn zu sieben gebe es „evtl. noch eine Virämie, jedoch keine manifeste Erkrankung."[196] Auch dies sei internationale Ansicht. Schubert war zudem bekannt, dass in Amerika posttransfusionelle Hepatitis zu 75 % als Hepatitis Non-A-Non-B angesehen werde. Er hegte schon seit seiner Dissertation „Vorbehalte" gegenüber „Veröffentlichungen aus kapitalistischen Ländern", da diese „oft durch die Industrie stimuliert" seien.[197] Im Fall der Hepatitis Non-A-Non-B biete beispielsweise die Firma Cutter ein „Cutterglobulin" an, um das Risiko einer Übertragung zu senken. In der DDR sei bisher noch kein Fall dieser Hepatitisform durch Transfusion bekannt geworden.[198]

Der ermittelnde Staatsanwalt antwortete Schubert am 19. Juni 1979, dass er ihm während der Befragung am 29. Mai versichert habe, dass die Staatsanwaltschaft alle Argumente sorgfältig prüfen werde. Das Schreiben hatte er zu den Unterlagen genommen und den Sachverständigen zur Kenntnis gegeben. Gleichzeitig kündigte er an, dass weitere „Befragungen/Vernehmungen" voraussichtlich in der Woche vom 2. bis zum 6. Juli 1979 stattfinden würden.[199]

---

196 StA Halle (Saale), Handakte 1. Schubert an Staatsanwalt (Anm. 195).
197 StA Halle (Saale), Handakte 1. Schubert an Staatsanwalt (Anm. 195).
198 StA Halle (Saale), Handakte 1. Schubert an Staatsanwalt (Anm. 195).
199 StA Halle (Saale), Handakte 1. Staatsanwalt [Halle (Saale)] an Schubert, 19.6.1979, Bl. 132.

## 1.1.4 Einholen eines Sachverständigengutachtens

Einer der Gutachter legte im Juni 1979 einen ersten Entwurf des Gutachtens vor. Der Entwurf war „im Ergebnis der zwischenzeitlichen Konsultationen zwischen unserer Abteilung, der Abteilung K [Kriminalpolizei] des MdI [Ministerium des Innern] und den Sachverständigen" von dem Staatlichen Kontrollinstitut für Seren und Impfstoffe verfasst worden.[200] Das 22 Seiten umfassende Sachverständigengutachten lag am 27. Juni 1979 vor. Darin wurde zunächst auf die Herstellung von Anti-D-Immunglobulin eingegangen und festgehalten, dass die Gewinnung der Ausgangsplasmen in Einrichtungen des Blutspende- und Transfusionsdiensts in der DDR erfolgte. Als Anforderung an die Ausgangsplasmen wurde auf Punkt 17.1 der Gütevorschrift verwiesen. Nach diesem durften nur Personen als Spender zugelassen werden, die der Anordnung über den Blutspende- und Transfusionsdienst entsprachen. Diese wiederum setzte voraus, dass die Spender keine übertragbaren Krankheiten aufweisen durften.[201] Gleichzeitig legte die Anordnung eine Kontrolle des Sozialversicherungsausweises, einen Siebtest auf Hepatitis und eine Nachuntersuchung vor jeder weiteren Spende fest. Neu war der Hinweis der Gutachter, dass auch ein Nachweis auf Abwesenheit von HBs-Antigen im Serum des Blutspenders für „unbedingt erforderlich" gehalten werde.[202] Als Grundlage hierfür wurde eine Mitteilung der Gesellschaft für Hämatologie und Bluttransfusion der DDR zum Australia-Antigen herangezogen. Das Gutachten hielt fest, dass der Leiter der Technischen Kontrollorganisation das Endprodukt nach der Gütevorschrift zu prüfen hatte. Anschließend war das Präparat mit den im Bezirksinstitut für Blutspende- und Transfusionswesen Halle (Saale) erhaltenen Prüfergebnissen an das Staatliche Kontrollinstitut zur Prüfung und Freigabe abzugeben. Wie die staatliche Prüfung aussah, wurde im Gutachten nicht thematisiert.

---

200  StA Halle (Saale), Handakte 1. Staatsanwalt [Berlin] an Staatsanwalt (Anm. 170), Bl. 58 f.
201  StA Halle (Saale), Handakte 4. Sachverständigengutachten (Anm. 3), Bl. 58.
202  StA Halle (Saale), Handakte 4. Sachverständigengutachten (Anm. 3), Bl. 59.

Die Gutachter wandten sich vor allem gegen den Begriff der „Hepatitissicherheit". Schubert hatte diesen in einem Artikel aus dem Jahr 1976 verwendet. Auch Experten der Weltgesundheitsorganisation benutzten den Begriff. Die Gutachter gingen aber davon aus, dass hierbei mehrere Faktoren berücksichtigt werden mussten und nicht nur die „Fällung der Immunglobuline mittels Äthanol" im Fraktionierungsverfahren.[203] Die Gutachter wiesen darauf hin, dass es keinen Anhaltspunkt für die Annahme gebe, dass die Hepatitissicherheit der Immunglobuline ausschließlich auf die Einwirkung des Äthanols zurückzuführen sei. Die Forderung nach einer Wärmebehandlung zeige, dass die alleinige Einwirkung des Äthanols zur Inaktivierung von Hepatitisviren nicht ausreiche. Durch den Einsatz der Plasmen von nur zehn Spendern werde die Verdünnung des Plasmas außerdem sehr gering gehalten. Bei der Mischung von 1.000 und mehr Plasmen seien der Verdünnungseffekt sowie die Wahrscheinlichkeit höher, dass in dieser Mischung Plasmen mit Antikörpern vorhanden seien, die „eine neutralisierende Wirkung ausüben" könnten.[204] Schubert wurde nachteilig ausgelegt, dass er in seinem Schreiben an das Kontrollinstitut vom 23. Juni 1978 nur von einer „Senkung des Hepatitisrisikos" ausgegangen war. Er sei damit selbst nicht von einer „Hepatitissicherheit" überzeugt gewesen, wodurch die Entscheidung zur Umarbeitung der Chargen 6 und 7 unverständlich werde. Zwar räumten die Gutachter ein, dass eine Produktionssteigerung notwendig sei, dies aber nicht „unter Einbeziehung eines derartigen Risikos" geschehen könne.[205]

1977 hatten 19.814 Frauen eine Immunprophylaxe erhalten, wobei nicht alle „gefährdeten Mutter-Kind-Kombinationen" in die Prophylaxe einbezogen worden waren.[206] Die Gutachter behaupteten, dass das Bezirksinstitut in Halle (Saale) entsprechend den gesetzlichen Regelungen den Bedarf mit dem Präparat abdecken konnte. Auf die Frage nach möglichen Importen wurde nicht eingegangen. Stattdessen wurde die Produktion des Jahres

---

203  StA Halle (Saale), Handakte 4. Sachverständigengutachten (Anm. 3), Bl. 62.
204  StA Halle (Saale), Handakte 4. Sachverständigengutachten (Anm. 3), Bl. 63.
205  StA Halle (Saale), Handakte 4. Sachverständigengutachten (Anm. 3), Bl. 78.
206  StA Halle (Saale), Handakte 4. Sachverständigengutachten (Anm. 3), Bl. 64.

1978 detailliert dargestellt. Daraus ging hervor, dass die Chargen 8 bis 15 zwischen August und Mitte Dezember 1978 ausgeliefert worden waren. Gesperrt wurden sie am 11. Januar 1979. Die Chargen 16 bis 22 wurden im Zeitraum von 14. Dezember 1978 bis zum 2. März 1979 ausgeliefert und am 14. März 1979 gesperrt.[207] Die Charge 23 war nicht ausgeliefert worden. Die Gutachter gaben an, dass dem Bezirksinstitut für Blutspende- und Transfusionswesen Halle (Saale) nach ihren Berechnungen bis Mitte Juni 1979 insgesamt 14.305 Ampullen zur Verfügung gestanden hatten. Damit seien „bereits 71,5 % des geschätzten Jahresbedarfes von 20.000 Ampullen" abgedeckt worden.[208]

Die Verantwortlichkeit des Staatlichen Kontrollinstituts für Seren und Impfstoffe wurde nur am Rand thematisiert. Dieses hatte nach § 13 der Siebenten Durchführungsbestimmungen zum Arzneimittelgesetz die Möglichkeit gehabt, eine Auflage zur Vernichtung der Chargen zu erteilen. Dass von dieser Auflage kein Gebrauch gemacht worden war, wurde damit gerechtfertigt, dass es sich zunächst nur um einen Verdacht gehandelt habe. Das Kontrollinstitut sei davon ausgegangen, „daß dieser Verdacht entweder bestätigt oder durch eine andere gesicherte Diagnose ausgeschlossen werden wird."[209] Von der Weiterverarbeitung des Plasmas und der Umarbeitung der Chargen 6 und 7 habe das Kontrollinstitut keine Kenntnis erhalten, da es den Antrag auf die Freigabe dieser Chargen ansonsten abgelehnt hätte.

Im Gegensatz dazu urteilten die Gutachter hart über Schubert. Die Information, ob zwei oder fünf Spender erkrankt waren, hielten sie nicht für relevant. Ebenso sei „die Art des viralen Krankheitserregers ohne Belang", stattdessen hätte „nur eine negative Entscheidung getroffen werden müssen!"[210] Die Gutachter gingen davon aus, dass Schubert von der Diagnose der Spender wusste. Als Beleg führten sie an, dass Schubert in seiner Stellungnahme an das Staatliche Kontrollinstitut für Seren und Impfstoffe

---

207   StA Halle (Saale), Handakte 4. Sachverständigengutachten (Anm. 3), Bl. 66.
208   StA Halle (Saale), Handakte 4. Sachverständigengutachten (Anm. 3), Bl. 67.
209   StA Halle (Saale), Handakte 4. Sachverständigengutachten (Anm. 3), Bl. 68.
210   StA Halle (Saale), Handakte 4. Sachverständigengutachten (Anm. 3), Bl. 70, Hervorhebung im Original.

am 8. Februar 1979 auf die Epikrisen der Spender verwiesen hatte. Ferner wurde Schubert vorgeworfen, dass er sich nur darum bemüht hatte, eine Hepatitis B auszuschließen. Es sei unverständlich, dass er die anderen Hepatitisformen außer Acht gelassen habe. Auch habe eine Hepatitis-B-Viruskontamination nie ganz ausgeschlossen werden können.[211]
Die Gutachter verwiesen darauf, dass kein Verfahren die Gefahr einer Virenübertragung ausschließe, sondern das Risiko nur durch eine sorgfältige Auswahl und Untersuchung der Spender vermindert werden könne. Hierzu hätten in den letzten Jahren auch Diskussionen in der Fachkommission Blutspende- und Transfusionswesen beim Ministerium für Gesundheitswesen stattgefunden. Dabei war darüber diskutiert worden, „ein Präparat zur intramuskulären Anwendung industriell (Inst.f.Impfstoffe, Dessau) herzustellen, das bei gleichem Antikörpergehalt (250 µg/Dosis), jedoch höherem Eiweißgehalt (10 bis 16%), den Einsatz einer größeren Zahl von Plasmen/Charge ermöglicht, womit gleichzeitig auch das Risiko einer Hepatitisübertragung verringert werden kann."[212] Die in Neubrandenburg versäumte Untersuchung der Plasmaspender werteten die Gutachter hingegen als „Pflichtverletzung", die sich nicht auf die späteren Ereignisse ausgewirkt habe. Ein Enzymtest hätte wahrscheinlich Normalwerte ergeben. Zudem sei die Erkrankung bereits vor dem Antrag auf staatliche Prüfung der Charge 6 beziehungsweise vor der Produktion der nachfolgenden Chargen dem Bezirksinstitut für Blutspende- und Transfusionswesen Halle (Saale) mitgeteilt worden.[213]
Auch der Leiter der Technischen Kontrollorganisation wurde scharf kritisiert. Ihm wurde insbesondere vorgeworfen, dem Kontrollinstitut die Zusammensetzung der Charge 15 nicht mitgeteilt zu haben. Dies könne nur „auf völlig unzureichende Kenntnisse der Hepatitisproblematik" und eine „einseitige Orientierung" auf Schuberts Auffassungen zurückgeführt werden.[214] Der Leiter der Technischen Kontrollorganisation war nach Ansicht

---

211  StA Halle (Saale), Handakte 4. Sachverständigengutachten (Anm. 3), Bl. 77.
212  StA Halle (Saale), Handakte 4. Sachverständigengutachten (Anm. 3), Bl. 64.
213  StA Halle (Saale), Handakte 4. Sachverständigengutachten (Anm. 3), Bl. 72f.
214  StA Halle (Saale), Handakte 4. Sachverständigengutachten (Anm. 3), Bl. 79.

der Gutachter nicht seiner in § 8 der Siebenten Durchführungsbestimmung zum Arzneimittelgesetz festgelegten Verantwortung nachgekommen. Er habe bei der Produktion der Chargen 8 bis 15 die in Punkt 17.1 festgelegten Vorschriften nicht kontrolliert. Schon mit dem Verdacht auf eine Erkrankung habe das Plasma nicht mehr den Voraussetzungen der Gütevorschrift entsprochen. Durch die Erkrankung mehrerer Plasmaspender sei die Wahrscheinlichkeit einer Infektion sehr hoch gewesen. Dies habe dem Verdacht auf eine Hepatitiserkrankung ein „besonderes Gewicht" verliehen.[215] In der Umarbeitung der Chargen 6 und 7 und der Wiederverwendung der Waschflüssigkeit sahen die Gutachter zudem eine Verletzung des § 1 des Arzneimittelgesetzes.[216]
Insgesamt urteilten die Gutachter großzügig über eigene Verantwortlichkeiten und auch die Vorgehensweise des Bezirksinstituts für Blutspende- und Transfusionswesen Neubrandenburg. In Bezug auf Schubert und den Leiter der Technischen Kontrollorganisation wurde hingegen jedes Detail genutzt, um diesen eine Schuld nachzuweisen. Dabei wurde auch viel mit Behauptungen gearbeitet. Beispielsweise war den Gutachtern gar nicht bekannt, ob Schubert etwas von der Erkrankung der Spender erfahren hatte. Gleichzeitig stellt sich die Frage, wie, falls ein Hepatitisrisiko niemals ausgeschlossen werden konnte, die Immunprophylaxe in den Vorjahren durchgeführt wurde. Bezeichnend ist zudem der Hinweis auf neue Ideen des Fachausschusses beim Ministerium für Gesundheitswesen, die hier am Rande eingebracht wurden. Diese machen deutlich, dass die Gutachter eine Veränderung der Immunprophylaxe anstrebten und eigene Interessen verfolgten. Besonders auffällig ist, dass mit keinem Wort auf die Möglichkeit eines Importes eingegangen wurde. Die Frage, welche Folgen im Fall einer Unterbrechung eingetreten wären, blendete das Gutachten ebenfalls aus. Zwar wurden kurz die möglicherweise entstehenden Versorgungslücken thematisiert, diese wurden aber durch unsichere Zahlen heruntergespielt. Die Verantwortlichkeit des Staatlichen Kontrollinstituts in Hinsicht

---

215  StA Halle (Saale), Handakte 4. Sachverständigengutachten (Anm. 3), Bl. 80.
216  StA Halle (Saale), Handakte 4. Sachverständigengutachten (Anm. 3), Bl. 80.

auf die Prüfung wurde nicht thematisiert und zu der Frage, warum die Chargen nicht vernichtet worden waren, wurde nur eine knappe Antwort gegeben.

## 1.2 Das Ermittlungsverfahren

Das Sachverständigengutachten hatte Schubert und den Leiter der Technischen Kontrollorganisation schwer belastet. Doch noch bevor das Gutachten eingegangen war, leitete der Generalstaatsanwalt der DDR am 20. Juni 1979 ein Ermittlungsverfahren gegen die beiden Verdächtigen ein. Dies geht aus einer Notiz des hallischen Staatsanwalts über ein Gespräch mit dem Generalstaatsanwalt aus Berlin hervor. Das Verfahren sollte erst nach Eingang des Gutachtens offiziell werden. Die Vernehmungen konnten schon vorbereitet werden. Der Generalstaatsanwalt der DDR wollte den Bezirkssekretär der SED Halle (Saale) persönlich informieren. Der ermittelnde Staatsanwalt hatte den Bezirksstaatsanwalt schon über das Verfahren in Kenntnis gesetzt. Die Abteilung III der Generalstaatsanwaltschaft hatte den hallischen Staatsanwalt zudem über das Vorliegen erster Anzeigen von Patientinnen aus dem Bezirk Karl-Marx-Stadt unterrichtet, die er ihm zuleiten wollte.[217]

Das Ermittlungsverfahren wurde offiziell am 3. Juli 1979 eingeleitet. Die Staatsanwaltschaft warf Schubert und dem Leiter der Technischen Kontrollorganisation vor, in ihrer Funktion „entgegen den gesetzlichen Bestimmungen schuldhaft handelnd, Human-Immunglobulin-Anti-D in den Verkehr gebracht" und dadurch „Hepatitiserkrankungen einer Vielzahl von Frauen und einiger Säuglinge" verursacht zu haben.[218] Zugrunde gelegt wurde ein Vergehen gemäß § 35 und § 36 des Arzneimittelgesetzes sowie

---

217  StA Halle (Saale), Handakte 1. Aktenvermerk Staatsanwalt [Halle (Saale)], 20.6.1979, Bl. 133.
218  StA Halle (Saale), Handakte 1. Verfügung: Einleitung eines Ermittlungsverfahrens, 3.7.1979, Bl. 137–139.

§ 118 Abs. 1 und 2, Ziff. 1 des Strafgesetzbuchs.[219] Die Verteidigung Schuberts übernahm ein Rechtsanwalt aus Halle (Saale).[220]
Die nächsten Vernehmungen waren für den Zeitraum vom 3. bis 5. Juli 1979 geplant. Während dieser ersten Vernehmungen war eine Teilnahme des Mitarbeiters von Oberdoerster vorgesehen, die das Ministerium für Gesundheitswesen empfohlen hatte.[221] In den Pausen zwischen den geplanten Beschuldigtenvernehmungen waren Beratungen mit dem Gutachter anberaumt.[222] Die Abteilung III der Generalstaatsanwaltschaft bestätigte dem ermittelnden Staatsanwalt die Ankunft des Gutachters telefonisch am 2. Juli 1979 und informierte dabei über den Stand der Erkrankungen, den sie auf 2.533 Personen bezifferte. Insgesamt waren 2.420 Frauen und 113 Kontaktpersonen einschließlich Säuglinge erkrankt. Die Generalstaatsanwaltschaft berichtete zudem, dass sich die Entschädigungszahlungen gegenwärtig auf 12 Millionen Mark beliefen. Schriftliche Unterlagen hierzu lagen dem Staatsanwalt nicht vor.[223]
Die Staatsanwaltschaft blieb in engem Kontakt mit der Hauptabteilung Kriminalpolizei des Ministeriums des Innern, welche Einfluss auf das Verfahren nahm. So erhielt der ermittelnde Staatsanwalt am 18. Juli 1979 einen detaillierten Fragenkatalog. Die Fragen waren in Absprache mit der Hauptabteilung Kriminalpolizei entwickelt worden und sollten bei der Untersuchung berücksichtigt werden.[224] Darin waren nicht nur Fragen an die Beschuldigten festgelegt,[225] sondern auch an die Zeugen.[226] Die Verneh-

---

219   StA Halle (Saale), Handakte 1. Verfügung (Anm. 218).
220   StA Halle (Saale), Handakte 1. Rechtsanwalt an Bezirksstaatsanwalt Halle (Saale), 12.7.1979, Bl. 143.
221   StA Halle (Saale), Handakte 1. Aktenvermerk Staatsanwalt (Anm. 175), Bl. 134.
222   StA Halle (Saale), Handakte 1. Staatsanwalt [Halle (Saale)], Plan der Vernehmungen, 28.6.1979, Bl. 135.
223   StA Halle (Saale), Handakte 1. Aktenvermerk Staatsanwalt [Halle (Saale)], 2.7.1979, Bl. 136.
224   StA Halle (Saale), Handakte 1. Staatsanwalt [Berlin] an Staatsanwalt [Halle (Saale)], Verdacht des Verstoßes gegen das Arzneimittelgesetz im BIBT Halle, 18.7.1979, Bl. 144.
225   StA Halle (Saale), Handakte 1. Abt. III, Staatsanwalt [Berlin], Vermerk, 18.7.1979, Bl. 145–148.
226   StA Halle (Saale), Handakte 1. Hauptabteilung K (Abt. II), Hinweise zum Ermittlungsverfahren gegen Dr. Schubert und (…) (Hinweise zu den Zeugenvernehmungen), 19.7.1979, Bl. 149–151.

mungen der Beschäftigten des Bezirksinstituts für Blutspende- und Transfusionswesen Halle (Saale) sollten dabei „von unten nach oben" erfolgen.[227] Die Morduntersuchungskommission, die ebenfalls involviert war, führte die Vernehmungen während der urlaubsbedingten Abwesenheit des Staatsanwalts auch allein durch.[228]

### 1.2.1 Ergebnisse der Vernehmungen und strittige Punkte

Im Rahmen des Ermittlungsverfahrens kam es zu mehreren Vernehmungen der beiden Beschuldigten. Daneben wurden auch Zeugen gehört. Hierzu gehörten sowohl Mitarbeiter der Bezirksinstitute für Blutspende- und Transfusionswesen Halle (Saale), Magdeburg und Neubrandenburg als auch des Instituts für Impfstoffe Dessau. Im Laufe der Vernehmungen kristallisierten sich mehrere Punkte heraus, zu denen unterschiedliche Aussagen gemacht wurden. Dies betraf vor allem den Informationsfluss zwischen den Verantwortlichen in Halle (Saale) und Neubrandenburg, aber auch die interne Kommunikation im Bezirksinstitut Halle (Saale) in Bezug auf die Zahl der erkrankten Spender und die Weiterverarbeitung der Plasmen.
Als besonders strittig erwies sich die Frage nach der Information über die erkrankten Spender. Schubert sagte in der ersten Vernehmung am 3. Juli 1979 aus, dass er erst im Januar 1979 durch die Vorlage der Epikrisen erfahren habe, dass es sich bei der Erkrankung der Spender tatsächlich um eine Virushepatitis gehandelt hatte. Er behauptete zudem, vom Bezirksinstitut Neubrandenburg nicht über die Erkrankung der anderen Spender informiert worden zu sein.[229] Er habe sich bei der Information über die Testergebnisse aus Magdeburg zwar über die Zahl von fünf Spendern gewundert,

---

227 StA Halle (Saale), Handakte 1. Notiz: Aussprache am 20.7.1979 mit (…), und Hauptmann (…), o. D., Bl. 152.
228 StA Halle (Saale), Handakte 1. Vermerk Staatsanwalt [Halle (Saale)], 6.7.1979, Bl. 153.
229 StA Halle (Saale), Handakte 2. Vernehmungsprotokoll des Beschuldigten Dr. med. Wolfgang Schubert, 3.7.1979, Bl. 6–16, hier Bl. 12 f.

aber angenommen, dass die drei anderen Spender nicht erkrankt waren.[230] Der Vernehmer glaubte Schubert nicht. In der dritten Vernehmung vom 5. Juli 1979 forderte er ihn auf, die Wahrheit zu sagen. Schubert wurde vorgehalten, bisher seine „tatsächliche Kenntnis über die Sachlage der Erkrankung der Plasmaspender und über den Anruf" des Ärztlichen Direktors aus Neubrandenburg „abzuschwächen bzw. bewußt falsche Angaben zu machen."[231] Schubert blieb bei seiner Aussage. Er habe mit der Möglichkeit einer Hepatitis gerechnet, sei aber weder über die Erkrankung der fünf Spender informiert worden noch habe er eine genaue Diagnose erfahren.[232] Der Ärztliche Direktor des Bezirksinstituts für Blutspende- und Transfusionswesen Neubrandenburg, der am 4. Juli 1979 als erster Zeuge vernommen wurde, bestritt diese Aussage. Er gab an, zu Schubert in einer freundschaftlichen Beziehung zu stehen, und schilderte kurz die Ereignisse, die sich am 17. April 1978 abgespielt hatten. Er hatte nach der Benachrichtigung durch den Oberarzt und die Oberschwester beide unverzüglich angewiesen, „die erforderlichen Unterlagen herbeizuschaffen."[233] Daraufhin hatte sich der „bereits vorher bestehende Verdacht, daß eine Antigen-Spenderin möglicherweise die Ursache (…) sein könnte", erhärtet.[234] Der Ärztliche Direktor des Bezirksinstituts Neubrandenburg hatte daraufhin Schubert von der Erkrankung der Spender telefonisch in Kenntnis gesetzt. Er war sich sicher, von fünf Spendern gesprochen zu haben: „Da es erstmalig im Zusammenhang mit einer künstlichen Immunisierung zu einem derartig gehäuften Auftreten von Hepatitisfällen gekommen ist und diese Angelegenheit für Dr. Schubert als Vorsitzenden der Fachkommission als auch als Wissenschaftler von großem Interesse war, wäre es unverständlich,

---

230  StA Halle (Saale), Handakte 2. Vernehmungsprotokoll des Beschuldigten (Anm. 229), Bl. 15.
231  StA Halle (Saale), Handakte 2. Vernehmungsprotokoll des Beschuldigten OMR Dr. med. Schubert, 5.7.1979, Bl. 27–36, hier Bl. 27.
232  StA Halle (Saale), Handakte 2. Vernehmungsprotokoll des Beschuldigten (Anm. 231), Bl. 28.
233  StA Halle (Saale), Handakte 2. Vernehmungsprotokoll des Zeugen (…), 27.7.1979, Bl. 126–130, hier Bl. 127.
234  StA Halle (Saale), Handakte 2. Vernehmungsprotokoll (Anm. 233), Bl. 127.

wenn diese Information nicht erfolgt wäre."[235] Seine Aussage wurde von der Oberschwester des Neubrandenburger Bezirksinstituts gestützt. Diese gab an, dass sie am 17. April 1978 bei dem zuerst erfolgten Telefongespräch mit dem Institut für Immunpräparate und Nährmedien aus dem Zimmer gegangen sei, um das Untersuchungsbuch zu holen. Vor Beginn des Gesprächs mit dem Bezirksinstitut Halle (Saale) war sie zurück. Sie sagte aus, dass ihr Vorgesetzter Schubert mitgeteilt habe, dass fünf der Plasmaspender stationär im Bezirkskrankenhaus mit Verdacht auf Hepatitis aufgenommen worden seien. Von diesen fünf erkrankten Spendern sei nur Plasma zweier Spender nach Halle (Saale) gegangen, das der restlichen drei Spender an das Staatliche Institut für Immunpräparate und Nährmedien. Der Ärztliche Direktor des Bezirksinstituts Neubrandenburg habe Schubert mitgeteilt, dass er das Institut telefonisch angewiesen habe, das Plasma der drei Spender zu sperren. Die Oberschwester konnte sich nicht erinnern, ob der Ärztliche Direktor auch gegenüber Schubert das Wort „sperren" benutzt hatte. Er habe dringend zur Vorsicht geraten. Der Vernehmer konfrontierte sie daraufhin mit der Aussage Schuberts, nur von zwei Spendern Kenntnis erhalten zu haben. Daraufhin gab sie an, dass sie beschwören könne, dass der Ärztliche Direktor des Bezirksinstituts Neubrandenburg Schubert alles über den bekanntgewordenen Vorfall mitgeteilt habe, so auch, dass fünf Anti-D Spender mit Hepatitisverdacht im Krankenhaus gelegen haben.[236] Der Vernehmer stellte auch die Aussage Schuberts in Frage, dass ihm der Hepatitisverdacht nicht mitgeteilt worden sei. Der Oberarzt des Neubrandenburger Bezirksinstituts, der am 1. August 1979 vernommen wurde, bestätigte die Ausführungen der Oberschwester. Er wurde mit der Aussage Schuberts konfrontiert, dass die Befunde nicht eindeutig für eine Virushepatitis gesprochen hätten und dazu „praktisch anikterisch" verlaufen wären.[237] Darauf entgegnete der Oberarzt, dass der Ärztliche Direktor des Bezirksinstituts Neubrandenburg eindeutig „von einer infektiösen He-

---

235 StA Halle (Saale), Strafakte I. Vernehmungsprotokoll des Zeugen (…), 4.7.1979, Bl. 147–148, hier Bl. 147.
236 StA Halle (Saale), Handakte 2. Vernehmungsprotokoll (Anm. 39), Bl. 125.
237 StA Halle (Saale), Handakte 2. Vernehmungsprotokoll (Anm. 47), Bl. 134.

patitis bzw. einem infektiösen Hepatitisverdacht gesprochen" habe. Er habe „mit Sicherheit nicht mitgeteilt, daß die Krankheit anikterisch verlaufen war. Die hohen Transaminasewerte (…) sprachen für eine Hepatitis. Das insbesondere auch deshalb, weil die Überwanderungselektrophorese negativ war."[238] Er und der Ärztliche Direktor des Bezirksinstituts Neubrandenburg hatten auch eine Hepatitis Non-A-Non-B in Betracht gezogen. Der Ärztliche Direktor des Neubrandenburger Bezirksinstituts für Blutspende- und Transfusionswesen gab an, Schubert im Telefongespräch gebeten zu haben, die Seren als hepatitisverdächtig zu sperren. Dieser habe daraufhin „sinngemäß" geantwortet: „Wissen Sie eigentlich (…) was sich daraus ergibt. Wir müssen zweieinhalbtausend IGG-Anti-D Ampullen sperren. Um Gotteswillen, was kommt da auf uns zu!"[239] Der Ärztliche Direktor des Bezirksinstituts Neubrandenburg war nicht mehr sicher, ob Schubert diese Zahl gleich bei diesem ersten Gespräch genannt hatte. Er sagte aus, dass er mit diesem mehrere Telefongespräche am 17. April 1978 geführt hatte. In einem Schreiben an die Außenstelle des Bezirkshygieneinstituts Erfurt in Nordhausen hatte der Ärztliche Direktor des Bezirksinstituts Neubrandenburg die Zahl von 2.500 zu sperrenden Ampullen zum ersten Mal schriftlich genannt. In diesem Schreiben hatte er darum gebeten, das Blut des erkrankten Spenderkreises, einschließlich der Antigen-Spenderin, auf einen Nachweis des HBs-Antigens zu untersuchen. Der Ärztliche Direktor des Bezirksinstituts Neubrandenburg wies darauf hin, dass er gegenüber Schubert „zweifelsfrei" den Begriff „Hepatitisverdacht" gebraucht habe: „Hepatitisverdacht im Zusammenhang mit durchzuführenden Transfusionen lösen [sic!] in der DDR besondere Sicherheitsmaßnahmen aus. Sie müssen es. Mir war der Ernst der Situation bewußt. Deshalb habe ich am 17.4.1978 Dr. Schubert alle die mir im Zusammenhang mit der Erkrankung der fünf Spender bekanntgewordenen Tatsachen fernmündlich übermittelt."[240] Als

---

238  StA Halle (Saale), Handakte 2. Vernehmungsprotokoll (Anm. 47), Bl. 134.
239  StA Halle (Saale), Handakte 2. Vernehmungsprotokoll (Anm. 233), Bl. 127, handschriftliche Hervorhebung im Original.
240  StA Halle (Saale), Handakte 2. Vernehmungsprotokoll (Anm. 233), Bl. 128, Hervorhebung im Original.

Beleg für diese Aussage führte er eine von ihm notierte Telefon-Aktennotiz mit dem Vermerk „Hepatitisverdacht" an. Ferner verwies er auf sein Schreiben an das Institut für Impfstoffe Dessau. In diesem hatte er darum gebeten, das Blut von drei Seren sowie die Serumproben der anderen erkrankten Spender zu untersuchen. Er hatte sich dabei auf das Gespräch zwischen dem Institut für Impfstoffe und Schubert bezogen.[241] Der Ärztliche Direktor sagte aus, dass auch nach dem 17. April 1978 viele Telefonate zwischen ihm und Schubert stattgefunden und sich im Wesentlichen um drei Bereiche gedreht hatten. Neben der „Vermittlung von Untersuchungsmöglichkeiten und deren Ergebnis" hatte Schubert „mehrfach um die Übersendung von mehr Ausgangsmaterial" gebeten.[242] Drittens ging es in diesen Gesprächen um die „mir vorliegenden Fakten bezüglich der Entlassung der erkrankten Spender aus dem Krankenhaus und die Schlußdiagnose bezüglich der Spender."[243] Der Ärztliche Direktor des Bezirksinstituts Neubrandenburg gab an, dass er seit dem 23. Mai 1978 wusste, dass der Spender, dessen Plasma das Institut in Halle (Saale) erhalten hatte, am 9. Mai 1978 aus der stationären Behandlung entlassen worden war. Die Leberbiopsie habe bei ihm eine akute Virushepatitis ergeben. Dies habe er Schubert telefonisch mitgeteilt. Den Tag konnte er allerdings nicht nennen. Es sei auf alle Fälle im Mai oder Juni 1978 gewesen. Er habe Schubert zudem auf einer Direktorentagung in einem persönlichen Gespräch alle ihm „zu diesem Zeitpunkt bekanntgewesenen Tatsachen übermittelt."[244]

Unklarheiten gab es auch in Bezug auf die interne Kommunikation im Bezirksinstitut Halle (Saale). Schubert gab an, den Leiter der Technischen Kontrollorganisation am 17. April 1978 darüber informiert zu haben, dass zwei Spender aus Neubrandenburg erkrankt seien und sich in stationärer Behandlung befänden. Er habe ihn angewiesen, das Material sicherzustellen. Auch die Abteilungsleiterin für die Produktion des Anti-D-Immunglobulins sei über den Sachverhalt informiert worden. Schubert hatte die

---

241 StA Halle (Saale), Handakte 2. Vernehmungsprotokoll (Anm. 233), Bl. 128 f.
242 StA Halle (Saale), Handakte 2. Vernehmungsprotokoll (Anm. 233), Bl. 129.
243 StA Halle (Saale), Handakte 2. Vernehmungsprotokoll (Anm. 233), Bl. 129.
244 StA Halle (Saale), Handakte 2. Vernehmungsprotokoll (Anm. 233), Bl. 130.

Charge 6 und 7 anschließend durch sie oder den Leiter der Technischen Kontrollorganisation sperren lassen.[245] Dieser behauptete in seiner Vernehmung, dass Schubert ihm gegenüber nur von einem erkrankten Spender gesprochen habe. Schubert bestritt dies. Es sei immer von zwei Spendern aus Neubrandenburg die Rede gewesen. Der Leiter der Technischen Kontrollorganisation hatte einen entsprechenden Protokollvermerk als Beweis vorgelegt. Schubert konnte diesen damit erklären, dass der Anruf aus Neubrandenburg eventuell nur die Mitteilung enthalten hatte, dass ein Spender erkrankt sei und die Mitteilung über die Erkrankung eines weiteren Spenders erst Tage später erfolgt war.[246]

Da beide Beschuldigte an ihren Aussagen bezüglich der Zahl der erkrankten Spender festhielten, kam es am Nachmittag des 5. Juli 1979 zu einer Gegenüberstellung. Der Leiter der Technischen Kontrollorganisation hatte in einer erneuten Vernehmung am selben Tag angegeben, nur von einer erkrankten Spenderin gewusst zu haben und die Kenntnis von einer Weiterverarbeitung der Plasmen bestritten.[247] Schubert verwies darauf, dass er bereits in der morgendlichen Vernehmung angegeben habe, sich an Einzelheiten nicht mehr zu erinnern und blieb auch bei dieser Aussage.[248] Der Vernehmer konfrontierte ihn daraufhin mit der Vernehmung des Vortags, in der Schubert behauptet hatte, dass immer von zwei Spendern die Rede gewesen sei. Schubert habe „eindeutige Aussagen gemacht, die mit Erinnerungsverlust absolut auch gar nichts zu tun haben."[249]

Auch dem Leiter der Technischen Kontrollorganisation wurde mitgeteilt, dass der Wahrheitsgehalt seiner „Einlassungen" teilweise angezweifelt wer-

---

245 StA Halle (Saale), Handakte 2. Vernehmungsprotokoll des Beschuldigten (Anm. 231), Bl. 28 f.
246 StA Halle (Saale), Handakte 2. Vernehmungsprotokoll des Beschuldigten (Anm. 231), Bl. 30.
247 StA Halle (Saale), Handakte 2. Vernehmungsprotokoll des Beschuldigten (…), 4.7.1979, Bl. 97–98.
248 StA Halle (Saale), Handakte 2. Gegenüberstellungsprotokoll zwischen dem Beschuldigten OMR Dr. Schubert und dem Beschuldigten (…), 5.7.1979, Bl. 37–40, hier Bl. 39.
249 StA Halle (Saale), Handakte 2. Gegenüberstellungsprotokoll (Anm. 248), Bl. 39.

de.[250] Er entgegnete darauf, dass er im Augenblick keine Berichtigungen oder Ergänzungen zu machen habe und hielt an seiner Aussage fest. Schubert habe ihm mitgeteilt, dass er alle notwendigen Schritte einleiten und durchführen lassen werde. Er habe dabei auch vom Radio-Immun-Assay-Test gesprochen. Für den Leiter der Technischen Kontrollorganisation hatte sich damit „das Problem erst einmal erledigt."[251] Auf die Frage danach, welche Pflichten sich aus den Mitteilungen Schuberts ergeben hätten, antwortete er, dass er zu dem Zeitpunkt der Meinung gewesen sei, dass sich für ihn daraus keine besonderen Pflichten ergaben. Die Vernehmung machte auch die Schwierigkeiten bei der personellen Besetzung im Bezirksinstitut für Blutspende- und Transfusionswesen Halle (Saale) deutlich. Der Leiter der Technischen Kontrollorganisation gab an, dass es sich im Institut eingespielt habe, dass er nur die Fertigprodukte des Anti-D-Immunglobulins kontrollierte. Die Kontrolle des Produktionsprozesses führte die zuständige Abteilungsleiterin durch. Ihm war zu dem Zeitpunkt klar, dass eine solche Verfahrensweise nicht im Sinne des Gesetzgebers war. Er hätte auch den Produktionsprozess kontrollieren müssen, wusste aber nicht, wie er die gesetzlichen Pflichten in der Praxis verwirklichen sollte. Denn es gab keine Abteilung der Technischen Kontrollorganisation mit mehreren Mitarbeitern, sondern lediglich einen Leiter. Da er sich nicht um alle Belange selbst kümmern konnte, mussten seine Pflichten „aus personellen und fachlichen Gründen einfach delegiert werden."[252] Bei Besonderheiten hätte der Abteilungsleiter die Pflicht gehabt, den Leiter der Technischen Kontrollorganisation zu informieren. Auf die Frage, ob ein Hepatitisverdacht nicht eine solche Besonderheit darstelle, entgegnete der Leiter der Technischen Kontrollorganisation, dass er angenommen habe, dass alles Plasma in die Chargen 6 und 7 eingegangen war. Aus derzeitiger Sicht habe er ein „großes Versäumnis begangen."[253] Er habe sich mit den Informationen von

---

250 StA Halle (Saale), Handakte 2. Vernehmungsprotokoll des Beschuldigten (…), 12.7.1979, Bl. 107–115, hier Bl. 107.
251 StA Halle (Saale), Handakte 2. Vernehmungsprotokoll (Anm. 250), Bl. 108.
252 StA Halle (Saale), Handakte 2. Vernehmungsprotokoll (Anm. 250), Bl. 108.
253 StA Halle (Saale), Handakte 2. Vernehmungsprotokoll (Anm. 250), Bl. 109.

Schubert zufriedengegeben, „was er sagte war richtig und endgültig. Es lag meiner Ansicht in seinem Leitungsstiel [sic!], ich bin gar nicht auf den Gedanken gekommen weiter zu fragen."[254]

Im Folgenden ging es um die Zahl der Spender. Der Leiter der Technischen Kontrollorganisation beharrte zunächst weiterhin darauf, dass Schubert ihm gegenüber nur von einer Spenderin gesprochen habe und verwies auf seinen Kalendereintrag. Erst nach mehrmaliger Nachfrage des Vernehmers räumte er die Möglichkeit ein, doch über die Erkrankung von zwei Spendern informiert gewesen zu sein. Dies hatte keine Auswirkungen auf die Rechtspflichten, die in diesem Fall die gleichen waren. Der Leiter der Technischen Kontrollorganisation sah eine Pflichtverletzung darin, dass er nicht geprüft habe, wo sich das Plasma des erkrankten Spenders befand. Eine Kontrolle der Lieferscheine oder die Einsichtnahme in das Materialeingangsbuch der Abteilung Tiefkühl-Temperatur-Kontrolle hätten zur Information schon ausgereicht. Er habe „der ganzen Sache nicht die Bedeutung" beigemessen, welche sie verdient gehabt hätte.[255]

Anhand weiterer Zeugenvernehmungen wurde für die Staatsanwaltschaft deutlich, was seit dem 17. April 1978 im Bezirksinstitut für Blutspende- und Transfusionswesen geschehen war. Auch der technische und organisatorische Ablauf und die Verwendung der Plasmen bei der Herstellung von Anti-D-Immunglobulin war Thema dieser Vernehmungen. So führte die Produktionsleiterin aus, dass jeden Montag die Ausgangsplasmen von acht Spendern zu einem Pool gemischt wurden. Anschließend wurde das Anti-D-Immunglobulin im Laufe der Woche aus den Spenderplasmen fraktioniert und in derselben oder nachfolgenden Woche zum Endprodukt verarbeitet. Wöchentlich wurden etwa vier Säulen fraktioniert. In einer Charge waren die Fraktionierungen von sechs Säulen enthalten. Die Plasmen der beiden Spender waren etwa vier Wochen im Einsatz, als die Erkrankung bekannt wurde.[256]

---

254 StA Halle (Saale), Handakte 2. Vernehmungsprotokoll (Anm. 250), Bl. 109.
255 StA Halle (Saale), Handakte 2. Vernehmungsprotokoll (Anm. 250), Bl. 111 f.
256 StA Halle (Saale), Strafakte I. Vernehmungsprotokoll des Zeugen (…), 24.7.1979, Bl. 124–126, hier Bl. 124.

Ihre Stellvertreterin sagte aus, dass Schubert ihr am 17. April 1978 mitgeteilt habe, dass in Bezug auf die beiden Spender akute Hepatitisgefahr bestehe und das Plasma nicht mehr eingesetzt werden solle. Sie hatte dies als dienstlichen Auftrag aufgefasst. Gegenüber ihrer Vorgesetzten hatte sie geäußert, „daß wir das Zeug wegwerfen können, es besteht der Verdacht auf Hepatitis."[257] Diese hatte sie beruhigt und ihr gesagt, dass die Arbeit beendet werde. Vielleicht könne man das Material noch anderweitig einsetzen oder verarbeiten. Die Stellvertreterin gab an, im Materialbuch Vermerke vorgenommen zu haben, die einer Sperrung entsprachen.[258] Auf Nachfrage sagte sie aus, dass sie am 17. April 1978 die Chargen 6 und 7 gesperrt habe. Die Produktionsleiterin war von ihrer Stellvertreterin über den Anruf aus Neubrandenburg und den Auftrag informiert worden, die Plasmen und die betroffenen Chargen schriftlich zu erfassen. Sie hatte daraufhin Schubert aufgesucht, der ihr mitgeteilt habe, dass die beiden Spender an einer „hepatitisähnlichen Krankheit" erkrankt seien.[259] Auch die Produktionsleiterin gab an, im Materialbuch eingetragen zu haben, dass das Material gesperrt war. Allerdings sei dies aus Krankheitsgründen erst am 2. Mai 1978 geschehen. Schubert hatte die Eintragungen angewiesen und die vermerkten Maßnahmen auch am 17. April 1978 durchgeführt. Auf die Frage, ob Schubert von einem Spender oder mehreren Spendern gesprochen hatte, antwortete die Produktionsleiterin, dass sich ihr Eintrag im Materialbuch („eine Spenderin") daraus erkläre, dass sie bei der Überprüfung der Zusammenstellung der Chargen festgestellt hatte, dass in den Chargen 6 und 7 nur das Plasma der Spenderin verarbeitet worden war.[260]

Die Produktionsleiterin gab an, dass Schubert ihr am 8. Mai 1978 den Auftrag erteilt hatte, die Plasmen der beiden erkrankten Spender sowie die Zwischenprodukte der Säulen 43 und 44 weiterzuverarbeiten. Schubert

---

257 StA Halle (Saale), Handakte 2. Vernehmungsprotokoll (Anm. 58), Bl. 138, handschriftliche Hervorhebung im Original.
258 StA Halle (Saale), Handakte 2. Vernehmungsprotokoll (Anm. 58), Bl. 138.
259 StA Halle (Saale), Handakte 2. Hauptmann der K, Vernehmungsprotokoll (…), 5.7.1979, Bl. 118–122, hier Bl. 119.
260 StA Halle (Saale), Handakte 2. Vernehmungsprotokoll (Anm. 259), Bl. 120.

sah keine Bedenken gegen den Einsatz. Die Produktionsleiterin hatte die Radio-Immun-Assay-Testergebnisse angefordert, die sie etwa vier Wochen nach Aufhebung der Sperre erhielt. Die Information über die Ergebnisse der anderen Tests hatte sie mündlich erhalten. Sie berichtete, dass auch die Herstellung der Charge 15 auf „ausdrückliche Weisung" Schuberts erfolgt sei. Neben ihr und Schubert wussten auch der Leiter der Technischen Kontrollorganisation und zwei medizinische Hilfskräfte davon. In der Vernehmung wurde sie gefragt, warum es zu einer Infizierung der Chargen 8, 12 und 14 gekommen war. Denn in diesen Chargen war das Plasma der beiden Spender nicht eingesetzt worden. Die Produktionsleiterin antwortete, dass aus der Fraktionierung der Spenderplasmen Zwischenprodukte resultierten, die mit anderen IgG-Präzipitaten von insgesamt sechs Säulen zu einer Charge verarbeitet wurden.[261]

Schubert war daraufhin in der Vernehmung gefragt worden, ob er die interne Freigabe der Chargen 6 und 7 „und die bereits hergestellten Zwischenprodukte der Charge 08 (S [Säule] 43 und S 44)" aufgrund der zuvor erhaltenen telefonischen Information über die Befunde angeordnet hatte.[262] Dies bezog sich auf die Prüfung der Plasmen in Dessau und Magdeburg, die zwischen dem 17. April und dem Aufheben der Sperre am 9. Mai 1978 erfolgt waren. Nachdem telefonisch die Ergebnisse der Tests vorlagen, hatte Schubert die Sperre aufgehoben. Er wusste nicht, was mit den Chargen 6 und 7 und den noch vorhandenen Plasmen der beiden Spender zwischen dem 9. Mai und dem 1. Juni 1978 geschehen war. Nach der abgelehnten Freigabe durch das Staatliche Kontrollinstitut für Seren und Impfstoffe hatte er in Bezug auf das vorhandene Material der beiden Spender „überhaupt nichts unternommen und auch keine Weisung erteilt."[263] Für ihn sei klar gewesen, dass die Materialien in seinem Institut weiterverarbeitet wurden. Diese Haltung begründete er mit der Verlagerung der Produktion

---

261 StA Halle (Saale), Strafakte I. Vernehmungsprotokoll (Anm. 256), Bl. 126.
262 StA Halle (Saale), Handakte 2. Vernehmungsprotokoll des Beschuldigten OMR Dr. med. Schubert, 5.7.1979, Bl. 41–42, hier Bl. 41 f.
263 StA Halle (Saale), Handakte 2. Vernehmungsprotokoll des Beschuldigten (Anm. 231), Bl. 33.

nach Neubrandenburg: „Ich befand mich im Widerspruch zwischen der eindeutigen Aussage des Prüfinstituts und meiner Funktion als Direktor eines Herstellungsbetriebes."[264] Dabei verwies er auch auf die Drohung von Oberdoerster in dessen Schreiben an Schubert vom 14. Juli 1978. Der Vernehmer konfrontierte ihn damit, dass die Gutachter selbst bei der Vernichtung der infizierten Chargen nicht von einer Gefährdung der Immunprophylaxe ausgegangen waren. Schubert gab jedoch an, die unterbrochene Immunprophylaxe vor Augen gehabt zu haben.[265]

In den Vernehmungen ging es auch um die Umarbeitung der Chargen 6 und 7 zur Charge 15. Schubert gab an, sich davon „eine noch größere Sicherheit gegen eine Hepatitisübertragung als dies unser Verfahren an sich schon gewährleistete" versprochen zu haben.[266] Daraufhin wurde er gefragt, warum er diesen Schritt bei den Chargen 8 bis 14 nicht für notwendig befunden hatte. Schubert antwortete, dass er zum Zeitpunkt der Verarbeitung dieser Chargen nicht von einer Virushepatitis bei der Erkrankung ausgegangen war, da ihn der Ärztliche Direktor des Neubrandenburger Bezirksinstituts andernfalls davon unterrichtet hätte. Hier hakte der Vernehmer ein: „Wenn Sie von dieser eben formulierten Annahme ausgingen, wäre es doch logisch gewesen, die Freigaben für die Chargen 06 und 07 erneut zu beantragen und nicht den zeitaufwendigen Prozeß der Umarbeitung zur Charge 15 durchzuführen, der außerdem auch noch mit einem Materialverlust verbunden war und sein mußte. Bitte erklären Sie uns den Widerspruch in Ihrer Denkweise?"[267] Schubert antwortete hierauf, dass er nicht „auf diesen nahe liegenden Gedanken gekommen" sei.[268] Der Vernehmer fragte auch danach, warum Schubert in seinem Schreiben vom 1. Juni 1978 an das Staatliche Kontrollinstitut für Seren und Impfstoffe auf den Verdacht

---

264  StA Halle (Saale), Handakte 2. Vernehmungsprotokoll des Beschuldigten (Anm. 231), Bl. 34.
265  StA Halle (Saale), Handakte 2. Vernehmungsprotokoll des Beschuldigten (Anm. 231), Bl. 34.
266  StA Halle (Saale), Handakte 2. Vernehmungsprotokoll des Beschuldigten OMR Dr. med. Schubert, 4.7.1979, Bl. 17–26, hier Bl. 21.
267  StA Halle (Saale), Handakte 2. Vernehmungsprotokoll (Anm. 266), Bl. 21.
268  StA Halle (Saale), Handakte 2. Vernehmungsprotokoll (Anm. 266), Bl. 21.

einer Hepatitiserkrankung Bezug genommen habe. Dies habe er in der Vernehmung bisher so nicht mitgeteilt. Schubert gab daraufhin an, dass man bei jeder ikterischen Erkrankung an eine Hepatitis denken müsse und für ihn der Anruf aus Neubrandenburg diesen Verdacht begründete. Er habe versucht, „die Wahrscheinlichkeit einer solchen Erkrankung durch zusätzliche Untersuchungen auszuschließen."[269]

Der Vernehmer zitierte daraufhin eine Studie der Weltgesundheitsorganisation. Diese empfehle, das Spenderblut zur Immunisierung mindestens sechs Empfängern zu geben und diese in einem Zeitraum von sechs Monaten zu beobachten. Falls ein Spender gefunden werde, der HBsAg-positiv sei, eine Hepatitis entwickele oder verdächtig sei, eine Hepatitis zu übertragen, sollten dessen Erythrozyten nicht mehr verwendet werden. Der Vernehmer fragte daraufhin, ob mit den Erkrankungen in Neubrandenburg nicht der sichere Beweis erbracht sei, dass das Plasma der Spender mit Hepatitis infiziert worden war. Schubert antwortete darauf, dass ihm nur die Erkrankung von zwei Spendern mit unklarer Symptomatik mitgeteilt worden sei und die Kontrolluntersuchungen negativ gewesen seien. Er bestritt, mit dem Einsatz des kontaminierten Plasmas gegen Punkt 17.1 der Gütevorschrift verstoßen zu haben, da er annehmen musste, „daß es sich bei der Erkrankung dieser Spender um irgendeine Infektion gehandelt habe."[270] Die Richtlinie stelle einen Kompromiss zwischen wissenschaftlicher Forschung und praktischer Realisierbarkeit dar.[271] Für den Einsatz in den Chargen 8 bis 14 hätten für ihn die Sicherheit des Fraktionierungsverfahrens und „der chronische Mangel an geeignetem Ausgangsmaterial" im Vordergrund gestanden.[272]

Die Idee, ein mit Hepatitis-B-Viren kontaminiertes Plasma vor und nach der Fraktionierung zu prüfen, war offenbar von der Leiterin der Laborabteilung des hallischen Bezirksinstituts ausgegangen. Diese sagte aus, im April 1978 von Schubert erfahren zu haben, dass zwei Spender an He-

---

269  StA Halle (Saale), Handakte 2. Vernehmungsprotokoll (Anm. 266), Bl. 22.
270  StA Halle (Saale), Handakte 2. Vernehmungsprotokoll (Anm. 266), Bl. 19.
271  StA Halle (Saale), Handakte 2. Vernehmungsprotokoll (Anm. 266), Bl. 19.
272  StA Halle (Saale), Handakte 2. Vernehmungsprotokoll (Anm. 266), Bl. 20.

patitis erkrankt seien. Sie habe sich „mit dieser Problematik nicht weiter beschäftigt, da es nicht meine Aufgabe war und nicht in meinem Verantwortungsbereich lag."[273] Dementsprechend habe sie auch nichts veranlasst. Dies sei Aufgabe des Ärztlichen Direktors oder des Leiters der Technischen Kontrollorganisation gewesen. Allerdings habe sie „am Mittagstisch" vorgeschlagen, sich „Gewissheit zu verschaffen, ob durch den bei uns geübten Fraktioniergang bei Einsatz von HBs-Antigen positiven Plasma in der 1 % IgG HBs-Antigen noch nachweisbar ist, oder nicht."[274]

Zu den Testergebnissen in Dessau und Magdeburg wurden auch die dortigen Verantwortlichen als Zeugen befragt. Der zuständige Abteilungsleiter in Dessau bestritt, davon gewusst zu haben, dass es sich bei den erkrankten Personen um Anti-D-Spender handelte. Schubert habe ihn lediglich gebeten, einige Seren oder Plasmaproben mit dem Radio-Immun-Assay-Test auf HBs-Antigen zu untersuchen. Er gab an, der Anfrage zugestimmt zu haben, da sie „damals gerade Radio-Immun-Assay-Testbestecke zur Verfügung hatten, und die Anzahl der zu untersuchenden Proben nicht zu groß war."[275] Der Wissenschaftliche Mitarbeiter des Instituts für Impfstoffe bestätigte in seiner Vernehmung die Angaben des Abteilungsleiters. Er legte dar, dass die Proben, die Ende April 1978 eingetroffen waren, am 27. April 1978 mit importierten Testbestecken getestet worden waren. Normalerweise hätte noch eine Prüfung mit einem anderen Testverfahren oder eine Neuorganisation stattfinden müssen. Diese habe er aufgrund des Mangels an Testbestecken nicht durchführen können. Der Wissenschaftliche Mitarbeiter betonte, dass er geglaubt habe, es handele sich „um einfache Produktionskontrollen."[276] Die genauen Umstände seien ihm zu dieser Zeit nicht bekannt gewesen und es sei ihm in den Telefongesprächen nichts dazu mitgeteilt worden. Die vier nach der Fraktionierung übersandten Proben

---

273 StA Halle (Saale), Handakte 2. Vernehmungsprotokoll (Zeugin), 3.8.1979, Bl. 145–152, hier Bl. 147.
274 StA Halle (Saale), Handakte 2. Vernehmungsprotokoll (Anm. 273), Bl. 148.
275 StA Halle (Saale), Handakte 2. Vernehmungsprotokoll des Zeugen (…), 7.8.1979, Bl. 153–154, hier Bl. 154.
276 StA Halle (Saale), Handakte 2. Zeugenvernehmung (Anm. 64), Bl. 162.

aus Halle (Saale) waren alle positiv getestet worden. Der Wissenschaftliche Mitarbeiter führte aus, dass positive Proben „ein großes Achtungszeichen" seien und die Materialien nicht verabreicht werden dürfen: „Mit anderen Worten, ein positiver RIA-Test muss die Verwerfung des untersuchten Materials nach sich ziehen."[277] Er entnahm seinem Laborbuch, dass er am 12. Mai 1978 mit Schubert telefoniert hatte. Er habe diesem mitgeteilt, dass „die Plasma-Ampulle und die einprozentige IgG-Lösung (…) eindeutig positiv, HBs Ag positiv" seien.[278] Falls er noch etwas zum Grad ausgesagt habe, „dann höchstens, dass die 1 %ige IgG-Lösung schwächer positiv als das Ausgangsmaterial sei, aber dennoch eindeutig positiv."[279] Im Protokoll ist die Aussage durchgestrichen: „Das [sic!] ein Test schwach positiv ausgefallen ist, habe ich nie gesagt, da es nicht der Fall war."[280] In einem Nachtrag zur Zeugenvernehmung wurde der Zeuge gefragt, warum er den Satz gestrichen und was er Schubert im Telefongespräch am 12. Mai 1978 zu den Testergebnissen mitgeteilt hatte. Er gab an, den Satz gestrichen zu haben, „da es doch in der Umgangssprache zu Missverständnissen zwischen mir und Dr. Schubert gekommen sein" könne.[281] Er könne vielleicht auch gesagt haben, dass der Test schwach oder auch schwächer ausgefallen sei. Er habe Schubert bestimmt gesagt, dass das Ausgangsplasma und auch die einprozentige Lösung eindeutig positiv seien.[282]

Über die Untersuchungen von Plasma am Staatlichen Kontrollinstitut für Seren und Impfstoffe wurde in den Vernehmungen nicht gesprochen. Stattdessen ging es um die Durchführung der Testungen im Bezirksinstitut für Blutspende- und Transfusionswesen Magdeburg. Der Leiter des Instituts wurde dabei am 8. August 1979 als Sachverständigenzeuge gehört. Er berichtete, dass Schubert ihn im April oder Mai 1978 telefonisch informiert habe, dass er aus Neubrandenburg Material von Spendern erhalten und

---

277 StA Halle (Saale), Handakte 2. Zeugenvernehmung (Anm. 64), Bl. 162.
278 StA Halle (Saale), Handakte 2. Zeugenvernehmung (Anm. 64), Bl. 162.
279 StA Halle (Saale), Handakte 2. Zeugenvernehmung (Anm. 64), Bl. 162.
280 StA Halle (Saale), Handakte 2. Zeugenvernehmung (Anm. 64), Bl. 162.
281 StA Halle (Saale), Handakte 2. Nachtrag zur Zeugenvernehmung (…) vom 24.8.1979, Bl. 163.
282 StA Halle (Saale), Handakte 2. Nachtrag (Anm. 281).

verarbeitet habe, die „wohl an einer Hepatitis erkrankt seien."[283] Er hatte gemeinsam mit Schubert über das Material beraten. Während des Gesprächs war der Direktor des Instituts für Medizinische Mikrobiologie und Epidemiologie der Medizinischen Akademie Magdeburg anwesend, der auf Absprache hin offenbar zugesagt hatte, herauszufinden, „wer in der DDR zur Frage einer Strahlensterilisation der hergestellten Präparate aussagefähig sei."[284] Diese Information stimmte auch mit der Aussage Schuberts in dessen erster Vernehmung überein. Dieser hatte ausgesagt, dass der Direktor des Instituts für Medizinische Mikrobiologie und Epidemiologie eine „Gammabestrahlung" vorgeschlagen, sich davon aber „wenig mehr Sicherheit" versprochen habe.[285] Zehn Tage später hatte er dem Leiter des Magdeburger Bezirksinstituts den Namen eines Experten genannt, den dieser telefonisch an Schubert weitergegeben hatte. Der Leiter des Magdeburger Bezirksinstituts betonte, dass er selbst im ersten Telefongespräch zum Ausdruck gebracht habe, dass er die Verarbeitung des Materials ablehnen würde, falls bei den Spendern eine Hepatitis aufgetreten sei.[286] Im zweiten Telefongespräch habe ihm Schubert mitgeteilt, dass dies nicht notwendig sei und die Mitarbeiter von Oberdoerster eine andere Auffassung verträten. Der Leiter des Bezirksinstituts in Magdeburg gab an, dass er dem Gespräch entnommen habe, dass „nach Rücksprache mit den Mitarbeitern des SKISI [Staatliches Kontrollinstitut für Seren und Impfstoffe] die Umarbeitung von Chargen und ein Modellversuch zum Nachweis der Reduktion des Australia-Antigens im Fraktionierungsverfahren als ausreichende Sicherheit zur Freigabe der Chargen angesehen werden."[287] Er hatte sich davon dis-

---

283 StA Halle (Saale), Handakte 2. Vernehmung des Sachverständigenzeugen (…), 8.8.1979, Bl. 155–159, hier Bl. 156.
284 StA Halle (Saale), Handakte 2. Vernehmung des Sachverständigenzeugen (Anm. 283), Bl. 156.
285 StA Halle (Saale), Handakte 2. Vernehmungsprotokoll des Beschuldigten (Anm. 229), Bl. 15.
286 StA Halle (Saale), Handakte 2. Vernehmung des Sachverständigenzeugen (Anm. 283), Bl. 156.
287 StA Halle (Saale), Handakte 2. Vernehmung des Sachverständigenzeugen (Anm. 283), Bl. 157.

tanziert und zum Ausdruck gebracht, dass das Kontrollinstitut dies dann auch verantworten müsse. Er hatte angenommen, dass sowohl die Umarbeitung der Chargen als auch die Fraktionierung eine zusätzliche Sicherheit gewährleisten sollten. Er war davon ausgegangen, dass diese in Absprache mit dem Staatlichen Kontrollinstitut durchgeführt werden sollten, um Voraussetzungen zur Freigabe der Chargen 6 und 7 zu schaffen. Auf Nachfrage, ob er mit Schubert auch über andere Hepatitistypen wie die Non-A-Non-B-Hepatitis gesprochen habe, antwortete der Leiter des Magdeburger Bezirksinstituts, dass er glaube, dass darüber nicht ausdrücklich gesprochen worden sei, „weil jeder Arzt diese Form der Hepatitis in Erwägung ziehen muss, wenn bei klinischem Verdacht auf Hepatitis der Nachweis des Australia-Antigens nicht gelingt (negativer Ausfall der Reaktion in der Überwanderungselektrophorese)."[288]

Auf die Frage nach den Ergebnissen des Tests im Bezirksinstitut für Blutspende- und Transfusionswesen Magdeburg gab der Leiter an, dass nur im „Ausgangsplasma" aus Halle (Saale) Australia-Antigen nachgewiesen werden konnte. Er betonte, nicht gewusst zu haben, dass die Chargen 6 und 7 durch das Staatliche Kontrollinstitut in Berlin nicht freigegeben worden waren. Er bestätigte die Aussage Schuberts, dass das Fraktionierungsverfahren keinen Anhalt dafür biete, dass sich die verschiedenen Hepatitisviren hierbei unterschiedlich verhielten. Er wies aber darauf hin, dass „dieses Nichtwissen" es nicht rechtfertige, Untersuchungsergebnisse von einem Hepatitiserreger auf andere zu übertragen.[289]

Schubert wurde in den Vernehmungen auch mit der Frage konfrontiert, ob ein Hepatitisrisiko mit den bekannten Prüfmethoden überhaupt vollständig ausgeschlossen werden konnte. Der Vernehmer verwies dabei auf Schuberts 1976 veröffentlichte These, dass zur Vermeidung des Hepatitisrisikos „hepatitissichere Immunglobulin-G-Fraktionen entwickelt" wer-

---

288 StA Halle (Saale), Handakte 2. Vernehmung des Sachverständigenzeugen (Anm. 283), Bl. 158.
289 StA Halle (Saale), Handakte 2. Vernehmung des Sachverständigenzeugen (Anm. 283), Bl. 159.

den konnten.[290] Schubert hielt an dieser These fest und führte erneut die bei Einführung des Verfahrens vorgenommenen 3.000 Verlaufskontrollen nach der Gabe von Anti-D-Immunglobulin an. Bei diesen sei lediglich eine einzige Erhöhung der Blutwerte gefunden worden, die bei einer späteren Kontrolle einen Normalwert ergeben habe. Ferner war für ihn ausschlaggebend, dass bisher nicht ein einziger Fall einer Hepatitisinfektion auf die Gabe von Anti-D-Immunglobulin zurückgeführt werden konnte. Mit der Behauptung konfrontiert, dass in den USA posttransfusionelle Hepatitis zu 75 % durch die Hepatitis Non-A-Non-B ausgelöst werde, antwortete Schubert, dass ihm in der DDR „vor dem Auftreten der non-A non-B-Hepatitis im Dez. 1978/Jan. 1979" kein diagnostizierter Fall dieser Form bekannt gewesen sei.[291] Bei der Frage, ob die Diagnose dieser Hepatitisform nur durch den Ausschluss von Hepatitis A und Hepatitis B gestellt werden könne, stimmte Schubert zu. In der DDR lasse sich nur die Hepatitis B bedingt ausschließen. Grund hierfür sei, dass „die im allgemeinen zur Verfügung stehenden Laboratoriumsmethoden nicht den internationalen Standards hinsichtlich der Empfindlichkeit" entsprächen.[292] Vom Vernehmer damit konfrontiert, dass er somit über keine Prüfmethode verfüge, die das Vorhandensein von Hepatitisviren ausschließe, entgegnete Schubert, dass dies auch auf internationaler Ebene der Fall sei. Im Gutachten war eine Aussage des Professors für Innere Medizin der Friedrich-Schiller-Universität Jena zitiert worden. Schubert wurde aufgefordert, zu dieser Aussage Stellung zu nehmen, dass ein niedrigtitriges HBsAg-Serum selbst bei einer Verdünnung von 1:10.000 noch eine Hepatitis auslösen könne. Dagegen wandte er ein, dass der Fraktionierungseffekt etwas anderes sei als der Verdünnungseffekt und hielt die Ergebnisse seiner fraktionierten Probecharge dagegen.[293]

---

290 StA Halle (Saale), Handakte 2. Vernehmungsprotokoll des Beschuldigten (Anm. 229), Bl. 7.
291 StA Halle (Saale), Handakte 2. Vernehmungsprotokoll des Beschuldigten (Anm. 229), Bl. 8.
292 StA Halle (Saale), Handakte 2. Vernehmungsprotokoll des Beschuldigten (Anm. 229), Bl. 9.
293 StA Halle (Saale), Handakte 2. Vernehmungsprotokoll des Beschuldigten (Anm. 229), Bl. 11.

Schubert bestätigte in seinen Vernehmungen die Aussage des Leiters des Magdeburger Bezirksinstituts nicht, dass das Staatliche Kontrollinstitut von der Weiterverarbeitung des Materials gewusst habe. In Bezug auf die Mitteilungen an das Kontrollinstitut antwortete er ausweichend, dass die Anträge auf Freigabe durch den Leiter der Technischen Kontrollorganisation erfolgten.[294] Der Leiter der Fachabteilung Pharmazie im Bezirksinstitut Halle (Saale) hatte Schubert unmittelbar darauf hingewiesen, dass das Kontrollinstitut informiert werden müsse. Schubert hatte ihm zuvor mitgeteilt, dass das Krankheitsbild zwar nicht „völlig klar" sei, aber akuter Hepatitisverdacht bestehe und das Material der Spender schon in Chargen verarbeitet worden sei. Der Leiter der Fachabteilung Pharmazie im Bezirksinstitut Halle (Saale) gab an, deshalb „richtig froh über die Mitteilung" gewesen zu sein, dass das Kontrollinstitut bereits informiert worden war: „Die Entscheidungsbefugnis über die weitere Verarbeitung war somit an ein übergeordnetes Organ delegiert worden, der Druck der Entscheidung" habe nicht mehr beim Ärztlichen Direktor gelegen. Für ihn selbst hätten sich aus dieser Problematik keine weiteren Aufgaben oder Pflichten ergeben.[295]

Die Produktionsleiterin im Bezirksinstitut für Blutspende- und Transfusionswesen Halle (Saale) konnte sich daran erinnern, dass das Kontrollinstitut im Juni 1978 eine Freigabe abgelehnt hatte. Sie berichtete, dass Schubert nach den negativen Befunden die weitere Verarbeitung der Plasmen angeordnet hatte. Eine Umarbeitung trotz fehlender Freigabe sei erfolgt, da Schubert das Ausgangsmaterial für „sehr wertvoll und rar" befunden habe.[296] Er hatte sie Anfang Juli 1978 angewiesen, die Chargen 6 und 7 zur Charge 15 aufzuarbeiten. Sie hatte die Aufarbeitung, die „auf ausdrückliche Weisung des Chefs" zurückging, erst nach ihrem Urlaub Mitte August durchgeführt.[297] Zuvor hatte sie sich mit dem Leiter der Technischen Kontrollorganisation über die Aufarbeitung einer gesperrten Charge allgemein beraten. Die Beratung hatte ergeben, „daß es möglich und erlaubt ist gesperrte Chargen

---

294 StA Halle (Saale), Handakte 2. Vernehmungsprotokoll (Anm. 266), Bl. 20.
295 StA Halle (Saale), Handakte 2. Vernehmungsprotokoll (Zeuge), 2.8.1979, Bl. 141–144.
296 StA Halle (Saale), Handakte 2. Vernehmungsprotokoll (Anm. 259), Bl. 121.
297 StA Halle (Saale), Handakte 2. Vernehmungsprotokoll (Anm. 259), Bl. 121.

aufzuarbeiten, wenn nicht angewiesen wurde, daß sie zu verwerfen sind."[298]
Die Produktionsleiterin gab an, dass ihr nicht bekannt war, dass mit den vorgenommenen Prüfmethoden keine der Hepatitisformen (A, B, Non-A-Non-B) mit Sicherheit ausgeschlossen werden konnte. Sie habe sich in ihrer Funktion „mit diesem Problem nicht befassen müssen."[299]
Schubert hatte vor den Abteilungsleitern des Instituts auf einer Dienstbesprechung am 21. September 1978 die Umarbeitung der Chargen angesprochen und mitgeteilt, dass diese zur Prüfung an das Staatliche Kontrollinstitut geschickt werden sollten.[300] Dies bestätigte auch Schuberts Stellvertreterin, die Leiterin der Laborabteilung. Sie gab an, nicht informiert gewesen zu sein, ob das Kontrollinstitut anschließend eine Information darüber erhalten hatte, dass in die Charge 15 die Chargen 6 und 7 eingegangen waren. Dies habe nicht in ihrem Verantwortungsbereich gelegen, sondern im Bereich des Ärztlichen Direktors, des Leiters der Technischen Kontrollorganisation und der Abteilung der Tiefkühl-Temperatur-Konservierung.[301] Der Leiter der Pharmazieabteilung im Bezirksinstitut Halle (Saale) hatte den Leiter der Technischen Kontrollorganisation darauf aufmerksam gemacht, dass auf dem Antragsformular die Information fehle, dass „in diesem [sic!] Material vormals gesperrte Chargen eingegangen" seien.[302] Dieser hatte daraufhin nach späteren Angaben des Leiters der Pharmazieabteilung im Bezirksinstitut Halle (Saale) sinngemäß zum Ausdruck gebracht, „daß er zwar die Umarbeitung nicht angewiesen hätte aber jetzt nach Abschluß der Herstellung durch [sic!] ein Nichtunterschreiben des Antrags<u>formulars möglicherweise eine Verknappung</u> von Anti-D-IgG <u>hervorrufen könnte.</u>"[303]
Konfrontiert mit der Zeugenaussage der Produktionsleiterin gestand der Leiter der Technischen Kontrollorganisation, dass ihm Schubert Anfang

---

298  StA Halle (Saale), Handakte 2. Vernehmungsprotokoll (Anm. 259), Bl. 122.
299  StA Halle (Saale), Handakte 2. Vernehmungsprotokoll (Anm. 259), Bl. 122.
300  StA Halle (Saale), Handakte 2. Vernehmungsprotokoll (Anm. 295), Bl. 144.
301  StA Halle (Saale), Handakte 2. Vernehmungsprotokoll (Anm. 273), Bl. 148.
302  StA Halle (Saale), Handakte 2. Vernehmungsprotokoll (Anm. 295), Bl. 144.
303  StA Halle (Saale), Handakte 2. Vernehmungsprotokoll (Anm. 295), Bl. 144, Hervorhebungen im Original.

August mitgeteilt habe, dass die Chargen 6 und 7 aufgearbeitet werden sollten. Bei der Besprechung am 21. September 1978 hatte dieser zudem die Aufarbeitung einer pyrogenhaltigen Charge angewiesen.[304] Er räumte ein, dass er laut Punkt 26 der Gütevorschrift zu einer Information an das Kontrollinstitut verpflichtet gewesen wäre. Obwohl ihn der Leiter der Pharmazieabteilung nach der Besprechung der Abteilungsleiter darauf hingewiesen habe, habe er eine Mitteilung unterlassen, da er dessen Meinung nicht geteilt habe. Der Zeugenaussage des Leiters der Pharmazieabteilung widersprach der Leiter der Technischen Kontrollorganisation in einem Punkt: Er habe nie diesem gegenüber geäußert, dass durch eine fehlende Unterschrift eine Verknappung des Wirkstoffs eintreten könnte. Diese Problematik „lag auf dem Tisch von Dr. Schubert" und habe ihn wenig tangiert.[305] Der Leiter der Technischen Kontrollorganisation räumte zudem ein, dass die Charge 15 „mit Sicherheit nicht freigegeben worden" wäre, er aber der Meinung Schuberts gefolgt sei, „daß jedes Hepatitisrisiko ausgeschlossen" werden könne.[306] Auch in der Abteilungsleiterberatung vom 21. September 1978 habe niemand gegen die Meinung des Ärztlichen Direktors protestiert.

Die Leiterin der Laborabteilung gab an, dass die Prüfung der Chargen 6 bis 23 „keinen Anhalt für ein Nichtentsprechen der geforderten Qualitätsparameter gemäß Gütevorschrift" ergeben hätte.[307] In der Aufhebung der Sperre sah sie hingegen eine Pflichtverletzung und ging davon aus, dass die negativen Testbefunde Schubert zu seinem Handeln bewogen hatten. Auf die Rückfrage nach einer „Hepatitissicherheit" bei der Herstellung von Anti-D-Immunglobulin gab sie an, dass kein Verfahren eine absolute Sicherheit bringe. Nachdem sie von ihrer Oberassistentin über das Auftreten von Hepatitiserkrankungen in den Bezirken informiert worden war, hatte die Leiterin der Laborabteilung einen Blick in das Material- und das Protokollbuch geworfen. Dabei sei ihr bewusst geworden, dass die zunächst ge-

---

304 StA Halle (Saale), Handakte 2. Vernehmungsprotokoll (Anm. 250), Bl. 112.
305 StA Halle (Saale), Handakte 2. Vernehmungsprotokoll (Anm. 250), Bl. 114, Hervorhebungen im Original.
306 StA Halle (Saale), Handakte 2. Vernehmungsprotokoll (Anm. 250), Bl. 114 f.
307 StA Halle (Saale), Handakte 2. Vernehmungsprotokoll (Anm. 273), Bl. 150.

sperrten Plasmen auch in die folgenden Chargen 8 bis 15 eingegangen seien und „Waschwasser" der Chargen 14 und 15 auch in späteren Chargen eingesetzt werde.[308] Sie hatte Schubert gegenüber am 8. Januar 1979 geäußert, dass alle Chargen, die Ausgangsplasma der erkrankten Spender enthielten, umgehend dem Kontrollinstitut gemeldet werden sollten. In den Krankenhäusern befänden sich große Mengen des Präparats. Schubert habe sich von ihrer Ansicht nicht überzeugen lassen. Er habe darauf verwiesen, dass bislang nur nach Anwendung der Chargen 8, 10 und 14 Erkrankungen aufgetreten waren, nicht nach den dazwischenliegenden Chargen. Die Leiterin der Laborabteilung hatte darauf geantwortet, dass dies nur noch eine Frage der Zeit sei. Einige Tage später habe sich dann „die Richtigkeit meiner Annahme leider in der Praxis bestätigt."[309]

Offenbar hatte sich keiner der Mitarbeiter des Instituts Gedanken über die Verwendung des Waschwassers gemacht. Der Leiter der Technischen Kontrollorganisation wusste, dass das Waschwasser jeder Charge in die nächstfolgende Charge gelangte. Auf die Frage nach seinen Pflichten gestand er, dass er eine Sicherstellung des Waschwassers der Charge 7 hätte veranlassen müssen. Auf diese Idee sei er nicht gekommen und dies sei erst bei der Betriebskontrolle im Januar 1979 bekannt geworden.[310]

### 1.2.2 Auf dem Weg zur Anklage

Der ermittelnde Staatsanwalt besprach sich am 9. August 1979 mit dem Stellvertreter des Generalstaatsanwalts der DDR und dem Bezirksstaatsanwalt. Er vertrat die Meinung, dass die Ermittlungen für eine Anklageerhebung und eine Bestrafung Schuberts sprachen. Zudem gab er einen Überblick über die Ermittlungen. Zwar gebe es eine gute Zusammenarbeit zwischen der Staatsanwaltschaft und der Morduntersuchungskommission

---

308 StA Halle (Saale), Handakte 2. Vernehmungsprotokoll (Anm. 273), Bl. 149.
309 StA Halle (Saale), Handakte 2. Vernehmungsprotokoll (Anm. 273), Bl. 152.
310 StA Halle (Saale), Handakte 2. Vernehmungsprotokoll (Anm. 250), Bl. 112.

sowie der Bezirksstaatsanwaltschaft und „der für das Verfahren verantwortlichen Genossen der Zentrale."[311] Anders sei das Verfahren aber auch gar nicht zu bewältigen. Der hallische Staatsanwalt hielt die Ermittlungen aus zwei Gründen für kompliziert. Zum einen sei es aufgrund des fachspezifischen Hintergrunds ohne Gutachter unmöglich, die Argumente Schuberts zu entkräften. Zum anderen erschwere das Fehlen schriftlicher Kommunikation die Untersuchung. Die entscheidenden Mitteilungen seien alle mündlich erfolgt. Es gebe „zwischen dem ‚Lieferanten' Neubrandenburg und dem ‚Hersteller' BIBT [Bezirksinstitut für Blutspende- und Transfusionswesen] Halle (Saale) in Bezug auf diese Mitteilungen keinen Schriftverkehr."[312]

Der Staatsanwalt thematisierte zudem Schwierigkeiten in Bezug auf die Beweisführung. Hierzu gehörte insbesondere die Tatsache, dass Schubert ausgesagt hatte, aus Neubrandenburg nur etwas über die Erkrankung von zwei, nicht von fünf Spendern erfahren zu haben. Den Verdacht auf Hepatitis habe er zunächst selbst gehegt. Daraus war nicht unmittelbar auf eine Virushepatitis zu schließen. Zudem gelte das Fraktionierungsverfahren zur Herstellung von Anti-D-Immunglobulin als hepatitissicher und seit zehn Jahren, in denen etwa 200.000 Ampullen hergestellt worden waren, sei es nie zu einem Zwischenfall gekommen. Schubert hatte nicht an eine Virushepatitis Non-A-Non-B gedacht, da ihm solche Fälle in der DDR nicht bekannt gewesen seien. Zur Absicherung hatte er zudem die Institute Dessau, Magdeburg und das eigene Institut benutzt und alle Untersuchungen der Plasmen der erkrankten Spender auf Hepatitis B seien negativ verlaufen. Zudem brachte Schubert vor, dass es überhaupt nicht vorauszusehen gewesen wäre, dass durch die Waschflüssigkeit nachfolgende Chargen infiziert werden konnten. Der Leiter der Technischen Kontrollorganisation hingegen berief sich darauf, dass er als promovierter Apotheker nicht über die erforderlichen Qualifikationen auf diesem Gebiet verfüge und sich auf den

---

311 StA Halle (Saale), Handakte 1. Staatsanwalt [Halle (Saale)], Sachvortrag Strafsache Dr. Schubert, (…) am 9.8.1979 gegenüber (…) und BstA, o. D., Bl. 171–174, hier Bl. 171.
312 StA Halle (Saale), Handakte 1. Staatsanwalt [Halle (Saale)], Sachvortrag (Anm. 311), Bl. 171.

Direktor verlassen habe. Zudem habe er lediglich von der Erkrankung eines Spenders gewusst.[313]

Der Inoffizielle Mitarbeiter „Dr. Förster" berichtete im August 1979, dass Schubert fest von seiner Unschuld überzeugt sei. Er habe geäußert, dass, wenn etwas gegen ihn vorzubringen gewesen wäre, dies sofort erfolgt wäre und man sich nicht so lange Zeit gelassen hätte. Der Inoffizielle Mitarbeiter gab an, dass Schubert ihm berichtet habe, dass Mitarbeiter des Ministeriums für Gesundheitswesen auf seiner Seite seien. Falls es doch zum Prozess komme, werde er sich einen Anwalt nehmen „und erst einmal richtig zeigen, was eine Harke ist."[314]

Der Prozess war in Vorbereitung, denn der ermittelnde Staatsanwalt hatte Überlegungen notiert, was mithilfe der Gutachter, Schriftstücke und Zeugenaussagen bewiesen werden konnte. Klar war, dass Schubert von der Erkrankung der beiden Spender mit Hepatitisverdacht wusste und aus diesem Grund am 17. April 1978 die Weiterverarbeitung des Materials untersagt hatte. Als Beleg dienten Vermerke mit der Aussage „Hepatitis-gesperrt" und die Aussagen der Mitarbeiter des Bezirksinstituts in Halle (Saale). Schubert konnten nach Ansicht des Staatsanwalts drei Punkte zur Last gelegt werden. Zum einen hatte er das Spenderserum nur auf Hepatitis B untersuchen lassen und die Möglichkeit einer Hepatitis Non-A-Non-B nicht in Erwägung gezogen. Der Staatsanwalt verließ sich hier auf die Aussage der Gutachter, dass jeder Arzt dieses Wissen besitze. Der zweite Punkt war, dass Schubert am 8. Mai 1978 die Produktion der Chargen freigegeben hatte. Er hatte sich nicht davon überzeugt, ob sich der Hepatitis-Verdacht der erkrankten Spender bestätigt hatte oder nicht: „Ohne diese Kenntnis hätte er die Sperre nicht aufheben dürfen."[315] Zudem wurde Schubert vorgeworfen, die zweimalige Ablehnung der Freigabe aus Berlin ignoriert zu haben, um „die drohenden Lücken, die in der Immunprophylaxe eingetre-

---

313 StA Halle (Saale), Handakte 1. Staatsanwalt [Halle (Saale)], Sachvortrag (Anm. 311), Bl. 172.
314 BStU, Rückverfilmung AOPK 1142/81. Abteilung XX/1 Bericht, 8.8.1979, Bl. 169.
315 StA Halle (Saale), Handakte 1. Staatsanwalt [Halle (Saale)], Sachvortrag (Anm. 311), Bl. 173.

ten wären", zu umgehen.[316] Dem Leiter der Technischen Kontrollorganisation wurde zur Last gelegt, dem Kontrollinstitut trotz des Wissens über die Verarbeitung des Spenderplasmas in den Chargen 6 und 7 nicht mitgeteilt zu haben, dass diese Chargen umgearbeitet worden waren. In der Folgezeit waren intensive Vernehmungen der beiden Beschuldigten geplant, in denen alle durch die Zeugenvernehmungen aufgetretenen Fragen geklärt werden sollten. Anhand eines Vermerks des Staatsanwalts wird deutlich, dass eine Verurteilung angestrebt wurde. Denn er hatte unter dem Punkt „Hilfe durch Zentrale" notiert, dass gegebenenfalls eine „Aussprache mit OG [Oberstes Gericht der DDR]" nötig sei: „Es gibt viele Richter, die den Grundsatz ‚im Zweifel zu Gunsten' so auslegen, daß (...) selbst das zweifelhaft ist, was eindeutig feststeht."[317] Im Fall von Schubert liege diese Möglichkeit nahe. Auch der Stellvertreter des Generalstaatsanwalts der DDR hatte sich für eine Anklage Schuberts ausgesprochen: „Dr. Schubert handelte nach bisherigen Ermittlungsergebnissen verantwortungslos. Es wird Anklage zu erheben sein. Möglich ist auch Verurteilung zu einer Freiheitsstrafe." Gegen den Leiter der Technischen Kontrollorganisation „sind demnächst die Widersprüche auszuräumen. Es ist danach zu klären, ob EV [Ermittlungsverfahren] eventuell einzustellen ist."[318] Die angekündigten intensiven Vernehmungen begannen am 14. August 1979. Erneut ging es um den Anruf aus Neubrandenburg vom 17. April 1978. Schubert blieb bei seiner Aussage. Der Ärztliche Direktor des Neubrandenburger Bezirksinstituts habe ihm mitgeteilt, dass sich die beiden Spender mit einer „leicht ikterisch" verlaufenden Erkrankung in stationärer Behandlung befänden.[319] Er habe den Begriff Hepatitis nicht benutzt. Schubert habe daraufhin Anstrengungen unternommen, durch Zusatzuntersuchungen eine Hepatitis

---

316 StA Halle (Saale), Handakte 1. Staatsanwalt [Halle (Saale)], Sachvortrag (Anm. 311), Bl. 173.
317 StA Halle (Saale), Handakte 1. Staatsanwalt [Halle (Saale)], Sachvortrag (Anm. 311), Bl. 174.
318 StA Halle (Saale), Handakte 1. Staatsanwalt [Halle (Saale)], Sachvortrag (Anm. 311), Bl. 174.
319 StA Halle (Saale), Handakte 2. Vernehmungsprotokoll des Beschuldigten (Anm. 62), Bl. 51.

auszuschließen.[320] Den Grad des Ikterus sah Schubert als unbedeutend an. Daraufhin hielt der Vernehmer ihm vor, „immer die für Sie offensichtlich günstigeren Begriffe ‚leicht ikterisch' beziehungsweise ‚praktisch anikterisch'" zu verwenden.[321] Schubert hielt die von dem Zeugen geschilderte Reaktion für wahrscheinlich, „weil sie der damaligen Gesamteinschätzung der Situation durch mich entspricht."[322] Er bezweifelte hingegen, dem Ärztlichen Direktor des Neubrandenburger Bezirksinstituts eine konkrete Zahl von 2.500 Ampullen mitgeteilt zu haben. Schubert beharrte zudem darauf, dass er die Schlussdiagnose erst im Januar 1979 erhalten habe. Diese sei ihm inklusive Biopsiebefund als Kopie zusammen mit einem Bericht des Ärztlichen Direktors des Neubrandenburger Bezirksinstituts an das Staatliche Kontrollinstitut zugegangen. Er könne sich absolut nicht erinnern, dass ihm dieser vorher telefonisch eine Abschlussdiagnose mitgeteilt habe.[323] Aufgrund dieser widersprüchlichen Aussagen kam es am 18. September 1979 zu einer Gegenüberstellung zwischen den beiden Ärztlichen Direktoren. Schubert blieb bei seiner Aussage. Er konnte nicht mehr sicher angeben, ob der Verdacht auf Hepatitis im Verlauf des Telefonats wörtlich geäußert worden war oder er selbst darauf geschlossen hatte.[324] Von der Erkrankung mehrerer Personen habe er erstmalig in Form von Gerüchten von einem Arzt aus Leipzig anlässlich einer Fortbildungsveranstaltung erfahren, der sich wiederum auf einen Arzt aus Rostock bezogen hatte. Der Ärztliche Direktor des Bezirksinstituts Neubrandenburg hingegen behauptete, Schubert im Zeitraum zwischen Mai und Juni 1978 telefonisch „die exakte Mitteilung gemacht" zu haben, dass bei dem Spender, dessen Plasma das Bezirksinstitut in Halle (Saale) erhalten hatte, aufgrund einer Leberbiopsie eine akute Virushepatitis diagnostiziert worden sei. Schubert blieb

---

320 StA Halle (Saale), Handakte 2. Vernehmungsprotokoll des Beschuldigten (Anm. 62), Bl. 51.
321 StA Halle (Saale), Handakte 2. Vernehmungsprotokoll des Beschuldigten OMR Dr. med. Schubert, Wolfgang, 15.8.1979, Bl. 65–72, hier Bl. 67.
322 StA Halle (Saale), Handakte 2. Vernehmungsprotokoll des Beschuldigten (Anm. 62), Bl. 55.
323 StA Halle (Saale), Handakte 2. Vernehmungsprotokoll (Anm. 321), Bl. 68.
324 StA Halle (Saale), Handakte 2. Gegenüberstellungsprotokoll (Anm. 38), Bl. 78.

bei seiner Aussage, erst im Januar 1979 die Epikrisen erhalten zu haben.[325] Auch zwischen Schubert und der Oberschwester fand eine Gegenüberstellung statt. Schließlich erklärte Schubert, dass er sich an die Mitteilung über weitere Spender bisher nicht erinnere, es aber möglich sei, dass er dem weiteren Verlauf des Telefonats weniger Aufmerksamkeit geschenkt hatte. Dies erklärte seiner Ansicht nach die widersprüchlichen Aussagen.[326]

In den Vernehmungen ging es zudem um Unklarheiten zwischen der Aussage Schuberts und der Aussage des Abteilungsleiters des Instituts für Impfstoffe Dessau. Dieser hatte behauptet, nichts davon gewusst zu haben, dass es sich bei den erkrankten Personen um Anti-D-Spender handelte. Schubert erwiderte daraufhin, dass er um die „RIA-Testung regelrecht [habe] kämpfen müssen, da sie routinemäßig für Blutspender nicht durchgeführt" werde.[327] Daher sei es unwahrscheinlich, dass er die Mitarbeiter des Instituts für Impfstoffe über die Spender informiert hätte. In Bezug auf die Angaben des Leiters des Magdeburger Bezirksinstituts sagte Schubert aus, dass er im zweiten Quartal 1978 mit einem Mitarbeiter des Staatlichen Kontrollinstituts ein Gespräch geführt habe. Dabei habe dieser auf die „hochgradige immunelektroforetische Reinheit unserer IgG-Fraktion und sehr wahrscheinlich auch auf die international anerkannte Hepatitissicherheit dieser Fraktion hingewiesen."[328]

Um diese ging es in der Vernehmung erneut, denn der Vernehmer wertete die Tatsache, dass die Probecharge im Radio-Immun-Assay-Test nicht negativ getestet worden war, als Beweis gegen eine Hepatitissicherheit des Verfahrens. Schubert bestritt dies mit dem Hinweis, dass die Radio-Immun-Assay-Methode das empfindlichste Testverfahren sei. Je empfindlicher eine Methode, desto höher ihre Unspezifität. Zudem habe das Institut für Impfstoffe mitgeteilt, dass man in der Testung normalerweise nur positive oder

---

325 StA Halle (Saale), Handakte 2. Gegenüberstellungsprotokoll (Anm. 38), Bl. 82.
326 StA Halle (Saale), Handakte 2. Gegenüberstellungsprotokoll zwischen dem Beschuldigten OMR Dr. med. Schubert und der Zeugin (…), 18.9.1979, Bl. 84–86.
327 StA Halle (Saale), Handakte 2. Vernehmungsprotokoll des Beschuldigten (Anm. 62), Bl. 54.
328 StA Halle (Saale), Handakte 2. Vernehmungsprotokoll des Beschuldigten (Anm. 62), Bl. 54 f.

negative Ergebnisse angebe. Im vorliegenden Fall sei das Ausgangsmaterial stark positiv, ein Material schwach positiv gewesen.[329] Der Vernehmer hielt Schubert vor, die Freigabe des Materials schon Tage vor dem Erhalt der Testergebnisse aus Dessau durchgeführt zu haben. Schubert begründete dies damit, dass er aufgrund der Ergebnisse der anderen Tests von einem entsprechenden Ergebnis des Radio-Immun-Assay-Tests ausgegangen sei. Er bestritt außerdem, den Eintrag im Materialbuch zur Aufhebung der Sperre vom 8. Mai 1978 zu kennen. Er habe „die Freigabe gegenüber der Produktionsleiterin nach deren mehrfachem Drängen wegen des bestehenden Materialmangels ausgesprochen."[330] Daraufhin wurde Schubert mit der Aussage konfrontiert, dass diese die Sperre aufgehoben hatte, weil er keine Bedenken gegen den Einsatz geäußert habe. Schubert sah hierin keinen Widerspruch zu der vorher gemachten Aussage.

Auch die Kommunikation zwischen Schubert und dem Staatlichen Kontrollinstitut für Seren und Impfstoffe war erneut Thema. Schubert berichtete, dass er über die Ablehnung erstaunt gewesen sei und sich daher mit dem Hinweis auf bevorstehende Produktionslücken an Oberdoerster gewandt hatte. Er hatte dieses Schreiben in der Hoffnung auch an das Ministerium für Gesundheitswesen geschickt, dass dieses auf die Entscheidung des Kontrollinstituts Einfluss nehme. Denn auch dort sei „die drohende Gefahr einer Versorgungslücke durch die Verzögerungen in Neubrandenburg bekannt" gewesen.[331] Er habe sich aufgrund Oberdoersters Schreiben vom 14. Juli 1978 in einem Gewissenskonflikt befunden, denn nach dem damaligen Stand der Bauvorbereitungen sei mit einer baldigen Einstellung der Produktion zu rechnen gewesen.

Der Vernehmer bestritt diese Angabe vehement. Bis zum 17. April 1978 sei die Produktion planmäßig verlaufen und selbst nach Sperrung der Chargen 8 bis 23 aus dem Jahr 1978 hatte die Produktion nicht unterbrochen werden müssen. Schubert sagte daraufhin aus, dass dies aber zum

---

329 StA Halle (Saale), Handakte 2. Vernehmungsprotokoll des Beschuldigten (Anm. 62), Bl. 55.
330 StA Halle (Saale), Handakte 2. Vernehmungsprotokoll (Anm. 321), Bl. 65.
331 StA Halle (Saale), Handakte 2. Vernehmungsprotokoll (Anm. 321), Bl. 69.

damaligen Zeitpunkt seine Einschätzung gewesen sei. Darauf angesprochen, warum er bezüglich der Chargen 8 bis 14 keine Mitteilung an das Kontrollinstitut gemacht hatte, antwortete Schubert: „Ich hatte mich zu diesem Zeitpunkt durchgerungen das Material zu verarbeiten und damit zu produzieren und habe deshalb eine Mitteilung an SKISI [Staatliches Kontrollinstitut für Seren und Impfstoffe] nicht für erforderlich gehalten. Ich war zu diesem Zeitpunkt fest davon überzeugt, daß eine Gefährdung für die zu behandelnden Patientinnen nicht besteht. Nachdem ich mich innerlich damit abgefunden hatte, daß ich das betreffende Material verarbeite weil ich der Auffassung war, es könnte nichts passieren, gab es für mich keine andere Entscheidung mehr. Ich habe mich anderen Aufgaben zugewendet. Z. B. den [sic!] bevorstehenden Umbau meines Institutes und zur [sic!] Lösung von Problemen der Blutversorgung für das Herzoperationszentrum Halle u. a. m."[332] Schubert gab in einer Vernehmung zu, dass sein „entscheidender Fehler" die Orientierung auf eine Hepatitis B gewesen sei.[333] Auch die Annahme, dass sich andere Hepatitisviren im Fraktionierungsverfahren ebenso verhielten wie die Hepatitis B, sei falsch gewesen. Die Frage, ob es in den vergangenen Jahren überhaupt Mitteilungen über Plasma mit Hepatitisverdacht gegeben habe, verneinte Schubert. Es gebe „einen relativ hohen Prozentsatz auch anikterisch verlaufende Hepatititen [sic!] und auch Virusträger, die klinisch überhaupt nicht erkrankt" seien.[334] Die Frage, ob die Mitteilung aus Neubrandenburg dann nicht ein Alarmsignal hätte sein müssen, bejahte er. Schubert bezweifelte, dass er den Leiter der Technischen Kontrollorganisation darüber informiert hatte, dass das Material der Spender auch in den Chargen 8 bis 14 verarbeitet worden war. Er ging davon aus, dass die Produktionsleiterin diesen als zuständige Abteilungsleiterin informiert hatte. Gemäß seiner Kontrollpflicht habe der Leiter der Technischen Kontrollorganisation auch in die Produktionsdokumente Einsicht nehmen müssen. Schlussendlich fragte der Vernehmer, ob Schu-

---

332 StA Halle (Saale), Handakte 2. Vernehmungsprotokoll (Anm. 321), Bl. 70, Hervorhebung im Original.
333 StA Halle (Saale), Handakte 2. Vernehmungsprotokoll (Anm. 321), Bl. 71.
334 StA Halle (Saale), Handakte 2. Vernehmungsprotokoll (Anm. 321), Bl. 72.

bert bekannt gewesen sei, dass bei Hepatitisverdacht einer Charge auch das Waschwasser nicht weiterverwendet werden dürfe. Schubert wies hier jede Kenntnis von sich, da das Verfahren und die Details die Leiterin der Laborabteilung entwickelt habe. Er selbst habe nach dem Bekanntwerden der Erkrankungen nicht daran gedacht, dass durch das Waschwasser Hepatitisviren übertragen werden könnten.[335]

Am 27. September 1979 legte der zuständige Hauptmann den Schlussbericht vor. In diesem waren die Ergebnisse der Untersuchungen und der Ablauf der Ereignisse noch einmal festgehalten worden. Dabei übernahm der Schlussbericht die Darstellung des Ärztlichen Direktors des Neubrandenburger Bezirksinstituts, dass er Schubert die Ergebnisse der Biopsien mündlich mitgeteilt habe. Festgehalten wurde, dass Schubert den Einsatz der Chargen 6 und 7 befürwortet hatte, „obwohl ihm durch die Testergebnisse klargeworden sein mußte, daß das Fraktionierverfahren nicht hepatitissicher ist."[336] Trotz zweifacher Ablehnung des Kontrollinstituts habe er die Plasmen der beiden erkrankten Spender zur Herstellung der Chargen 8 bis 14 einsetzen und die Chargen 6 und 7 zur Charge 15 umarbeiten lassen. Der Antrag auf Freigabe der Charge 15 enthielt keinen Vermerk, dass diese aus den Chargen 6 und 7 hervorgegangen war. Auch war dem Staatlichen Kontrollinstitut nicht mitgeteilt worden, dass das Plasma der Spender in den Chargen 8 bis 14 verwendet worden war. Damit habe auch keine Sperrung beziehungsweise Nichtfreigabe für den Verkehr erfolgen können.[337] Der kausale Zusammenhang zwischen den Pflichtverletzungen und den aufgetretenen Erkrankungen ergebe sich aus den Ausführungen im Gutachten eindeutig. Als besondere Bemerkung wurde angeführt, dass die Plasmaspender im Bezirksinstitut für Blutspende- und Transfusionswesen Neubrandenburg vor der Blutentnahme nicht ordnungsgemäß untersucht worden waren. Nach Ansicht der Gutachter seien diese Pflichtverletzungen ohne Einfluss auf das nachfolgende Geschehen geblieben. Auf dem Doku-

---

335 StA Halle (Saale), Handakte 2. Vernehmungsprotokoll (Anm. 321), Bl. 72.
336 StA Halle (Saale), Handakte 3. Hauptmann der K, Schlussbericht, 27.9.1979, Bl. 1–7, hier Bl. 5.
337 StA Halle (Saale), Handakte 3. Schlussbericht (Anm. 336), Bl. 5.

ment war unter dem Stichwort „Mängel im Schlußbericht" handschriftlich vermerkt, dass Schubert die Gefährdung nicht erkannt habe und zu den konkreten Pflichtverletzungen des Leiters der Technischen Kontrollorganisation nichts geschrieben worden sei.[338]

Neben den Ermittlungsergebnissen belasteten Schubert zusätzlich eingeholte Informationen. Der ermittelnde Staatsanwalt hatte Mitte August 1979 gemeinsam mit dem zuständigen Hauptmann eine Aussprache mit dem Bezirksarzt von Halle (Saale) und dem Kaderleiter geführt. Dabei hatte der Staatsanwalt um eine Einschätzung Schuberts und um Übergabe von dessen Kaderakte gebeten. Der Bezirksarzt belastete Schubert dabei schwer. Es sei bekannt, dass Schubert seit Jahren trinke und dass bereits seit Jahren keine ordentliche Leitungstätigkeit im Institut mehr stattfinde. Der Bezirksarzt negierte zudem den Einfluss der Baumaßnahmen auf Schuberts Entscheidung. Diese seien seit 1976 vorgesehen und Schubert wisse, dass sie nicht realisiert würden. Als die Sprache auf den weiteren Verlauf des Verfahrens kam, machte der Bezirksarzt auf einen wichtigen Aspekt aufmerksam. Der Staatsanwalt hatte hierzu notiert: „Der Minister hatte dem Bezirksarzt seinerzeit mitgeteilt, daß in diesem [sic] Verfahren so viele Personen verwickelt seien und die Probleme kompliziert wären, daß mit Sicherheit kein Strafverfahren zu erwarten sei."[339] Diese Information war Schubert auch so übermittelt worden. Der Staatsanwalt teilte dem Bezirksarzt daraufhin mit, dass nach seiner Auffassung Anklageerhebung erforderlich sei. Ihm sei nicht bekannt, dass es innerhalb der Staatsanwaltschaft eine Auffassung gebe, welche die Mitteilung des Ministers rechtfertige. Als Schubert einen Tag zuvor gefragt hatte, ob er in Erwartung der Einstellung des Verfahrens in den Urlaub fahren könne, habe er ihm unmissverständlich seine Meinung dazu gesagt.[340]

Die Rücksprache mit dem Bezirksarzt hatte zur Folge, dass Schubert in der Vernehmung am 24. September 1979 zu seinem Alkoholkonsum befragt

---

338 StA Halle (Saale), Handakte 3. Schlussbericht (Anm. 336), Bl. 1.
339 StA Halle (Saale), Handakte 1. Aktenvermerk Staatsanwalt [Halle (Saale)], o. D., Bl. 175.
340 StA Halle (Saale), Handakte 1. Aktenvermerk (Anm. 339).

wurde. Auch die Aussage, dass sich dies negativ auf seine Leitungstätigkeit ausgewirkt habe, wurde zitiert. Schubert bestritt dies, gab jedoch zu, bis Frühjahr 1977 „relativ viel alkoholische Getränke" zu sich genommen zu haben.[341] Täglich habe er fast 0,35 Liter Schnaps getrunken und gelegentlich auch mehr. Er bestritt eine Einwirkung dieses Konsums auf seine Arbeit, da er vor allem abends und zu Hause getrunken habe. Während der Dienstzeit habe er zwar gelegentlich alkoholische Getränke zu sich genommen, sei aber währenddessen nie betrunken oder angetrunken gewesen. Im Frühjahr 1977 war er aufgrund eines Infektes in die Universitätsklinik aufgenommen worden. Bei den Untersuchungen in der Klinik hatte sich eine Kreislauf- und Leberschädigung herausgestellt. Daraufhin hatte er in den nächsten drei Monaten nichts mehr und ab 1978 gelegentlich bei besonderen Anlässen ein Glas Wein, Sekt oder Bier getrunken. Schubert bestritt einen Einfluss des Alkohols auf seine Entscheidungen. Diese sei „aus heutiger Sicht falsch", aber „in keiner Weise durch den Alkohol beeinflußt" gewesen.[342] Er gab allerdings zu, auch nach 1977 in der Dienstzeit in „kleinsten Mengen (1 bis 2) Gläser Schnaps" getrunken zu haben.[343]

Noch stärker belastete Schubert die Aussage zweier weiterer Zeugen, die im Oktober 1979 vernommen wurden. Hierbei handelte es sich um den ökonomischen Leiter des Bezirksinstituts für Blutspende- und Transfusionswesen Halle (Saale) und einen medizinischen Assistenten. Bei diesen Vernehmungen ging es offensichtlich um eine Einschätzung der Person Schuberts. Der ökonomische Leiter des Bezirksinstituts für Blutspende- und Transfusionswesen Halle (Saale) war seit Mai 1962 Verwaltungsleiter. Auf sein Verhältnis zu Schubert angesprochen gab er an, dass es zwischen beiden „hin u. wieder Diskrepanzen auf dem Gebiet der Ökonomie und Finanzprobleme [sic!] gegeben" habe.[344] Er beschrieb Schubert als „charakterlich (...) sehr

---

341   StA Halle (Saale), Handakte 2. Vernehmungsprotokoll des Beschuldigten Dr. Schubert, Wolfgang, 24.9.1979, Bl. 73–74, hier Bl. 73.
342   StA Halle (Saale), Handakte 2. Vernehmungsprotokoll (Anm. 341), Bl. 74.
343   StA Halle (Saale), Handakte 2. Vernehmungsprotokoll (Anm. 341), Bl. 74.
344   StA Halle (Saale), Handakte 2. Vernehmungsprotokoll des Zeugen (...), 16.10.1979, Bl. 164–166, hier Bl. 165.

eigenwillig und teilweise spontan."[345] Schubert habe oft nur seine Meinung gelten lassen. Daher musste er ihn häufiger auf gesetzliche Bestimmungen und deren Auslegung hinweisen. Den Leitungsstil des Ärztlichen Direktors beschrieb der ökonomische Leiter des Bezirksinstituts für Blutspende- und Transfusionswesen Halle (Saale) als großzügig. Durch Schuberts Funktion im Ministerium für Gesundheitswesen sei die Leitung des Instituts lockerer geworden, da er weniger Zeit hierfür aufgebracht habe. Die Arbeit des Instituts sei nur aufgrund der „Qualität der nachgeordneten Leitungskader" ordnungsgemäß abgelaufen.[346] Bis zur Einweisung Schuberts in die klinische Behandlung im Frühjahr 1977 sei „allen bekannt [gewesen], daß Dr. Schubert einen zunehmenden Alkoholkonsum zeigte."[347] Die Anfänge dessen schätzte der ökonomische Leiter des Bezirksinstituts für Blutspende- und Transfusionswesen Halle (Saale) auf das Jahr 1970. Bereits frühmorgens habe Schubert häufiger nach Alkohol gerochen und er ging davon aus, dass Schubert ab Ende 1977 oder Anfang 1978 wieder angefangen habe, zu trinken.[348]

Noch schärfer war die Aussage des medizinischen Assistenten, der seit 1963 im Institut tätig war. Mit zwei weiteren Mitarbeitern war er für die Untersuchung von Blutspendern sowie die Kontrolle und Freigabe der Blutkonserven an andere Einrichtungen verantwortlich. Zur Einschätzung Schuberts musste er „leider sagen, daß er weder bei mir noch beim Großteil der im Institut beschäftigten Mitarbeiter anerkannt und geachtet wurde. Ursache hierfür sind seine charakterlichen Eigenschaften und seine Verhaltensweise als Leiter. OMR Dr. <u>Schubert ist egoistisch und stets diktatorisch vorgegangen</u>. Tatsache ist, daß nur seine Entscheidungen und seine alleinige Meinung akzeptiert werden mußten. Wiederholt kam es vor, daß er Tags [sic!] zuvor getroffene Entscheidungen als nicht gegeben hinstellte oder sich so weit verstieg, indem er erklärte, ‚was interessiert mich mein

---

345 StA Halle (Saale), Handakte 2. Vernehmungsprotokoll (Anm. 344), Bl. 165.
346 StA Halle (Saale), Handakte 2. Vernehmungsprotokoll (Anm. 344), Bl. 166.
347 StA Halle (Saale), Handakte 2. Vernehmungsprotokoll (Anm. 344), Bl. 166.
348 StA Halle (Saale), Handakte 2. Vernehmungsprotokoll (Anm. 344), Bl. 166.

Gequatsche vom Vortage'."[349] Schubert gab später in der Hauptverhandlung zu, diesen Ausdruck häufiger benutzt zu haben.[350] Der medizinische Assistent kritisierte zudem neben Schuberts angeblich rechthaberischer Verhaltensweise dessen Alkoholkonsum. Obschon er in Behandlung gewesen sei, habe er danach wieder begonnen zu trinken.[351]
Offenbar standen diese beiden Aussagen im Zusammenhang mit den Untersuchungen der Staatssicherheit. Denn diese überprüfte Schubert seit Mitte Oktober im Rahmen einer Operativen Personenkontrolle und schätzte hierzu auch seine Leitungsfähigkeit ein. In einem Maßnahmeplan hatte die zuständige Abteilung XX/1 festgelegt, dass zur Operativen Personenkontrolle mehrere Punkte nötig seien. Hierzu sollten zwei Inoffizielle Mitarbeiter (IM) in Schuberts Umfeld, IM „Dr. Förster", IM „Schneider" und der Gesellschaftliche Mitarbeiter für Sicherheit (GMS) „Lehmann" herausfinden, welche Personen Schubert in seinem Fehlverhalten unterstützten und wie er zu den Ermittlungsergebnissen stand. Der Inoffizielle Mitarbeiter „Schneider" wurde nicht nur auf Schubert angesetzt, sondern berichtete auch über Kolleginnen und Kollegen der Poliklinik Mitte in Halle (Saale) sowie über Patientinnen der dortigen geschlossenen Venerologischen Station.[352] Darüber hinaus sollten der Inoffizielle Mitarbeiter „Schneider" und der Gesellschaftliche Mitarbeiter für Sicherheit „Lehmann" „auswertbare Informationen" zur Leitungstätigkeit und zum Auftreten des Ärztlichen Direktors erarbeiten.[353] Die Aussagen des ökonomischen Leiters und des medizinischen Assistenten unterstrichen die Vermutungen des Ministeriums für Staatssicherheit.
Denn die Staatssicherheit schätzte Schuberts Leitungstätigkeit kritisch ein.

---

349  StA Halle (Saale), Handakte 2. Vernehmungsprotokoll des Zeugen (…), 17.10.1979, Bl. 167–168, hier Bl. 168, handschriftliche Hervorhebung im Original.
350  StA Halle (Saale), Strafakte II. Hauptverhandlung des Bezirksgerichts Halle, Strafsache gegen den Arzt OMR Dr. Schubert und den Apotheker (…) wegen fahrlässiger Körperverletzung pp., 27.11.1979, Bl. 77–112, hier Bl. 78 f.
351  StA Halle (Saale), Handakte 2. Vernehmungsprotokoll (Anm. 349), Bl. 168.
352  Steger, Schochow: Traumatisierung durch politisierte Medizin (Anm. 29), S. 197 f.
353  BStU, Rückverfilmung AOPK 1142/81. Abteilung XX/1, Maßnahmeplan zur OPK [Operativen Personenkontrolle] Schubert, 15.10.1979, Bl. 13–14.

Mehrfach sei in den letzten Jahren seine Abberufung erwogen worden, „um größeren Fehlentscheidungen vorzubeugen."[354] Schubert sei im Besitz eines „sporatischen [sic!] und unwissenschaftlichen Leitungsstils, verbunden mit bedeutenden politisch-ideologischen Unklarheiten."[355] Während er in der Öffentlichkeit „immer zweckbestimmt" und „progressiv" aufgetreten war, habe sich im engeren Bekanntenkreis seine „negative Grundhaltung zur Politik von Partei und Regierung" gezeigt.[356] Die Staatssicherheit gab an, dass eine Abberufung bislang nur deshalb nicht erfolgt war, da ein akuter Facharztemangel herrsche und sich der leitende Bezirksarzt nicht um einen Ersatz bemüht habe.

## 1.3 Anklage, Hauptverhandlung und Urteil

### 1.3.1 Die Anklage

Erst am 18. Oktober 1979 erhielten die Beschuldigten Einsicht in das Sachverständigengutachten.[357] Schubert konnte das Gutachten aufgrund von Krankheit nicht einsehen.[358] Der Inoffizielle Mitarbeiter „Dr. Förster" hatte hingegen angegeben, dass Schubert das Sachverständigengutachten nicht einsehen wollte. Der IM schätzte ein, dass Schubert nun bewusst geworden sei, dass es zu einem Prozess kommen werde. Schubert habe daraufhin geäußert: „Die zerren mich vor den Kadi, die wollen mich ruinieren."[359] Er

---

354 BStU, AOPK Halle 1142/81 TK. Abteilung XX/1, Abschlussbericht zur OPK Schubert, 8.4.1981, Bl. 72–75, hier Bl. 73.
355 BStU, AOPK Halle 1142/81 TK. Abteilung XX/1, Abschlussbericht (Anm. 354), Bl. 73.
356 BStU, AOPK Halle 1142/81 TK. Abteilung XX/1, Abschlussbericht (Anm. 354), Bl. 73.
357 StA Halle (Saale), Handakte 3. Erklärung (…), 18.10.1979, Bl. 55.
358 StA Halle (Saale), Handakte 3. Erklärung, 18.10.1979, Bl. 94. Das Dokument ist nicht unterschrieben, sondern mit dem handschriftlichen Vermerk versehen: „Dr. Schubert konnte wegen Erkältung das Gutachten nicht einsehen".
359 BStU, Rückverfilmung AOPK 1142/81. Abteilung XX/1, Bericht zu Dr. Schubert (IM Dr. Förster), 24.10.1979, Bl. 185–187, hier Bl. 186.

habe ihn daraufhin zu beruhigen versucht, dass niemand daran interessiert sei, Schubert um jeden Preis zu verurteilen. Doch Schubert habe sich nicht beruhigen lassen. Der IM schloss mit den Worten: „Er ist doch nun kein Dummer, aber scheint voll resigniert zu haben. Er kann das nicht fassen, daß er kein Chef mehr ist, daß das alles nicht mehr sein soll."[360] Hierzu trug offenbar auch die Einschätzung von Schuberts Rechtsanwalt bei. Dieser habe ihm mitgeteilt, dass „das Urteil bereits feststände und es daran nichts zu wackeln gäbe [sic!]."[361] Der Inoffizielle Mitarbeiter „Dr. Förster" gab an, dass Schubert seinem Anwalt daher nicht viel zutraue und ihm unterstelle, „nur Geld herauszuschlagen."[362]

Der Leiter der Technischen Kontrollorganisation wurde im Verfahren von einem Rechtsanwalt aus Torgau vertreten.[363] Der hallische Staatsanwalt teilte diesem am 16. Oktober 1979 mit, dass „in wenigen Tagen mit der Anklageerhebung beim Bezirksgericht Halle" gerechnet werden könne.[364] Intern hatte er vermerkt, dass die Anklage „bei uns liegen" bleiben sollte und es „zunächst nicht zum Gericht" gehe.[365] Die Akten mit den Beweismitteln in der Strafsache sollten an den vierten Strafsenat des Bezirksgerichts Halle (Saale) gehen und „wie MfS-Akten" behandelt werden.[366]

Der ermittelnde Staatsanwalt legte die Anklageschrift am 30. Oktober 1979 vor. Die beiden Beschuldigten sollten von dieser Kenntnis erhalten, „weil die Voraussetzungen für den Ausschluss der Öffentlichkeit gem. § 211

---

360 BStU, Rückverfilmung AOPK 1142/81. Abteilung XX/1, Bericht zu Dr. Schubert (Anm. 359).
361 BStU, Rückverfilmung AOPK 1142/81. Abteilung XX/1, Bericht zu Dr. Schubert (Anm. 359).
362 BStU, Rückverfilmung AOPK 1142/81. Abteilung XX/1, Bericht zu Dr. Schubert (Anm. 359).
363 StA Halle (Saale), Handakte 3. Kollegium der Rechtsanwälte des Bezirkes Leipzig an Bezirksbehörde der Deutschen Volkspolizei (BDVP) Halle (Saale), Abteilung K, 3.9.1979, Bl. 97.
364 StA Halle (Saale), Handakte 3. Staatsanwalt [Halle (Saale)] an Rechtsanwalt (…), 16.10.1979, Bl. 96.
365 StA Halle (Saale), Handakte 3. Aktenvermerk Staatsanwalt [Halle (Saale)], 18.10.1979, Bl. 98.
366 StA Halle (Saale), Handakte 3. Aktenvermerk Staatsanwalt [Halle (Saale)], 30.10.1979, Bl. 99.

Abs. 3 StPo" vorlagen.[367] Darin klagte der Staatsanwalt Schubert an, „teils vorsätzlich, teils fahrlässig handelnd gegen die Bestimmungen des Gesetzes über den Verkehr mit Arzneimitteln verstoßen und dadurch fahrlässig eine unmittelbare Gefahr für das Leben und die Gesundheit von Menschen bzw. einen erheblichen Gesundheitsschaden bei einer Vielzahl von Menschen im gesamten Gebiet der Deutschen Demokratischen Republik verursacht zu haben."[368] Schubert habe als Direktor des Bezirksinstituts für Blutspende- und Transfusionswesen Halle (Saale) die Verantwortung getragen, das Anti-D-Immunglobulin „in einem einwandfreien Zustand bedarfsgerecht" bereitzustellen und in den Verkehr zu bringen. Der Staatsanwalt berief sich bei diesen Ausführungen auf § 1 des Gesetzes über den Verkehr mit Arzneimitteln sowie § 17 des Arzneimittelgesetzes.[369] Schubert wurde vorgehalten, trotz fehlender Freigabe die verdächtigen Plasmen in weiteren sieben Chargen verarbeitet und die Chargen 6 und 7 zur Charge 15 umgearbeitet zu haben. Ferner wurde ihm vorgeworfen, die Chargen 8 bis 14 im Zeitraum vom 14. Juli 1978 bis zum 1. November 1978 „ohne besondere Hinweise" beim Staatlichen Kontrollinstitut eingereicht zu haben. Dieses hatte die Chargen mit insgesamt 8.200 Ampullen freigegeben. Auf die Auslieferung dieser Ampullen war die Erkrankung von 1.758 Personen zurückzuführen und sie habe „eine unmittelbare Gefahr für das Leben oder die Gesundheit von mindestens 6.400 Menschen" bedeutet.[370] Schubert wurde vorgeworfen, gegen § 35 Abs. 1 und 3 des Arzneimittelgesetzes verstoßen zu haben. Ihm wurde zudem zur Last gelegt, dass durch die Waschflüssigkeit eine Übertragung der Hepatitisviren erfolgt war. Er habe nicht erkannt, wie infektiös diese war und nicht die notwendigen Anweisungen erteilt, wodurch die Waschflüssigkeit von der Charge 15 auf die Charge 16 bis zur Charge 23 übertragen worden war. Infolgedessen waren weitere 775 Personen an He-

---

367 StA Halle (Saale), Handakte 3. Staatsanwalt [Halle (Saale)] an Bezirksgericht Halle, 4. Strafsenat, 30.10.1979, Bl. 100.
368 StA Halle (Saale), Handakte 2. Bezirksgericht 4. Strafsenat, Staatsanwalt [Halle (Saale)], Anklageschrift, 30.10.1979, unpag.
369 StA Halle (Saale), Handakte 2. Anklageschrift (Anm. 368), unpag.
370 StA Halle (Saale), Handakte 2. Anklageschrift (Anm. 368), unpag.

patitis erkrankt. Für den Staatsanwalt ergab sich daraus ein Verstoß gegen § 35 und § 36 Abs. 1 des Gesetzes über den Verkehr mit Arzneimitteln in der Fassung des Gesetzes zur Anpassung von Strafbestimmungen und Ordnungsstrafbestimmungen – Anpassungsgesetz – vom 11. Juni 1968.[371] Der Leiter der Technischen Kontrollorganisation wurde beschuldigt, „fahrlässig einen erheblichen Gesundheitsschaden bei einer Vielzahl von Menschen im gesamten Gebiet der Deutschen Demokratischen Republik verursacht" zu haben.[372] Als Leiter der Technischen Kontrollorganisation habe er die in der Gütevorschrift 14/76 enthaltenen Bestimmungen zu kontrollieren und ihre Einhaltung zu gewährleisten. Ihm wurde vorgeworfen, das Staatliche Kontrollinstitut für Seren und Impfstoffe bei dem Antrag auf Freigabe der Charge 15 im November 1978 nicht informiert zu haben, dass diese aus den Chargen 6 und 7 hervorgegangen war. Damit sei er „seiner Pflicht, wesentliche bzw. qualitätsbeeinflussende Abweichungen von der Herstellungsvorschrift" dem verantwortlichen Kontrollinstitut zu melden, „bewußt nicht nachgekommen."[373] Dies wurde dem Leiter der Technischen Kontrollorganisation besonders zur Last gelegt, da der Leiter der Pharmazieabteilung des Bezirksinstituts für Blutspende- und Transfusionswesen Halle (Saale) ihn zuvor „auf diese Pflicht aufmerksam gemacht" hatte.[374] Nach Verwendung der Charge 15 waren zum Zeitpunkt der Anklage 43 Menschen an Hepatitis erkrankt. Der ermittelnde Staatsanwalt klagte daher auch den Leiter der Technischen Kontrollorganisation wegen des Verstoßes gegen § 35 Abs. 1 und 3 und § 36 Abs. 1 des Gesetzes über den Verkehr mit Arzneimitteln an.

Als „wesentliches Ermittlungsergebnis" betrachtete der Staatsanwalt die persönlichen Einschätzungen zu Schubert und die Zeugenaussagen.[375] Er behauptete, dass Schuberts fachliche Erfolge zu einem autoritären und überheblichen Auftreten geführt hätten. Daraus entstandene Mängel bei

---

371  StA Halle (Saale), Handakte 2. Anklageschrift (Anm. 368), unpag.
372  StA Halle (Saale), Handakte 2. Anklageschrift (Anm. 368), unpag.
373  StA Halle (Saale), Handakte 2. Anklageschrift (Anm. 368), unpag.
374  StA Halle (Saale), Handakte 2. Anklageschrift (Anm. 368), unpag.
375  StA Halle (Saale), Handakte 2. Anklageschrift (Anm. 368), unpag.

der Leitung des Instituts seien durch „einen zunehmenden Alkoholabusus" von Schubert begünstigt worden. Über den Leiter der Technischen Kontrollorganisation urteilte der Staatsanwalt hingegen weit positiver. Diesem wurde nur vorgehalten, dass er schwer Prioritäten setzen könne.
Der Staatsanwalt berief sich auf die Richtlinie Nr. 1 zur „Anordnung über den Blutspende- und Transfusionsdienst" vom 5. Dezember 1967. In dieser war festgehalten, dass Blutspender „frei von übertragbaren Krankheiten" sein mussten. Insbesondere Personen, bei denen innerhalb der letzten fünf Jahre oder in deren Umfeld im letzten Jahr vor der Spende eine Hepatitiserkrankung aufgetreten war, durften nicht zugelassen werden. In der Gütevorschrift für das Anti-D-Immunglobulin war unter Punkt 17.1 festgelegt, dass für die Plasmaspende nur Personen zuzulassen waren, die diesen Bestimmungen entsprachen.[376] Der Staatsanwalt legte Schubert zur Last, dass die Plasmaspender nicht mehr diesen Festlegungen entsprochen hätten. Schubert sei bekannt gewesen, dass ein negativer Test auf HBs-Antigen nur die Wahrscheinlichkeit anzeigen könne, dass der Spender nicht mit dem Hepatitis-B-Virus infiziert sei. Eine Diagnose sei hingegen nur in Verbindung mit einer ärztlichen Untersuchung wie einer Leberbiopsie möglich. Durch die Aufhebung der Sperre und Weiterverarbeitung der Chargen 6 und 7 habe Schubert gemäß § 6 Abs. 1 StGB vorsätzlich gegen diese Bestimmungen verstoßen. Die durch das Kontrollinstitut verweigerte Freigabe habe er bewusst missachtet. Das Risiko beziehungsweise die zu erwartende Nichtfreigabe habe sich „selbstredend" auf alle nachfolgenden unter Verwendung des infizierten Plasmas produzierten Chargen bezogen.[377]
Letztlich wurde festgehalten, dass Schubert und der Leiter der Technischen Kontrollorganisation Grundsatznormen „in verantwortungsloser Weise" verletzt hätten.[378] Der Staatsanwalt beantragte daher, das Hauptverfahren vor dem vierten Strafsenat des Bezirksgerichts Halle (Saale) zu eröffnen und einen Termin zur Hauptverhandlung anzuberaumen. Zu dieser sollten

---

376 StA Halle (Saale), Handakte 1. Gütevorschrift gemäß § 17 des Gesetzes vom 5. Mai 1964 über den Verkehr mit Arzneimitteln Nr. 14/76, Bl. 83-96, hier Bl. 90.
377 StA Halle (Saale), Handakte 2. Anklageschrift (Anm. 368), unpag.
378 StA Halle (Saale), Handakte 2. Anklageschrift (Anm. 368), unpag.

auch die drei Gutachter hinzugeladen werden. Die Ausfertigung der Anklageschrift legte der hallische Staatsanwalt dem Bezirksstaatsanwalt vor.[379] Dieser hatte den Vorschlag abgelehnt, die Anklage an den Bezirkssekretär der SED Halle (Saale) weiterzuleiten.[380] Der Bezirksstaatsanwalt informierte den Bezirkssekretär in einem separaten Schreiben über den Sachverhalt, in welchem er ihm mitteilte, dass er Anklage gegen Schubert und den Leiter der Technischen Kontrollorganisation erhoben habe. Er beabsichtigte, gegen Schubert eine Freiheitsstrafe von etwa zwei Jahren, „eine empfindliche Zusatzgeldstrafe" und ein zeitweiliges Tätigkeitsverbot als Arzt zu beantragen. Gegen den Leiter der Technischen Kontrollorganisation wollte die Bezirksstaatsanwaltschaft eine Verurteilung auf Bewährung beantragen. Der Termin der Hauptverhandlung war noch nicht anberaumt.[381]

Das Bezirksinstitut für Blutspende- und Transfusionswesen teilte im November 1979 mit, dass die im Gutachten genannten Zahlen der ausgelieferten Ampullen nicht stimmten. Denn diese berücksichtigten nicht, dass bestimmte Mengen zu Prüfzwecken entnommen worden waren, ebenso möglicherweise einige „Ausschußampullen".[382] Nachdem der ermittelnde Staatsanwalt eine schriftliche Darlegung angefordert hatte, ergab sich mit 8.300 Ampullen eine neue Zahl. Der Staatsanwalt wollte die Anklage aber nicht ändern, „weil die Angeklagte [sic!] Zahl (8200) zugunsten Dr. Schubert spricht."[383]

---

379  StA Halle (Saale), Handakte 3. Aktenvermerk Staatsanwalt [Halle (Saale)], 30.10.1979, Bl. 118.
380  StA Halle (Saale), Handakte 3. Aktenvermerk (Anm. 379), handschriftlicher Vermerk auf dem Dokument: „keine Anklage mitschicken".
381  StA Halle (Saale), Handakte 3. Bezirksstaatsanwalt Halle (Saale) an Mitglied des Politbüros des ZK der SED und 1. Sekretär der SED-Bezirksleitung, 31.10.1979, Bl. 120.
382  StA Halle (Saale), Handakte 3. Bezirksinstitut für Blutspende- und Transfusionswesen Halle an Staatsanwaltschaft des Bezirkes Halle, Anzahl der ausgelieferten Ampullen Human-Immunglobulin-Anti-D der Chargen 080578 bis 221278, 6.11.1979, Bl. 121.
383  StA Halle (Saale), Handakte 3. Aktenvermerk Staatsanwalt [Halle (Saale)], 8.11.1979, Bl. 122–123.

Das Hauptverfahren war auf Antrag des Bezirksstaatsanwalts Halle (Saale) am 6. November 1979 vor dem vierten Strafsenat des Bezirksgerichts Halle (Saale) eröffnet worden.[384] Am 8. November 1979 stand der Termin für die Hauptverhandlung fest, die am 27., 28. und 29. November 1979 stattfinden sollte.[385] Der Oberrichter aus Halle (Saale) hatte von Schuberts Verteidiger die Nachricht erhalten, dass sich Schubert am 16. November 1979 in ärztliche Behandlung begeben werde. Mit einer stationären Einweisung sei zu rechnen. Der Rechtsanwalt wollte umgehend mitteilen, ob die „Hauptverhandlung unter den gegebenen Bedingungen stattfinden könne."[386] Er stellte gleichzeitig einen Antrag auf ein weiteres Sachverständigengutachten. Als Gutachter hatte er den Direktor des Instituts für Gerichtliche Medizin und Kriminalistik der Humboldt-Universität zu Berlin vorgesehen, der sich zur Erstellung eines solchen Gutachtens bereiterklärt hatte. Für Schuberts Verteidiger standen dabei mehrere Fragen im Vordergrund.

Er stellte mit Blick auf das Gutachten die Schubert zur Last geworfenen Pflichtverletzungen in Frage, da dieser die Spender nicht ausgewählt hatte. Stattdessen habe das Bezirksinstitut für Blutspende- und Transfusionswesen Neubrandenburg Pflichten verletzt, auf deren Erfüllung der Angeklagte vertrauen musste. In den Rechtsvorschriften seien keine Verhaltensweisen für den Fall gefordert, dass nach der Spende bestimmte Umstände beim Spender eintraten. Mit dieser Frage sollte sich das neue Gutachten befassen und zudem der Frage nach den Folgen einer Unterbrechung der Immunprophylaxe nachgehen.[387] Denn Schubert habe die medizinische Versorgung der Bevölkerung im Blick gehabt und wollte die Folgen einer Produktionslücke verhindern. Der Verteidiger begründete das Einholen eines

---

384  StA Halle (Saale), Handakte 3. 4. Strafsenat des Bezirksgerichts Halle, Beschluss, 6.11.1979, Bl. 134.
385  StA Halle (Saale), Handakte 3. Aktenvermerk Staatsanwalt (Anm. 383), Bl. 123.
386  StA Halle (Saale), Handakte 3. Oberrichter (…) an Staatsanwalt [Halle (Saale)], 14.11.1979, Bl. 124.
387  StA Halle (Saale), Handakte 3. Kollegium der Rechtsanwälte im Bezirk Halle an das Bezirksgericht Halle, Abschrift, 14.11.1979, Bl. 125–126, hier Bl. 125 f.

zweiten Gutachtens damit, dass von Schubert Verhaltensweisen gefordert waren, die „zwar die Gefahr einer falschen Entscheidung in sich bargen, diese muß aber nicht unbedingt schuldhaft falsch sein."[388]

Der ermittelnde Staatsanwalt war mit einem zweiten Gutachten, das seine Untersuchungsergebnisse in Frage stellte, überhaupt nicht einverstanden. Er beantragte daher beim Bezirksgericht Halle (Saale), den Antrag abzulehnen. Als Grund gab er an, dass dieser keine neuen Fragen aufwerfe. Der Staatsanwalt verwies zur Beantwortung der Fragen auf einzelne Seiten im Sachverständigengutachten. Für ihn stand fest, dass ein „strafrechtlich relevanter Widerstreit der Pflichten" gemäß § 20 StGB nicht vorlag.[389] Diese Haltung vertrat der Staatsanwalt aus Halle (Saale) auch gegenüber der Generalstaatsanwaltschaft,[390] die alarmiert schien und ein zweites Gutachten befürwortete. Dieses sollte aber nicht die von Schuberts Verteidiger angesprochenen Fragen zum Inhalt haben, sondern die Folgen der Verwendung der kontaminierten Chargen. Als Sachverständigen hatte die Generalstaatsanwaltschaft den Leiter der Hauptabteilung Hygiene und Staatliche Hygieneinspektion des Ministeriums für Gesundheitswesen vorgesehen. Obwohl der Prozess nicht öffentlich war, sollten etwa 20 bis 25 Zuhörer aus den Bezirksinstituten für das Blutspende- und Transfusionswesen der DDR an der Verhandlung teilnehmen. Dies war mit der „Zentrale" so abgesprochen worden.[391]

Schuberts Rechtsanwalt hatte zusätzlich einen Antrag auf einen gesellschaftlichen Verteidiger für diesen gestellt, den der ermittelnde Staatsanwalt ebenfalls ablehnte. Auch hier hatte der Rechtsanwalt versucht, die Gesellschaft für Hämatologie und Bluttransfusionswesen ins Spiel zu bringen,

---

388  StA Halle (Saale), Handakte 3. Kollegium der Rechtsanwälte an Bezirksgericht (Anm. 387), Bl. 126.
389  StA Halle (Saale), Handakte 3. Staatsanwalt [Halle (Saale)] an 4. Strafsenat des Bezirksgerichts Halle, Strafsache gegen den Arzt Dr. med. Wolfgang Schubert, 19.11.1979, Bl. 127.
390  StA Halle (Saale), Handakte 3. Staatsanwalt [Halle (Saale)] an Staatsanwalt [Berlin] (Generalstaatsanwaltschaft der DDR, Abt. III), 19.11.1979, Bl. 128.
391  StA Halle (Saale), Handakte 3. Aktenvermerk Staatsanwalt [Halle (Saale)], 20.11.1979, Bl. 129.

welche den Direktor des Instituts für Blutspende- und Transfusionswesen Berlin vorgeschlagen hatte.[392] Die Generalstaatsanwaltschaft hatte daraufhin den hallischen Staatsanwalt informiert, dass „auf höchster Ebene" Übereinstimmung bestehe, keinen gesellschaftlichen Verteidiger zuzulassen. Ein schriftlicher Antrag ohne Begründung reichte hierfür aus. Die Abteilung III der Generalstaatsanwaltschaft rechtfertigte diese Ablehnung damit, dass der Vorfall bereits „im Kreise der Direktoren" der Bezirksinstitute für Blutspende- und Transfusionswesen der DDR ausgewertet worden sei, die Schuberts Verhalten „mißbilligt und keine Verteidigung benannt" hätten.[393] Zweitens laufe das Verfahren unter Ausschluss der Öffentlichkeit und biete damit „kein[en] Raum für weitere gesellschaftliche Kräfte."[394] Betroffene Frauen waren damit vom Prozess ausgeschlossen. Zudem war eine Nebenklage nicht möglich.

Der Antrag von Schuberts Verteidiger hatte aber offenbar zur Folge, dass sich der hallische Staatsanwalt für die Frage nach einer drohenden Produktionslücke in der Hauptverhandlung wappnete. Hierfür hatte der Staatsanwalt kurz vor der Hauptverhandlung den Bezirksarzt von Halle (Saale) angerufen. Dieser hatte ihm mitgeteilt, dass eine Verlagerung der Produktion von Halle (Saale) nach Neubrandenburg zunächst nicht stattfinde. Als Grund gab er Rekonstruktionen am Bezirksinstitut Neubrandenburg an, für die Investitionsmittel fehlten. Der Staatsanwalt hatte notiert, dass Schubert hierüber bereits Anfang 1978 Bescheid wusste. Die finanziellen Mittel waren nun für 1980 geplant worden.[395] Der Bezirksarzt bestätigte zudem am 28. November 1979 schriftlich, dass zwar Baumaßnahmen im Bezirksinstitut für Blutspende- und Transfusionswesen Halle (Saale) geplant waren, mit einer Umsetzung jedoch bis 1979 nicht zu rechnen war. Er behauptete, dass die Leitung des Instituts hiervon gewusst habe. Zwar seien Rekonst-

---

392 StA Halle (Saale), Handakte 3. Rechtsanwalt (…) an Bezirksgericht Halle, 21.11.1979, Bl. 130.
393 StA Halle (Saale), Handakte 3. Vermerk Staatsanwalt [Halle (Saale)], Anruf (…) am 22.11.1979, o. D., Bl. 131.
394 StA Halle (Saale), Handakte 3. Vermerk (Anm. 393).
395 StA Halle (Saale), Handakte 3. Vermerk Staatsanwalt [Halle (Saale)], Anruf/tel. Rücksprache mit (…) am 26.11.1979, o. D., Bl. 132.

ruktionsmaßnahmen als Kennziffern in den Plänen festgelegt worden, das Bezirksbauamt könne diese aber erst 1980 zusichern. Mit Ausnahme „des ständigen Ringens um die Einordnung dieses Bauvorhabens" hätten sich keine weiteren „Leitungskonsequenzen" daraus ergeben.[396]

Der Bezirksarzt hatte dem Bezirksgericht auch auf Nachfrage zwei Personen benannt, die an der Hauptverhandlung teilnehmen sollten. Es handelte sich dabei um den Leiter der Bezirkshygieneinspektion Halle (Saale) und den Leiter des Sektors Kader, Aus- und Weiterbildung der Abteilung Gesundheits- und Sozialwesen.[397] Auch das Ministerium für Gesundheitswesen hatte das Bezirksgericht gebeten, einer Reihe von Personen die Teilnahme an der Verhandlung zu ermöglichen.[398] Es handelte sich überwiegend um Ärzte oder Apotheker, von denen einige in der Expertenkommission vertreten gewesen waren. Auch der Leiter des Bezirksinstituts für Blutspende- und Transfusionswesen Berlin, dessen Funktion als gesellschaftlicher Verteidiger abgelehnt worden war, wurde als Teilnehmer vorgeschlagen.[399]

Das Bezirksgericht hatte die Hauptverhandlung auf den 27., 28. und 29. November 1979 gelegt. Die vernommenen Zeugen sollten in der Verhandlung gehört werden. Auch die drei Sachverständigen waren als solche geladen.[400] Den Angeklagten wurde mitgeteilt, dass die Hauptverhandlung „im Interesse der Geheimhaltung bestimmter Tatsachen" unter Ausschluss der Öffentlichkeit stattfinden werde.[401] Die Anklageschrift und der Eröffnungsbeschluss wurden den Angeklagten nicht zugestellt, sondern sie mussten

---

396 StA Halle (Saale), Strafakte II. Bezirksarzt Halle, Kurzer Situationsbericht über die Rekonstruktionsmaßnahmen im Bezirksinstitut für Blutspende- und Transfusionswesen Halle, 28.11.1979, Bl. 60.
397 StA Halle (Saale), Strafakte II. Bezirksarzt Halle an Bezirksgericht Halle, 19.11.1979, Bl. 61.
398 StA Halle (Saale), Strafakte II. Ministerium für Gesundheitswesen an Bezirksgericht Halle, Strafverfahren gegen Dr. Schubert, o. D., Bl. 63.
399 StA Halle (Saale), Strafakte II. Anlage: Teilnehmerliste für die Verhandlung in der Strafsache gegen Dr. Schubert, o. D., Bl. 64.
400 StA Halle (Saale), Handakte 3. 4. Strafsenat des Bezirksgerichts Halle an Staatsanwalt des Bezirkes Halle, 8.11.1979, Bl. 133.
401 StA Halle (Saale), Strafakte II. 4. Strafsenat des Bezirksgerichts Halle, Beschluss, 6.11.1979, Bl. 33–34, hier Bl. 34.

bei der Geschäftsstelle des vierten Strafsenates erscheinen, um diese Dokumente einzusehen.[402] Die Zeugen und Sachverständigen wurden postalisch zur Hauptverhandlung geladen. Oberdoerster sagte seine Teilnahme aufgrund von Krankheit infolge eines Herzleidens ab. Er verwies darauf, dass sein Mitarbeiter die „gutachterlichen Ausführungen" übernehmen könne.[403]

Einen Tag vor der Hauptverhandlung hatte der Leiter der Hauptabteilung Hygiene und Staatliche Hygieneinspektion im Gesundheitsministerium einen Bericht über die Erkrankungen erstellt. Die Gesamtzahl der Erkrankungen nach der Anti-D-Prophylaxe bezifferte er auf 2.867. Die in der Anlage befindliche Tabelle über Erkrankungen bis zur 35. Woche macht deutlich, dass die Zahl seit Ende August 1979 weiter angestiegen war. Bis dahin hatten sich die Erkrankungen auf die einzelnen Chargen wie in Tab. 1 aufgeteilt.[404]

Der Leiter der Hauptabteilung gab an, dass die Erkrankung bei 80 bis 85 % der Betroffenen bis zu fünf Monate und bei 15 bis 20 % länger als sechs Monate dauere. In Einzelfällen rechnete das Ministerium mit Erkrankungen, die über ein Jahr hinausgingen und bei denen eine Invalidisierung nicht ausgeschlossen war. Zudem schilderte der Hauptabteilungsleiter die Trennung von Mutter und Kind und die Einschränkungen im persönlichen und gesellschaftlichen Leben der Mütter und der Familienangehörigen. Als weiteres Problem sah er an, dass die Mütter „nur unvollständig" an den sozialpolitischen Maßnahmen, die nach der Geburt eines Kindes vorgesehen waren, teilhaben konnten.[405] Er ging auch auf die staatlichen Maßnahmen ein. Jede betroffene Familie sei von Beauftragten der Staatlichen Versicherung und des Gesundheitswesens aufgesucht worden. Die Erkrankungen

---

402  StA Halle (Saale), Strafakte II. Beschluss (Anm. 401), Bl. 34.
403  StA Halle (Saale), Strafakte II. Oberdoerster an 4. Strafsenat des Bezirksgerichts Halle, 14.11.1979, Bl. 54.
404  StA Halle (Saale), Strafakte II. Anlage 1 zum Schreiben vom 26. November 1979, Anti-D nach Chargen (bis 35. Woche, vorläufige Zahlen), Bl. 59.
405  StA Halle (Saale), Strafakte II. Hauptabteilung Hygiene und Staatliche Hygieneinspektion des Ministeriums für Gesundheitswesen, Erkrankungen nach Anti-D-Immunprophylaxe, 26.11.1979, Bl. 57–58, hier Bl. 57.

| Chargen | Frauen | Kontaktpersonen | Summe | % | Ampullen |
|---|---|---|---|---|---|
| 080578 | 338 | 14 | 352 | 47,2 | 747 |
| 090578 | 446 | 5 | 451 | 52,1 | 866 |
| 100678 | 256 | 5 | 261 | 40,9 | 638 |
| 110678 | 38 | 3 | 41 | 35,7 | 115 |
| 120678 | 219 | 10 | 229 | 57,8 | 396 |
| 130778 | 289 | 21 | 310 | 57,2 | 542 |
| 140778 | 179 | 5 | 184 | 55,1 | 334 |
| 150778 | 45 | 4 | 49 | 30,6 | 160 |
| 160978 | 459 | 15 | 474 | 56,6 | 838 |
| 171078 | 200 | 8 | 208 | 23,6 | 883 |
| 181078 | 6 | 1 | 7 | 1,0 | 677 |
| 191078 | 2 | – | 2 | 0,5 | 374 |
| 201178 | 1 | – | 1 | 0,9 | 106 |
| 211178 | 1 | – | 1 | 1,9 | 54 |
| 221278 | – | – | – | | – |
| 231278 | – | – | – | | |
| unbekannt | 157 | 42 | 199 | | |
| **Summe** | **2.636** | **133** | **2.769** | **41,16** | **6.730** |
| (Bezirke; | 2.679) | (126) | | | |

Tab. 1 Registrierte Erkrankungen nach Verwendung der Chargen 8–23 bis zur 35. Woche 1979

wurden als „Schadensfälle nach Schutzanwendungen" anerkannt.[406] Insgesamt waren bereits 8,6 Millionen Mark gezahlt worden. Das Ministerium für Gesundheitswesen rechnete mit einer Gesamtsumme von 12 Millionen Mark, die auch die medizinische Behandlung und die Zahlungen der Sozialversicherung enthielt.[407]

---

406 Grundlage war die Zweite Durchführungsbestimmung zum Gesetz zur Verhütung und Bekämpfung (Anm. 20).
407 StA Halle (Saale), Strafakte II. Erkrankungen nach Anti-D-Prophylaxe (Anm. 405), Bl. 57.

## 1.3.2 Die Hauptverhandlung

Die Hauptverhandlung begann am 27. November 1979 um 9 Uhr vormittags. Nachdem der Antrag auf einen gesellschaftlichen Verteidiger verlesen worden war, zog der Leiter des Bezirksinstituts für Blutspende- und Transfusionswesen Berlin seine Zustimmung für diese Aufgabe zurück. Schubert gab an, dass sein Gesundheitszustand nicht besonders gut, er aber verhandlungsfähig sei. Anschließend machte er Aussagen zu seiner Person. Darunter fielen auch sein Alkoholkonsum und die 1977 nach einer Grippe diagnostizierte Lebererkrankung. Schubert machte ausschließlich seine berufliche Situation für den Alkoholkonsum verantwortlich. Er gab an, „wahrscheinlich wegen innerer Diskrepanzen und (...) wegen laufend höherer Anforderungen" getrunken zu haben.[408] Er habe diese nicht umsetzen können, da er aus personellen Gründen keine Möglichkeiten hierfür fand: „Ohne umfangreiche Umbauten waren die Anforderungen nicht realisierbar. Andere Gründe gab es für das Trinken nicht."[409] In seinen Aussagen werden die Schwierigkeiten, die im Institut aufgrund von Material mangel und veralteter Anlagen bestanden, deutlich: „Probleme gab es bei uns immer. Als ich das Problem der Immunprophylaxe aufwarf, ‚sägten wir uns selbst den Ast ab'. Von vornherein war klar, daß Mangel an Ausgangsmaterial besteht und es schlimmer wird. Wir haben auch selbst immunisiert. - Abfüllapparat bekamen wir (alt) und polierten ihn auf. Z.Z. [sic!] ist dieser Apparat vollständig ausgefallen."[410] Der Leiter der Technischen Kontrollorganisation musste ebenfalls seine persönliche Entwicklung und seine Aufgaben im Institut darstellen. Dabei gab er an, dass alle Probleme dem Direktor vorgetragen wurden und anschließend darüber diskutiert wurde. Entscheidungen traf Schubert. Der Leiter der Technischen Kontrollorganisation berichtete, dass die Abteilungsberatungen zunächst regelmäßig, dann nicht mehr ausreichend durchgeführt wurden: „Von den Kollegen

---

408 StA Halle (Saale), Strafakte II. Hauptverhandlung (Anm. 350), Bl. 78.
409 StA Halle (Saale), Strafakte II. Hauptverhandlung (Anm. 350), Bl. 78.
410 StA Halle (Saale), Strafakte II. Hauptverhandlung (Anm. 350), Bl. 79.

erfuhr ich, dass sie ihre Probleme nicht mehr los wurden."[411] Er gab an, dass die Zusammenarbeit nach 1977 nicht mehr so gut funktionierte.

Nach einer Pause stellte die Staatsanwaltschaft den Antrag, den Leiter der Hauptabteilung Hygiene und Staatliche Hygieneinspektion aus dem Ministerium für Gesundheitswesen als weiteren Sachverständigen zuzulassen. Dieser sowie die Verteidiger waren damit einverstanden. Anschließend wurde das Gutachten verlesen und zum Gegenstand der Verhandlung gemacht. Schubert erwähnte, dass es in der Vergangenheit mehrfach Fälle gegeben habe, in denen das Staatliche Kontrollinstitut für Seren und Impfstoffe die Chargen aufgrund ihres Pyrogengehaltes nicht freigegeben hatte. Zu seiner Verteidigung gegenüber der im Gutachten bestehenden Sichtweise wies er auf ein Schreiben aus dem Jahr 1978 hin. In diesem war festgelegt, dass durch die Auswahl der Blutspender in der DDR eine Hepatitisübertragung ausgeschlossen sei. Zudem bemerkte er, dass sich die Richtlinie ausschließlich auf die Erkrankung vor der Blutspende beziehe.[412]

Im Anschluss ging es um die Ereignisse im April 1978. Schubert betonte, dass er sich mehrmals in Neubrandenburg nach dem Zustand der beiden Spender erkundigt habe, um Sicherheit zu erhalten. Der Ärztliche Direktor des dortigen Bezirksinstituts für Blutspende- und Transfusionswesen habe ihm immer mitgeteilt, dass dies nicht klar sei. Auch die Zahl der genannten Spender war erneut Thema und Schubert blieb dabei, von zwei Spendern erfahren zu haben: „Weshalb soll ich denn von 2 sprechen, wenn er mir 5 genannt hat? Ich hätte dann auch von 5 gesprochen."[413] Der Leiter des Magdeburger Bezirksinstituts für Blutspende- und Transfusionswesen hatte Schubert empfohlen, das Plasma der beiden Spender zu vernichten. Schubert brachte in der Verhandlung mehrmals sein Bedauern zum Ausdruck, diesem Rat nicht gefolgt zu sein. Die Aufhebung der Sperre am 8. Mai 1979 begründete er mit einer kontinuierlichen Immunprophylaxe „im Interesse der zu schützenden Kinder."[414] Er kritisierte anschließend das Verhalten

---

411 StA Halle (Saale), Strafakte II. Hauptverhandlung (Anm. 350), Bl. 80.
412 StA Halle (Saale), Strafakte II. Hauptverhandlung (Anm. 350), Bl. 82.
413 StA Halle (Saale), Strafakte II. Hauptverhandlung (Anm. 350), Bl. 83.
414 StA Halle (Saale), Strafakte II. Hauptverhandlung (Anm. 350), Bl. 84.

der Mitarbeiter des Staatlichen Kontrollinstituts für Seren und Impfstoffe: „Für ein Kontrollinstitut ist es einfach, zu sagen, das darfst du nicht, aber auf der anderen Seite steht die Arzneimittellieferung. (...) Ich bin darauf hingewiesen worden, glasklar, daß ich das Material bringen muß. – [sic!] In Anbetracht der drohenden Versorgungssituationen und der Forderung, Material zu bringen, stellte ich weiter her und verließ mich auf den Verdünnungseffekt. (...) Alles versuchte ich, zu verhindern, daß Immunprophylaxe [sic!] unterbrochen wird. Was sollte ich denn nur noch machen."[415] Er sei der Meinung gewesen, dass nach drei Tests nichts passieren könne. Zudem hatte er auf den Antigenverdünnungseffekt gebaut, „das war ein grober Fehler von mir."[416] Daraufhin meldete sich einer der Gutachter zu Wort, der die drei Tests als überflüssig bezeichnete, da er das Ergebnis für nicht aussagekräftig genug für eine Verwendung des Plasmas hielt.

In der Hauptverhandlung wurde deutlich, dass Schubert immer noch davon ausging, dass der Impfstoff durch eine Fraktionierung risikofrei sei. Kein Mitarbeiter habe ihn gewarnt. Schubert verwies dabei mehrfach unspezifisch auf „andere Aufgaben" oder „andere Probleme", die seine Aufmerksamkeit von der Immunprophylaxe abgelenkt hätten.[417] Die Hauptverhandlung wurde am zweiten Tag mit der Erörterung der Umarbeitung der Chargen 6 und 7 zur Charge 15 fortgesetzt. Anschließend ging es um die geplanten Baumaßnahmen. Schubert gab an, deswegen sehr unter Druck gestanden zu haben. Auf das vorgehaltene Schreiben des Bezirksarztes von Halle (Saale), das dieser entweder mitgebracht oder der Staatsanwaltschaft kurz zuvor übergeben hatte, gab Schubert an, im zweiten Quartal 1978 noch nicht gewusst zu haben, dass keine Bauarbeiten stattfinden würden. Von der Blutversorgung hatte das Herzoperationszentrum abgegangen. Schubert beteuerte in Hinsicht auf die Chargen 16 bis 23, nichts von der Übertragung durch das Waschwasser gewusst zu haben, da für die Herstellung die Leiterin der Laborabteilung verantwortlich war. Er warf auch dem

---

415  StA Halle (Saale), Strafakte II. Hauptverhandlung (Anm. 350), Bl. 86 f.
416  StA Halle (Saale), Strafakte II. Hauptverhandlung (Anm. 350), Bl. 85.
417  StA Halle (Saale), Strafakte II. Hauptverhandlung (Anm. 350), Bl. 88.

anwesenden Mitarbeiter des Staatlichen Kontrollinstituts vor, ihn nach der Betriebskontrolle im Januar 1979 nicht angewiesen zu haben, das Material bis zur Charge 23 zu sperren. Der angeklagte Leiter der Technischen Kontrollorganisation belastete Schubert anschließend, dass dieser „in Konsultationen mit seinen Beauftragten" von einer „Verzahnung zwischen einzelnen Chargen" hätte wissen müssen.[418] Schubert gab an, dass er das Material verworfen hätte, wenn es sich nur um eine Blutkonserve gehandelt hätte. Bei dem Plasma ging es hingegen um „rares Ausgangsmaterial, welches intensiv auf internationaler Basis verarbeitet wird."[419]

Im Folgenden stand die Befragung der Zeugen und des zweiten Angeklagten im Vordergrund. Dieser behauptete, dass Schubert ihm nichts von der Sperrung der Chargen 6 und 7 mitgeteilt habe, sondern nur, dass diese umgearbeitet werden sollten. Die Umarbeitung war im August 1978 abgeschlossen, und die Charge 15 wurde zusätzlich auf HBs-Antigen geprüft, was normalerweise nicht üblich war. Der Leiter der Technischen Kontrollorganisation bemerkte, dass die Ergebnisse dem Staatlichen Kontrollinstitut zugesandt worden waren. Er habe zwar Bedenken gehabt, dass Schubert über eine staatliche geprüfte Charge verfügte, war aber nach Studieren des § 13 der Gütevorschrift von dessen Berechtigung überzeugt. Auf den Einwand des Leiters der Pharmazieabteilung, die Umarbeitung dem Staatlichen Kontrollinstitut zu melden, hatte er geantwortet, dass die Zeit zu knapp sei.[420]

Nach einer Mittagspause wurden die Zeugen gehört. Den Anfang machte der Ärztliche Direktor des Neubrandenburger Bezirksinstituts. Er gab an, dass er mit Mitarbeitern des Instituts Mitte des Jahres über „den ausstehenden Befund" gesprochen hatte, aber nicht mit Schubert, da dieser nicht erreichbar gewesen war.[421] In der Aussage der anschließend befragten Oberschwester wurde offenbar das Staatliche Institut für Immunpräparate und Nährmedien mit dem Staatlichen Kontrollinstitut für Seren und Impfstoffe

---

418 StA Halle (Saale), Strafakte II. Hauptverhandlung (Anm. 350), Bl. 91.
419 StA Halle (Saale), Strafakte II. Hauptverhandlung (Anm. 350), Bl. 92.
420 StA Halle (Saale), Strafakte II. Hauptverhandlung (Anm. 350), Bl. 94.
421 StA Halle (Saale), Strafakte II. Hauptverhandlung (Anm. 350), Bl. 96.

vertauscht, denn es war die Rede davon, dass zuerst ein Gespräch mit Letzterem und dann mit Schubert geführt wurde.

Als nächste Zeugin wurde die Leiterin der Laborabteilung im Bezirksinstitut für Blutspende- und Transfusionswesen Halle (Saale) gehört. Zunächst ging es um das Waschwasser. Die Zeugin betonte, dass diese Lösung, mit der noch wertvolles Material gefiltert wurde, auf keinen Fall aus einer gesperrten Charge hätte verwendet werden dürfen.[422] Sie gab an, dass eine Sperrung nicht notwendig sei, wenn eine Umarbeitung erfolge, da damit eine neue Charge entstehe, die einer weiteren Prüfung unterliege.[423] Nachdem auch die Produktionsleiterin vernommen worden war, wurde die Verhandlung unterbrochen und am nächsten Tag um 11 Uhr fortgesetzt.

Am dritten Tag wurden die Sachverständigen gehört. Hierbei wurden ebenfalls keine neuen Sachverhalte angesprochen. Der Leiter der Hauptabteilung Hygiene und Staatliche Hygieneinspektion gab einen kurzen Überblick über die Zahlen, die identisch mit seinen zuvor eingesandten Angaben waren. Er antwortete auf Nachfrage von Schuberts Verteidiger, dass das Ministerium keine Meldung darüber erhalten habe, dass Chargen nach der Sperrung eingesetzt worden waren. Dabei verschwieg der Hauptabteilungsleiter – oder vielleicht war es ihm auch nicht bekannt –, dass die Mitarbeiterin des Ministeriums, die in der Expertenkommission vertreten war, davon wusste, dass in Erfurt nach der Sperrung noch verdächtige Ampullen zum Einsatz gekommen waren. Der Hauptabteilungsleiter machte zudem deutlich, dass die Weisung des Staatlichen Kontrollinstituts nicht maßgeblich war, sondern für die weitere Verwendung der Chargen ein Antrag beim Ministerium für Gesundheitswesen hätte gestellt werden müssen.[424]

Schubert wies eine Verantwortung für die späteren Krankheitsfälle von sich: „1979 habe ich alles getan, um weiteren Schaden zu vermeiden. Nach Mitteilung von 3 Erkrankungen Chargen gesperrt." Er habe am 9. Januar 1979 das Staatliche Kontrollinstitut für Seren und Impfstoffe angerufen und

---

422 StA Halle (Saale), Strafakte II. Hauptverhandlung (Anm. 350), Bl. 97 f.
423 StA Halle (Saale), Strafakte II. Hauptverhandlung (Anm. 350), Bl. 98.
424 StA Halle (Saale), Strafakte II. Hauptverhandlung (Anm. 350), Bl. 106.

führte an: „Wenn danach Krankenfälle noch aufgetreten sind, dann ist das auf Schludereien von den entsprechenden Instituten zurückzuführen. Die Krankenfälle ab April 1979 sind mir nicht anzulasten."[425] In der Hauptverhandlung wurde die enorme Belastung, unter der Schubert stand, deutlich. Dieser berichtete von seinen Suizidgedanken: „In diesem Jahr bin ich zusammengebrochen unter der Last als Arzt. Ich hätte Suicid [sic!] begangen, wenn ich keine Familie hätte."[426] Er wies auch darauf hin, nicht mehr im Stande zu sein, „eine klare Vorstellung abzugeben", da es ihm im vergangenen Jahr psychisch sehr schlecht gegangen sei.[427] Dies zeigen seine weiteren Ausführungen am dritten Tag der Hauptverhandlung deutlich. Denn in diesen wiederholte er eher unzusammenhängend seine zuvor gemachten Aussagen. Nachdem Schuberts Verteidiger seinen Antrag auf ein weiteres Sachverständigengutachten zurückgezogen hatte, wurde die Beweisaufnahme geschlossen.

Im Anschluss hatte der Staatsanwalt das Wort. Er stellte eine Reihe von Pflichtverletzungen in den Vordergrund. Gleichzeitig warf er den Angeklagten vor, ausreichend Zeit für Entscheidungen gehabt zu haben. Die Ereignisse führte er auch auf persönliche Schwächen zurück: „Angekl. Dr. Schubert gelang es, die Immunprophylaxe in der DDR einzuführen. - Durch seine langjährigen Erfahrungen trat er seinen Mitarbeitern [gegenüber] autoritär und überheblich auf. Täglich nahm er 0,35 l Alkohol zu sich, wer so viel Alkohol zu sich nimmt, kann nicht mehr als Leiter auftreten." Der zweite Angeklagte sei charakterlich das Gegenteil von Schubert gewesen, habe jedoch auch mal eine eigene Meinung haben müssen.[428] Schubert wurde vorgeworfen, sich aufgrund von Überheblichkeit über Anordnungen hinweggesetzt zu haben. Auch den Einwand, nichts von dem Übergang des Waschwassers in die Chargen 16 bis 23 gewusst zu haben, ließ der Staatsanwalt nicht gelten. Vielmehr hielt er Schubert vor, dass er diesen Ablauf hätte kennen müssen, wenn er sich nicht „Unfähigkeit" vorwerfen

---

425   StA Halle (Saale), Strafakte II. Hauptverhandlung (Anm. 350), Bl. 104.
426   StA Halle (Saale), Strafakte II. Hauptverhandlung (Anm. 350), Bl. 105.
427   StA Halle (Saale), Strafakte II. Hauptverhandlung (Anm. 350), Bl. 105.
428   StA Halle (Saale), Strafakte II. Hauptverhandlung (Anm. 350), Bl. 108.

lassen wolle. Zu Schuberts Motiven wurde nur knapp geurteilt: „Es ist geradezu grotesk, daß er mit infiziertem Material anderen Menschen helfen will. - Festgestellt worden ist, dass niemals Produktionslücken aufgetreten sind."[429] Der Staatsanwalt beantragte daher, Schubert zu einer Freiheitsstrafe von zwei Jahren, einer Geldstrafe von 10.000 Mark und dem Entzug der Approbation auf drei Jahre zu verurteilen. Für den Leiter der Technischen Kontrollorganisation beantragte er eine zweijährige Bewährungszeit unter Androhung einer einjährigen Gefängnisstrafe.

Nach einer kurzen Pause hatten die beiden Verteidiger das Wort. Den Anfang machte Schuberts Verteidiger, der einen Freispruch seines Mandanten beantragte. Er machte darauf aufmerksam, dass ein Aussetzen der Immunprophylaxe vermieden werden sollte und Importe nicht möglich gewesen waren. Der Verteidiger betonte zudem, dass die von Schubert angenommene Hepatitissicherheit dem damaligen Stand der Wissenschaft entsprochen habe. Verletzungen der Gütevorschrift konnten seiner Ansicht nach nicht hergeleitet werden und auch die Weiterverarbeitung des Materials stelle keinen Verstoß gegen die gesetzlichen Bestimmungen dar. Er machte darauf aufmerksam, dass die Gefahr durch das „in den Verkehr bringen" entstanden war.[430] Auch der Verteidiger des Leiters der Technischen Kontrollorganisation beantragte, diesen freizusprechen, da die jetzigen Erkenntnisse nicht in dessen Beurteilung einfließen dürften. Er wies darauf hin, dass sein Mandant als Apotheker kaum Kenntnisse zur Hepatitisproblematik besaß. Damit war die Hauptverhandlung für den 29. November 1979 beendet.

Am 3. Dezember erschien der Senat in derselben Besetzung, zudem kamen der ermittelnde Staatsanwalt, die beiden Angeklagten und ihre Verteidiger. Die Angeklagten wurden aufgefordert, etwas zu ihrer Verteidigung vorzutragen und erhielten anschließend das letzte Wort. Schubert gab daraufhin an, dass er niemandem die Schuld geben wolle. Er habe ausgezeichnete Mitarbeiter und dass er auf den Verdünnungseffekt vertraut habe, sei „von

---

429  StA Halle (Saale), Strafakte II. Hauptverhandlung (Anm. 350), Bl. 109.
430  StA Halle (Saale), Strafakte II. Hauptverhandlung (Anm. 350), Bl. 110.

mir aus ein Fehlschluß" gewesen.[431] Schubert kritisierte hingegen das Gutachten, da man aus heutiger Sicht mehr wisse. Er schloss mit den Worten: „Die 9 Monate, wo ich beurlaubt bin [sic!], waren ein furchtbares Trauma und in diesem Trauma werde ich weiterleben."[432] Der Leiter der Technischen Kontrollorganisation schloss sich den Ausführungen seiner Verteidigung an und sprach sein „tiefes Bedauern" über die Erkrankungen aus.[433]

### 1.3.3 Das Urteil

Damit wurde die Verhandlung unterbrochen und erst mit der Urteilsverkündung am 7. Dezember 1979 beendet. Bei dieser waren ebenfalls der Senat, die beiden Angeklagten und deren Verteidiger sowie der ermittelnde Staatsanwalt anwesend. Die Öffentlichkeit wurde von der Verkündung des Urteils ausgeschlossen.[434] Das Urteil war ab dem 15. Februar 1980 für Schubert und ab dem 15. Dezember 1979 für den Leiter der Technischen Kontrollorganisation rechtskräftig.[435] Schubert wurde wegen „Verletzung von Bestimmungen des Gesetzes über den Verkehr mit Arzneimitteln in der Fassung des Anpassungsgesetzes vom 11. Juni 1968 – Vergehen nach § 35 Abs. 1 und 3, § 36 Abs. 1 des Arzneimittelgesetzes" zu einer zweijährigen Freiheitsstrafe verurteilt.[436] Gleichzeitig hatte er eine Geldstrafe in Höhe von 10.000 Mark zu zahlen. Die Approbation als Arzt wurde Schubert für einen Zeitraum von drei Jahren entzogen. Der Leiter der Technischen Kontrollorganisation wurde wegen Vergehens nach § 36 Abs. 1 des genannten Gesetzes zu einer zweijährigen Bewährungsstrafe verurteilt. Für den Fall, dass er seine Verpflichtung zur Bewährung schuldhaft verletze, drohte ihm eine Freiheitsstrafe von einem Jahr.

---

431 StA Halle (Saale), Strafakte II. Hauptverhandlung (Anm. 350), Bl. 112.
432 StA Halle (Saale), Strafakte II. Hauptverhandlung (Anm. 350), Bl. 112.
433 StA Halle (Saale), Strafakte II. Hauptverhandlung (Anm. 350), Bl. 112.
434 StA Halle (Saale), Strafakte II. Hauptverhandlung (Anm. 350), Bl. 112.
435 StA Halle (Saale), Strafakte II. Schlußverfügung, 18.12.1979, Bl. 162.
436 StA Halle (Saale), Strafakte II. Urteil (rechtskräftig seit dem 15.2.1980), Bl. 113–129, hier Bl. 113.

Im Urteil waren die zuvor eingeholten Beurteilungen Schuberts durch den Bezirksarzt und die beiden Zeugen aus dem Bezirksinstitut für Blutspende- und Transfusionswesen Halle (Saale) berücksichtigt worden. Zur Begründung des Urteils wurde zunächst eine persönliche Einschätzung des Angeklagten Schubert vorgenommen. Dessen erfolgreichem Wirken über lange Zeit sei eine Periode gefolgt, „die von erheblichen Mängeln in seiner Leitungstätigkeit gekennzeichnet war."[437] Schubert wurde ein überhebliches und autoritäres Auftreten vorgeworfen: „Abgesehen davon, daß er zeitweise übermäßig Alkohol zu sich nahm, zog er nicht die erforderlichen Lehren aus Hinweisen und Kritiken des Bezirksarztes sowie anderer leitender Mitarbeiter."[438] Zu seiner Beurlaubung hätten „grobe Fehlentscheidungen" geführt.[439]

Der Staatsanwaltschaft lagen dabei zwei sehr unterschiedliche Beurteilungen des Bezirksarztes von Halle (Saale) vor. Während dieser in der ersten Einschätzung kein schlechtes Wort über Schubert verlor, war die zweite Beurteilung deutlich negativer. In der ersten Beurteilung hob der Bezirksarzt die fachlichen Erfolge Schuberts hervor. Er bescheinigte diesem beispielsweise, dass er „unter größtem persönlichen Einsatz" und „mit hervorragender Initiative" den Blutspende- und Transfusionsdienst Halle (Saale) aufgebaut habe.[440] In der zweiten Beurteilung hatte der Bezirksarzt zwar ebenfalls auf einige Erfolge Schuberts verwiesen, doch auch scharfe Kritik geäußert: „Die langjährigen fachlichen Erfolge führten jedoch zunehmend in den letzten Jahren dazu, daß er als Leiter des Institutes immer mehr dazu neigte, die Prinzipien der sozialistischen Demokratie zu mißachten und seinen Mitarbeitern gegenüber überheblich und autoritär entgegenzutreten, wodurch es zu erheblichen Mängeln in der gesamten Leitungstätigkeit des Institutes kam. Begünstigt wurde dies auch durch einen zunehmenden

---

437 StA Halle (Saale), Strafakte II. Urteil (Anm. 436), Bl. 115.
438 StA Halle (Saale), Strafakte II. Urteil (Anm. 436), Bl. 115.
439 StA Halle (Saale), Strafakte II. Urteil (Anm. 436), Bl. 115.
440 StA Halle (Saale), Strafakte II. Mitglied des Rates des Bezirkes und Bezirksarzt, Beurteilung, o. D., Bl. 83–84, hier Bl. 84.

Alkoholabusus."[441] Der Bezirksarzt warf Schubert unter anderem vor, sich nicht um Nachwuchskader bemüht und seine Verbesserungsvorschläge ignoriert zu haben.[442] Schubert hatte sich in der Hauptverhandlung vehement gegen die negative Beurteilung des Bezirksarztes gewandt und diese als unzutreffend zurückgewiesen: „Mir ist es unvorstellbar, wie man mich als autoritär einschätzen kann. Ich bemühte mich immer, auch in schwierigen Situationen, den nötigen Weg zu finden."[443] Der Senat hielt diesen Einwand für unbegründet.[444] Der hallische Staatsanwalt sah in diesen zwei Beurteilungen zwar ein Problem, für ihn war jedoch die negative Beurteilung ausschlaggebend.[445]

Auch der zweite Angeklagte wurde beurteilt. Als Grundlage diente eine Einschätzung der amtierenden Direktorin des Bezirksinstituts für Blutspende- und Transfusionswesen im Stil eines Arbeitszeugnisses, die überwiegend positiv gehalten war. Ihm wurde darin bescheinigt, sich durch Fleiß, Einsatzbereitschaft und Kollegialität auszuzeichnen. Als einzigen negativen Aspekt hatte die Stellvertretende Leiterin des Instituts vorgebracht, dass er manchmal Prioritäten nicht gesehen habe. Sie führte dies auf personelle Engpässe in der Technischen Kontrollorganisation zurück.[446]

Insgesamt fanden sich im Urteil im Vergleich zur Anklageschrift wenig neue Punkte. Die Frage, ob Schubert und der Leiter der Technischen Kontrollorganisation im Sinne der Anklage „als schuldig anzusehen" waren, wurde „im Einklang mit der Ansicht des Staatsanwalt[s] bejaht.[447] Schubert wurde vor allem die Verletzung der Vorschrift, ein „einwandfreies und hochwertiges Arzneimittel (…) bedarfsgerecht bereitzustellen" vor-

---

441 StA Halle (Saale), Strafakte I. Bezirksarzt Halle, Kurze Einschätzung des Ärztlichen Direktors des Instituts für Blutspende- und Transfusionswesen OMR Dr. Schubert, 13.9.1979, Bl. 20–21, hier Bl. 20.
442 StA Halle (Saale), Strafakte I. Einschätzung (Anm. 441).
443 StA Halle (Saale), Strafakte II. Hauptverhandlung (Anm. 350), Bl. 79.
444 StA Halle (Saale), Strafakte II. Urteil (Anm. 436), Bl. 122.
445 StA Halle (Saale), Handakte 3. Aktenvermerk, 7.12.1979, Bl. 137.
446 StA Halle (Saale), Strafakte I. Bezirksinstitut für Blutspende- und Transfusionswesen Halle, Beurteilung, 26.9.1979, Bl. 97a–97b.
447 StA Halle (Saale), Strafakte II. Urteil (Anm. 436), Bl. 122.

gehalten. Schuberts Aussage, von der Diagnose der Spender erst im Januar 1979 erfahren zu haben, wurde gegen ihn verwendet. Da der Verdacht auf Hepatitis nach der Mitteilung aus Neubrandenburg für Schubert „niemals" ausgeräumt werden konnte, waren die Voraussetzungen für die Herstellung eines einwandfreien Produktes nicht gegeben. Durch Aufhebung der Sperre habe er entgegen der genannten gesetzlichen Bestimmungen vorsätzlich gehandelt. Dies treffe auch auf die Umarbeitung der Chargen 6 und 7 zur Charge 15 zu. Aufgrund der klinischen Verwendung lag eine Verletzung von Abs. 3 des § 35 des Arzneimittelgesetzes vor. Hier wurde Schubert Fahrlässigkeit vorgeworfen, da er die Folgen „ungewollt herbeigeführt [habe], ohne sie vorauszusehen."[448] In Bezug auf die Verwendung der Waschflüssigkeit wurde Schubert ebenfalls aufgrund einer fahrlässigen Verletzung von § 36 Abs. 1 des Arzneimittelgesetzes verurteilt: „Es hat dem Angeklagten zum Zeitpunkt jener von ihm getroffenen Entscheidungen an der inneren Bereitschaft gefehlt, die möglichen Folgen – wie sie dargestellt wurden – in Betracht zu ziehen, so daß sein Verhalten als verantwortungslos gleichgültig (§ 8 Abs. 2 StGB) zu beurteilen ist."[449] Über den Leiter der Technischen Kontrollorganisation wurde hingegen geurteilt, dass er sich seine Pflichtverletzung als Leiter der Technischen Kontrollorganisation „infolge verantwortungsloser Gleichgültigkeit, die im krassen Widerspruch zu seinem sonstigen Verhalten steht, nicht bewusst gemacht" habe.[450] Als Beleg wurde herangezogen, dass er sich auf § 13 der Siebenten Durchführungsbestimmung zum Arzneimittelgesetz berufen hatte. Zwar obliege die Entscheidung über nicht für den Verkehr freigegebene Arzneimittel dem verantwortlichen Leiter. Diese dürfe aber nicht im Gegensatz zur Entscheidung des Staatlichen Kontrollinstituts stehen. Daher sah die Staatsanwaltschaft in dem Verhalten des Leiters der Technischen Kontrollorganisation ein strafrechtliches Verschulden nach § 8 Abs. 1 StGB. Dieser habe nur unzureichend seine Bereitschaft zur Wahr-

---

448  StA Halle (Saale), Strafakte II. Urteil (Anm. 436), Bl. 124, Hervorhebung im Original.
449  StA Halle (Saale), Strafakte II. Urteil (Anm. 436), Bl. 124.
450  StA Halle (Saale), Strafakte II. Urteil (Anm. 436), Bl. 125.

nehmung der ihm obliegenden, eigenständigen Verantwortung gezeigt. Aufgrund der Zahl und Schwere der Erkrankungen und des hohen Grads einer fahrlässigen Schuld hielt das Gericht eine Freiheitsstrafe bei Schubert für unumgänglich.[451]

Beide Verteidiger hatten eine Pflichtverletzung der beiden Angeklagten bestritten. Ihre Anträge wurden vom Gericht abgelehnt. Die Hauptverhandlung habe keine begründeten Hinweise darauf gegeben, dass die beiden Angeklagten an einer verantwortungsbewussten Wahrnehmung ihrer Pflichten gehindert gewesen wären. Insbesondere das Argument der drohenden Versorgungslücke wurde als „nicht stichhaltig" abgelehnt.[452] Selbst wenn eine solche Situation zu befürchten gewesen wäre, hätten keinesfalls Arzneimittel in Umlauf gebracht werden dürfen, die nicht einwandfrei waren. Der Einwand des Verteidigers des Leiters der Technischen Kontrollorganisation, dass dieser nicht über den nötigen medizinischen Hintergrund zur Hepatitis verfügt habe, wurde als „sachlich nicht begründet" verworfen. Dieser wurde als „genügend qualifiziert" eingeschätzt, um „mit Nachdruck gegen die verhängnisvolle Eigenmächtigkeit des Angeklagten Dr. Schubert aufzutreten."[453]

## 1.4 Berufung gegen das Urteil und Abmilderung der Strafen

Schuberts Verteidiger legte am 13. Dezember 1979 Berufung gegen das Urteil ein.[454] Seine Begründung folgte einige Tage später und umfasste vier Punkte. Zunächst thematisierte der Verteidiger die im Urteil festgehaltene Motivation für das Handeln von Schubert. Er verteidigte seinen Mandanten hier mit dem gestiegenen Bedarf an Anti-D-Immunglobulin sowie der dro-

---

451  StA Halle (Saale), Strafakte II. Urteil (Anm. 436), Bl. 127.
452  StA Halle (Saale), Strafakte II. Urteil (Anm. 436), Bl. 128.
453  StA Halle (Saale), Strafakte II. Urteil (Anm. 436), Bl. 129.
454  StA Halle (Saale), Handakte 3. Rechtsanwalt (…) an Bezirksgericht Halle, 13.12.1979, Bl. 138.

henden Produktionseinstellung in Halle (Saale).[455] Schuberts Rechtsanwalt räumte ein, dass Schubert eine falsche Entscheidung getroffen habe, als er die Sperre aufhob. Damit lag seiner Ansicht nach aber noch kein Vorsatz im strafrechtlichen Sinn vor. Er verteidigte Schuberts Fehlentscheidung damit, dass nach dessen Kenntnisstand durch den Ausschluss von Hepatitis B ein Hepatitisverdacht generell ausgeschlossen sei. Der Verteidiger kritisierte, dass das Bezirksgericht diese Aspekte nicht berücksichtigt, sondern Schubert für „überheblich" befunden hatte und für diese Einschätzung eine nach Eröffnung des Verfahrens angefertigte Beurteilung herangezogen hatte. Eine von der Verteidigung überreichte Beurteilung, die diese negativen Eigenschaften Schuberts nicht bestätigte, hatte das Gericht als unvollständig bewertet. Damit hatte das Gericht zuungunsten des Angeklagten entschieden, obwohl keine weiteren Beweismittel vorlagen, die seine Persönlichkeit einschätzten.[456]

Ein zweiter Punkt betraf den Vorwurf des vorsätzlichen Handelns. Der Rechtsanwalt warf dem Bezirksgericht vor, den damaligen wissenschaftlichen Stand außer Acht gelassen zu haben. Laut Kommentar zum Arzneibuch der DDR könne durch die gesetzlich geregelte Auswahl der Spender und die Fraktionierung ein Risiko ausgeschaltet werden. Schubert habe sich dieser Meinung, die von Mitarbeitern des Staatlichen Kontrollinstituts und seiner Mitarbeiter vertreten wurden, angeschlossen. Der Rechtsanwalt verteidigte Schubert damit, dass dieser „nicht einfach von der Richtigkeit" dieser These ausgegangen war, sondern erneut Tests und eine weitere Fraktionierung angeordnet hatte, die diese bestätigt hatten.[457] Eine wichtige Information sah der Verteidiger darin, dass Schubert das erneute Einreichen der Chargen beim Staatlichen Kontrollinstitut bewusst war und er nicht angeordnet habe, dieses im Unklaren zu lassen. Er habe vielmehr darauf vertraut, dass der Leiter der Technischen Kontrollorganisation entsprechend der Gütevorschrift verfahren war. Dass Schubert das dritte Testergebnis

---

455   StA Halle (Saale), Handakte 3. Rechtsanwalt (…) an Bezirksgericht Halle, 18.12.1979, Bl. 139–143, hier Bl. 140.
456   StA Halle (Saale), Handakte 3. Rechtsanwalt (…) an Bezirksgericht (Anm. 455), Bl. 141.
457   StA Halle (Saale), Handakte 3. Rechtsanwalt (…) an Bezirksgericht (Anm. 455), Bl. 141.

nicht abgewartet hatte, wertete sein Verteidiger nicht als Vorsatz. Schubert habe kein anderes Ergebnis erwartet und hätte gegebenenfalls eine erneute Sperre verfügen können, ohne dass eine Gefahr bestand.[458]
In einem dritten Punkt ging Schuberts Verteidiger auf die Tatbestandsmerkmale von § 35 des Arzneimittelgesetzes ein. Der Vorwurf lautete, dass Schubert das verdächtige Material entgegen den gesetzlichen Bestimmungen produziert und in den Verkehr gebracht hatte. Der Rechtsanwalt wandte gegen diesen Vorwurf ein, dass Schubert sehr wohl zur Herstellung berechtigt war. In den Verkehr gebracht worden war das Material durch die Freigabe des Staatlichen Kontrollinstituts für Seren und Impfstoffe. Der Verteidiger wandte sich zudem gegen die angebliche Verletzung der Gütevorschrift, da die Spenderauswahl gemäß Ziffer 17.1 und der Richtlinie Nr. 1 vom 5. Dezember 1967 erfolgt war. Die Erkrankung war nach der Spende aufgetreten und damit war die Verwendung des Materials nicht verboten. Der Verteidiger bemerkte zu Recht, dass Schubert nicht für die Auswahl der Spender verantwortlich war. Der Impfstoff war entgegen den Bestimmungen von § 1 und § 17 in den Verkehr gebracht worden. Die strafrechtliche Verantwortlichkeit hierfür sah der Verteidiger nicht bei Schubert.[459] Er ließ offen, wen er hier für verantwortlich hielt, hatte aber zuvor erwähnt, dass das Material durch das Staatliche Kontrollinstitut für Seren und Impfstoffe in den Verkehr gebracht worden war.
Der letzte Punkt betraf den fahrlässigen Verstoß gegen das Arzneimittelgesetz durch Verwendung der Waschflüssigkeit. Für Schuberts Verteidiger leitete sich aus dessen Position als Produktionsleiter keine „generelle Verantwortung" für die Infizierung anderer Chargen ab.[460] Schubert war nach Ansicht seines Verteidigers seiner Verantwortung nachgekommen. Denn die Produktion leitete die Leiterin der Laborabteilung, die das Verfahren

---

458  StA Halle (Saale), Handakte 3. Rechtsanwalt (…) an Bezirksgericht (Anm. 455), Bl. 142.
459  StA Halle (Saale), Handakte 3. Rechtsanwalt (…) an Bezirksgericht (Anm. 455), Bl. 142.
460  StA Halle (Saale), Handakte 3. Rechtsanwalt (…) an Bezirksgericht (Anm. 455), Bl. 143.

entwickelt hatte und die entsprechenden Gefahren hätte erkennen müssen. Der Rechtsanwalt wies damit eine strafrechtliche Verantwortung Schuberts ab.[461]

Schuberts Zustand nach dem Prozess war kritisch, zumindest berichtete dies der Inoffizielle Mitarbeiter „Dr. Förster" der Staatssicherheit im Januar 1980. Schubert habe seit dem 20. Dezember 1979 jeden Besuch abgelehnt. Seine Frau habe die Bekannten und Freunde dazu aufgefordert, nicht mehr vorbeizukommen, da er „jedesmal denkt, er wird abgeholt."[462] Schubert war durch den Bezirksarzt von seiner Funktion als Ärztlicher Direktor des Bezirksinstituts für Blutspende- und Transfusionswesen abberufen worden. Der Bezirksarzt hielt ihm vor, dass er der DDR einen erheblichen Schaden zugefügt habe. Dieser hatte schon im Februar 1979 ein Disziplinarverfahren gegen Schubert eingeleitet, das anschließend durch das Strafverfahren ausgesetzt worden war. Mit Abschluss dieses Verfahrens wurde nun auch das Disziplinarverfahren beendet. Der Bezirksarzt gab an, dass Schubert zum Ersatz des Schadens verpflichtet war, wenn dieser durch die Verletzung der Arbeitspflichten schuldhaft verursacht worden war. Er wurde daher für den entstandenen Schaden in Höhe eines monatlichen Tariflohnes verantwortlich gemacht.[463]

Die Entscheidung über die Berufung zog sich einige Zeit hin. Anfang Februar 1980 erhielt der hallische Staatsanwalt die Information aus Berlin, dass mit einer Entscheidung des Fünften Strafsenats des Obersten Gerichts aufgrund von „Arbeitsüberlastung" kaum vor Mitte Februar 1980 zu rechnen sei.[464] Die Generalstaatsanwaltschaft forderte von der Bezirksstaatsanwaltschaft Halle (Saale) eine Mitteilung über Schuberts Verhalten seit der Urteilsverkündung. Dabei interessierten vor allem Schuberts Arbeitsleistungen und die Frage, wie das Urteil im Bezirksinstitut für Blutspende- und

---

461 StA Halle (Saale), Handakte 3. Rechtsanwalt (…) an Bezirksgericht (Anm. 455), Bl. 143.
462 BStU, Rückverfilmung AOPK 1142/81. Aktenvermerk, 15.1.1980, Bl. 197.
463 BStU, Rückverfilmung AOPK 1142/81. Bezirksarzt Halle (Saale) an Schubert, 14.12.1979, Bl. 192–193.
464 StA Halle (Saale), Handakte 3. Staatsanwalt [Berlin] an Staatsanwalt [Halle (Saale)], Strafsache gegen Dr. W. Schubert wegen Verstoßes gegen das AMG, 1.2.1980, Bl. 161.

Transfusionswesen Halle (Saale) aufgenommen worden war.[465] Auch am 15. Februar 1980 lag noch keine Mitteilung vor. Der Senat hatte inzwischen angefragt, „ob Bedenken gegen eine evtl. Verwerfung als offensichtlich unbegründet bestehen."[466]

Entsprechende Bedenken waren bei der Generalstaatsanwaltschaft offenbar nicht vorhanden, denn sie verwarf die Berufung am 15. Februar 1980.[467] In Halle (Saale) war dieser Beschluss erst am 20. März 1980 eingegangen.[468] Das Oberste Gericht hielt an der Entscheidung des Bezirksgerichts Halle (Saale) und der Verantwortlichkeit Schuberts fest. Zwar sei es richtig, dass Schubert für die Auswahl der Spender keine Verantwortung trage. Er habe aber von dem Verdacht einer Erkrankung gewusst und könne sich nicht „wider besseres Wissen [sic!] auf die für die Auswahl der Spender Verantwortlichen berufen."[469] Auch den Einwand, dass Schubert nicht mit einer anderen Hepatitisform gerechnet hatte, sah das Oberste Gericht durch das Sachverständigengutachten hinreichend widerlegt. Gegen das Motiv „Überheblichkeit" hatte das Oberste Gericht ebenfalls keine Einwände, da ein anderes Motiv nicht erkennbar sei. Dieser Einschätzung maß es zudem aufgrund der „zweifelsfrei festgestellten Straftat" und dem „ungeheuren Schaden" eine untergeordnete Bedeutung bei.[470]

Besonders vehement wandte sich das Oberste Gericht gegen eine Verantwortlichkeit des Staatlichen Kontrollinstituts für Seren und Impfstoffe. Den Hinweis, dass dieses letztlich das kontaminierte Anti-D-Immunglobulin in den Verkehr gebracht habe, wies es „als eine die Wirklichkeit grob entstellende Behauptung zurück."[471] Das Oberste Gericht berief sich hier dar-

---

465 StA Halle (Saale), Handakte 3. Staatsanwalt [Berlin] an Staatsanwalt [Halle (Saale)] (Anm. 464).
466 StA Halle (Saale), Handakte 3. Staatsanwalt [Berlin] an Staatsanwalt [Halle (Saale)], Strafsache gegen Dr. W. Schubert, 15.2.1980, Bl. 162.
467 StA Halle (Saale), Handakte 3. Abschrift: Oberstes Gericht der DDR, 5. Strafsenat, Beschluss, 15.2.1980, Bl. 163–165, hier Bl. 163, handschriftlicher Vermerk auf dem Schreiben: Eingang 20.3.80.
468 StA Halle (Saale), Handakte 3. Abschrift (Anm. 467), Bl. 163.
469 StA Halle (Saale), Handakte 3. Abschrift (Anm. 467), Bl. 164.
470 StA Halle (Saale), Handakte 3. Abschrift (Anm. 467), Bl. 164.
471 StA Halle (Saale), Handakte 3. Abschrift (Anm. 467), Bl. 165.

auf, dass eine Hintergrundinformation zu den Chargen unterblieben war. Auch hielt das Oberste Gericht Schubert in Bezug auf die Kontamination weiterer Chargen durch die Waschflüssigkeit für verantwortlich. Schubert sei als Produktions- und Institutsleiter verpflichtet gewesen, auch an diese Möglichkeit der Infizierung zu denken. Hier wurde angeführt, dass bereits Erkrankungen aufgetreten waren und sich häuften. Die Berufung wurde damit als „offensichtlich unbegründet" verworfen.[472]

Der Vertreter des Generalstaatsanwalts der DDR übersandte dem Bezirksstaatsanwalt von Halle (Saale) eine Abschrift des Beschlusses. Gleichzeitig lud er den Staatsanwalt, der die Ermittlungen durchgeführt hatte, zu einer Auswertungsveranstaltung des Ministeriums für Gesundheitswesen ein. Der Gesundheitsminister wollte auf dieser die Ergebnisse und „notwendigen Schlußfolgerungen" für den Bereich der Arzneimittelproduktion mit leitenden Mitarbeitern des Gesundheitswesens beraten.[473] Der Stellvertreter des Generalstaatsanwalts informierte Mecklinger am 18. März 1980 darüber, dass die Berufung verworfen worden war und die geplante Auswertung im Ministerium erfolgen könne. Er hob dabei die Arbeit der drei Sachverständigen hervor, denen er ausdrücklich dankte. Diese hätten durch „ihre gute Arbeit" die Vorbereitung und Durchführung des Verfahrens wesentlich unterstützt.[474]

Schuberts Verteidiger reichte am 13. März 1980 ein Gesuch auf Aussetzung der Freiheitsstrafe zur Bewährung beim Bezirksgericht Halle (Saale) ein.[475] Darin schilderte er, dass Schubert aufgrund der Beurlaubung, seines gesundheitlichen Zustandes und seines Tätigkeitfeldes lange Zeit nicht arbeiten konnte. Schubert war nun seit Anfang des Jahres in der Bezirkshygieneinspektion Halle (Saale) beschäftigt. Schuberts Verteidiger bemerkte, dass dieser immer wieder seine Unschuld beteuere und gleichzeitig

---

472  StA Halle (Saale), Handakte 3. Abschrift (Anm. 467), Bl. 165.
473  StA Halle (Saale), Handakte 3. Stellvertreter des Generalstaatsanwaltes der DDR an Staatsanwalt des Bezirks Halle, 19.3.1980, Bl. 171.
474  StA Halle (Saale), Handakte 3. Stellvertreter des Generalstaatsanwaltes der DDR an Minister für Gesundheitswesen, 18.3.1980, Bl. 183.
475  StA Halle (Saale), Handakte 3. Rechtsanwalt (…) an Bezirksgericht Halle, 13.3.1980, Bl. 167–168, hier Bl. 167.

immer auch Bedauern über seine Fehlentscheidungen ausgedrückt habe. Damit war seiner Ansicht nach „der Zweck der Strafe erfüllt" und eine Freiheitsstrafe nicht mehr nötig. Zeitgleich beantragte er „vorsorglich" einen Aufschub des Vollzugs.[476]
Der hallische Staatsanwalt wandte sich daraufhin an die zuständige Untersuchungshaftanstalt und bat darum, Schubert Aufschub des Vollzugs der Freiheitsstrafe zu gewähren. Schubert selbst sollte hiervon zunächst nichts erfahren. Der Staatsanwalt wollte dem Leiter der Untersuchungshaftanstalt noch mitteilen, ob die Strafe verwirklicht werden sollte oder über eine Bewährung oder eine „Teilverbüßung" entschieden wurde.[477] Der Bezirksstaatsanwalt hatte zunächst entschieden, Schubert zu einer persönlichen Stellungnahme aufzufordern.[478] Außerdem musste vor einer Entscheidung der Stellvertretende Generalstaatsanwalt informiert werden.[479] Der hallische Staatsanwalt hatte Schubert daraufhin angeschrieben und eine Mitteilung über seine Auffassung zum Urteil und über seine Bemühungen zur Wiedergutmachung gefordert.[480] Hierzu gehörte auch die Zahlung der Geldstrafe, die Schubert im April 1980 zur Hälfte beglichen hatte.[481]
Schubert sandte seine Stellungnahme im April 1980 an die Bezirksstaatsanwaltschaft. Er machte für sein Verhalten seine zu große Risikobereitschaft verantwortlich. Durch seine neue Tätigkeit sei er stärker damit konfrontiert, dass eine solche Vorgehensweise unzulässig sei, wenn es sich um das Leben von Menschen handele. Schubert gab an, daher eine harte Strafe für notwendig anzuerkennen, ebenso wie die Abberufung von seiner alten Stelle. Er berichtete von seinen Bemühungen, die neuen Aufgaben verantwortungsbewusst und sorgfältig zu erfüllen. Diese wurden dadurch beeinträchtigt, dass seine Gedanken „immer wieder zu meiner Fehlentscheidung

---

476 StA Halle (Saale), Handakte 3. Rechtsanwalt (…) an Bezirksgericht (Anm. 475), Bl. 168.
477 StA Halle (Saale), Handakte 3. Staatsanwalt [Halle (Saale)] an Leiter der Untersuchungshaftanstalt Halle, 14.3.1980, Bl. 170.
478 StA Halle (Saale), Handakte 3. Vermerk Staatsanwalt [Halle (Saale)], 24.3.1979, Bl. 174.
479 StA Halle (Saale), Handakte 3. Vermerk Staatsanwalt [Halle (Saale)], 21.3.1979, Bl. 172.
480 StA Halle (Saale), Handakte 3. Staatsanwalt [Halle (Saale)] an Schubert, 24.3.1980, Bl. 175.
481 StA Halle (Saale), Handakte 3. Vermerk Staatsanwalt [Halle (Saale)], 7.4.1980, Bl. 176.

und den daraus resultierenden gesundheitlichen Schadensfällen abschweifen."[482] Schubert bat darum, die Aussetzung der Freiheitsstrafe auf Bewährung zu befürworten.[483]

Der hallische Staatsanwalt stellte den Antrag am 10. April 1980 beim Bezirksgericht mit Wirkung zum 30. April 1980.[484] Der Beschluss des Bezirksgerichts, die Strafe mit Wirkung vom 30. April 1980 auf Bewährung auszusetzen, folgte einige Tage später. Der Bewährungszeitraum wurde auf vier Jahre festgelegt. Als Begründung wurden Schuberts „Einsatzbereitschaft und Interesse" bei seiner neuen Arbeit hervorgehoben.[485]

Diese Einschätzung stützte sich auf eine Beurteilung des Leiters der Bezirkshygieneinspektion. Dieser berichtete, dass Schubert Anfang 1980 als Oberarzt eingestellt worden und diese Tätigkeit nach Inkrafttreten des Urteils in „wissenschaftlicher Mitarbeiter, Oberassistent" geändert worden war.[486] Schubert habe sich im Institut mit „antiepidemischen Maßnahmen, Kernstrahlung und anderen Kontrollaufgaben im Rahmen der Zivilverteidigung im Gesundheitswesen" beschäftigt sowie „mit viel Energie und Interesse" die Notstromversorgung bearbeitet.[487] Der Leiter der Bezirkshygieneinspektion urteilte positiv über Schubert. Dieser habe alle ihm übertragenen Aufgaben gelöst und neue Aufgaben, wie die Wissenschaftsorganisation und die Öffentlichkeitsarbeit, übernommen. „Kollege" Schubert habe sich „jederzeit willig und einsatzbereit" gezeigt.[488] Offenbar hatte die Bezirkshygieneinspektion dem Bezirksgericht auch Schuberts Kaderakte zur Verfügung gestellt.[489] Das Bezirksgericht stellte daraufhin fest, dass

---

482 StA Halle (Saale), Strafakte II. Schubert an Staatsanwalt [Halle (Saale)], 1.4.1980, Bl. 168.
483 StA Halle (Saale), Strafakte II. Schubert an Staatsanwalt [Halle (Saale)] (Anm. 482).
484 StA Halle (Saale), Handakte 3. Staatsanwalt [Halle (Saale)] an 4. Strafsenat des Bezirksgerichts Halle, 10.4.1980, Bl. 178.
485 StA Halle (Saale), Handakte 3. 4. Strafsenat des Bezirksgerichts Halle, Beschluss in der Strafsache gegen Dr. med. Wolfgang Schubert, 14.4.1980, Bl. 180.
486 StA Halle (Saale), Strafakte II. Bezirkshygieneinspektion und -institut Halle, Beurteilung für Herrn OMR Dr. Schubert, 26.3.1980, Bl. 166–167, hier Bl. 165.
487 StA Halle (Saale), Strafakte II. Beurteilung (Anm. 486), Bl. 166.
488 StA Halle (Saale), Strafakte II. Beurteilung (Anm. 486), Bl. 166.
489 StA Halle (Saale), Strafakte II. Kaderinstrukteur Bezirkshygieneinspektion und -institut Halle an 4. Strafsenat des Bezirksgerichts Halle, 4.8.1980, Bl. 173.

Schubert „offenkundig ernsthafte Lehren" aus seiner Verurteilung gezogen habe.[490] Die Zusatzgeldstrafe und der Entzug der Approbation blieben von dem Beschluss ausgenommen.[491]

Auch die Strafe des Leiters der Technischen Kontrollorganisation wurde abgemildert. Der Oberrichter aus Halle (Saale) wandte sich ein Jahr nach dem Urteil an die amtierende Direktorin des Bezirksinstituts für Blutspende- und Transfusionswesen und erbat von ihr erneut eine Beurteilung. In dieser sollte deutlich werden, ob der Verurteilte „besonders anerkennenswerte Fortschritte in seiner gesellschaftlichen und persönlichen Entwicklung" gemacht und seine beruflichen Aufgaben „vorbildlich" erfüllt habe.[492] Der Oberrichter stellte in Aussicht, auf Antrag die restliche Bewährungszeit zu erlassen.[493] Die Beurteilung der amtierenden Direktorin fiel schließlich sehr positiv aus. Sie schätzte ein, dass das Urteil dazu geführt habe, dass sich der Leiter der Technischen Kontrollorganisation „seiner hohen Verantwortung stärker bewußt geworden" sei, woraus man schließen könne, dass sich ein „ähnliches Vergehen nicht wiederholen" werde.[494]

Der Oberrichter übersandte dem hallischen Staatsanwalt die Beurteilung Ende Januar 1981 mit dem Hinweis, dass der Antrag auf Abkürzung der Bewährungszeit aus den „bekannten Gründen", auf die er nicht näher einging, von ihm angeregt worden war.[495] Dieser befand eine Bewährungsstrafe für gerecht, da auch Schuberts Strafe abgemildert worden war.[496] Die Bezirksstaatsanwaltschaft stimmte der Entscheidung, die Bewährungszeit zu verkürzen, am 9. Februar 1981 offiziell zu.[497] Der entsprechende Beschluss

---

490  StA Halle (Saale), Handakte 3. 4. Strafsenat des Bezirksgerichts Halle (Anm. 485), Bl. 180.
491  StA Halle (Saale), Handakte 3. 4. Strafsenat des Bezirksgerichts Halle (Anm. 485), Bl. 180.
492  StA Halle (Saale), Strafakte II. Oberrichter (…) an Direktor des Instituts für Blutspende- und Transfusionswesen Halle, 10.12.1981, Bl. 177.
493  StA Halle (Saale), Strafakte II. Oberrichter (…) an Direktor BIBT Halle (Anm. 492).
494  StA Halle (Saale), Handakte 3. 4. Strafsenat des Bezirksgerichts Halle (Anm. 485), Bl. 180.
495  StA Halle (Saale), Strafakte II. Oberrichter (…) an Staatsanwalt [Halle (Saale)], 27.1.1981, Bl. 179.
496  StA Halle (Saale), Handakte 3.Vermerk Staatsanwalt [Halle (Saale)], 30.1.1981, Bl. 186.
497  StA Halle (Saale), Strafakte II. Staatsanwalt [Halle (Saale)] an 4. Strafsenat des Bezirksgerichts, 9.2.1981, Bl. 179.

des Bezirksgerichts folgte am 17. März 1981 und war ab dem 1. April 1981 rechtskräftig.[498]
Schubert blieb weiterhin unter der Kontrolle des Ministeriums für Staatssicherheit. Doch nach dem Prozess war das Interesse an ihm eher gering. Im April 1981 schloss die Staatssicherheit die Operative Personenkontrolle ab. Sie schätzte ein, dass deren Zielstellung erreicht worden war. Schubert habe keinerlei Entscheidungsbefugnis mehr und werde über „Schlüsselpositionen (...) unter ständiger Kontrolle und Aufsicht gehalten."[499]
Schubert hatte zudem im Juni 1981 ein Gnadengesuch an den Vorsitzenden der Bezirksgnadenkommission gerichtet.[500] Die Bezirksgnadenkommission in Halle (Saale) bestand aus dem Bezirksstaatsanwalt, dem Direktor des Bezirksgerichts, dem Stellvertreter des Vorsitzenden für Inneres, dem Vorsitzenden des Bezirksausschusses der Nationalen Front und dem Vorsitzenden des Bezirksvorstands des Freien Deutschen Gewerkschaftsbunds (FDGB).[501] Schubert kam nach „oft mehrmals täglichen Analysen" seines „Fehlverhaltens" zu dem Schluss, dass er das Risiko falsch eingeschätzt und nicht alle ihm „zu Gebote stehenden Mittel" genutzt habe.[502] Er berichtete, dass sein körperlicher Zustand sich weiter verschlechtert habe. Als Grund gab er einen Motorradunfall von 1954 an, aufgrund dessen sein linker Arm teilgelähmt war. Schubert befand sich nun aufgrund von Schmerzen in der Brust im Krankenhaus, die auf einen bisher unentdeckten Wirbelbruch infolge des Unfalls zurückgeführt wurden. Zu diesen Schmerzen kam für Schubert „der dauernde psychische Druck der aus der Reststrafe resultiert."[503] Er leide unter Schlaflosigkeit, innerer Unruhe und Konzentrationsschwierigkeiten. Diese Faktoren beeinträchtigen seinen Zustand und

---

498 StA Halle (Saale), Handakte 3. Bezirksgericht Halle, 4. Strafsenat, Beschluß in der Strafsache gegen den Apotheker (...), 17.3.1981, Bl. 187.
499 BStU, AOPK Halle 1142/81 TK. Abteilung XX/1, Abschlussbericht (Anm. 354), Bl. 75.
500 StA Halle (Saale), Handakte 3. Schubert an den Vorsitzenden der Bezirksgnadenkommission Halle, 8.6.1981, Bl. 193.
501 StA Halle (Saale), Handakte 3. Bezirksgnadenkommission Halle, Beschluß, 14.8.1981, Bl. 198.
502 StA Halle (Saale), Handakte 3. Schubert an Bezirksgnadenkommission (Anm. 500).
503 StA Halle (Saale), Handakte 3. Schubert an Bezirksgnadenkommission (Anm. 500).

er führe die Tatsache darauf zurück, auch leichtere Schmerzen schlechter ertragen zu können. Er bat darum, ihm die Reststrafe teilweise oder ganz zu erlassen.[504] Der Vorsitzende der Bezirksgnadenkommission bestätigte ihm, dass eine Entscheidung eingeleitet und ihm mitgeteilt werde.[505] Gleichzeitig fragte er beim Direktor des Bezirksgerichts nach, ob Schubert seine Geldstrafe beglichen hatte.[506] Aus dem Bezirksgericht ging die Antwort ein, dass Schubert diese im Juni 1981 vollständig abgegolten hatte.[507]

Der Bezirksstaatsanwalt von Halle (Saale) wandte sich zudem in seiner Funktion als Vorsitzender der Bezirksgnadenkommission an Schuberts Arbeitgeber und bat erneut um eine Beurteilung.[508] Diese ging der Kommission erst im August 1981 zu, da zuvor eine Abstimmung mit dem Bezirksarzt erfolgt war.[509] Die Bewertung fiel im Gegensatz zur Bewertung des Vorjahres negativer aus. Der Bezirkshygieniker bezeichnete Schubert darin nicht mehr als „Kollegen" und schwächte dessen Leistungen deutlich ab. Schubert habe für ihn vorgesehene Aufgaben, wie die Koordination von Aufgaben im Institut, nicht erfüllen können. Im Rahmen der Öffentlichkeitsarbeit mussten von ihm verfasste Artikel vor der Veröffentlichung immer überarbeitet werden.[510] Insgesamt zeige sich deutlich, „dass Herr Schubert zwar den Willen zeigte, jedoch es im allgemeinen [sic!] bei seinen Erklärungen und dem Wollen blieb. Eine auslastende Beschäftigung war aufgrund seiner fehlenden fachlichen Kenntnisse nicht möglich, zumal er auch öfterinfolge [sic!] seines körperlichen Zustandes arbeitsmäßig

---

504 StA Halle (Saale), Handakte 3. Schubert an Bezirksgnadenkommission (Anm. 500).
505 StA Halle (Saale), Handakte 3. Bezirksstaatsanwalt (…) an Schubert, 15.6.1981, Bl. 189.
506 StA Halle (Saale), Handakte 3. Bezirksstaatsanwalt (…) an Direktor des Bezirksgerichts, 15.6.1981, Bl. 190.
507 StA Halle (Saale), Handakte 3. Bezirksgericht Halle an Bezirksgnadenkommission, 23.6.1981, Bl. 197.
508 StA Halle (Saale), Handakte 3. Bezirksstaatsanwalt (…) an Bezirkshygieneinspektion Halle, 26.6.1981, Bl. 192.
509 StA Halle (Saale), Handakte 3. Bezirkshygieneinspektion und -institut an den Vorsitzenden der Bezirksgnadenkommission, 12.8.1981, Bl. 194.
510 StA Halle (Saale), Handakte 3. Bezirkshygieneinspektion und -institut, Beurteilung über Herrn Schubert, 12.8.1981, Bl. 195–196, hier Bl. 195 f.

ausfiel."[511] Auch die Mitarbeiter des Instituts, die auf demselben Flur wie Schubert arbeiteten, hatten kritisiert, dass Schubert sie „ständig mit Redeschwall" von der Arbeit abhalte.[512] Schubert hatte in seiner Stellungnahme davon berichtet, dass die Kollegen auf seiner Etage die Frauen, die durch sein „Fehlverhalten" erkrankt waren, betreuten.[513] Dies erklärt vermutlich, warum Schubert häufiger den Kontakt zu den anderen Mitarbeitern suchte. Zudem macht es deutlich, dass die Ereignisse für ihn präsent blieben. Die Mitarbeiter hatten sich zudem darüber beklagt, dass Schubert häufig unter Alkohol- und Medikamenteneinfluss stand. Der Leiter der Bezirkshygieneinspektion hielt Schubert für eine Tätigkeit im Institut aufgrund seines gesundheitlichen Zustandes weder für geeignet noch für einsatzfähig. Er hatte den Bezirksarzt darum gebeten, eine andere Stelle für ihn zu suchen. Da Schubert mehrere Monate nicht arbeiten konnte, hatten die beiden nach gemeinsamen Beratungen ins Auge gefasst, ihn mit seinem Einverständnis zu invalidisieren.[514]

Die Bezirksgnadenkommission lehnte daraufhin in ihrer Sitzung zwei Tage später Schuberts Gnadengesuch ab. Sie entschied nur über den Approbationsentzug. Für eine Begnadigung der Hauptstrafe war sie nach eigenen Angaben nicht zuständig. Der Erlass der Geldstrafe stand überhaupt nicht mehr zur Diskussion, weil Schubert diese schon beglichen hatte. Als Begründung für die Ablehnung wurde angegeben, dass das Vertrauen zu Schubert durch seine „grobe Pflichtverletzung" dermaßen erschüttert worden war, dass eine Rückgabe der Approbation nicht in Frage komme.[515] Die Gnadenkommission verwies darauf, dass Schuberts Leistungen durch die Umwandlung der Strafe in eine Bewährungsstrafe ausreichend berücksichtigt worden waren.[516] Schubert hatte damit nur noch die Möglichkeit, sich direkt an den Vorsitzenden des Staatsrats der DDR zu wenden.[517]

---

511 StA Halle (Saale), Handakte 3. Beurteilung (Anm. 510), Bl. 196.
512 StA Halle (Saale), Handakte 3. Beurteilung (Anm. 510), Bl. 196.
513 StA Halle (Saale), Strafakte II. Schubert an Staatsanwalt [Halle (Saale)] (Anm. 482).
514 StA Halle (Saale), Handakte 3. Beurteilung (Anm. 510), Bl. 196.
515 StA Halle (Saale), Handakte 3. Bezirksgnadenkommission (Anm. 501).
516 StA Halle (Saale), Handakte 3. Bezirksgnadenkommission (Anm. 501).
517 StA Halle (Saale), Handakte 3. Bezirksstaatsanwalt (…) an Schubert, 14.8.1981, Bl. 199.

# 2 Situation der betroffenen Frauen in der DDR 1978/1979–1990

## 2.1 Information der Frauen und ärztliche Behandlung

### 2.1.1 Staatliche Weisungen zum Umgang mit den Frauen

Im Ministerium für Gesundheitswesen war man schon kurz nach dem Bekanntwerden der ersten Erkrankungen über den Sachverhalt informiert. Die Hauptabteilung III (Hygiene und Staatliche Hygieneinspektion) hatte in der zweiten Januarwoche des Jahres 1979 von den aufgetretenen Erkrankungen erfahren. Gesundheitsminister Ludwig Mecklinger war am 11. Januar 1979 über die Angelegenheit informiert worden und regelte den Umgang mit den Betroffenen in mehreren Weisungen an die ihm unterstellten Bezirksärzte. Auch die Bezirkshygieneinspektionen, die der Hauptabteilung III im Ministerium für Gesundheitswesen unter Leitung eines Haupthygienikers unterstanden, wurden unterwiesen. Mecklinger hatte am 23. Januar 1979 eine erste Weisung an alle Bezirksärzte ausgegeben, in der er die Situation kurz schilderte. Er forderte, die in diesem Zusammenhang auftretenden Fragen aufgrund der „gesundheitspolitischen Bedeutung" vertraulich zu behandeln. Die Einrichtungen der Geburtshilfe sollten alle Frauen, die seit dem 1. September 1978 eine Ampulle mit Anti-D-Immunglobulin aus den Chargen 8 bis 15 erhalten hatten, umgehend der zuständigen Kreishygieneinspektion melden.[518] Mit der Gesundheitskontrolle der betroffenen Frauen und der Säuglinge sollte ein durch den Kreisarzt eingewiesener Internist betraut werden. Der Minister wies an, den Frauen 6 ml

---

[518] StA Halle (Saale), Handakte 3. Minister für Gesundheitswesen an Bezirksärzte (Anm. 13), Bl. 20.

und Säuglingen 1 ml Gammaglobulin zu verabreichen. Daneben sollte zwei Mal eine Enzymkontrolle im Abstand von 14 Tagen durchgeführt werden. Bei dieser Kontrolle waren die Betroffenen darüber zu belehren, dass sie einen Arzt aufsuchen und diesem einen entsprechenden Hinweis geben sollten, sofern in der nächsten Zeit hepatitisähnliche Symptome auftraten. Die Bezirksärzte wurden dazu verpflichtet, der Staatlichen Hygieneinspektion alle auftretenden Erkrankungen im Rahmen des Epidemiologischen Wochenberichts zu melden.[519]

Eine ausführliche Aufklärung der Frauen und ihrer Angehörigen war in Mecklingers Weisung nicht vorgesehen. Stattdessen ordnete er nur knappe Informationen an, um eine „Beunruhigung der Mitarbeiter des Gesundheits- und Sozialwesens und der Bürger" zu vermeiden.[520] Den Betroffenen sollte lediglich mitgeteilt werden, dass „vereinzelt Hepatitiserkrankungen bei Frauen nach einer Entbindung, einem Abort oder einer Interruptio" aufgetreten seien.[521] Die Erfassung sowie die Gabe von Gammaglobulin sollte von den Verantwortlichen zur Prophylaxe „im Interesse der Gesundheit der Frauen und Säuglinge" erklärt werden.[522]

Anfang Februar 1979 waren die Untersuchungen von ca. 4.000 Frauen gerade erst angelaufen. Ergebnisse lagen dem Ministerium nur aus drei Bezirken vor. Von den dort untersuchten 84 Frauen waren die untersuchten Transaminasewerte bei 42 Frauen stark positiv, bei 27 erhöht und bei 15 negativ. Der Bezirk Rostock hatte zudem auch erhöhte Werte bei zwei Säuglingen gemeldet.[523] Mecklinger ordnete daraufhin am 6. Februar 1979 an, die Gabe von Gammaglobulin auch auf Säuglinge auszudehnen, bei de-

---

519 StA Halle (Saale), Handakte 3. Minister für Gesundheitswesen an Bezirksärzte (Anm. 13), Bl. 21.
520 StA Halle (Saale), Handakte 3. Minister für Gesundheitswesen an Bezirksärzte (Anm. 13), Bl. 22.
521 StA Halle (Saale), Handakte 3. Minister für Gesundheitswesen an Bezirksärzte (Anm. 13), Bl. 22.
522 StA Halle (Saale), Handakte 3. Minister für Gesundheitswesen an Bezirksärzte (Anm. 13), Bl. 22.
523 BArch, DQ 1/24452. HA III/3/(…), Information über Hepatitiserkrankungen nach Anti-D-Immunprophylaxe (handschriftlich: für M4), 2.2.1979, unpag.

ren Müttern lediglich der Verdacht auf eine Hepatitis bestand. Sofern bei den Frauen die Diagnose der Erkrankung Schwierigkeiten bereitete, war „die Klärung im kürzest möglichen Zeitraum anzustreben."[524] Auch der Haupthygieniker verpflichtete die Bezirkshygieniker kurz darauf zu diesen Maßnahmen.[525]

Das Ministerium für Gesundheitswesen gab zudem ein sechs Punkte umfassendes Argumentationsmaterial für eine „sachkundige und einheitliche Diskussion mit den betroffenen Bürgern" heraus.[526] Das Ministerium behauptete darin, dass die Anti-D-Prophylaxe in der DDR seit 1970 jährlich bei ca. 20.000 Müttern durchgeführt werde, ohne dass bisher Zwischenfälle bekannt geworden wären.[527] Die massenhafte Ausweitung der Erkrankungen, die im Ministerium zu diesem Zeitpunkt bereits bekannt war,[528] wurde im Argumentationsmaterial verharmlost. Den Betroffenen sollte nur mitgeteilt werden, dass es nach der Anwendung einzelner Chargen des Anti-D-Immunglobulins in einigen Kreisen zu Hepatitiserkrankungen „unter Wöchnerinnen" gekommen sei. Nach Bekanntwerden der ersten Verdachtsfälle seien die betroffenen Chargen sofort gesperrt worden. Das Argumentationsmaterial war darauf ausgerichtet, die Betroffenen zu beruhigen. Die Anti-D-Prophylaxe wurde als „absolut sichere Maßnahme" bezeichnet, die weder Mutter noch Kind gefährde.[529] Für die Erkrankungen machte das Ministerium für Gesundheitswesen „menschliches Versagen im Herstellungsbetrieb durch Nichtbeachtung der Sicherheitsbestimmungen" verantwortlich.[530] Das Ministerium gab an, alles Erforderliche eingeleitet zu haben, um die Schuldfrage zu klären und die verantwortlichen Verursacher

---

524 StA Halle (Saale), Handakte 3. Minister für Gesundheitswesen an Rat des Bezirkes – Bezirksärzte – nachrichtlich: Bezirkshygieniker, Betr. Hepatitiserkrankungen nach Anti-D-Immunprophylaxe (Weisung Nr. 2), 6.2.1979, Bl. 23–24.
525 BArch, DQ 1/11705, Teil 1. Anweisung des Direktors der Hauptabteilung Hygiene und Staatliche Hygieneinspektion an alle Bezirkshygieniker, 15.2.1979, unpag.
526 BArch, DQ 1/24452. Argumentationsmaterial, o. D., unpag.
527 BArch, DQ 1/24452. Argumentationsmaterial (Anm. 526), unpag.
528 BArch, DQ 1/24452. Ministerium für Gesundheitswesen, Information über Hepatitiserkrankungen nach Anti-D-Immunprophylaxe, 2.2.1979, unpag.
529 BArch, DQ 1/24452. Argumentationsmaterial (Anm. 526), unpag.
530 BArch, DQ 1/24452. Argumentationsmaterial (Anm. 526), unpag.

zu ermitteln. Die Verfasser des Argumentationsmaterials mussten zwar einräumen, dass der Erreger nicht bestimmt werden konnte, gingen aber davon aus, dass durch Einhaltung der Sicherheitsbestimmungen die Gefahr einer Infektion mit hoher Wahrscheinlichkeit ausgeschlossen werden könne. Die Untersuchung aller betroffenen Frauen sei notwendig, um durch die medizinische Betreuung und die „bestmögliche" Behandlung Spätschäden zu verhindern.[531]

In einer dritten Weisung vom 2. März 1979 konkretisierte Mecklinger die staatliche Kontrolle näher. Die Weisung schrieb den Bezirksärzten vor, einen Beauftragten einzusetzen. Die Beauftragten sollten die staatlichen Maßnahmen im Bezirk koordinieren und als Kontaktpersonen der Staatlichen Versicherung fungieren. Mecklinger hatte seiner dritten Weisung das Argumentationsmaterial beigefügt. Er machte die Kreisärzte persönlich für „die konsequente Durchsetzung aller Maßnahmen und das fachlich und politisch korrekte Auftreten der Mitarbeiter des staatlichen Gesundheitswesens" verantwortlich.[532] Deren ausgewählte Mitarbeiter sollten die betroffenen Familien betreuen und auftretende Schwierigkeiten, wie die Organisation der Kinderbetreuung, lösen. Auch die Nachuntersuchungen waren in der Weisung des Ministers geregelt. Mecklinger hatte angeordnet, bei negativem Testergebnis einen erneuten Siebtest in der 15. Woche durchzuführen und die Gesundheitskontrolle damit abzuschließen. Das bedeutete, dass Frauen, die bei diesen Kontrollen nicht als erkrankt erfasst worden waren, keiner weiteren Behandlung und Untersuchung mehr unterzogen wurden. Bei einem unkomplizierten Krankheitsverlauf sollten Kontrolluntersuchungen nach vier Wochen und sechs Monaten stattfinden und alle Erkrankten waren in die Dispensairebehandlung einzubeziehen. Bei einer komplizierten Erkrankung waren die Nachuntersuchungen abhängig vom klinischen Bild durchzuführen. Aufgrund der mittlerweile 17 infizierten Säuglinge forderte der Gesundheitsminister die Einhaltung

---

531 BArch, DQ 1/24452. Argumentationsmaterial (Anm. 526), unpag.
532 StA Halle (Saale), Handakte 3. Minister für Gesundheitswesen an Bezirksärzte (Anm. 130), Bl. 25.

der Weisung, Kontaktpersonen „für 21 Tage abzusondern und zu testen."[533] Kurz darauf machte Mecklinger, der mit der Umsetzung seiner Weisungen offenbar unzufrieden war, in einem Telegramm die Bezirksärzte „nochmals auf die notwendige Konsequenz der Durchführung der Maßnahmen unter Zugrundelegung des Ernstes der Situation" aufmerksam.[534]

Nach dem Bekanntwerden weiterer Erkrankungen infolge der Chargen 16 bis 23 im März 1979 ordnete der Gesundheitsminister an, jede Hepatitiserkrankung von Frauen im gebärfähigen Alter auf einen Zusammenhang mit der Anti-D-Prophylaxe zu untersuchen. Bei Verdacht war umgehend die Hauptabteilung Hygiene und Staatliche Hygieneinspektion zu informieren. Der Minister untersagte zudem eine konzentrierte Unterbringung der Frauen. Für die Unterbringung mussten die Bezirksärzte Plätze auf anderen Stationen, in anderen Abteilungen oder gar anderen Krankenhäusern bereitstellen. Den Patientinnen sollte auf Nachfragen nur mitgeteilt werden, „daß die Zusammenhänge noch zweifelhaft sind, auf das gewissenhafteste [sic!] geprüft und in sehr kurzer Zeit die entsprechenden Entscheidungen getroffen werden."[535] Die Hauptabteilung Hygiene und Staatliche Hygieneinspektion hatte die Bezirkshygieneinspektionen bereits am 6. März 1979 angewiesen, sie sofort zu informieren, falls es Anhaltspunkte auf eine Kontamination der Chargen 16 bis 23 gab. Die Bezirkshygieneinspektion Karl-Marx-Stadt hatte daraufhin am 15. März 1979 dem Ministerium schriftlich mitgeteilt, dass sie mit der bestehenden Vorgehensweise nicht einverstanden war: „Durch die Weisung vom 1.3.79 über die Meldung von Verdachtsfällen bei nicht gesperrten Chargen, die am 14.3.79 dann doch gesperrt wurden, ist eine gewisse Unruhe unter den Kreishygieneärzten und den das Human-Gamma-Globulin-Anti-D applizierenden Gynäkologen zu regist-

---

533 StA Halle (Saale), Handakte 3. Minister für Gesundheitswesen an Bezirksärzte (Anm. 130), Bl. 26.
534 BArch, DQ 1/11705, Teil 1. Fernschreiben-Telegramm: Minister für Gesundheitswesen an alle Bezirksärzte einschl. Gebietsarzt Wismut, Betr.: Hepatitiserkrankungen nach „Anti-D-Immunprophylaxe", 6.3.1979, unpag.
535 StA Halle (Saale), Handakte 1. Minister für Gesundheitswesen an Bezirksärzte (Anm. 15), Bl. 177.

rieren. Nach unserer Meinung sollte deshalb vorerst, bis zur endgültigen Klärung aller Ursachen, nur Human-Gamma-Globulin-Anti-D eines anderen Produktionsbetriebes ausgegeben und appliziert werden (evtl. Import)."[536] Diese Meldung zeigt, dass bei den Ärzten Zweifel bestanden, ob die Chargen 16 bis 23 weiterverwendet werden sollten. Auch die Weisung des Ministeriums für Gesundheitswesen Anfang März 1979 macht deutlich, dass auch dieses eine mögliche Kontamination der Chargen nicht vollkommen ausschloss.

Die Chargen 16 bis 23 waren schließlich am 13. März 1979 gesperrt worden, nachdem drei Erkrankungen nach ihrer Verwendung bekannt geworden waren. Auch hier zeigt sich, dass das Ministerium für Gesundheitswesen nur zögerlich handelte. Denn die Weisung sah zunächst keine weiteren Maßnahmen im Umgang mit den betroffenen Frauen vor. Mecklinger hatte erst am 28. März 1979 ergänzend angeordnet, Personen, die mit den Chargen 16 bis 23 immunisiert worden waren, den gleichen Kontrollen wie bei den Chargen 8 bis 15 zu unterziehen.[537]

Die Kreishygieneinspektionen sollten Frauen, die im Zusammenhang mit den Chargen 8 bis 15 erkrankt waren, die Erkrankung bescheinigen.[538] Frauen ohne akute Erkrankung erhielten keine Bestätigung. Diese Handlungsweise war in einer Dienstbesprechung des Ministers für Gesundheitswesen festgelegt worden, ungeachtet der Tatsache, dass das Ministerium durchaus von Spätschäden ausging: „Es stheht [sic!] die Frage der Verfahrensweise bei allen anderen Frauen, da Leberspätschäden auch bei z. Zt. unauffälligen Leberenzymwerten nicht mit Sicherheit ausgeschlossen werden können. Es empfihelt [sic!] sich, diesen Frauen keine Bescheinigung über eine mögliche eintretende Schädigung in die Hand zu geben, sondern nach einem

---

536 BArch, DQ 1/24453. Bezirksarzt Karl-Marx-Stadt an Ministerium für Gesundheitswesen, Informationsbericht über Hepatitis-Erkrankungen nach Applikation von Human-Immun-Globulin-Anti-D, 15.3.1979, unpag.
537 StA Halle (Saale), Handakte 3. Minister für Gesundheitswesen an Bezirksärzte (nachrichtlich: Bezirkshygieniker), Betr.: Hepatitiserkrankungen nach Anti-D-Immunprophylaxe (Weisung Nr. 5), 28.3.1979, Bl. 30–31, hier Bl. 30.
538 StA Halle (Saale), Handakte 3. Minister für Gesundheitswesen an Bezirksärzte (Anm. 537), Bl. 31.

bestimmten Zeitraum z. b. [sic!] einem Jahr nochmals sämtliche Personen einer Kontrolluntersuchung zu unterziehen."[539]

## 2.1.2 Kritik aus der Bevölkerung

Thema der Ministerdienstberatung waren auch die Eingaben, welche die betroffenen Frauen und ihre Angehörigen an das Ministerium für Gesundheitswesen richteten.[540] Die Anordnung des Ministers zur Unterbringung war wohl auf den Austausch der Frauen auf den Isolierstationen der Krankenhäuser zurückzuführen. Denn zum Teil verfassten Frauen, die dort zusammen untergebracht waren, gemeinsame Beschwerden. Im Ministerium für Gesundheitswesen gingen bis zum Sommer 1979 120 Eingaben von 250 Personen ein.[541] Diese hatte das Ministerium entweder direkt erhalten oder sie waren von anderen Stellen weitergeleitet worden. Hierzu gehörten neben dem Zentralkomitee der SED auch der Ministerrat und insbesondere das Fernsehen der DDR. Die Weiterleitung von Eingaben war üblich, in diesem Fall spielte aber auch die politische Brisanz und die damit verbundene Geheimhaltung eine Rolle. Dies verdeutlicht ein Schreiben des Ostseestudios des DDR-Fernsehens in Rostock. Der dortige Redaktionsleiter hatte eine an das Studio gerichtete Eingabe zum Thema zunächst selbst zu klären versucht. Er wandte sich letztlich doch an das Ministerium für Gesundheitswesen. Denn der von ihm konsultierte Fachberater für Gynäkologie habe ihm mitgeteilt, „daß es sich um Problemfälle handelt, die individuell und vertraulich abgewickelt werden."[542] Viele Betroffene oder deren Angehörige schickten zudem Eingaben an die Fernsehsendung „Fragen Sie

---

539 BArch, DQ 1/11705, Teil 1. Interne Ministerdienstbesprechung, o. D., unpag.
540 BArch, DQ 1/11705, Teil 1. Interne Ministerdienstbesprechung (Anm. 539), unpag.
541 BArch, DQ 1/11705, Teil 1. Vorbereitung der Beratung mit den Beauftragten der Bezirksärzte zur Anti-D-Problematik, o. D., unpag.
542 BArch, DQ 1/11706, Teil 1. DDR-Fernsehen Rostock an Ministerium für Gesundheitswesen, 21.5.1979, unpag.

Prof. Kaul" und erhofften sich eine rechtliche Klärung durch den Juristen Friedrich Karl Kaul (1906–1981).[543]
Hauptbeschwerdepunkt in Eingaben war neben dem Aspekt der Schadensregulierung die mangelnde Aufklärung und die fehlende Information durch die zuständigen Stellen. So gab eine Betroffene an, ihre Eingabe nur aufgrund der widersprüchlichen Angaben von verschiedenen Seiten geschrieben zu haben.[544] Auch die behandelnden Ärzte wurden zur Geheimhaltung verpflichtet, wie Renate Baumgarten (* 1938), 1979 Chefärztin in der Klinik Berlin Prenzlauer Berg schildert. An den Blutabnahmen und Untersuchungen habe immer eine Mitarbeiterin des Bezirkshygieneinstituts teilgenommen und die Ärzte gegebenenfalls zur Schweigsamkeit ermahnt.[545]
Die fehlende Aufklärung der Betroffenen führte dazu, dass in der Bevölkerung Vermutungen über die Ursachen und Hintergründe angestellt wurden. Mehrere Angehörige von Betroffenen, darunter auch aktive SED-Mitglieder, forderten vom Ministerium für Gesundheitswesen eine Erklärung.[546] So bat ein Abgeordneter der SED aus Karl-Marx-Stadt den „Genossen" Mecklinger um Aufklärung. Es verbreite sich das Gerücht, dass die Hepatitis, an der seine Tochter nach einem Schwangerschaftsabbruch erkrankt war, in der ganzen DDR auftrete.[547] Der Ehemann einer infizierten Frau hatte zwar von der Kreishygieneinspektion erfahren, dass der Impfstoff mit Hepatitisviren infiziert gewesen sei. Er kritisierte aber die fehlende Information über die Hintergründe und Zusammenhänge: „Auf Grund der noch immer anhaltenden Ungewißheit und Fehlens jeglicher Informationen höherer Instanzen sind den Vermutungen, Spekulationen und Gerüch-

---

543 Annette Rosskopf: Friedrich Karl Kaul. Anwalt im geteilten Deutschland (1906–1981). Berlin 2002.
544 BArch, DQ 1/11706, Teil 1. I. Med. Klinik Dresden an Bezirkshygieniker und Direktor der Hygieneinstituts Dresden, 7.1.1980, unpag.
545 Renate Baumgarten: Not macht erfinderisch. Drei Jahrzehnte Chefärztin in Ost und West. Halle (Saale) 2004, S. 165.
546 BArch, DQ 1/11706, Teil 2. (…) an Ministerium für Gesundheitswesen, 2.5.1979, unpag.
547 BArch, DQ 1/11706, Teil 2. (…) an Ministerium für Gesundheitswesen, Erkrankung meiner Tochter (…) durch Einspritzen des Serums Anti-D, 11.4.1979, unpag.

ten in weiten Kreisen unserer Bevölkerung, nicht nur unseres Kreises, zur Zeit keine Grenzen gesetzt (Versuchstiere, Sabotage ...) [sic!]."[548] Diese Gerüchte entzündeten sich daran, dass viele Betroffene im Krankenhaus von der Fortsetzung der Anti-D-Prophylaxe erfahren hatten. Sie gingen deshalb davon aus, dass das infizierte Serum wissentlich weiterverwendet worden war. So hatte der Ehemann einer Betroffenen in Erfahrung gebracht, dass die Hepatitiserkrankungen seit Oktober 1978 auftraten. Er beschuldigte die verantwortlichen Stellen, „grobe[r] Fahrlässigkeiten [sic!] und Qualitätsverstöße" und wertete die Ausgleichszahlungen an die Frauen als Schuldeingeständnis.[549]

Das Ministerium für Gesundheitswesen antwortete daraufhin, dass die Chargen bereits beim Vorliegen der ersten Verdachtsmomente gesperrt und die Frauen untersucht worden waren. Der Haupthygieniker gab an, dass die Ursache „eindeutig menschliches Versagen" sei und gegen den Verantwortlichen ein Ermittlungsverfahren eingeleitet worden war.[550] Eine fast wortgleiche Antwort erhielt eine Familie aus Falkenau, deren Tochter nach der Entbindung aufgrund der Prophylaxe an Hepatitis erkrankt war.[551] Die Eltern hegten aufgrund der Vorkommnisse „echte Zweifel an dem humanistischen Anliegen unseres Gesundheitswesens."[552] Denn sie hatten bereits im Dezember 1978 von der Hepatitiserkrankung einer Kollegin nach der Anti-D-Prophylaxe erfahren. Daher war es ihnen unerklärlich, dass ihre Tochter die Prophylaxe noch im Februar 1979 erhalten hatte und nun mit Frauen im Krankenhaus lag, denen das Serum noch später appliziert worden war. Sie mutmaßten, dass an den Müttern ein Impfstoff getestet werden

---

548 BArch, DQ 1/11706, Teil 2. (...) an Ministerium für Gesundheitswesen, 24.4.1979, unpag.
549 BArch, DQ 1/11706, Teil 1. (...) an Ministerium für Gesundheitswesen, Eingabe, Betr.: Auftretende Gelbsuchtfälle bei Rh-negativen Müttern nach Spritzen mit Human-Immunglobulin Anti-D, 9.5.1979, unpag.
550 BArch, DQ 1/11706, Teil 1. Ministerium für Gesundheitswesen an (...), 15.6.1979, unpag.
551 BArch, DQ 1/11706, Teil 1. Ministerium für Gesundheitswesen an Familie (...), 13.6.1979, unpag.
552 BArch, DQ 1/11706, Teil 1. Familie (...) an Staatsrat der DDR, Eingabe, 1.5.1979, unpag.

sollte und baten um Aufklärung.[553] Die Familie erhielt als Antwort, dass es Ende 1978 zu „einer Verunreinigung einzelner Partien in der Produktion" gekommen sei und eine Ansteckungsgefahr „im wesentlichen [sic!] verneint werden" könne.[554]

Der Vorwurf der Arzneimitteltestungen findet sich in einigen Eingaben. Eine Familie aus Menteroda, deren Tochter im Küchwaldkrankenhaus Karl-Marx-Stadt lag, fragte, warum ihre Tochter erst nach sechs Wochen zur Untersuchung einbestellt worden war. Die Tochter hatte ihre Eltern informiert, dass das Medikament seit zehn Jahren angewendet werde und die damit behandelten Frauen seit Oktober 1978 an Gelbsucht erkrankt seien. Obwohl es schon mehrfach chargenweise gesperrt worden sei, nähmen die „Gelbsuchtfälle" nicht ab.[555] Empört konstatierten die Eltern: „In unserem Staat ist es nach unserem Wissen verboten Medikamente am Menschen auszuprobieren, über deren Wirkung und Auswirkung noch Unklarheiten bestehen. Oder liegt hier Sabotage vor. Die Gesetze unseres Staates sagen doch eindeutig, daß Medikamente beim Menschen erst dann angewendet werden, wenn ihre Wirkung und Auswirkung beim Menschen gesichert sind."[556] Als Antwort auf Eingaben hatten die zuständigen Mitarbeiter des Ministeriums für Gesundheitswesen ein Standardschreiben entwickelt, das im Laufe der Zeit ergänzt wurde. Darin informierte das Ministerium für Gesundheitswesen, „daß durch menschliches Versagen ein Fehler bei der Herstellung einer begrenzten Zahl von Ampullen in der Produktion unterlaufen" sei.[557] Das Ministerium informierte ferner über die Sperrung der Chargen, die Einleitung eines Ermittlungsverfahrens und die ärztliche Behandlung der betroffenen Frauen. Es könne „eindeutig" eingeschätzt werden, dass aufgrund der medizinischen Behandlung „für Mutter und Kind bzw. Frauen nach Schwangerschaftsunterbrechung oder Fehlgeburt keine

---

553 BArch, DQ 1/11706, Teil 1. Familie (…) an Staatsrat (Anm. 552), unpag.
554 BArch, DQ 1/11706, Teil 1. Ministerium an Familie (…) (Anm. 551), unpag.
555 BArch, DQ 1/11706, Teil 2. (…) an Minister für Gesundheitswesen, Eingabe, o. D. (eingegangen im Ministerium am 9.5.1979), unpag.
556 BArch, DQ 1/11706, Teil 2. (…) an Minister (Anm. 555), unpag.
557 BArch, DQ 1/11706, Teil 3. Ministerium für Gesundheitswesen an (…), 27.3.1979, unpag.

weiteren Sorgen bestehen."⁵⁵⁸ Wie das Argumentationsmaterial war auch das Antwortschreiben auf Eingaben darauf ausgerichtet, die Betroffenen und ihre Angehörigen zu beruhigen, ohne viele Informationen preiszugeben. Gerade auf die Frage nach möglichen Spätfolgen machte die Abteilung Hygiene und Staatliche Hygieneinspektion jedoch bewusst falsche Angaben. Das verdeutlichte die Aussage, dass „keine weiteren Sorgen" zu erwarten seien. Der Haupthygieniker ging sogar so weit, Angehörigen zu „versichern, daß die Erkrankungen einen gutartigen Verlauf nehmen und Spätfolgen nur im Ausnahmefall zu erwarten" seien.⁵⁵⁹ Diese Information stimmte nicht mit Einschätzungen überein, die im Ministerium für Gesundheitswesen bereits im Februar 1979 vorlagen. Denn die dortigen Experten gingen sowohl von einem langen Krankheitsverlauf als auch von einer langen Rekonvaleszenz aus.⁵⁶⁰ Auch die Aussagen einiger behandelnder Ärzte standen im direkten Gegensatz zur offiziellen Darstellung. So hatte in Jena eine Ärztin einer Frau mitgeteilt, dass jeder Patient nach einer Hepatitiserkrankung mindestens zwei Jahre mit Beschwerden rechnen müsse.⁵⁶¹

### 2.1.3 Erste Schritte: Untersuchung und Einweisung von Betroffenen ins Krankenhaus

Die Räte für Gesundheits- und Sozialwesen forderten die ermittelten Frauen schriftlich zu einer Blutuntersuchung auf. In dem Schreiben wurde angegeben, dass es im Zusammenhang mit der Anti-D-Immunprophylaxe „in den letzten Wochen zur Hepatitiserkrankung gekommen" sei.⁵⁶² Mit der

---

558 BArch, DQ 1/11706, Teil 3. Ministerium an (…) (Anm. 557), unpag.
559 BArch, DQ 1/11706, Teil 1. Ministerium für Gesundheitswesen an (…), 1.6.1979, unpag.
560 BArch, DQ 1/24452. Ministerium für Gesundheitswesen, Information über Hepatitiserkrankungen nach Anti-D-Immunprophylaxe, 2.2.1979, unpag.
561 BArch, DQ 1/11706, Teil 1. (…) an das Ministerium für Gesundheitswesen, Eingabe, Betr.; Schutzimpfung und andere Schutzanwendungen (…) erhalten am 1.10.1978, 1.11.1979, unpag.
562 BArch, DQ 1/11706, Teil 1. (…) an Prof. Dr. Kaul, 12.5.1979, unpag.

Bestellung zu einem festgesetzten Termin wurde der Hinweis verbunden, dass mit dieser prophylaktischen Untersuchung einem Gesundheitsschaden vorgebeugt werden solle.[563] Der Termin war bindend. Sofern Frauen die Blutentnahme verweigerten, versuchten die zuständigen Mitarbeiter sie zu überreden oder drohten in Einzelfällen, die Polizei einzuschalten. Dies gab eine Betroffene an, die in die Poliklinik in Schönebeck einbestellt worden war.[564]

Bei der Untersuchung wurden neben der Blutentnahme und einer Leibesvisitation Fragen zum Allgemeinbefinden, insbesondere zum Appetit und zu möglichen Leberbeschwerden, gestellt. Zusätzlich verabreichten die behandelnden Ärzte eine Spritze mit Gammaglobulin.[565] Bei den Frauen wurden die Alanin-Aminotransferase-Werte, auch ALAT-Werte, getestet. Vielfach waren diese Werte sehr hoch (um 2.000 U/l), woraufhin die Frauen rasch ins Krankenhaus eingewiesen wurden. Im Klinikum St. Georg in Leipzig betraf dies nach Erinnerungen des damaligen Oberarztes Dr. Manfred Wiese (* 1944) „Tag für Tag 20 bis 30 Frauen".[566]

Die Einweisung ins Krankenhaus war für viele Frauen ein schwerer Einschnitt in ihr Leben und die Beziehung zu ihren Kindern. Denn die Mütter durften die neugeborenen Säuglinge nicht mit ins Krankenhaus nehmen. Sie wurden zum Abstillen gezwungen und von ihren Familien getrennt auf isolierten Krankenstationen untergebracht. Gleichzeitig mussten sie die Versorgung ihrer Säuglinge organisieren, die in vielen Fällen der Vater des Kindes oder die Eltern der Betroffenen übernahmen. Falls dies nicht möglich war, wurden die Säuglinge „aus sozialer Indikation" in Kinderkliniken aufgenommen.[567] Diese Vorgehensweise wurde später damit begründet, dass das Virus noch unbekannt und damit auch die Ansteckungs-

---

563 BArch, DQ 1/11706, Teil 1. (…) an Kaul (Anm. 562), unpag.
564 Fragebogen von Frau PPA, Mai 2015.
565 Privatarchiv, Aktenordner D. Schreiben von (…), 24.2.1979, unpag.
566 Manfred Wiese: Infektionsmedizin und Hepatitistherapie. Eine Spurensuche. In: Sächsische Landesärztekammer (Hg.): Erinnerungen sächsischer Ärzte 1949–1989. Dresden 2015, S. 71–79, hier S. 77.
567 Wiese: Infektionsmedizin (Anm. 566), S. 77.

gefahr nicht einzuschätzen war.[568] An den Schilderungen des ehemaligen Hygienearztes von Cottbus, Dietrich Loeff (*1937), wird deutlich, dass die Isolation der Frauen auch gegen deren Willen erfolgte: „Erstens waren alle Frauen beschleunigt und bei Widerspruch auch zwangsweise auf Isolierstationen von Krankenhäusern einzuweisen und bestmöglich zu behandeln. Das löste teilweise beträchtlichen Ärger der Betroffenen aus, weil das Weihnachtsfest vor der Tür stand. Dieser Ärger wurde noch angefacht durch das Wissen, dass die Infektion auf einem Fehler bei der Arzneiproduktion beruhen musste. Auch das [sic!] wir bei den Einweisungen nicht viele medizinische Erklärungen geben konnten, vermehrte den Unwillen der infizierten Frauen, die sich zunächst teilweise überhaupt nicht krank fühlten. Doch die Leberuntersuchungen im Krankenhaus zeigten auch bei diesen Frauen eine zeitweilige Beeinträchtigung der Leberfunktion. Die meisten mussten vier Wochen oder mehr im Krankenhaus bleiben."[569] Die Mitarbeiter der Hygienekommissionen versuchten, die Betroffenen mit allen Mitteln von einem stationären Aufenthalt zu überzeugen. Gelang dies nicht, griffen sie zu drastischen Maßnahmen. So hatte der Arzt im Kreiskrankenhaus Forst einer Gruppe von Frauen mitgeteilt, dass sie einen Impfstoffschaden erlitten hätten, der bereits starke Leberschäden bei einigen Frauen hervorgerufen habe. Am nächsten Tag sollten sie mit einem Sammeltransport in das Bezirkskrankenhaus Hoyerswerda gebracht werden. Der zuständige Mitarbeiter der Kreishygieneinspektion „wollte uns einreden, daß wir uns durch Kontakte mit anderen Menschen eine Hepatitis zugezogen hatten. Als wir ihm erklärten, daß wir Säuglinge im Alter von 4–10 Wochen zu versorgen haben (z. T. wurden sie noch gestillt) da sagte er uns, wenn wir nicht unverzüglich der Einlieferung in das BKH [Bezirkskrankenhaus] Hoyerswerda Folge leisten, werden wir in ca. 4 Wochen an Leberzirrhose sterben."[570] Im Bezirkskrankenhaus hatten die Frauen wie-

---

568 Wiese: Infektionsmedizin (Anm. 566), S. 77; Dietrich Loeff: Hygienearzt in zwei Gesellschaften. Erlebnisse und Ergebnisse meines Lebens. Werben 2009, S. 173.
569 Loeff: Hygienearzt (Anm. 568), S. 174.
570 BArch, DQ 1/11706, Teil 3. Eingabe von (…) an Ministerium für Gesundheitswesen, 11.2.1979, unpag.

derum die Auskunft erhalten, dass ein Impfstoffschaden noch erwiesen werden müsse.[571]

Einige Frauen widersetzen sich derartigen Zwangsmaßnahmen zunächst erfolgreich und forderten vehement eine Erklärung. So befürchtete eine Betroffene, „daß hier versucht wird, entweder eine Straftat zu verdunkeln, oder daß ich zu Versuchszwecken mißbraucht werden soll."[572] Sie hatte bei mehrmaligen Blutentnahmen in der Klinik in Magdeburg weder eine Begründung noch eine Diagnose erhalten. Zudem wollte der behandelnde Arzt eine Leberpunktion durchführen, obwohl sich die Leberwerte bereits verbessert hatten.[573] Die Frau hatte eine stationäre Behandlung abgelehnt und sich telefonisch über den Besuch von Mitarbeitern der Kreishygieneinspektion beschwert. Der Stationsarzt des Bezirkskrankenhauses Magdeburg hatte sie schließlich in einem persönlichen Gespräch von einer Einweisung überzeugen können.[574]

Die Einweisung ins Krankenhaus war mit Zwang verbunden, erfolgte aber nicht immer unverzüglich. So hatte eine Frau im Februar 1979 ihren Arzt wegen starker Beschwerden aufgesucht, war aber erst fünf Tage später in ein Krankenhaus eingeliefert worden, obwohl ihr Arzt eine sofortige Isolierung angeordnet hatte. Denn kein Krankenhaus im Bezirk Neubrandenburg wollte sie aufnehmen. Schließlich hatte sie ein kleineres Krankenhaus aufgenommen. Dort gab es weitere Schwierigkeiten, da die angefertigten Blutproben nicht zurückkamen. Erst eine Woche vor Entlassung aus dem Krankenhaus hatte sie das Ergebnis erhalten, dass ein Test negativ ausgefallen und der andere verloren gegangen war. Insgesamt hatte sie sechs Wochen im Krankenhaus verbracht.[575]

---

571  BArch, DQ 1/11706, Teil 3. Eingabe (Anm. 570), unpag.
572  BArch, DQ 1/11706, Teil 3. (…) an Ministerium für Gesundheitswesen, 17.3.1979, unpag.
573  BArch, DQ 1/11706, Teil 3. (…) an Ministerium (Anm. 572), unpag.
574  BArch, DQ 1/11706, Teil 3. Inspektionsleiter Infektionsschutz der Bezirkshygieneinspektion Magdeburg an Hauptabteilung III des Ministeriums für Gesundheitswesen, 3.5.1979, unpag.
575  BArch, DQ 1/11706, Teil 1. (…) an Honecker, Eingabe über Schadensersatzzahlung auf Gesundheitsschädigung, 17.5.1979, unpag.

Eine andere Betroffene hatte die Aufforderung zur Untersuchung aufgrund fehlender Möglichkeiten der Kinderbetreuung ignoriert. Sie hatte die Mitarbeiterin des staatlichen Gesundheitswesens, die einige Tage später bei ihr zu Hause erschienen war, überreden können, noch zwei Tage zu warten. Trotzdem hatte sie in dieser Zeit keine Unterkunft für die Kinder gefunden und kurz darauf war sie erneut aufgesucht worden: „Also, [es] waren 2 Personen vor der Tür, als ich öffnete, sagte die Frau ‚so geht das nicht' nahm mir meinen Sohn aus den Armen und sagte, er wird nach Meissen ins Krankenhaus geschafft und Sie kommen mit mir mit nach Nossen, mein zwei Jahre altes Kind musste bei Ihrem [sic!] Papa bleiben."[576]

## 2.1.4 Der stationäre Aufenthalt

Die Einweisung ins Krankenhaus rief bei vielen Frauen, die zum Teil unter starken Krankheitssymptomen litten, Angst hervor. Ähnlich wie Britt Brandenburger[577] empfanden auch andere Frauen den Zustand ihres Krankenzimmers „mehr als deprimierend" und beklagten sich über verschmutzte Wände, Fenster, Matratzen und Gardinen.[578] Zwei Mütter, die sich auf der Isolierstation des Kreiskrankenhauses Bautzen befanden, kritisierten die Ausstattung ihres Krankenzimmers scharf: „Der katastrophale Zustand der Räumlichkeiten ist kaum mit Worten zu beschreiben. Nach Auskunft des Personals erfolgten seit ca. 10 Jahren keinerlei Renovierungsarbeiten. In unserem 12-Bett-Zimmer z. B. läßt sich der ursprünglich weiße Anstrich unter dem Schmutz nur noch vermuten. Die Wände zeigen große Risse und bei leichten Erschütterungen bröckelt neben den Krankenbetten der Putz ab. An den 2 Heizkörpern und 5 Fenstern fehlt jegliche Farbe. (…) Diese unfreundliche Umgebung wirkt sich natürlich nicht positiv auf unseren Gesundheitszustand und auf unsere seelische Verfassung aus. Es ist

---

576  Fragebogen von Frau GPA, o. D.
577  Britt Brandenburger: Frauen klagen an (Anm. 1), S. 22.
578  BArch, DQ 1/11706, Teil 3. (…) an Minister für Gesundheitswesen, Eingabe, 30.3.1979, unpag.

uns unverständlich, daß man ein solch vernachlässigtes Krankenhaus noch nicht gesperrt hat."[579] Die zuständige Bezirkshygienikerin musste sich anschließend gegenüber der Abteilung Infektionsschutz des Ministeriums für Gesundheitswesen rechtfertigen. Erst 1980 war eine gründliche Rekonstruktion des Krankenhauses vorgesehen. Die Bezirkshygienikerin gab an, die Lage eingehend geprüft zu haben, sah aber keine Möglichkeit, sofortige Maßnahmen einzuleiten.[580]

Aus Erinnerungen von Betroffenen wird auch deutlich, wie Eingaben in der anfänglichen Quarantänezeit aus dem Krankenhaus an die entsprechenden Stellen gelangten. Viele Eingaben waren mit einer Schreibmaschine verfasst worden. Die oben genannte Eingabe hatten die Frauen zunächst handschriftlich verfasst und den Eltern einer Verfasserin zukommen lassen, welche die Eingabe mit der Schreibmaschine abgetippt und den Frauen zugeleitet hatten. Diese hatten den Brief unterschrieben und aus dem Krankenhausfenster geworfen, damit die Eltern ihn abschicken konnten.[581] Nicht alle Frauen trauten sich, solche Kollektiveingaben zu unterschreiben „es gab auch durchaus welche, die gesagt haben, ich kann hier nicht mit unterschreiben, ich habe da in der Familie jemanden, dem das gar nicht gefallen würde [sic!]."[582]

Der Alltag der Frauen im Krankenhaus war bestimmt von einer strikten Isolation von der Außenwelt. Ein Abgeordneter der SED aus Karl-Marx-Stadt, dessen Tochter sich auf einer solchen Station befand, beschrieb die schwierige Situation, trotz der Quarantäne miteinander zu kommunizieren: „An jedem Besuchstag stehen wir im Hof des Krankenhauses, können unsere Tochter am Fenster sehen und uns einigermaßen mit ihr verständigen".[583] Besucher konnten nur über das Fenster, eine Balkonbrüstung oder durch eine geschlossene Glastür mithilfe eines Telefons mit den erkrankten

---

579 BArch, DQ 1/11706, Teil 3. (…) an Prisma-Kollektiv, 14.3.1979, unpag.
580 BArch, DQ 1/11706, Teil 3. Bezirkshygieneinspektion Dresden an Ministerium für Gesundheitswesen, Betr. Sachstandsinformation zu 4 Eingaben im Zusammenhang mit Hepatitis nach Anti-D – Ihre tel. Anforderung vom 24.4.1979, unpag.
581 Britt Brandenburger: Die Frau(en) und das Virus (Anm. 1), S. 82 f.
582 Interview mit Frau CPA, geführt von Florian Steger in Dresden am 22.3.2016.
583 BArch, DQ 1/11706, Teil 2. (…) an Minister (Anm. 547), unpag.

Frauen sprechen. Zur Isolation gehörte auch, dass die Besucher alle Gegenstände, die sie für die Patientinnen mitgebracht hatten, bei der Stationsschwester abgeben mussten. Diese entschied auch darüber, ob Lebensmittel weitergegeben wurden. Grund war die Diät, die Hepatitis-Patienten verordnet wurde. Diese durften in der Regel lediglich „Quark und ebenso faden Kartoffelbrei" essen und mussten fett- oder gewürzhaltige Speisen und Getränke meiden.[584] Schwer zu desinfizierende Gegenstände wie Bücher, Kassettenrekorder und Plüschtiere gelangten ebenfalls nicht auf die Stationen. Auch die Oberbekleidung der Patienten wurde desinfiziert und bis zu ihrer Entlassung gesondert aufbewahrt.[585]

Auch im Krankenhaus erhielten die Patientinnen kaum Informationen über ihre Erkrankung. Eine Betroffene schilderte, dass sie und die anderen Frauen wie Gelbsucht-Patienten behandelt worden waren, obwohl sie weder eine Gelbfärbung aufwiesen, noch einen Arzt aufgesucht hatten.[586] Der Stationsarzt habe ihr auf Fragen nur mitgeteilt, dass er nichts sagen dürfe und die Lebererkrankung nicht wie eine normale Gelbsucht verlaufe. Der betreuende Arzt hingegen habe angemerkt, dass sich der Hersteller einen guten Anwalt nehmen könne, falls die Hepatitis durch ein nicht einwandfreies Serum ausgelöst worden war. Dieser sei daraufhin nicht aus seinem Urlaub zurückgekehrt und die Oberärztin, die „noch unzugänglicher" auf die Fragen reagiert hätte, habe die Station übernommen.[587] Der Direktor der Frauenklinik der Karl-Marx-Universität, an den sich die Betroffene gemeinsam mit sechs weiteren Frauen gewandt hatte,[588] sah sich „außerstande, Ihnen zu erklären, wie es zu solchen Zwischenfällen kommen konnte."[589]

In anderen Fällen gaben die Ärzte etwas genauere Auskünfte. So hatte der Chefarzt des Kreiskrankenhauses Bautzen dem Ehemann einer Betroffen

---

584 Wiese: Infektionsmedizin (Anm. 566), S. 73.
585 Wiese: Infektionsmedizin (Anm. 566), S. 73.
586 Privatarchiv, Aktenordner D. Schreiben (Anm. 565), unpag.
587 Privatarchiv, Aktenordner D. Schreiben (Anm. 565), unpag.
588 Privatarchiv, Aktenordner D. Abschrift: (…) an den Kaufmännischen Direktor der KMU-Frauenklinik, 14.2.1979, unpag.
589 Privatarchiv, Aktenordner D. Direktor der Universitätsklinik Karl-Marx-Universität an (…). Ihre Eingabe vom 14.2.1979, 21.2.1979, unpag.

auf dessen Nachfrage hin mitgeteilt, dass die Erkrankung nicht auf die Behandlung in der Klinik zurückging, sondern das zur Verfügung gestellte Serum dafür verantwortlich war. Der Ehemann forderte daraufhin eine Stellungnahme von Mecklinger und fügte hinzu, dass die Unterbringung der geschädigten Frauen unzumutbar sei.[590]

Eine andere Betroffene schildert, dass nach Eingaben der Klinikchef im Leipziger Klinikum St. Georg die Frauen in groben Zügen darüber informiert hatte, dass die Immunprophylaxe der Grund für die Erkrankungen war. Im Arztgespräch bei der Aufnahme ins Krankenhaus war ihr lediglich mitgeteilt worden, dass sie eine Lebererkrankung hatte. Gründe habe man ihr nicht genannt, „nur dass ich in etwa sechs Wochen wie es meistens bei einer Gelbsucht der Fall ist, wieder gesund" sei.[591]

Trotz oder gerade wegen der Isolation von der Außenwelt fand innerhalb der Stationen ein reger Austausch unter den Frauen statt. Vielfach forderten ganze Patientinnenkollektive eine Aufklärung vom Ministerium für Gesundheitswesen. Aufgrund der hohen Zahlen der täglich neu eingelieferten Frauen gingen einige von einem weiten Ausmaß der Erkrankungen aus.[592] Nach einer Sammeleingabe von 36 Frauen aus dem Leipziger Klinikum St. Georg an den Staatsrat[593] sah das Ministerium für Gesundheitswesen Handlungsbedarf. Der Stellvertreter des Gesundheitsministers ordnete „sofort die Durchführung eines Patientenforums mit den betroffenen Frauen unter der Leitung des Chefarztes der Einrichtung" an.[594]

Dabei wurde offenbar nur mit Verfasserinnen der Eingabe gesprochen. So kritisierte der Vater einer Betroffenen, die seit Januar 1979 ebenfalls im Klinikum St. Georg lag, dass sich bislang kein „prominenter Vertreter" des Ministeriums für Gesundheitswesen „für diese Schlamperei bei den vielen

---

590  Privatarchiv, Aktenordner D. (…) an Ministerium für Gesundheitswesen, Eingabe der Bürger. Verwendung eines Serums mit gesundheitsschädigender Wirkung 19.12.1979, unpag.
591  Fragebogen von Frau LPA, o. D.
592  BArch, DQ 1/11706, Teil 3. (…) an Prisma-Kollektiv (Anm. 579), unpag.
593  BArch, DQ 1/11706, Teil 3. (…) an den Staatsrat der DDR, unpag.
594  BArch, DQ 1/11706, Teil 3. Ministerium für Gesundheitswesen an Staatsrat der DDR, 6.4.1979, unpag.

bedauernswerten Frauen" entschuldigt habe.[595] Die Hauptabteilung Hygiene und Staatliche Hygieneinspektion entgegnete darauf, dass der Chefarzt mit der Tochter gesprochen habe, die „über alle wesentlichen Probleme bereits informiert" gewesen sei.[596] Diese Behauptung widerlegt ein Schreiben der Kreisärztin, die mit dem betroffenen Vater gesprochen hatte. Für die „fordernde und erpresserische Form" der Eingabe machte sie seine Verärgerung über die fehlende Information und die Sorge um seine Tochter verantwortlich.[597] Die Kreisärztin forderte den Bezirksepidemiologen auf, dafür zu sorgen, dass im Bezirkskrankenhaus Leipzig „die Problematik dieser Patienten sachlich und korrekt geklärt" werde.[598]

Da die Informationen, welche die Betroffenen erhielten, meist unterschiedlich waren, wurden diese schnell als widersprüchlich eingeschätzt. So hatte eine Kreishygieneärztin dem Ehemann einer Betroffenen mitgeteilt, dass es sich um einen Impfunfall gehandelt habe, bei dem das Serumwerk keinen einwandfreien Impfstoff abgegeben hatte. Der behandelnde Arzt hingegen hatte der Ehefrau erklärt, dass es sich um unbekannte Viren handele, die noch nicht erforscht seien. Der Ehemann war nun verunsichert und befürchtete eine Ansteckung der Schwiegereltern, bei denen das Ehepaar lebte. Auf weitere Nachfragen hatte die Kreishygieneärztin geantwortet, dass sie Sprechstunden abzuhalten und schon genug getan habe.[599]

---

595 BArch, DQ 1/11706, Teil 2. (…) an Minister für Gesundheitswesen, Betr.: Unsere Tochter (…), 8.5.1979, unpag.
596 BArch, DQ 1/11706, Teil 2. Ministerium für Gesundheitswesen an (…), 1.6.1979, unpag.
597 BArch, DQ 1/11706, Teil 2. Kreisärztin Kreis Zeitz an Bezirksepidemiologen des Bezirkshygieneinstituts Halle (Saale), Betr.: Eingabe des Bürgers (…) zur Anti-D-Immunprophylaxe seiner Tochter, 21.5.1979, unpag.
598 BArch, DQ 1/11706, Teil 2. Kreisärztin Kreis Zeitz an Bezirksepidemiologen (Anm. 597), unpag.
599 BArch, DQ 1/11706, Teil 2. (…) an Minister für Gesundheitswesen, Eingabe, 30.4.1979, unpag.

## 2.1.5 Medizinische Betreuung und Leberpunktionen

Im Laufe des Krankenhausaufenthalts äußerten sich einige Betroffene zunehmend ungehalten über die ärztliche Betreuung und hielten die Behandlung nicht für ausreichend. So beschwerten sich fünf Frauen aus Berlin darüber, dass die Therapie im Krankenhaus nur darin bestehe, zu liegen. Eine Behandlung mit Medikamenten erfolge erst nach zehn Wochen.[600] Die Eingabe macht den psychischen Stress der Betroffenen deutlich. Denn diese schilderten, dass durch den Aufenthalt im Krankenhaus zwar eine körperliche Ruhigstellung erfolge, die nervliche Belastung aber täglich steige.[601] Der Haupthygieniker hatte den Frauen versichert, dass nur eine stationäre Behandlung eine schnelle und komplikationsfreie Heilung gewährleiste.[602] Eine der Verfasserinnen kritisierte daraufhin, dass von einer geringen Belastung, wie er sie angesprochen habe, keine Rede sein könne. Sie hielt die stationäre Betreuung mittlerweile nur noch für eine „Absicherung", da diese ausschließlich darin bestehe, ein Bett zur Verfügung zu stellen.[603]
Tatsächlich war bis Mitte der 1970er Jahre für Hepatitispatienten die Bettruhe so strikt geregelt, dass selbst ein Kopfteil zum Stricken nicht erlaubt war.[604] Das hatte sich zwar bis 1979 offenbar geändert, da viele Frauen strickten,[605] aber erst 1988 wurde den Patienten erlaubt, aufzustehen. Die medizinische Behandlung bestand bei Hepatitis-Patienten aus zweimal täglich aufgetragenen feuchtwarmen Wickeln, Vitaminen, Traubenzucker (Dextropur) und Karlsbader Salz. Bei Patienten mit einer ikterischen Erkrankung waren zudem Gallenablaufsonden an der Tagesordnung. Allerdings konnte keine dieser Maßnahmen als wirksam belegt werden.[606] Dies

---
600 BArch, DQ 1/11706, Teil 2. Abschrift: (…) an Redaktion der Berliner Zeitung, Betr.: Rh-Immunprophylaxe, 29.4.1979, unpag.
601 BArch, DQ 1/11706, Teil 2. Abschrift (Anm. 600), unpag.
602 BArch, DQ 1/11706, Teil 2. Ministerium für Gesundheitswesen, 24.5.1979, unpag.
603 BArch, DQ 1/11706, Teil 2. (…) an Ministerium für Gesundheitswesen, 11.6.1979, unpag.
604 Wiese: Infektionsmedizin (Anm. 566), S. 74.
605 Brandenburger: Frau(en) und das Virus (Anm. 1), S. 73.
606 Wiese: Infektionsmedizin (Anm. 566), S. 74.

macht deutlich, dass spätere Kritik an der medizinischen Versorgung, die im Grunde aus Placebos bestand, durchaus berechtigt war.

Ein gravierender Einschnitt für die Betroffenen während ihres Krankenhausaufenthalts waren die Leberpunktionen. Diese wurden durchgeführt, um herauszufinden, ob tatsächlich eine Virushepatitis vorlag. Wiese gibt an, dass die Alanin-Aminotransferase-Werte bei den Betroffenen so schwankten, dass diese als anerkannte Parameter in Frage gestellt worden waren. Gleichzeitig habe dadurch die Leberhistologie eine noch größere Bedeutung gewonnen. Dass dabei auch wissenschaftliche Interessen von Bedeutung waren, belegt die Aussage, dass versucht wurde, „Unterschiede im histologischen Bild zur Virushepatitis B herauszufinden."[607] Wieses Hinweis, dass die ganze Situation „für alle Beteiligten erhebliche psychische Belastungen [bedeutete], in medizinisch-wissenschaftlicher Hinsicht (…) sich jedoch eine Vielzahl neuer Erkenntnisse" ergeben habe, unterstreicht dies.[608]

Ein Bericht der Chefärztin der Klinik für Infektionskrankheiten des Klinikums Küchwald in Karl-Marx-Stadt zeigt, dass die Werte durchaus aussagekräftig waren. Dort waren zwischen dem 6. Januar und dem 19. Februar 1979 67 Patientinnen eingeliefert worden. Bei 57 Patientinnen war eine Hepatitis bestätigt worden. Nachdem die ersten vier Erkrankungen als Virushepatitis diagnostiziert und auf die Anti-D-Prophylaxe zurückgeführt worden waren, hatte die Klinik die Kreishygienekommission informiert. Gleichzeitig waren Screening-Untersuchungen bei allen Frauen eingeleitet worden, die das Anti-D-Serum erhalten hatten. Bei den Blutuntersuchungen hatte sich herausgestellt, „daß bei allen Untersuchten enzympathologische Werte vorlagen und daraufhin die Einweisung zu uns als anikterische Hepatitis erfolgte. Die meisten Patienten zeigten fast völlige Inapparenz, aber alle boten Enzymwerte, die deutlich pathologisch waren (SGOT und SGPT in der Regel zwischen 200 bis 1000 IE l)."[609] Nur bei zehn Frauen

---

607 Wiese: Infektionsmedizin (Anm. 566), S. 78.
608 Wiese: Infektionsmedizin (Anm. 566), S. 77.
609 BArch, DQ 1/24453. Chefärztin der Klinik für Infektionskrankheiten des Bezirkskrankenhaus Karl-Marx-Stadt, Bericht der Klinik für Infektionskrankheiten des Bezirks-

hatte sich der Verdacht nicht bestätigt. Die Patientinnen wurden trotzdem weiter kontrolliert. In keinem Fall hatten HBs-Antigen oder andere Antikörper nachgewiesen werden können. Auch nach 18 Tagen stiegen die Werte weiterhin und die Chefärztin schlussfolgerte, dass die Patientinnen zu einem sehr frühen Zeitpunkt der Inkubation erfasst worden waren. Nur bei nicht eindeutigen Befunden sollte die „bioptische[n] Untersuchung" genutzt werden.[610]

Die Biopsie empfanden viele Frauen als schmerzhaft und einige forderten ein Schmerzensgeld für diese Untersuchung.[611] Wiese beschreibt den Stellenwert dieses Eingriffs für die Patientinnen im Leipziger Klinikum St. Georg wie folgt: Es sei ein „mit Bangen erwarteter Höhepunkt ihrer Krankheitskarriere und jedem Neuankömmling wurde die Biopsie von den bereits erfahrenen Mitpatienten – noch ehe der Stationsarzt etwas sagen konnte – in bedrohlichen Farben ausgemalt. So klopfte das Herz der neuen Patienten bei jeder Visite im Hinblick darauf, ob der Stations- oder Oberarzt auf die Frage der Leberbiopsie zu sprechen kommen würde. Nichtsdestotrotz war die sich mittels Leberpunktion ergebende histologische Diagnose über mehrere Jahrzehnte hinweg der ‚harte' Befund, der die Diagnose Virushepatitis und die Frage Ausheilung oder Chronifizierung wesentlich entschied."[612] Leberpunktionen wurden auch bei Kindern durchgeführt. So berichtete die Universitäts-Kinderklinik und Poliklinik Jussuf Ibrahim in Jena, dass bei dem Kind einer Betroffenen eine Erhöhung der Blutwerte festgestellt worden war. Die behandelnden Ärzte gingen davon aus, dass eine Leberzellschädigung bestand, die sie auf die Anti-D-Immunprophylaxe der Mutter zurückführten. Sie wollten dies nun durch eine Leberbiop-

---

krankenhauses Karl-Marx-Stadt zur Situation über die Erkrankungsfälle an Virushepatitis nach Applikation von Anti-D-Globulin [sic!] im Zeitraum von Ende Oktober 1978 bis Anfang Januar 1979, 22.2.1979, unpag.
610 BArch, DQ 1/24453. Chefärztin der Klinik für Infektionskrankheiten (Anm. 609), unpag.
611 BArch, DQ 1/11706, Teil 1. (...) an Ministerium für Gesundheitswesen, 28.5.1979, unpag.
612 Wiese: Infektionsmedizin (Anm. 566), S. 74f.

sie abklären,[613] weshalb die Mutter beunruhigt war. Sie gab an, wegen der Leberpunktion ihrer Tochter belehrt worden zu sein und die Einwilligung nur „schweren Herzens und [mit] gemischten Gefühlen" unterschrieben zu haben, da sie „ernsthaft Angst" um ihr Kind habe.[614]

## 2.2 Festlegung von Ausgleichszahlungen

### 2.2.1 Rechtliche Grundlagen des Schadensausgleichs

Für die Betroffenen, die unmittelbar erkrankt waren, standen finanzielle Fragen zu Lohnersatz, Krankengeld und Ausgleichszahlungen im Vordergrund. Zunehmend wurde die Forderung nach einer Entschädigung laut. In seiner ersten Weisung im Januar 1979 hatte Gesundheitsminister Mecklinger angeordnet, die Erkrankungen als Impfschadensfälle zu erfassen und zu regulieren.[615] Rechtliche Grundlage war die Zweite Durchführungsbestimmung zum „Gesetz zur Verhütung und Bekämpfung übertragbarer Krankheiten beim Menschen" (GÜK) vom 27. Februar 1975.[616]

Im § 38 des „Gesetzes zur Verhütung und Bekämpfung übertragbarer Krankheiten beim Menschen" war festgelegt worden,[617] dass Personen Anspruch auf Schadensersatz hatten, sofern bei ihnen nach Schutzimpfungen oder anderen Schutzanwendungen Gesundheitsschäden aufgetreten wa-

---

613 BArch, DQ 1/11706, Teil 1. Universitäts-Kinderklinik und Poliklinik „Jussuf Ibrahim" Jena an Kreishygieneinspektion Jena, 30.11.1979, unpag.
614 BArch, DQ 1/11706, Teil 1. (…) an Ministerium (Anm. 561), unpag.
615 StA Halle (Saale), Handakte 3. Minister für Gesundheitswesen an Bezirksärzte (Anm. 13), Bl. 21.
616 Zweite Durchführungsbestimmung zum Gesetz zur Verhütung und Bekämpfung (Anm. 20).
617 Gesetz zur Verhütung und Bekämpfung übertragbarer Krankheiten beim Menschen vom 20. Dezember 1965. In: Gesetzblatt der DDR. Teil I. Nr. 3. Berlin 1966, S. 29–42, hier S. 38.

ren. Der Schadensersatz erstreckte sich dabei auf die Kosten der notwendigen Untersuchung, Behandlung, Rehabilitation und Pflege sowie auf den entgangenen Verdienst bei einer Erwerbsminderung. Zahlungen sollten zudem bei „sonstigen körperlichen Nachteilen" sowie bei „Mehraufwendungen zur weiteren Teilnahme am gesellschaftlichen Leben" erfolgen. Die Durchführungsbestimmung von 1975 präzisierte diese im Gesetz festgelegten Grundsätze. Dabei hatte der Leiter der Kreishygieneinspektion unter anderem festzustellen, ob zur Durchführung der Schutzimpfung ein einwandfreies Präparat verwendet worden war.[618]

Bei einem Gesundheitsschaden waren Entschädigungsansprüche schriftlich bei der zuständigen Kreishygieneinspektion geltend zu machen.[619] Über die Anerkennung eines Gesundheitsschadens entschied eine bei der Bezirkshygieneinspektion gebildete Kommission.[620] Dieser lag dann vor, wenn der Gesundheitszustand länger als 14 Tage beeinträchtigt war. Der Leiter der Kreishygieneinspektion konnte von der Einleitung eines Anerkennungsverfahrens absehen, wenn nach spätestens einem Monat mit einer vollständigen Wiederherstellung der Gesundheit gerechnet werden konnte. Bei solchen Ausnahmeregelungen musste er sich mit dem Leiter der übergeordneten Bezirkshygieneinspektion und der Kreisdirektion der Staatlichen Versicherung abstimmen.[621]

Die Durchführungsbestimmung definierte die Entschädigungsleistungen näher. Diese umfassten Aufwendungen für die Heilung sowie für das entgangene und zukünftig entgehende Arbeitseinkommen oder eine sonstige entsprechende Einkommensminderung. Bei einer Erwerbsminderung oder bei dauerhaft erhöhten Aufwendungen war den Geschädigten eine

---

618 Zweite Durchführungsbestimmung zum Gesetz zur Verhütung und Bekämpfung (Anm. 20), S. 355.
619 Zweite Durchführungsbestimmung zum Gesetz zur Verhütung und Bekämpfung (Anm. 20), S. 356.
620 Zweite Durchführungsbestimmung zum Gesetz zur Verhütung und Bekämpfung (Anm. 20), S. 356.
621 Zweite Durchführungsbestimmung zum Gesetz zur Verhütung und Bekämpfung (Anm. 20), S. 355 f.

Geldrente zu zahlen. Alternativ konnte auch eine einmalige Abfindung vereinbart werden. Ein Ausgleich war auch vorgesehen, sofern die Teilnahme am gesellschaftlichen Leben und das Befinden erheblich oder längerfristig beeinträchtigt waren. Die Regelungen der Durchführungsbestimmung betrafen auch Kinder. Sofern ein Kind durch den Impfschaden dauerhaft pflegebedürftig wurde, hatten die Eltern Anspruch auf Übernahme der Pflegekosten. Falls der Erziehungsberechtigte aufgrund der Pflege des Kindes nicht berufstätig war, konnte er Zahlungen in Höhe eines Betrages, der einer Pflegekraft zu zahlen wäre, geltend machen. Falls es durch die Übernahme der Pflege zu einer Minderung des Rentenanspruchs kam, wurde diese ausgeglichen.[622]

## 2.2.2 Anweisungen des Ministeriums für Gesundheitswesen

Die Durchführungsbestimmung konkretisierte die Grundsätze für einen Schadensausgleich. Die Höhe des Schadens und der darauf folgenden Zahlungen bestimmte üblicherweise die Staatliche Versicherung, die auch die Auszahlung der Entschädigung vornahm.[623] Diese hatte sich in Hinsicht auf die Ausgleichszahlungen an die erkrankten Frauen mit dem Ministerium für Gesundheitswesen abgestimmt.[624] Mecklinger bestimmte Anfang Februar 1979, dass die Kreishygieneinspektionen die Regulierung der Entschädigungsansprüche „unbürokratisch und schnell" einleiten sollten.[625] Die Kommission zur Begutachtung von Impfschadensfällen hatte zweimal monatlich über die Anerkennung zu entscheiden. „Bei finanzieller Notlage"

---

622 Zweite Durchführungsbestimmung zum Gesetz zur Verhütung und Bekämpfung (Anm. 20), S. 355.
623 Zweite Durchführungsbestimmung zum Gesetz zur Verhütung und Bekämpfung (Anm. 20), S. 356.
624 StA Halle (Saale), Handakte 3. Minister für Gesundheitswesen an Bezirksärzte (Anm. 537), Bl. 23.
625 StA Halle (Saale), Handakte 3. Minister für Gesundheitswesen an Bezirksärzte (Anm. 537), Bl. 24.

konnte eine Vorauszahlung im Vorgriff auf die endgültige Schadensregulierung erfolgen.[626]
Der Hygienearzt Loeff beschreibt diese Kommissionen als „eingespielte Teams", denen der Kreishygienearzt, der Bezirkshygieniker oder sein Vertreter sowie ein Gutachter angehörten.[627] Gleichzeitig wurde ein Facharzt als Spezialist für das jeweilige Krankheitsbild hinzugezogen: „Über die Opfer des verseuchten Serums konnte leicht entschieden werden. So erledigten wir diese Angelegenheit in meinem Arbeitszimmer sozusagen im Fließbandverfahren. Nach Vergleich der Personalien der Geschädigten mit unseren Unterlagen über die Serumsgaben wurde der Krankenhausbericht zur Kenntnis genommen und der grundsätzliche Entschädigungsanspruch bestätigt. Und dann verließen wir Mediziner – meist machte ich das allein mit einer Mitarbeiterin als Schriftführerin – den Raum und baten die wartende Vertreterin der staatlichen Versicherung herein, die nun mit der Frau alle weiteren Formalitäten abmachte."[628] Loeff betont, dass sich die Ärzte „bewusst und demonstrativ" aus der Entscheidung über die finanzielle Regulierung herausgehalten hätten, um unbefangen zu bleiben. Auch behauptet er, dass die Ärzte in der DDR über die Höhe der Zahlungen nicht informiert gewesen seien.[629] Im Argumentationsmaterial, das an die Bezirksärzte und deren Beauftragten verteilt worden war, wurden die Ausgleichszahlungen als „großzügige Regelung" für die soziale Sicherung der betroffenen Familien propagiert.[630]
Die Höhe der Ausgleichszahlungen für die betroffenen Frauen konkretisierte Mecklinger schließlich in seiner dritten Weisung vom 2. März 1979. Spätestens ab diesem Zeitpunkt war den zuständigen Beauftragten und Bezirksärzten die Höhe der Zahlungen bekannt. Mecklinger hatte unterschiedliche Beträge für Mütter und für Frauen nach Fehlgeburt oder

---

626 StA Halle (Saale), Handakte 3. Minister für Gesundheitswesen an Bezirksärzte (Anm. 537), Bl. 24.
627 Loeff: Hygienearzt (Anm. 568), S. 175.
628 Loeff: Hygienearzt (Anm. 568), S. 175.
629 Loeff: Hygienearzt (Anm. 568), S. 290.
630 BArch, DQ 1/24452. Argumentationsmaterial (Anm. 526), unpag.

Schwangerschaftsunterbrechung festgelegt. Die Ausgleichszahlung für erkrankte Mütter setzte sich aus einem Grundbetrag von 200 Mark sowie 150 Mark pro Woche der stationären und 80 Mark pro Woche der ambulanten Behandlung aufgrund der Hepatitis zusammen.[631] Erkrankte Frauen, welche die Anti-D-Immunprophylaxe nach einer Schwangerschaftsunterbrechung oder einer Fehlgeburt erhalten hatten, erhielten nur eine einmalige Ausgleichszahlung in Höhe von 200 Mark. Bei schweren Erkrankungen mit einer Behandlungsdauer über zwölf Wochen hinaus sollte die Höhe der Ausgleichszahlungen auf der Grundlage des ärztlichen Gutachtens festgelegt werden. Auch die bereits im Argumentationsmaterial vorgeschlagenen Leistungen zur Pflege wurden in Mecklingers Weisung festgeschrieben. Angehörige, welche die Pflege des Kindes oder der Mutter übernahmen, erhielten für diesen Zeitraum eine Zahlung in Höhe des Verdienstausfalls. Bei längerer Pflegebedürftigkeit war festgelegt, dass eine Pflegekraft mit einem maximalen Monatslohn von 450 Mark eingestellt werden sollte.

Der Gesundheitsminister hatte die Bezirksärzte gleichzeitig angewiesen, ihn über die Umsetzung dieser Festlegungen zu informieren.[632] Aus Halle (Saale) erreichte ihn daraufhin der Bericht, dass der Bezirksarzt eine „kompromißlose Durchsetzung aller angeordneten Maßnahmen" angeordnet habe.[633] In den Bezirken hatten meist gemeinsame Beratungen[634] oder ein Informationsaustausch zwischen den Ärzten, der Bezirkshygieneinspektion und der Staatlichen Versicherung stattgefunden.[635] Während einige

---

631 StA Halle (Saale), Handakte 3. Minister für Gesundheitswesen an Bezirksärzte (Anm. 130), Bl. 27.
632 StA Halle (Saale), Handakte 3. Minister für Gesundheitswesen an Bezirksärzte (Anm. 130), Bl. 29.
633 BArch, DQ 1/24453. Bezirksarzt Halle (Saale) an Minister für Gesundheitswesen, 13.3.1979, unpag.
634 BArch, DQ 1/24453. Bezirksarzt Suhl an Minister für Gesundheitswesen, Bericht über die Maßnahmen zur medizinischen und finanziellen Rehabilitation der im Zusammenhang mit der Anti-D-Prophylaxe im Bezirk Suhl aufgetretenen Hepatitis-Erkrankungen, 13.3.1979, unpag.
635 BArch, DQ 1/24453. Bezirksarzt Dresden an Minister für Gesundheitswesen, Hepatitis-Erkrankungen nach Anti-D-Immunprophylaxe – Durchsetzung der Weisung Nr. 3 – 15.3.1979, unpag.

Bezirksärzte davon berichteten, dass keine Eingaben oder Schwierigkeiten bekannt seien,[636] geht aus anderen Meldungen hervor, dass die Umsetzung der Weisungen nicht so einfach war. Beispielsweise bestand im Bezirk Leipzig Unsicherheit darüber, ob die Frauen eine schriftliche Bestätigung über die Anerkennung ihrer Erkrankung erhalten sollten. Dies hatten einige Betroffene mit Verweis auf die Verfahrensweise bei einem Impfschadensfall gefordert. Der Bezirksarzt fragte daraufhin nach, ob die Bezirkshygieneinspektion ein solches Schreiben anfertigen und vorher eine Bestätigung des Ministeriums für Gesundheitswesen einholen solle. Zudem beschäftigte ihn der Ausgleich des finanziellen Verlusts, der durch das Verbot des Stillens entstand. Denn hierdurch fiel zum einen das sogenannte Stillgeld weg und die Frauen durften zum anderen auch keine Muttermilch mehr spenden. Weitere Fragen betrafen die Schadensregulierung nach Ende des Wochenurlaubs, die Berücksichtigung von Pflegezeiten bei der Rente und die Anerkennung der Erkrankung bei Säuglingen und Kontaktpersonen.[637] Auch die Bezirksärzte aus Cottbus und Karl-Marx-Stadt äußerten sich kritisch zur Situation. Der Bezirksarzt von Cottbus berichtete zwar, dass die Betroffenen die Antworten gemäß dem Argumentationsmaterial akzeptiert hätten, diese schienen „jedoch nicht vollständig zu befriedigen."[638] Noch dazu merkte er an, dass „im Bezirk keinerlei Anti-D-Ampullen zur Fortführung der Immunisierung mehr vorhanden" waren.[639] Der Bezirksarzt von Karl-Marx-Stadt schlussfolgerte hingegen aus Eingaben, dass „die betroffenen Frauen in der Mehrzahl der Fälle auf einer direkten Verlängerung des Wochenurlaubes bestehen", der nicht finanziell ausgeglichen werde könne.[640] Diesen Punkt thematisierte auch die Chefärztin der Klinik

---

636 BArch, DQ 1/24453. Bezirksarzt Potsdam an Minister für Gesundheitswesen, Hepatitiserkrankungen nach Anti-D-Prophylaxe, 15.3.1979, unpag.
637 BArch, DQ 1/24453. Bezirksarzt Leipzig an Minister für Gesundheitswesen, 15.3.1979, unpag.
638 BArch, DQ 1/24453. Bezirksarzt Cottbus an Minister für Gesundheitswesen, Bericht zur Durchsetzung der Weisung Nr. 3 (Anti-D-Immunprophylaxe) im Bezirk Cottbus, 14.3.1979, unpag.
639 BArch, DQ 1/24453. Bezirksarzt Cottbus an Minister (Anm. 638), unpag.
640 BArch, DQ 1/24453. Bezirksarzt Karl-Marx-Stadt an Ministerium (Anm. 536), unpag.

für Infektionskrankheiten des Klinikums Küchwald in Karl-Marx-Stadt. Sie konstatierte, dass unter den Frauen „eine gewisse Unruhe über noch nicht exakt geklärte Fragen" herrsche.[641] Auch im Küchwald-Klinikum hatten die Frauen immer wieder die Frage gestellt, ob sich der Schwangerschaftsurlaub um die Zeit der Erkrankung verlängern werde.[642]

### 2.2.3 Regelungen der Staatlichen Versicherung

Ähnlich wie das Ministerium für Gesundheitswesen achtete auch die Staatliche Versicherung darauf, dass sich ihre Mitarbeiter, welche mit den Frauen in Kontakt standen, durch entsprechende Qualifikationen auszeichneten. Der Hauptdirektor hatte die ihm unterstellten Bezirksdirektoren in Bezug auf die Regulierung der Schäden persönlich eingewiesen.[643] Damit keine abweichenden Informationen gegeben wurden, erhielten die Bezirksdirektoren die Weisungen des Gesundheitsministers und das Argumentationsmaterial. Neben einer engen Zusammenarbeit mit dem staatlichen Gesundheitswesen forderte der Hauptdirektor besondere Sorgfalt bei der Auswahl der zuständigen Mitarbeiter: „Sie müssen die Gewähr bieten, daß eine politisch und fachlich qualifizierte Bearbeitung erfolgt und die mit den Entschädigungszahlungen verbundenen Fragen als Dienstgeheimnis gewahrt werden. Die Bearbeitung der Schäden trägt vertraulichen Charakter. Der Bezirksdirektor bzw. der Kreisdirektor ist für die entsprechende Auswahl der Kader sowie für die Kontrolle der Bearbeitung der Schäden persönlich verantwortlich. Der Kreis der beauftragten Mitarbeiter ist so eng wie möglich zu halten und auf leitende Mitarbeiter zu begrenzen."[644] Der

---

641 BArch, DQ 1/24453. Chefärztin der Klinik für Infektionskrankheiten (Anm. 609), unpag.
642 BArch, DQ 1/24453. Bericht der Klinik für Infektionskrankheiten (Anm. 641), unpag.
643 BArch, DQ 1/24452. Hauptdirektor der Staatlichen Versicherung an Minister für Gesundheitswesen, 6.3.1979, unpag.
644 BArch, DQ 1/24452. Hauptdirektor der Staatlichen Versicherung der DDR an Genossen Bezirksdirektor oder Vertreter im Amt (Streng vertraulich! Persönlich!), Hepatitiserkrankungen nach Anti-D-Immunprophylaxe, 6.3.1979, unpag.

Hauptdirektor beauftragte die Bezirksdirektoren, ihm bis zum 9. März 1979 die verantwortlichen Personen zu benennen. Von da an war eine wöchentliche Berichterstattung vorgesehen, in der Schwierigkeiten unverzüglich thematisiert werden sollten. Die Unterlagen der Betroffenen erhielten die Mitarbeiter der Staatlichen Versicherung von den Bezirks- und Kreisärzten. Dabei handelte es sich um das Formular „Bericht in einer Schadenssache nach einer Schutzimpfung", das mit einem „H" auf der Vorderseite besonders gekennzeichnet war.[645]

Dieses Formular, das nur für den Dienstgebrauch zu verwenden war, musste der Kreisarzt für jede Patientin ausfüllen. Im Formular waren das Datum der Immunisierung, der Impfarzt und der Impfstoff mit der Chargennummer anzugeben. Zudem musste die Krankheitsdiagnose notiert werden. Darüber hinaus war mitzuteilen, ob ein Zusammenhang zwischen der Impfung und der Erkrankung bestand. Die Ärzte hatten diesen Punkt entweder bejaht oder zumindest vermutet, dass ein Zusammenhang bestand.[646] So schrieb der Kreisarzt des Kreises Neubrandenburg: „Da sämtlich bisher untersuchte Patienten, die sich einer Anti-D-Immunprophylaxe mit oben genannter Charge unterzogen haben, an einer meist anikterischen Hepatitis erkrankt sind, muß ein Zusammenhang zwischen Impfung und Erkrankung angenommen werden."[647]

### 2.2.4 Forderungen der Betroffenen

Mit den staatlichen Regelungen zur Schadensregulierung waren viele Betroffene nicht einverstanden. Ein häufiger Vorwurf war die Ungleichbehandlung von Müttern und Frauen nach Fehlgeburt oder Schwanger-

---

645 BArch, DQ 1/24452. Hauptdirektor der Staatlichen Versicherung an Bezirksdirektoren (Anm. 644), unpag.
646 BArch, DQ 1/26535, Bd. 2. Kreisarzt Perleberg, Bericht in einer Schadenssache nach einer Schutzimpfung, 9.5.1979, unpag.
647 BArch, DQ 1/26535, Bd. 2. Kreisarzt Stadt Neubrandenburg, Bericht in einer Schadenssache nach einer Schutzimpfung, 15.3.1979, unpag.

schaftsunterbrechung. Viele Frauen wandten sich gegen diese Regelung und beanstandeten die Begründung, dass Frauen nach Entbindung aufgrund der Trennung von ihren Kindern mehr Geld zustehe. So kritisierte die Mutter eines vierjährigen Sohnes, die nach einem Schwangerschaftsabbruch insgesamt neun Wochen infolge ihrer Hepatitis im Krankenhaus verbracht hatte, dass dieser ebenso auf ihre Rückkehr warte.[648] Eine andere Frau aus Bautzen versicherte, dass sie keine Einwände gegen eine Entschädigung der Frauen nach der Entbindung habe, „[a]ber meinen Sie, daß eine Fehlgeburt ein Spaziergang ist, noch dazu, wenn man sich auf das Kind freute?"[649] Sie arbeitete als Krankenschwester und erklärte, dass die 200 Mark nicht einmal den Verlust der Sonn- und Feiertagszuschläge deckten. Sie hatte einen siebenwöchigen Krankenhausaufenthalt „einschließlich mehrerer Punktionsversuche" hinter sich und fragte erbost: „Wer von Ihnen ließe sich derart veralbern, wenn er durch fremde Schuld 16 Wochen arbeitsunfähig ist und außerdem noch weitere Monate erhebliche Einschränkungen in der Lebensweise auf sich nehmen müßte?"[650]

Die Höhe der Ausgleichszahlungen stand ebenfalls in der Kritik. Die Mutter einer Betroffenen aus Karl-Marx-Stadt hielt die Summe von 200 Mark angesichts möglicher Spätfolgen für „völlig unangemessen" und „indiskutabel".[651] Als Beispiel führte sie ihren Mann an, der infolge einer chronischen Hepatitis invalide geworden war. Der Frau war unerklärlich, wie man „einen solch geringen Betrag für einen Gesundheitsschaden" trotz der Unklarheit darüber festlegen könne, ob „diese Art der Hepatitis" ausheile, „da sie in unseren Gebieten nicht bekannt" sei.[652] Auch der Vater einer Betroffenen aus Karl-Marx-Stadt bat um Rechtsauskunft, denn „[a]usgehend von der Dauer und der offensichtlichen Kompliziertheit und Schwere dieser Krank-

---

648 BArch, DQ 1/11706, Teil 1. (…) an (…), 10.6.1979, unpag.
649 BArch, DQ 1/11706, Teil 1. (…) an Ministerium für Gesundheitswesen der Deutschen Demokratischen Republik, Betr.: Entschädigungsregelung bei Anti-D-Prophylaxe, 11.6.1979, unpag.
650 BArch, DQ 1/11706, Teil 1. (…) an Ministerium (Anm. 649), unpag.
651 BArch, DQ 1/11706, Teil 3. (…) an Minister für Gesundheitswesen, Betr. Körperschaden infolge medizinischer Behandlung, 29.3.1979, unpag.
652 BArch, DQ 1/11706, Teil 3. (…) an Minister (Anm. 651), unpag.

heit" handele es sich mit Sicherheit nicht mehr nur um einen Impfschaden.[653] Ihm war auch nicht klar, warum „bei dem sehr hohen Stand des Gesundheitswesens unseres Staates" überhaupt ein kontaminierter Impfstoff hatte angewendet werden können.[654]
Besonders tragisch war die Situation, wenn Betroffene das Serum irrtümlicherweise erhalten hatten oder sich daraus weitere schwere gesundheitliche Schäden ergaben. So hatte eine Frau aus Berlin nach einer Schwangerschaftsunterbrechung die kontaminierte Immunprophylaxe erhalten, obwohl sie Rhesus-positiv war. Auch sie sollte eine Zahlung von 200 Mark erhalten. Zu dem Schaden, der allen Patientinnen zugefügt worden war, sah sie keinen Unterschied, betonte aber, dass ihre Schädigung auf das unsachgemäße Verhalten der Mitarbeiter des Blutgruppenlabors im Krankenhaus Friedrichshain entstanden war.[655] Eine junge Frau aus Karl-Marx-Stadt sollte hingegen während der Schwangerschaft infolge von Nierensteinen eine Nierenfistel erhalten. Aufgrund ihrer Hepatitiserkrankung infolge der Anti-D-Immunprophylaxe wurde die Operation verschoben, woraufhin ihre rechte Niere die Funktion eingestellt hatte. Erschwerend kam hinzu, dass die andere Niere schon zweimal operiert worden war. Die Betroffene forderte eine höhere Entschädigung: „Ich möchte noch hinzufügen, daß ich diese Entschädigung nicht für das abgestorbene Organ fordern möchte, weil mir wahrscheinlich kein Arzt mit Sicherheit sagen kann, ob die Niere Anfang Februar [Termin der geplanten Operation] noch zu retten gewesen wäre, obwohl die Funktion zu erkennen war. Aber ich finde, daß schon allein die Schmerzen, die psychische Belastung und die noch nicht erfolgte Operation basierende [sic!] Einschränkung meiner Lebensweise (das Tragen eines Urinbeutels, die stark absondernde Wunde oberhalb der Lende) eine Entschädigung rechtfertigt."[656] Viele Betroffene kritisierten zudem die Regelungen bei Pflegebedürftigkeit. Die Staatliche Versicherung hatte die Grundsätze des Ministeriums für Gesundheitswesen durch die Vorgabe er-

---

653 BArch, DQ 1/11706, Teil 3. (…) an Minister für Gesundheitswesen, 23.3.1979, unpag.
654 BArch, DQ 1/11706, Teil 3. (…) an Minister (Anm. 653), unpag.
655 BArch, DQ 1/11706, Teil 2. (…) an Ministerium für Gesundheitswesen, 6.4.1979, unpag.
656 BArch, DQ 1/11706, Teil 1. (…) an Prof. Dr. Kaul, 9.6.1979, unpag.

gänzt, dass Kosten bei Pflegebedürftigkeit so gering wie möglich zu halten waren. Hierzu sollte auch der Einsatz einer Pflegekraft beitragen, der bei stundenweiser Pflege ein einheitlicher Stundensatz von drei Mark zu zahlen war.[657] Auch Angehörige oder andere Personen konnten zur Pflege freigestellt werden. Den Anträgen von Angehörigen auf Arbeitsbefreiung gaben die Betriebsleiter jedoch nicht immer statt. Dies zeigt das Beispiel einer Frau, die ihre an Hepatitis erkrankte Schwester unterstützen wollte und zur Betreuung ihres Neffen eine ärztliche Freistellung erhalten hatte. Der Betriebsleiter erkannte diese nicht an und sie musste Teile ihres Jahresurlaubs nehmen. Sie forderte das Ministerium für Gesundheitswesen daraufhin dazu auf, ihrem Betriebsleiter die Gültigkeit einer ärztlichen Freistellung darzulegen.[658]

Die Sorge um die Kinderbetreuung belastete viele Frauen, vor allem, wenn die Angehörigen diese nicht übernehmen konnten. So war bei einer Betroffenen der Antrag auf Freistellung ihres Mannes, der bei der NVA diente, abgelehnt worden.[659] Davon abgesehen fühlten sich viele Väter überfordert mit der Kinderbetreuung. So konnte sich ein Vater von zwei elfjährigen Töchtern, dessen Frau und ihr Neugeborenes im Krankenhaus lagen, nur schwer mit seiner neuen Rolle abfinden. Er beschwerte sich darüber, dass er nur noch sechs Stunden pro Tag arbeiten und dies seinen Kollegen gegenüber kaum vertreten könne: „Ich selbst leite ein 100 Pers. zählendes Kollektiv an und sie mußten, da ich ja Vater, Waschfrau, Reinigungskraft, Koch, Baumaschinist u. v. a. mehr bin, auf einiges verzichten."[660]

---

657 BArch, DQ 1/24452. Anlage: Staatliche Versicherung der DDR, Grundsätze zur Regulierung von Schäden aus Hepatitiserkrankungen nach Anti-D-Immunprophylaxe, o. D., unpag.
658 BArch, DQ 1/11706, Teil 1. (…) an Ministerium für Gesundheitswesen, 25.6.1979, unpag.
659 BArch, DQ 1/11706, Teil 3. (…) an Ministerium für Gesundheitswesen, Betrifft: Erkrankung an Hepatitis durch Injektion infizierter Immunisierungsspritze nach Entbindung, 25.3.1979, unpag.
660 BArch, DQ 1/11706, Teil 2. (…) an Staatsrat der DDR, Betr. Impfschaden vom 17.11.1978, unpag.

Neben diesen Kritikpunkten bestand die Hauptforderung in zahlreichen Eingaben von Müttern darin, den Wochenurlaub um die Zeitdauer des stationären Aufenthalts zu verlängern. Im Rahmen des sozialpolitischen Programms war der Schwangerschafts- und Wochenurlaub 1976 von 18 auf 26 Wochen erweitert worden.[661] Zudem erhielten Mütter, die bereits ein Kind geboren hatten, Anspruch auf ein sogenanntes „Babyjahr". Im Anschluss an den Wochenurlaub bis zur Vollendung des ersten Lebensjahres ihres zweitgeborenen Kindes konnten sie eine bezahlte Freistellung zu dessen Pflege und Betreuung erhalten. Hierzu wurden Geldleistungen in Höhe des Krankengeldes gezahlt, monatlich bei zwei Kindern mindestens 300 Mark und bei drei und mehr Kindern mindestens 350 Mark.[662] Die §§ 244 bis 246 des Arbeitsgesetzbuchs der DDR von 1977 hatten die Regelungen zum Wochenurlaub und zur anschließenden Freistellung bekräftigt.[663]

Viele der Frauen, die infolge der Anti-D-Prophylaxe an Hepatitis erkrankt waren, forderten eine Neuregelung und beriefen sich auch darauf, dass 1979 zum Jahr des Kindes ausgerufen worden war: „Die gerade in den ersten Lebenswochen sehr enge Bindung zwischen Mutter und Kind, die für eine normale Entwicklung wichtig ist, wurde bei uns zerstört. Es ist beschämend, daß gerade im Jahr des Kindes der Trennung von Mutter und Kind so wenig Wert beigemessen wird."[664] Diese Eingabe war von Patientinnen des Küchwald-Klinikums verfasst worden. 15 weitere Patientinnen aus dieser Klinik hatten sich an den Oberbürgermeister der Stadt Karl-Marx-Stadt

---

661 Verordnung über die Verlängerung des Wochenurlaubs und die Verbesserung von Leistungen bei Mutterschaft vom 27. Mai 1976. In: Gesetzblatt der DDR. Teil I. Nr. 19. Berlin 1976, S. 269–270.
662 Johannes Frerich, Martin Frey: Handbuch der Geschichte der Sozialpolitik in Deutschland. Sozialpolitik in der Deutschen Demokratischen Republik. Bd. 2. München 1993, S. 417 f.
663 Arbeitsgesetzbuch der Deutschen Demokratischen Republik vom 16. Juni 1977. In: Gesetzblatt der DDR. Teil I. Nr. 18. Berlin 1977, S. 185.
664 BArch, DQ 1/11706, Teil 3. (…) an Ministerium für Gesundheitswesen, Eingabe an den Minister für Gesundheitswesen, Prof. Dr. Mecklinger (Weisung Nr. 3/1979), 21.3.1979, unpag; Mesecke: Nur eine Spritze (Anm. 6), S. 122.

gewandt, der die Eingabe an den Kreisarzt weitergeleitet hatte.[665] Die betroffenen Frauen wollten mit ihrer Beschwerde die Berücksichtigung des stationären Aufenthalts und der anschließenden Krankschreibung nach dem Wochenurlaub erreichen: „Wir erachten dies als eine Selbstverständlichkeit, denn wir sind der Meinung, daß eine Schädigung der Gesundheit durch Unachtsamkeit in einem solchen Ausmaß nicht vorkommen darf – ganz abgesehen von der moralischen Seite. Der Wochenurlaub wurde deshalb von unserem Staat so großzügig gewährt; damit sich Mutter und Kind eine möglichst lange Zeit intensiv miteinander beschäftigen können. Uns geht aber somit diese wertvolle Zeit verloren – zumindest weitgehend. Wir möchten Sie darauf aufmerksam machen, daß wir auf die Verlängerung unseres Wochenurlaubes (…) bestehen und uns im gegebenen Falle weiterwenden [sic!] werden."[666] Diese Patientinnen hatten auch eine Eingabe an die Fernsehsendung „Fragen Sie Prof. Kaul" gerichtet.[667] Karl Kaul war zunehmend ungehalten über die Briefe an seine Sendung. Er hatte sich bereits einen Monat zuvor anlässlich einer Eingabe aus Köthen beim Ministerium für Gesundheitswesen darüber beschwert, dass die Frauen im dortigen Krankenhaus nicht über ihre Rechte informiert würden.[668] Er bat darum, alle medizinischen Einrichtungen zu informieren und schlussfolgerte: „Es geht m. E. nicht an, daß sich die Betroffenen erst an diese Sendereihe wenden müssen, um Auskunft auf ihre Frage zu erhalten."[669] Die Frauen aus dem Küchwald-Klinikum erkundigten sich nun nach den Entschädigungsansprüchen und einer schriftlichen Bestätigung des Impfschadens. Denn die behandelnden Ärzte hätten ihnen mitgeteilt, dass eine völlige Heilung

---

665 BArch, DQ 1/11706, Teil 1. Kreisarzt Stadt Karl-Marx-Stadt an Ministerium für Gesundheitswesen, 19.4.1979, unpag.
666 BArch, DQ 1/11706, Teil 1. Patientinnen der Station 23 des Küchwaldkrankenhauses, Infektionsklinik in Karl-Marx-Stadt an Oberbürgermeister, Betrifft: Eingabe zur „Anti-D"-Immunisierung, 26.2.1979, unpag.
667 Vgl. BArch, DQ 1/11706, Teil 1. (…) an Kaul (Anm. 656), unpag.
668 BArch, DQ 1/11706, Teil 2. Fernsehen der DDR (Kaul) an Hauptabteilung Hygiene und Staatliche Hygieneinspektion des Ministeriums für Gesundheitswesen, 19.4.1979, unpag.
669 BArch, DQ 1/11706, Teil 2. Kaul an Hauptabteilung Hygiene und Staatliche Hygieneinspektion (Anm. 668), unpag.

der Leber nicht garantiert werden könne.[670] In einem anschließenden Gespräch konnten diese Fragen geklärt werden, aber die Unterzeichnerinnen der Eingabe bestanden auf eine Verlängerung des Wochenurlaubs.[671]
Der Bezirksarzt von Karl-Marx-Stadt hatte sich deshalb bereiterklärt, diesen Punkt persönlich mit dem Gesundheitsminister zu besprechen. Gesundheitsminister Mecklinger hatte eine Nachgewährung des Wochenurlaubs jedoch abgelehnt. Mit dieser Entscheidung waren die Frauen nicht einverstanden, weshalb sich der Kreisarzt von Karl-Marx-Stadt (Stadt) erneut an den Minister wandte.[672] Auch andere Kreisärzte thematisierten die Regelungen zum Wochenurlaub. So berichtete der Kreisarzt des Kreises Annaberg, dass die Frauen „im allgemeinen einsichtig" wären und „die ärztlich vorgebrachten Darlegungen über die Ursache ihrer Erkrankung akzeptiert" hätten.[673] Die Frage nach einer Verlängerung des Wochenurlaubs werde hingegen intensiv diskutiert und viele Frauen seien der Ansicht, dass der Verlust des Wochenurlaubs nicht finanziell ausgeglichen werde könne. Er hielt diese Überlegungen für gerechtfertigt und wies darauf hin, dass dieser Punkt „bei der zweifellos großzügigen Entschädigungslösung" nicht befriedigend geklärt sei und empfahl Mecklinger, die Regelung zu überdenken, um weitere Eingaben zu vermeiden.[674]

## 2.2.5 Neuregelung der Ausgleichszahlungen

Doch der Gesundheitsminister blieb zunächst bei seiner Entscheidung. Zwar äußerte er Verständnis dafür, dass die Regelung diskutiert werde,

---

670 BArch, DQ 1/11706, Teil 1. Abschrift, Station 23 des Küchwaldkrankenhauses an Prof. Dr. Kaul, Abschrift, 6.2.1979; BArch, DQ 1/11706, Teil 2. Fernsehen der DDR (Kaul) an Ministerium für Gesundheitswesen der DDR, 23.4.1979, unpag.
671 BArch, DQ 1/11706, Teil 1. Kreisarzt Karl-Marx-Stadt an Minister (Anm. 665), unpag.
672 BArch, DQ 1/11706, Teil 1. Kreisarzt Karl-Marx-Stadt an Minister (Anm. 665), unpag.
673 BArch, DQ 1/11706, Teil 1. Kreisarzt Annaberg an Minister für Gesundheitswesen, Wochenurlaub im Zusammenhang mit Hepatitiserkrankungen nach Schutzanwendung von Immunglobulin Anti-D, 6.4.1979, unpag.
674 BArch, DQ 1/11706, Teil 1. Kreisarzt Annaberg an Minister (Anm. 673), unpag.

wollte die Vorschläge aber nicht bestätigen, „da (...) eine derartige Entscheidung nicht übersehbare Konsequenzen" zur Folge haben könne.[675] Die wachsenden Beschwerden aus der Bevölkerung bewirkten schließlich ein Umdenken im Ministerium für Gesundheitswesen. Dieses musste die finanziellen Mittel für die Ausgleichszahlungen selbst bereitstellen, obwohl offiziell die Staatliche Versicherung für die Auszahlung verantwortlich war. Damit lagen sowohl die ärztliche Behandlung als auch die Leistung von Entschädigungs- beziehungsweise Ausgleichszahlungen in einer Hand. Diese Regelung ging auf eine Vereinbarung des Ministeriums für Gesundheitswesen mit der Staatlichen Versicherung vom 19. September 1978 zurück. Danach sollten die Zahlungen der Staatlichen Versicherung für „Erweiterungen der materiellen Unterstützung (EmU)" bei Schäden infolge medizinischer Eingriffe sowie Impfschäden jährlich verrechnet werden. Zwischen den beiden Institutionen war vereinbart worden, auch die Schadensregulierung aufgrund der kontaminierten Anti-D-Prophylaxe inklusive der Folgejahre in diese Regelung einzubeziehen.[676] Schon bald überstiegen die Leistungen den in der Vereinbarung festgelegten Betrag. Im September 1979 bat die Staatliche Versicherung um einen Ausgleich der Zahlungen in Höhe von acht Millionen Mark.[677]

Gegenüber seinen Ministerratskollegen hatte Mecklinger im März 1979 einen deutlich geringeren Betrag zwischen eineinhalb und zwei Millionen Mark veranschlagt. Im Mai wies der Stellvertreter des Ministers der Finanzen, Helmut Sandig (*1919),[678] Mecklinger darauf hin, dass mittlerweile

---

675 BArch, DQ 1/11706, Teil 1. Minister für Gesundheitswesen an Kreisarzt Annaberg, 26.4.1979, unpag.
676 BArch, DQ 1/24452. Hauptabteilung III an Verteiler/M1-M6, BPO [Betriebsparteiorganisation], HA [Hauptabteilung] II, A 5, HA III/D, HA III/3, Information über finanzielle Regelung von Gesundheitsschäden nach Anti-D-Immunprophylaxe (Hepatitis) und Gesundheitsschäden nach Schutzimpfungen durch die Staatliche Versicherung (Die Information wird auf der Grundlage der Festlegungen der MDB [Ministerdienstbesprechung] vom 24.2.1981 gegeben), unpag.
677 BArch, DQ 1/24452. Hauptdirektor der Staatlichen Versicherung an Mecklinger, Erstattung der Leistungen der Staatlichen Versicherung der DDR für die Hepatitiserkrankungen nach Anti-D-Immunprophylaxe, 31.8.1979, unpag.
678 Gabriele Baumgartner: Sandig, Helmut. In: Gabriele Baumgartner, Dieter He-

2.415 Erkrankungen bekannt waren, die „wesentlich länger [dauerten] als ursprünglich angesetzt."[679] Sandig hielt den von Mecklinger veranschlagten Betrag für zu niedrig und rechnete mit einem Finanzbedarf von sieben bis acht Millionen Mark. Er forderte Mecklinger dazu auf, den Vorsitzenden des Ministerrats umgehend über die veränderte Sachlage zu informieren. Seine Information müsse Mecklinger zudem mit dem Vorschlag versehen, „wie Sie die Finanzierung dieser Aufwendungen auch weiterhin im Rahmen Ihres Haushaltsplanes 1979 sichern."[680] Mecklinger hatte dem Finanzminister Siegfried Böhm (1928–1980)[681] zuvor von einer „Reihe neuer anfänglich nicht zu übersehender Probleme" berichtet, die eine Überprüfung der Regelungen notwendig machten.[682] Der Gesundheitsminister schätzte den Betrag von 200 Mark für die erlittene Beeinträchtigung am gesellschaftlichen Leben „auf Grund der Schwere und Dauer der Erkrankung als unangemessen niedrig" ein.[683] Hinzu kämen erhebliche Belastungen durch das Verbot hormoneller Schwangerschaftsverhütungsmittel für den Zeitraum von einem Jahr. Weitere Überlegungen des Ministers betrafen den Wochenurlaub, dessen offizielle Verlängerung seiner Ansicht nach nur durch eine Änderung des Arbeitsgesetzbuchs möglich war.[684] Die Rechtsabteilung des Gesundheitsministeriums hatte dies „mit Rück-

---

      big (Hg.): Biographisches Handbuch der SBZ/DDR. Bd. 2. Berlin, Boston 2011, S. 754.
679  BArch, DQ 1/24452. Stellvertreter des Ministers der Finanzen an Minister für Gesundheitswesen, Hepatitiserkrankungen nach Anti-D-Immunprophylaxe, o. D. [Eingangsstempel des Ministeriums vom 15.5.1979], unpag.
680  BArch, DQ 1/24452. Stellvertreter des Ministers der Finanzen an Minister für Gesundheitswesen (Anm. 679), unpag, handschriftliche Hervorhebung im Original.
681  Helmut Müller-Enbergs: Böhm, Siegfried. In: Helmut Müller-Enbergs, Jan Wielgohs, Dieter Hoffmann, Andreas Herbst, Ingrid Kirschey-Feix (Hg.): Wer war wer in der DDR? Ein Lexikon ostdeutscher Biographien. Bd. 1. Berlin 2010, S. 144–145.
682  BArch, DQ 1/24452. Minister für Gesundheitswesen an Minister der Finanzen, 2.5.1979, unpag.
683  BArch, DQ 1/24452. Minister für Gesundheitswesen an Minister der Finanzen (Anm. 682), unpag.
684  BArch, DQ 1/24452. Minister für Gesundheitswesen an Minister der Finanzen (Anm. 682), unpag.

sicht auf die Umstände, die hier maßgebend sind", ausgeschlossen.[685] Ein formales Änderungsgesetz entsprach offenbar nicht der Geheimhaltungspraxis. Als Lösung wurde vorgeschlagen, für die Zeit der Erkrankung nach Ablauf des Wochenurlaubs einen Betrag in Höhe des Wochengeldes zu zahlen. Um den Vorwurf zu entkräften, auf Umwegen eine Änderung des Arbeitsgesetzbuchs vornehmen zu wollen, sollten die Ansprüche nicht auf arbeitsrechtlicher Grundlage durch die Sozialversicherung, sondern durch die Staatliche Versicherung ausgezahlt werden.[686]

Gemeinsam mit dem Ministerium der Finanzen hatten Mitarbeiter des Gesundheitsministeriums zwei Entwürfe für eine Neuregelung erarbeitet. Der erste Entwurf sah weiterhin eine Ungleichbehandlung von Müttern und Frauen nach Schwangerschaftsunterbrechung und Fehlgeburt vor. Der Grundbetrag lag bei beiden Gruppen bei 300 Mark; die wöchentlichen Leistungen für Krankenhausaufenthalt und ambulante Behandlung waren bei den Müttern höher. Zudem sollte der Wochenurlaub lediglich für Frauen, die das Babyjahr in Anspruch genommen hatten, um die im Krankenhaus verbrachte Zeit verlängert werden. Eine Bezahlung für die Freistellung war im Entwurf nicht vorgesehen.[687] Im Gegensatz dazu wurde im zweiten Entwurf eine bezahlte Freistellung nach dem Wochenurlaub oder nach dem Babyjahr vorgeschlagen und die Frauen wurden hinsichtlich der Ausgleichszahlungen gleichgestellt. Alle Erkrankten sollten einen einmaligen Grundbetrag von 200 Mark sowie 150 Mark für jede Woche des stationären und 80 Mark pro Woche des ambulanten Aufenthalts erhalten.[688] Dabei wurde von 2.700 Erkrankungen ausgegangen und ein Betrag von elf Millionen Mark veranschlagt.[689]

---

685  BArch, DQ 1/24452. Ministerium für Gesundheitswesen (Abteilung Recht), Positionspapier 18.4.1979, unpag.
686  BArch, DQ 1/24452. Positionspapier (Anm. 685), unpag.
687  BArch, DQ 1/24452. Minister für Gesundheitswesen an Minister der Finanzen, Anlage 2, 2.5.1979, unpag.
688  BArch, DQ 1/24452. Minister für Gesundheitswesen an Minister der Finanzen (Anm. 687), unpag.
689  BArch, DQ 1/24452. Minister für Gesundheitswesen an Minister der Finanzen, Anlage 3, 2.5.1979, unpag.

Mecklinger sprach sich für den zweiten Entwurf aus. Er bat den Finanzminister um Prüfung der Vorschläge, da er zunächst die Zustimmung des Vorsitzenden des Ministerrats dazu einzuholen wollte,[690] die am 11. Juni 1979 vorlag.[691] Die Neuregelung wurde schließlich als sechste Weisung Mecklingers am 13. Juni 1979 veröffentlicht. Darin konstatierte der Minister, dass die Beeinträchtigung der Teilnahme am gesellschaftlichen Leben erheblich größer sei als bisher angenommen. Erkrankte erhielten daher nun zusätzlich zu den bisherigen Leistungen ein Wochengeld der Sozialversicherung als Ausgleich in Höhe des Nettodurchschnittsverdiensts beziehungsweise des Nettodurchschnittseinkommens. Die Freistellung nach dem Wochenurlaub wurde um die Zeitdauer der in diesem Zeitraum erfolgten stationär-medizinischen Betreuung verlängert.[692] Frauen nach Schwangerschaftsunterbrechung oder Fehlgeburt erhielten nun die gleichen Leistungen wie Mütter. Diese Regelung galt rückwirkend für alle Frauen, die erkrankt waren, unabhängig davon, ob die Schadensregulierung bereits abgeschlossen war. Entsprechend der neuen Regelungen hatten Mütter die Möglichkeit, über das erste Lebensjahr des Kindes hinaus von der Arbeit freigestellt zu werden.[693] Der Gesundheitsminister hatte festgelegt, alle Betroffenen binnen eines Monats über diese Neuregelung zu informieren und bei den Frauen zu beginnen, die eine Eingabe verfasst hatten. Die Beauftragten erhielten die Anweisung, herauszuheben, dass es sich um „eine Ausnahmeregelung für diesen speziellen Fall" handele, und die gesetzlichen Bestimmungen keine formale Verlängerung des Wochenurlaubs zuließen.[694] Jede Mutter habe

---

690 BArch, DQ 1/24452. Minister für Gesundheitswesen an Minister der Finanzen (Anm. 682), unpag.
691 BArch, DQ 1/11706, Teil 1. Ministerium für Gesundheitswesen an Kreisarzt der Stadt Karl-Marx-Stadt, 15.6.1979, unpag.
692 StA Halle (Saale), Handakte 3. Minister für Gesundheitswesen an Bezirksärzte (nachrichtlich: Bezirkshygieniker), Betr. Hepatitiserkrankungen nach Anti-D-Immunprophylaxe (Weisung Nr. 6), 13.6.1979, Bl. 32–34, hier Bl. 32.
693 StA Halle (Saale), Handakte 3. Minister für Gesundheitswesen an Bezirksärzte (Anm. 692), Bl. 33.
694 StA Halle (Saale), Handakte 3. Minister für Gesundheitswesen an Bezirksärzte (Anm. 692), Bl. 33.

nun die Möglichkeit, sich nach Ende des Wochenurlaubs bis zur Beendigung des ersten Lebensjahres des Kindes von der Arbeit freistellen zu lassen. Durch die Zahlung des Nettodurchschnittsverdiensts für den Zeitraum des Krankenhausaufenthalts werde der Wochenurlaub damit um diese Zeit verlängert. Mütter konnten auch auf Wunsch die Freistellung über das erste Lebensjahr des Kindes hinaus ausdehnen. Gleichzeitig pochte Mecklinger auf eine dauernde Kontrolle der Schadensregulierung und der ärztlichen Behandlungsmaßnahmen.[695]

Vor diesem Hintergrund fand am 15. Juni 1979 im Ministerium für Gesundheitswesen eine Einweisung der Beauftragten der Bezirksärzte für die Regulierung der Erkrankungsfälle nach der Anti-D-Prophylaxe statt. In Vorbereitung der Sitzung wurde festgelegt, die „politische Argumentation" mit den betroffenen Bürgern so zu führen, „daß nicht der Eindruck entsteht, die Schwere der Erkrankungen hätte zu dieser Neuregelung geführt."[696] Von einer erneuten Erweiterung nahm das Ministerium deutlich Abstand.[697] Ende Juni 1979 waren erst etwa 10 % der bis dahin erkrankten 2.714 Frauen über die getroffene Neuregelung informiert worden.[698] Mecklinger wies daher „nochmals auf die unbedingte Notwendigkeit der schnellen Information der Betroffenen" hin.[699] Die Bezirksärzte und Bezirkshygieniker sollten sicherstellen, dass die Informationsgespräche wie geplant bis zum 16. Juli 1979 abgeschlossen waren.[700]

Die Neuregelung diente dazu, Eingaben zu vermeiden und die Frauen ruhigzustellen. Denn der Ton in den Eingaben war zunehmend schärfer

---

695 StA Halle (Saale), Handakte 3. Minister für Gesundheitswesen an Bezirksärzte (Anm. 692), Bl. 34.
696 BArch, DQ 1/11705, Teil 1. Vorbereitung der Beratung (Anm. 541).
697 BArch, DQ 1/11705, Teil 1. Vorbereitung der Beratung (Anm. 541).
698 BArch, DQ 1/11705, Teil 1. Hauptabteilung Hygiene und Staatliche Hygieneinspektion des Ministeriums für Gesundheitswesen, Hepatitiserkrankungen nach Anti-D-Prophylaxe, Stand der Information der Betroffenen über die Neuregelung der Entschädigungszahlungen (28.6.79), 29.6.1979, unpag.
699 BArch, DQ 1/11705, Teil 1. Mecklinger an Bezirksärzte und Bezirkshygieniker, Betr. Durchsetzung der Weisung Nr. 6 vom 13.6.79, 2.7.1979, unpag.
700 BArch, DQ 1/11705, Teil 1. Mecklinger an Bezirksärzte und Bezirkshygieniker (Anm. 699), unpag.

geworden. Dass das Ministerium für Gesundheitswesen hier Handlungsbedarf sah, zeigt die Eingabe einer Frau aus Bautzen. Diese hatte damit gedroht, die Weltgesundheitsorganisation einzuschalten, sofern das Ministerium die Ausgleichszahlungen nicht nochmals überprüfte: „Ich kann mir vorstellen, daß eine durch menschliches Versagen entstandene Schande – kann man nicht fast von einer Epidemie sprechen? – in einem Staat der ‚Alles für das Wohl des Volkes tut', dessen Gesundheitswesen – wie man hört – Weltniveau repräsentiert, eine Schande, die vermutlich tausende junge Mütter betrifft, auf äußerstes Interesse stößt! Oder sind Sie in der Lage, die Frage, wie so etwas überhaupt passieren konnte, zu beantworten?"[701] Angesichts dieser Drohung hatte das Ministerium für Gesundheitswesen eine Aussprache zwischen dem Bezirksarzt und der Betroffenen angeordnet.[702] Der Bezirksarzt hatte seinen Stellvertreter geschickt, welcher der Frau die Neuregelungen erläutert hatte. Damit die Betroffene „künftig mehr Vertrauen und weniger scharfe Formulierungen an den Tag" lege, war darauf hingewiesen worden, dass die Neuregelung schon vor ihrer Eingabe erarbeitet worden war.[703] Der Betroffenen war zudem ein Vorschuss von 1.000 Mark bei sofortiger Auszahlung angeboten worden. Sie hatte daraufhin ihre Eingabe für abgeschlossen erklärt.[704]

## 2.2.6 Weitere Beschwerden

Obwohl das Ministerium mit der Neuregelung der Ausgleichszahlungen häufige Kritikpunkte aus dem Weg geräumt hatte, gab es weitere Beschwerden aus der Bevölkerung. Diese betrafen unter anderem die Versorgung mit Vitaminen und das Verhalten von Mitarbeitern der Staatlichen Versi-

---

701  BArch, DQ 1/11706, Teil 1. (…) an Ministerium für Gesundheitswesen (Anm. 649), unpag.
702  BArch, DQ 1/11706, Teil 1. Ministerium für Gesundheitswesen an (…), 14.6.1979, unpag.
703  BArch, DQ 1/11706, Teil 1. Bezirksarzt Dresden an Ministerium für Gesundheitswesen, 17.7.1979, unpag.
704  BArch, DQ 1/11706, Teil 1. Bezirksarzt Dresden an Ministerium (Anm. 702), unpag.

cherung. Auf der Ministerdienstbesprechung Anfang 1979 war neben dem schlechten Zustand der Infektionsstationen auch die unzureichende Versorgung mit Frischobst in den stationären Einrichtungen thematisiert worden. Der Bezirk Karl-Marx-Stadt hatte daraufhin laut Bericht des Bezirkshygienikers den Tagessatz für die Verpflegung erhöht, damit Frischobst gekauft werden konnte. Das Ministerium für Gesundheitswesen kam zu dem Schluss, dass diese Regelung in allen Bezirken angewendet werden sollte.[705] Die Versorgung mit Vitaminen blieb aber ein dauerhaftes Problem. So wies der Vater einer Betroffenen darauf hin, dass der behandelnde Arzt seiner Tochter empfohlen habe, „sich nicht unnötig aufzuregen und mehr Vitamine zu sich nehmen."[706] Der Vater brachte sein Unverständnis darüber zum Ausdruck: „Ein gut gemeinter Rat, der leider nur schwer zu realisieren ist. Tatsache ist so, daß Obst und Obstsäfte und dergleichen hier in der ‚Provinz' kaum zu erhalten sind. Vom Standort Berlin aus ist folgendes sicher schwer zu begreifen: Meine Frau, die ihre Arbeit während der Krankheit unserer Tochter aufgab und das Kind betreut, nahm kürzlich vier Flaschen Früchte-C, also Babynahrung in ihren Einkaufskorb, zwei für das Baby, zwei für die kranke Tochter, an der Kasse wurden ihr zwei Flaschen wieder abgenommen mit der Bemerkung ‚Es gibt nur zwei'."[707] Auch in anderen Bezirken war die Versorgung mit den benötigten Lebensmitteln schwierig. So kritisierte eine Frau aus Bautzen, dass man Lebensmittel und Getränke für eine Diät überhaupt nicht oder nur nach langem Anstehen erhalte und diese extrem teuer seien. Die 120 Mark, die sie für Obst und Säfte erhalten hatte, waren ihrer Ansicht nach „ein Hohn" und deckten die Kosten nicht zu einem Drittel.[708] Auch eine Frau aus Dessau beklagte sich, dass es „schön und gut" sei, wenn ihr 35 Mark pro Monat für Diätkost gezahlt würden, aber man nichts dafür kaufen könne. Es sei fast unmöglich,

---

705 BArch, DQ 1/11705, Teil 1. Interne Ministerdienstbesprechung (Anm. 539), unpag.
706 BArch, DQ 1/11706, Teil 1. (…) an Minister für Gesundheitswesen, 10.6.1979, unpag.
707 BArch, DQ 1/11706, Teil 1. (…) an Minister (Anm. 706), unpag.
708 BArch, DQ 1/11706, Teil 1. (…) an Ministerium für Gesundheitswesen (Anm. 649), unpag.

Obst und Säfte zu erhalten und man müsse wegen aller Lebensmittel anstehen.[709]
Die Folgen der strengen Diät macht die Eingabe einer Betroffenen deutlich, die sich über das Verhalten eines Mitarbeiters der Staatlichen Versicherung beklagte. Nach ihrem Krankenhausaufenthalt war sie von diesem über Entschädigungsleistungen in Höhe von 1.320 Mark informiert worden. Sie habe zunächst zugesagt, sei in der Folgezeit aber zu der Erkenntnis gelangt, dass dieser Betrag als Entschädigung zu niedrig sei.[710] Denn kein Arzt könne ihr garantieren, dass die Leber wieder normal arbeite. Auf ihre Eingabe habe der zuständige Mitarbeiter der Staatlichen Versicherung in einem persönlichen Gespräch mit ihr und zwei weiteren Betroffenen entgegnet, dass sie jemand „aufgewiegelt" haben müsse, da sich ansonsten niemand beschwert habe.[711] Die Betroffene gab an, dass zwar die fünfwöchige ambulante Behandlung anerkannt und ihr eine höhere Summe gezahlt worden war, sie kritisierte jedoch das Verhalten des zuständigen Mitarbeiters der Staatlichen Versicherung. Denn dieser habe auf ihren Einwand, dass sie aufgrund der strengen Diät 25 Kilo abgenommen habe, nur geäußert, dass sich andere Frauen über eine solche Gewichtsabnahme freuen würden. Die Betroffene war hier anderer Meinung: „Aber schließlich ist das eine Privatangelegenheit und ich kann Ihnen mitteilen, daß mir kein Kleidungsstück mehr paßt nach der Entlassung aus dem Krankenhaus, sogar die Schuhe wurden zu groß. Für mich ist das ein sehr großer Verlust, denn ich arbeite im Fachbereich Kultur und bin mit der Absicherung von Kulturveranstaltungen zuständig und da benötige ich sehr abwechslungsreiche Garderobe."[712]

---

709  BArch, DQ 1/11706, Teil 1. (…) an Hauptabteilung Hygiene und Staatliche Hygieneinspektion, unpag, o. D. (eingegangen am 26.6.1979), unpag.
710  BArch, DQ 1/11706, Teil 1. (…) an Generalsekretär der SED und Vorsitzender des Staatsrates der DDR, Eingabe über Schadensersatzzahlung auf Gesundheitsschädigung, 17.5.1979, unpag.
711  BArch, DQ 1/11706, Teil 1. (…) an Generalsekretär der SED (710), unpag.
712  BArch, DQ 1/11706, Teil 1. (…) an Generalsekretär (Anm. 710), unpag.

Auf die von ihr erwähnten „Störungen in der Intimsphäre" infolge des Verbotes der Antibabypille habe der Mitarbeiter geantwortet, dass dies in ihrer Ehe wohl „eine Charakterschwäche" sei, und ihre Argumente als übertrieben heruntergespielt.[713] Sie beschwerte sich daraufhin beim Generalsekretär des Zentralkomitees der SED und Vorsitzenden des Staatsrats der DDR, Erich Honecker (1912–1994)[714]: „Wir waren über diese Argumente des Vertreters der Staatlichen Versicherung unserer Republik sehr verärgert. Außerdem bin ich der Meinung, daß man als Vertreter einer Behörde Bürgern ein anderes Auftreten gewähren müßte, denn wir waren ja auch höflich und korrekt (…) und habe [sic!] unseren Weg eingehalten. Außerdem bin ich der Auffassung, daß ich wohl kaum übertrieben habe in dieser Angelegenheit, daß [sic!] war auch nie mein Interesse, mir ging es lediglich ums Recht als Patient und ich kann dazu sagen als Mitarbeiterin im Staatsapparat und auch als Genossin habe ich die Pflicht und das Bewußtsein, wahrheitsgemäße Angaben zu tätigen."[715] Sie bat den Generalsekretär der SED um Unterstützung, um „in absehbarer Zeit endlich meine Ruhe und Erholung" anstelle weiterer Belastungen zu erhalten.[716]

Die Staatliche Versicherung antwortete der Bezirkshygieneinspektion zu diesen Vorwürfen, dass mehrere persönliche Gespräche zwischen ihrem Vertreter und der Betroffenen stattgefunden hätten. Sie schien allerdings nicht an einer genauen Prüfung des Sachverhaltes interessiert. Sie wies stattdessen darauf hin, dass „eine nochmalige operative Durchsprache der Eingabe nicht erforderlich" sei und dass der Mitarbeiter nicht zur Stellungnahme aufgefordert werden könne, da er sich im Urlaub befinde.[717]

Auch eine andere Betroffene, die im Oktober 1979 immer noch unter Beschwerden litt, beschwerte sich über das Verhalten einer Mitarbeiterin der Staatlichen Versicherung. Sie war alleinerziehend mit vier Kindern und

---

713 BArch, DQ 1/11706, Teil 1. (…) an Generalsekretär (Anm. 710), unpag.
714 Martin Sabrow: Der führende Repräsentant. Erich Honecker in generationsbiographischer Perspektive. In: Zeithistorische Forschungen 10 (2013), S. 61–88.
715 BArch, DQ 1/11706, Teil 1. (…) an Generalsekretär (Anm. 710), unpag.
716 BArch, DQ 1/11706, Teil 1. (…) an Generalsekretär (Anm. 710), unpag.
717 BArch, DQ 1/11706, Teil 1. Bezirksdirektion Neubrandenburg der Staatlichen Versicherung an Bezirkshygieneinstitut Neubrandenburg, Impfschaden (…), 13.7.1979, unpag.

hielt die Summe von 900 Mark, die sie aufgrund der Erkrankung erhalten hatte, für zu niedrig. Sie wollte die Staatliche Versicherung aber nicht noch einmal aufsuchen, denn sie habe den Eindruck gewonnen, dass ihr unterstellt werde, sich an einem menschlichen Versagen bereichern zu wollen.[718] Eine Entschädigung für die Erkrankung ihrer neugeborenen Tochter hatte die zuständige Mitarbeiterin der Staatlichen Versicherung mit der Behauptung abgelehnt, dass das Kind keinen Schmerz empfinde und erst ab dem fünften Lebensjahr ein richtiger Mensch sei. Da die Tochter das Geld nicht selbständig verwalten könne, sei es nicht möglich, ihr Geld auszuzahlen. Die Aussage, dass das Kind keinen Schmerz empfinde, befand die Mutter, die selbst Erzieherin in einer Kinderkrippe war, für „unerhört".[719] Sie bat um Information darum, wie ihrer Tochter bei einem bleibenden Schaden geholfen werde und schloss mit den Worten: „Ich weiß, daß mein Kind auch bei einer Zahlung nicht gesund wird, aber es geht hier ganz einfach um das Prinzip und die Konsequenz derartiger Auswirkungen."[720] Das Ministerium für Gesundheitswesen hatte daraufhin eine Überprüfung angeordnet, in deren Rahmen es zu einem persönlichen Gespräch zwischen der Betroffenen, einem Mitarbeiter der Bezirkshygieneinspektion sowie je einem Vertreter der Staatlichen Versicherung der Kreisdirektion Jena und der Bezirksdirektion Gera kam. Die Kreisdirektion gab an, nichts von dem erneuten stationären Aufenthalt der Tochter gewusst zu haben und sagte zu, die Mehraufwendungen zu erstatten. Dass die Staatliche Versicherung bemüht war, den Vorgang gegenüber dem Ministerium für Gesundheitswesen als erledigt darzustellen, zeigt die folgende Aussage: „Die Differenzen über die Behauptung, daß ein Mitarbeiter der Staatlichen Versicherung gesagt haben soll, daß man erst ab dem 5. Lebensjahr ein Mensch ist, konnte zwar aus dem Weg geräumt werden, doch standen nach wie vor Aussage gegen Aussage. Nach wie vor wird von der Kreisdirektion Jena zurückgewiesen, daß eine Kollegin dies zum Ausdruck gebracht hat. Da die ganze

---

718   BArch, DQ 1/11706, Teil 1. (…) an Ministerium (Anm. 561), unpag.
719   BArch, DQ 1/11706, Teil 1. (…) an Ministerium (Anm. 561), unpag.
720   BArch, DQ 1/11706, Teil 1. (…) an Ministerium (Anm. 561), unpag.

Aussprache in einer sehr sachlichen Form verlaufen ist, wurde dem Teil der Eingabe keine weitere Bedeutung beigemessen."[721]

## 2.3 Staatlicher Umgang mit Strafanzeigen aus der Bevölkerung

Einige Frauen beließen es nicht bei einer Eingabe, sondern forderten rechtliche Schritte und erstatteten Anzeige. So hatte sich ein Ehepaar bereits im April 1979 an die Arbeiter- und Bauerninspektion Karl-Marx-Stadt gewandt. Die betroffene Ehefrau hatte die Immunprophylaxe im Januar 1979 erhalten und lag nun mit einer Hepatitis im Krankenhaus. Die Familie war informiert worden, dass „angeblich das Serumwerk" für die Erkrankung verantwortlich sei.[722] Der Ehemann zeigte sich „wegen der Geheimniskrämerei und der unterschiedlichen Aussagen der Behörden und Ärzte" sehr besorgt.[723] Er bat um Einblick in die Prozessakten und forderte eine Begutachtung des Verfahrens, „um uns endlich Gewißheit über die Bestrafung der Verbrecher und die Zahlung der vollen Entschädigung"[724] zu verschaffen. Er forderte, die Schuldigen zu Ausgleichszahlungen zu verurteilen und, falls diese nicht dafür aufkommen könnten, die verantwortliche Versicherung einzuschalten. Gleichzeitig ermächtigte er die Direktion der Arbeiter- und Bauerninspektion, ein Anschlussverfahren beim zuständigen Senat für Strafrecht in seinem Namen zu führen. Denn es liege der Verdacht nahe, dass „die verseuchten Spritzen zu lange im Gebrauch waren bzw. sind. Die ersten derartigen Krankheitsfälle beruhen auf Spritzen von Sep. 1978. Meine Frau erhielt ihre Spritze aber erst am 5. Jan. 1979; wir können uns diese unglaubliche Tatsache kaum vorstellen und noch unglaublicher ist, daß im-

---

721 BArch, DQ 1/11706, Teil 1. Bezirksdirektion Gera der Staatlichen Versicherung, Aktennotiz als Zuarbeit zur Eingabe der Frau (…) an das Ministerium für Gesundheitswesen vom 1.11.1979 im Zusammenhang mit der Hepatitiserkrankung, 3.12.1979, unpag.
722 StA Halle (Saale), Handakte 3. Abschrift von Kopie: Ehepaar (…) an die Direktion der Arbeiter- und Bauerninspektion des Bezirkes Karl-Marx-Stadt, 21.4.1979, Bl. 48.
723 StA Halle (Saale), Handakte 3. Abschrift (Anm. 722).
724 StA Halle (Saale), Handakte 3. Abschrift (Anm. 722).

mer noch neue Fälle im Krankenhaus Rodewisch-Obergöltsch eingeliefert werden. Es liegt der Verdacht nahe, [dass] hier gerichtliche Untersuchungen bewußt verzögert und inkonsequent erledigt werden."[725] Das Ehepaar beantragte zudem bei der Kammer für Strafrecht des Kreisgerichts Klingenthal ein Strafrechtsverfahren gegen die „verantwortlichen Vertreter des Gesundheitswesens".[726] Sie warfen diesen vor, die Gesundheitsschädigung im Januar 1979 längst erkannt zu haben. Ihnen sei ein Fall aus dem Bezirk Dresden im Dezember 1978 bekannt, bei dem der „verantwortliche Arzt so konsequent [gewesen] war, diese verseuchte Spritze nicht zu verabreichen."[727] Zudem war ihnen bekannt, dass eine Frau aus Klingenthal nach der Immunisierung im September 1978 schwer erkrankt war. Die Eheleute hielten es daher für unmöglich, dass „die Gefährlichkeit der Verseuchung" bis Januar 1979 unerkannt geblieben war.[728]

Der Leiter der Abteilung III der Staatsanwaltschaft des Bezirkes Karl-Marx-Stadt wies diese Vorwürfe nach Rücksprache mit dem dortigen Bezirksarzt von sich. Die Spritze mit dem Serum sei am 5. Januar 1979 verabreicht worden. Der Wochenbericht des Epidemiologischen Zentrums vom 11. Januar 1979 habe erstmalig über die Hepatitiserkrankungen berichtet. Der Bezirksarzt hatte daraufhin am 12. Januar 1979 die Chargen 8 bis 15 gesperrt.[729] Von den 285 Frauen, die das Anti-D-Immunglobulin dieser Chargen erhalten hatten waren bis Mitte Mai 1979 246 erkrankt. Bei den Infektionen der „zweiten Welle" machte die Staatsanwaltschaft darauf aufmerksam, dass die Chargen 16 bis 23 nicht vom Ministerium für Gesundheitswesen gesperrt worden waren, „obwohl Kreishygiene- und Frauenärzte darauf hinwiesen, bis zur endgültigen Klärung Human-Gamma-Globulin-Anti-D eines anderen Produktionsbetriebes (Import) zu verwenden."[730] Aufgrund der

---

725 StA Halle (Saale), Handakte 3. Abschrift (Anm. 722).
726 StA Halle (Saale), Strafakte II. Ehepaar (…) an Kreisgericht Klingenthal, 25.5.1979, Bl. 10.
727 StA Halle (Saale), Strafakte II. Ehepaar (…) an Kreisgericht (Anm. 726).
728 StA Halle (Saale), Strafakte II. Ehepaar (…) an Kreisgericht (Anm. 726).
729 StA Halle (Saale), Handakte 3. Staatsanwalt des Bezirkes Karl-Marx-Stadt an Abt. III der Generalstaatsanwaltschaft der DDR, 20.6.1979, Bl. 44–45, hier Bl. 44.
730 StA Halle (Saale), Handakte 3. Staatsanwalt an Abt. III (Anm. 729), Bl. 45.

Verwendung dieser Chargen waren im Bezirk von den 280 immunisierten Frauen 120 erkrankt, davon neun an einer Leberentzündung mit Gelbsucht. Der Leiter der Abteilung III der Staatsanwaltschaft Karl-Marx-Stadt berichtete, dass die Krankheitsverläufe „insgesamt leicht", Spätschäden aber noch nicht absehbar seien.[731] Die Eheleute hatten vom Kreisstaatsanwalt einen Zwischenbericht erhalten.

Der zuständige Staatsanwalt der Abteilung III der Generalstaatsanwaltschaft schloss sich der Auffassung an, dass hier „keine Verletzung ärztlicher Sorgfaltspflichten" vorliege.[732] Seiner Meinung nach fehlten bisher auch „jegliche Anhaltspunkte für eine Hepatitisübertragung durch Anwendung des Präparates."[733] Er hielt weitere Ermittlungen nicht für erforderlich und wies an, den betroffenen Eheleuten dies mündlich mitzuteilen. Zudem sollten sie über Mecklingers Anzeige und das laufende Ermittlungsverfahren informiert werden, in dessen Rahmen auch ihre Anzeige bearbeitet werde. Der Verdacht einer Inkonsequenz oder Verzögerung sollte zurückgewiesen werden. Die Ermittlungen erforderten Zeit, da „komplizierte biologisch-medizinische Zusammenhänge" untersucht werden müssten.[734] Das Ehepaar sollte zudem darüber in Kenntnis gesetzt werden, dass eine umfassende Unterstützung der Betroffenen gewährleistet sei. Falls diese Informationen nicht ausreichten, wies der Vertreter des Generalstaatsanwalts ein erneutes persönliches Gespräch an.[735]

Im Juli 1979 lag eine weitere Anzeige von fünf Frauen aus dem Kreis Meißen vor, die nach der Anti-D-Prophylaxe an einer Hepatitis erkrankt waren.[736]

---

731 StA Halle (Saale), Handakte 3. Staatsanwalt an Abt. III (Anm. 729), Bl. 45.
732 StA Halle (Saale), Handakte 3. Abteilung III der Generalstaatsanwaltschaft der DDR an Abteilung III der Staatsanwaltschaft des Bezirkes Karl-Marx-Stadt, Anzeige von (…), 9.7.1979, Bl. 46–47, hier Bl. 46.
733 StA Halle (Saale), Handakte 3. Abteilung III der Generalstaatsanwaltschaft (Anm. 732), Bl. 46.
734 StA Halle (Saale), Handakte 3. Abteilung III der Generalstaatsanwaltschaft (Anm. 732), Bl. 47.
735 StA Halle (Saale), Handakte 3. Abteilung III der Generalstaatsanwaltschaft (Anm. 732), Bl. 47.
736 StA Halle (Saale), Handakte 3. Generalstaatsanwaltschaft der DDR (Staatsanwalt [Berlin]) an Abt. III der Staatsanwaltschaft des Bezirkes Halle (Staatsanwalt [Halle (Saale)])

Mit einer Ausnahme hatten diese Frauen das Anti-D-Serum der Charge 16 im Januar 1979 in der Poliklinik des Kreiskrankenhauses Meißen erhalten. Eine der Frauen war erst Mitte Februar 1979 immunisiert worden. Alle fünf Frauen hatten im April 1979 Gammaglobulin erhalten und waren anschließend etwa eine Woche später stationär aufgenommen worden.[737] Sie erstatteten Anzeige wegen Verdachts der fahrlässigen Körperverletzung gemäß § 118 des Strafgesetzbuchs. Denn sie waren darüber informiert worden, dass das Serum einen leberschädigenden Krankheitserreger enthielt und deshalb am 2. Januar 1979 gesperrt worden sei. Die Betroffenen beklagten die Weiterverwendung des Wirkstoffs und wiesen darauf hin, dass ab dem Zeitpunkt einer Sperre diese auch durchgesetzt werden müsse.[738]
Einige Tage nach der Anzeige hatte der Leiter der Abteilung Kriminalpolizei des Volkspolizeikreisamtes Meißen mit vier der betroffenen Frauen im Krankenhaus Nossen gesprochen. Anwesend waren der Chefarzt des Krankenhauses sowie die Beauftragten des Kreisarztes und der Staatlichen Versicherung. Auf die Frage, wer die Untersuchungen durchführte, hatten die Frauen nur den Hinweis erhalten, dass ihr Schreiben an die entsprechenden Stellen weitergeleitet werde.[739]
Der zuständige Staatsanwalt der Abteilung III der Generalstaatsanwaltschaft schlug vor, zunächst zu klären, ob die fünf Frauen nach der Sperrung der Chargen immunisiert worden waren. Gleichzeitig machte er den Vorschlag, entsprechende Anzeigen zusammenzufassen. Erst nach Abschluss des Verfahrens sollte über eine abschließende Mitteilung an die Personen, die eine

---

Verdacht des Verstoßes gegen das Arzneimittelgesetz BIBT Halle, 9.7.1979, Bl. 42–43, hier Bl. 43.
737 StA Halle (Saale), Handakte 3. Stellvertreter des Bezirksarztes Dresden an Bezirksbehörde der Deutschen Volkspolizei (BDVP) Dresden, Anzeige Anti-D-Prophylaxe Meißen, 6.7.1979, Bl. 41.
738 StA Halle (Saale), Strafakte II. (…) an Volkspolizeikreisamt (VPKA) Meißen – Abteilung K, 7.6.1979, Bl. 2–3.
739 StA Halle (Saale), Strafakte II. Volkspolizeikreisamt Meißen, Protokoll, Betreff: Anzeige vom 7.6.79 gegen „Unbekannt" wegen Verdacht der fahrlässigen Körperverletzung gemäß § 118 StGB durch die Patientinnen des Krankenhauses Nossen (Kr. Meißen) (…), 15.6.1979, Bl. 6–7, hier Bl. 6.

Anzeige erstattet hatten, entschieden werden.[740] Es war geplant, diesen mitzuteilen, dass die Anzeige in einem bereits laufenden Ermittlungsverfahren bearbeitet werde. Die Leiter der Abteilungen III der Bezirksstaatsanwaltschaften und die Leiter der Abteilungen Kriminalpolizei der Bezirksbehörden der Deutschen Volkspolizei hatten die Anweisung erhalten, Anzeigen zum Thema „ohne weitere Überprüfung" an das Ministerium des Innern zu übersenden.[741] Der Vertreter des Generalstaatsanwalts hielt diese Vorgehensweise im Bezirk Halle (Saale) nicht für erforderlich. Diese sollte nur erfolgen, wenn die Immunisierung nach Sperrung der Chargen erfolgt war und „weitere Maßnahmen gegen den die Immunisierung vornehmenden Arzt erforderlich" waren.[742] Falls nicht, sollte die Anzeige zunächst nur zu der erwähnten Beiakte genommen werden.

Bei den fünf Frauen, die Anzeige erstatteten, hatte die Bezirkshygienikerin von Dresden mitgeteilt, dass diese zu einem Zeitpunkt behandelt worden waren, zu dem die Charge 16 „als unverdächtig gelten" musste.[743] Die Generalstaatsanwaltschaft wies daraufhin an, die Betroffenen mündlich darüber zu informieren, dass keine Anhaltspunkte für eine Pflichtverletzung gefunden worden seien und ein Ermittlungsverfahren laufe. Über die Regelungen zur Unterstützung der Erkrankten sei der Bezirksarzt informiert.[744] Der hallische Staatsanwalt erhielt die Unterlagen zur Aufbewahrung.[745]

---

740 StA Halle (Saale), Handakte 3. Staatsanwalt [Berlin] an Staatsanwalt [Halle (Saale)] (Anm. 736), Bl. 43.
741 StA Halle (Saale), Handakte 3. Staatsanwalt [Berlin] an Staatsanwalt [Halle (Saale)] (Anm. 736), Bl. 42.
742 StA Halle (Saale), Handakte 3. Staatsanwalt [Berlin] an Staatsanwalt [Halle (Saale)] (Anm. 736), Bl. 42.
743 StA Halle (Saale), Handakte 3. Hygieneinspektion und -institut Dresden an Bezirksarzt Dresden, Strafanzeige im Kreis Meißen im Zusammenhang mit der Anti-D-Prophylaxe – Schreiben des Generalmajor (…) vom 25.6.79 – Stellungnahme zu den Fakten, 27.6.1979, Bl. 53.
744 StA Halle (Saale), Handakte 3. Staatsanwalt [Berlin] an Abt. III der Staatsanwaltschaft des Bezirkes Dresden, Anzeige wegen Verdachts der fahrlässigen Körperverletzung im Zusammenhang mit der Anti-D-Prophylaxe, 12.7.1979, Bl. 51–52, hier Bl. 51 f.
745 StA Halle (Saale), Handakte 3. Generalstaatsanwaltschaft der DDR (Staatsanwalt [Berlin]) an Staatsanwaltschaft des Bezirkes Halle (Staatsanwalt [Halle (Saale)]), Verdacht des Verstoßes gegen das Arzneimittelgesetz im BIBT Halle, 12.7.1979, Bl. 50.

Kurz darauf übersandte die Generalstaatsanwaltschaft dem Staatsanwalt aus Halle (Saale) erneut eine Anzeige zum selben Zweck, diesmal von einer Betroffenen, die neben ihrer Anzeige auch einen Antrag auf Verurteilung zum Schadensersatz gestellt hatte.[746] Sie war im November 1978 in der Bethanien-Frauenklinik Leipzig mit einer Ampulle der Charge 8 immunisiert worden und daraufhin an Hepatitis erkrankt.[747] Bei ihrem Krankenhausaufenthalt im Klinikum St. Georg in Leipzig zwischen Februar und Mai 1979 hatte sie erfahren, dass ein nicht einwandfreies Serum zur Prophylaxe verwendet worden war. Seitdem befand sie sich in ambulanter Behandlung und erstattete Strafantrag wegen fahrlässiger Körperverletzung. Sie hatte sich an die Bezirksbehörde der Deutschen Volkspolizei Schwerin gewandt, da sie sich bei ihren Eltern aufhielt.[748]

Die Bezirksbehörde hatte sie informiert, dass keine Pflichtverletzung der Ärzte vorlag und ein Ermittlungsverfahren gegen den Hersteller eingeleitet worden war.[749] Die Frau hatte sich damit nicht zufrieden gegeben und im Oktober 1979 selbst ein Schreiben an die Hauptabteilung Kriminalpolizei des Ministeriums des Innern verfasst.[750] Darin teilte sie mit, dass sie bisher nicht arbeitsfähig sei und ihr ein finanzieller Schaden entstanden sei, welchen ihr die Staatliche Versicherung nicht ersetze. Aus diesem Grund habe sie auch Schadensersatzanträge gestellt. Über den Ausgang der Anzeigenprüfung habe sie bisher keine Nachricht erhalten.[751] Die Generalstaatsanwaltschaft der DDR leitete das Schreiben an das Ministerium für Gesund-

---

746 StA Halle (Saale), Strafakte II. Anzeige von (…) an Bezirksbehörde der Deutschen Volkspolizei Schwerin, 20.7.1979, Bl. 8; StA Halle (Saale), Strafakte II. (…), Antrag auf Verurteilung zum Schadensersatz, 20.7.1979, Bl. 9.
747 StA Halle (Saale), Handakte 3. Generalstaatsanwaltschaft der DDR an Ministerium für Gesundheitswesen, 19.10.1979, Bl. 115.
748 StA Halle (Saale), Strafakte II. Anzeige (Anm. 746).
749 StA Halle (Saale), Handakte 3. Generalstaatsanwaltschaft der DDR (Staatsanwalt [Berlin]) an Staatsanwaltschaft des Bezirkes Halle (Staatsanwalt [Halle (Saale)]), Verdacht des Verstoßes gegen das Arzneimittelgesetz BIBT Halle, 22.8.1979, Bl. 54.
750 StA Halle (Saale), Handakte 3. Staatsanwalt [Berlin] an Staatsanwalt [Halle (Saale)], Verdacht des Verstoßes gegen das Arzneimittelgesetz BIBT Halle, 19.10.1979, Bl. 113.
751 StA Halle (Saale), Handakte 3. (…) an Ministerium des Innern, Anzeige wegen fahrlässiger Körperverletzung, 5.10.1979, Bl. 114.

heitswesen weiter und bat darum, das „Erforderliche zu veranlassen".[752] Da die Anzeige „nicht in den zu erwartenden Strafverfahren gegen Mitarbeiter des Herstellerbetriebes weiter bearbeitet werden" könne, habe die Dienststelle der Deutschen Volkspolizei der Betroffenen mündlich mitgeteilt, dass das Schreiben an das Ministerium für Gesundheitswesen weitergeleitet werde.[753]

Die Frauen, welche Anzeige erstattet hatten, sollten nach Abschluss des Verfahrens eine Nachricht von dem Beauftragten des Ministers für Gesundheitswesen erhalten. Diese Vorgehensweise war zwischen der Generalstaatsanwaltschaft und Gesundheitsminister Mecklinger in einem Gespräch am 15. November 1979 vereinbart worden.[754] Offenbar lagen überhaupt nur diese drei Anzeigen vor, welche der Stellvertreter des Generalstaatsanwalts dem Minister für Gesundheitswesen am 18. März 1980 zusandte.[755]

## 2.4 Fehler bei der Erfassung und Konsequenzen

Die Unterlagen des Ministeriums für Gesundheitswesen zeigen, dass bei der Erfassung der infizierten Frauen Fehler gemacht wurden. So beschwerte sich der Ehemann einer Betroffenen über das Vorgehen der Ärzte, die seine Frau in die Infektionsklinik Klettwitz eingewiesen hatten. Nach persönlichen Vorsprachen war er schließlich von einem Gynäkologen über die „verschmutzte Serumslieferung" informiert worden.[756] Bei seiner Frau war eine Hepatitis diagnostiziert worden. Der Ehemann hatte kurz darauf von einem Arzt aus Klettwitz erfahren, dass seine Frau überhaupt keine

---

752 StA Halle (Saale), Handakte 3. Generalstaatsanwaltschaft der DDR an Ministerium (Anm. 747).
753 StA Halle (Saale), Handakte 3. Generalstaatsanwaltschaft der DDR an Ministerium (Anm. 747).
754 StA Halle (Saale), Handakte 3. Vertreter des Generalstaatsanwaltes an Minister für Gesundheitswesen, 18.3.1980, Bl. 183.
755 StA Halle (Saale), Handakte 3. Anlage: Anzeigeerstatterinnen, die wegen Eintritts von Gesundheitsschäden nach Anti-D-Immunisierung Strafverfolgung forderten, Bl. 184.
756 BArch, DQ 1/11706, Teil 3. (…) an Minister für Gesundheitswesen, 25.3.1979, unpag.

Injektion mit dem besagten Impfstoff bekommen habe und die Leberwerte sehr gut seien. Seine Unsicherheit darüber, warum seine Frau noch nicht entlassen worden war, brachte er deutlich zum Ausdruck: „Könnte an ihr ein Versuch ausgeführt werden, ob noch andere Impfstoffe nicht einwandfrei waren? Da könnte man uns aber die Wahrheit sagen. (…) Wie muß ich mich verhalten?"[757] Die Staatliche Hygieneinspektion hatte daraufhin telefonisch eine Sachstandsangabe gefordert. Dabei stellte sich heraus, dass die Ehefrau mit der Charge 201277 immunisiert und „unkritisch in die ueberwachungsmaßnahmen [sic!]", die im Zusammenhang mit der Anti-D-Prophylaxe standen, einbezogen worden war.[758] Trotz ihrer Blutwerte, die nicht auf eine Hepatitis hingewiesen hatten, war sie zur Klärung ins Krankenhaus eingewiesen worden. Nachdem durch eine Biopsie eine Hepatitis ausgeschlossen werden konnte, wurde die Frau im April mit der Diagnose „Hepatose" entlassen. Da ihr „bestimmte versprechungen [sic!]" gemacht worden waren, gewährte das Ministerium für Gesundheitswesen hier eine Ausnahmeregelung, die eine Auszahlung der festgelegten Beträge „zur beruhigung der frau [sic!]" vorsah.[759]

Wenn Frauen, die den kontaminierten Wirkstoff erhalten hatten, nicht erfasst wurden, konnte dies zu schweren Konsequenzen führen. So starb im Juni 1980 eine junge Frau in Görlitz infolge einer Leberzirrhose, nachdem sie seit Dezember 1979 wegen eines hepatitisähnlichen klinischen Krankheitsbildes im Krankenhaus gelegen hatte.[760] Bereits im Oktober 1978 hatte sie das Anti-D-Immunglobulin der Charge 10 erhalten.[761] Sie war seit April 1979 „über viele Wochen hinweg wegen ‚immer wieder rezidivieren-

---

757 BArch, DQ 1/11706, Teil 3. (…) an Minister für Gesundheitswesen (Anm. 756), unpag.
758 BArch, DQ 1/11706, Teil 3. Bezirkshygieneinspektion Dresden an Hauptabteilung Hygiene und Staatliche Hygieneinspektion des Ministeriums für Gesundheitswesen, Betr. Sachstandsinformation zu 4 Eingaben im Zusammenhang mit Hepatitis nach Anti-D – Ihre tel. Anforderung vom 24.4.1979, unpag.
759 BArch, DQ 1/11706, Teil 3. Bezirkshygieneinspektion Dresden an Hauptabteilung (Anm. 758), unpag.
760 BArch, DQ 1/24452. Anlage: Ministerium für Gesundheitswesen, HA III an M1 über M4, 6.6.1980, unpag.
761 BArch, DQ 1/24452. Sofortmeldung gem. 1.2 (4) Betr. Todesfall mit zweifelhaftem bzw. schwer feststellbarem Sachverhalt, 3.7.1980, unpag.

den grippalen Infekten" in ärztlicher Behandlung" gewesen.[762] Der Haupthygieniker vermutete hinter diesen Krankheitserscheinungen eine anikterische Hepatitis. Er hatte den Bezirkshygieniker des Bezirkes Dresden, der ihm den Fall gemeldet hatte, angewiesen, sofort den Zusammenhang zur Anti-D-Prophylaxe zu ermitteln. Falls der Tod darauf zurückzuführen war, sollte unverzüglich eine versicherungsrechtliche Anerkennung eingeleitet und mit den Angehörigen gesprochen werden. Für den Haupthygieniker war gleichzeitig zu klären, warum „die Verstorbene denn nicht im Rahmen der Dispensaire-Untersuchungen für Anti-D-Empfänger" erfasst worden war.[763] Es erfolgte schließlich eine Anerkennung als Impfschaden,[764] woraus geschlossen werden kann, dass der Tod möglicherweise infolge der kontaminierten Anti-D-Prophylaxe eingetreten war. Gegen die Entbindungsklinik in Görlitz wurde wegen versäumter Übermittlung der Anti-D-Empfängerin ermittelt. Der Bezirksarzt war eingeschaltet worden.[765]

Es gab zudem Frauen, die Blut spendeten, obwohl sie eine kontaminierte Anti-D-Prophylaxe erhalten hatten. Laut Bericht der Hauptabteilung Hygiene und Staatliche Hygieneinspektion gab es eine „Reihe von Geschädigten", die vor ihrer Erkrankung Blut gespendet hatten und denen nun für einen Zeitraum von fünf Jahren eine Blutspende untersagt worden war.[766] Ob dieses Verbot anschließend erneuert wurde, bleibt offen. Falls dies nicht geschehen war, kann es durchaus zu weiteren Infektionen aufgrund von Blutspenden gekommen sein. Schadensersatzforderungen für die entgangenen Einnahmen aus Blutspenden wiegelte das Ministerium damit ab, dass der gezahlte Betrag eine Aufwandsentschädigung und keine Bezahlung des Blutes darstellte.[767]

---

762 BArch, DQ 1/24452. Anlage (Anm. 760), unpag.
763 BArch, DQ 1/24452. Anlage (Anm. 760), unpag.
764 BArch, DQ 1/24452. Ministerium für Gesundheitswesen, handschriftlicher Vermerk, unpag.
765 BArch, DQ 1/24452. Vermerk (Anm. 764), unpag.
766 BArch, DQ 1/11705, Teil 1. Hausmitteilung von HA III/D an HA III/D, HA IV/I, Betr.: Hepatitis-Erkrankung nach Anti-D-Immunprophylaxe, 24.7.1979, unpag.
767 BArch, DQ 1/11705, Teil 1. Hausmitteilung (Anm. 766), unpag.

Dass infizierte Frauen Blut spendeten, beweisen Ermittlungen gegen das Bezirksinstitut für Blutspende- und Transfusionswesen Berlin. Nach einer Betriebskontrolle hatten das Staatliche Kontrollinstitut für Seren und Impfstoffe und das Institut für Arzneimittelwesen disziplinarische Maßnahmen erwogen.[768] Die Kontrolle hatte im Oktober 1979 aufgrund einer Mitteilung des Leiters der Technischen Kontrollorganisation des Bezirksinstituts stattgefunden.

Dieser hatte das Institut für Arzneimittelwesen informiert, dass eine Blutspenderin, die infolge der kontaminierten Anti-D-Prophylaxe an einer Hepatitis erkrankt war, nicht von der Spenderliste gestrichen worden war. Stattdessen hatte man sie noch zweimal zu einer Blutspende aufgefordert.[769] Die Spenderin war im Juni 1979 im Bezirksinstitut erschienen und hatte der Schwester mitgeteilt, dass sie an einer Hepatitis erkrankt war. Anstatt die betroffene Frau in der Spenderkartei zu sperren, war ihr eine Blutprobe entnommen worden, um zu testen, ob sie nicht eventuell doch als Spenderin in Frage kam. Der Test auf Australia-Antigen verlief negativ und die Transaminasewerte lagen im Normalbereich. Die Frau war anschließend zu zwei Blutspenden aufgefordert worden, die im August und Oktober 1979 stattfanden. Erst im Oktober 1979 hatte man im Nordmark-Krankenhaus Berlin mit Blick in den Sozialversicherungsausweis festgestellt, dass die Frau zwischen März und Mai 1979 wegen einer Hepatitis stationär aufgenommen war. Der zuständige Arzt hatte das Bezirksinstitut für Blutspende- und Transfusionswesen Berlin anschließend informiert, und die aus der Spende hergestellten Zubereitungen wurden einen Tag später sichergestellt. Das Institut für Impfstoffe in Dessau wurde angewiesen, die am 3. Oktober 1979 abgeholten Sammelbehälter mit etwa 50 Liter Plasma nicht weiterzuverarbeiten.[770]

---

768 BArch, DQ 1/24452. Institut für Arzneimittelwesen der DDR und Staatliches Kontrollinstitut für Seren und Impfstoffe an Bezirksarzt Berlin, 22.10.1979, unpag.
769 BArch, DQ 1/24452. Institut für Arzneimittelwesen der DDR und Staatliches (Anm. 768), unpag.
770 BArch, DQ 1/24452. Institut für Arzneimittelwesen der DDR und Staatliches (Anm. 768), unpag.

Der Ärztliche Direktor des Bezirksinstituts für Blutspende- und Transfusionswesen Berlin hatte den Leiter der Abnahmeabteilung im Krankenhaus Buch beauftragt, den Verbleib der im August 1979 erfolgten Blutspende zu recherchieren. Es stellte sich schließlich heraus, dass diese zur Herstellung von Kryopräzipitat und von Erythrozytenkonzentrat verwendet worden war. Überstandsplasma war an das Institut für Impfstoffe in Dessau gegangen. Das Erythrozytenkonzentrat war am 14. August 1979 in der Charité einem Patienten per Infusion injiziert worden. Dieser war zwei Tage später an einer Ösophagusvarizenblutung bei Leberzirrhose verstorben. Das Kryopräzipitat war am 18. September 1979 einem Hämophilie-Patienten im Krankenhaus Berlin Friedrichshain verabreicht worden. In diesem Fall waren eine Behandlung mit Gammaglobulin, die Bestimmung der Transaminasewerte und die Prüfung des Australia-Antigens erfolgt.[771]

Die Blutspende war also erfolgt, obwohl das Institut Kenntnis von der Schwere der Hepatitiserkrankungen hatte, die Anfang des Jahres aufgetreten waren. Es war außerdem davon auszugehen, dass es sich um eine Non-A-Non-B-Hepatitis handelte, die mit einem Australia-Antigen-Test nicht nachgewiesen werden konnte. Selbst das Ministerium konnte nicht ausschließen, dass die Sperrung der Blutspenderin bewusst unterlassen worden war. Der Haupthygieniker bemängelte zudem, dass das Bezirksinstitut in Berlin erst zwei Wochen nach der Mitteilung aus dem Nordmark-Krankenhaus das Institut für Arzneimittelwesen informiert hatte. Außerdem war die Recherche über den Verbleib der Blutspende und die Sicherstellung der Zubereitungen und Sammelbehälter nur schleppend vorangegangen. Das Ministerium für Gesundheitswesen hatte daher Auflagen erteilt und eine Auswertung im Blutspendewesen angeordnet.[772]

---

771 BArch, DQ 1/24452. Institut für Arzneimittelwesen der DDR und Staatliches (Anm. 768), unpag.
772 BArch, DQ 1/24452. Ministerium für Gesundheitswesen, HA III/D, M 1, Betriebskontrolle im Bezirksinstitut für Blutspende- und Transfusionswesen Berlin durch Institut für Arzneimittelwesen und das Staatliche Kontrollinstitut für Seren und Impfstoffe am 16.10.1979, 5.11.1979, unpag.

## 2.5 Staatlicher Umgang mit chronischen Erkrankungen und Konsequenzen für die Erkrankten

### 2.5.1 Anzahl der langfristigen Erkrankungen

Dem unmittelbaren Schock aufgrund der Erkrankung und der damit verbundenen Trennung von der Familie und den Säuglingen folgte in vielen Fällen ein langfristiges Trauma, da die betroffenen Frauen realisierten, dass die Hepatitis entgegen der Bekundungen des Ministeriums für Gesundheitswesen nicht nach kurzer Zeit wieder ausgeheilt war. Stattdessen bemerkten einige Betroffene eine zunehmende Verschlechterung ihres gesundheitlichen Zustandes: „In den vergangenen 3 Jahren traten als Periphererscheinung eine allgemein gesundheitliche Labilität auf, welche sich als Nierenschmerzen, Abmagerung, Mattigkeit, Müdigkeit, Kreislaufbeschwerden, öftere Infekte der oberen Luftwege und Kopfschmerzen äußerte und sich stetig manifestiert. Es gibt bei mir also große gesundheitliche Qualitätsschwankungen und es erhärtet sich immer mehr der Verdacht, daß sich die Grundkrankheit erweitert und ausdehnt. (...) Schrittweise muß ich für mich in den letzten Jahren eine stark eingeschränkte Lebensqualität und Einschnitte im persönlichen und familiären Leben auf Grund der Gesundheitsschädigung konstatieren."[773] Auch das Ministerium für Gesundheitswesen registrierte, dass die Erkrankung bei vielen Frauen länger dauerte als ursprünglich angenommen. Gesundheitsminister Mecklinger hatte zwar der zuständigen Zentralkomitee-Abteilung Gesundheitspolitik im August 1979 mitgeteilt, dass das Geschehen als abgeschlossen angesehen werden könne.[774] Er bezog sich darauf,

---

773 BArch, DQ 1/12709. (...) an Ministerium für Gesundheitswesen, Eingabe, 25.8.1979, unpag.
774 BArch, DQ 1/11705, Teil 1. Minister für Gesundheitswesen an Leiter der Abteilung Gesundheitspolitik des Zentralkomitees, 16.8.1979, unpag.

dass in der ersten Augustwoche nur noch eine Neuerkrankung gemeldet worden sei, berichtete aber gleichzeitig, dass sich viele Frauen noch in ambulanter Behandlung befänden. Aufgrund dessen könne ein größerer Kostenaufwand als die veranschlagten zwölf Millionen Mark nicht ausgeschlossen werden. Denn die Erkrankungen dauerten zum Teil lange, und es traten auch Rückfälle auf, aufgrund derer die Betroffenen dann erneut arbeitsunfähig geschrieben waren.[775] Aus diesem Grund erließ der Minister im Oktober 1979 eine weitere Weisung. Darin war festgelegt, dass sich alle erkrankten Frauen nach einer Arbeitsunfähigkeitsdauer von sechs Monaten einer internistischen Vorstellung zu unterziehen hatten. Die Beauftragten der Bezirksärzte für die Schadensregulierung sollten „profilierte Internisten" mit dieser Aufgabe betrauen.[776] Anschließend war die Staatliche Versicherung darüber zu informieren, ob weiterhin eine Arbeitsunfähigkeit bestand.[777]

Auch der Staatlichen Versicherung hatte der Gesundheitsminister mitgeteilt, dass mit Neuerkrankungen nicht mehr zu rechnen sei. Der Hauptdirektor der Staatlichen Versicherung ging davon aus, dass es sich mit 2.867 registrierten Erkrankungen bis Ende November 1979 um den „Endstand" handelte.[778] Bis dahin waren 8,9 Millionen Mark für die Schadensregulierung von 2.823 Erkrankungen ausgegeben worden. Für den Monat Dezember rechnete der Hauptdirektor mit etwa einer halben Million Mark. Für das gesamte Jahr wurde ein Betrag von 9,5 Millionen Mark veranschlagt. Das Ministerium für Gesundheitswesen hatte wie gefordert den Abschlag von acht Millionen Mark gezahlt. Damit blieb eine Restforderung von 1,5 Millionen Mark. Die Staatliche Versicherung ging „auf Grund der

---

775 BArch, DQ 1/11705, Teil 1. Minister für Gesundheitswesen, Betr.: Abschlussbericht über Hepatitiserkrankungen nach Anti-D-Immunprophylaxe, 14.8.1979, unpag.
776 BArch, DQ 1/11705, Teil 1. Minister für Gesundheitswesen an Bezirksärzte (nachrichtlich: Bezirkshygieniker), Betr. Hepatitiserkrankungen nach Anti-D-Immunprophylaxe (Weisung Nr. 7), 2.10.1979, unpag.
777 BArch, DQ 1/11705, Teil 1. Minister für Gesundheitswesen an Bezirksärzte (Anm. 776), unpag.
778 BArch, DQ 1/24452. Hauptdirektor der Staatlichen Versicherung der DDR an Ministerium für Gesundheitswesen und an Ministerium der Finanzen, 12.12.1979, unpag.

Dauer und der Schwere der Erkrankungen in einer Vielzahl von Fällen" erst für das Jahr 1980 von einer endgültigen Abrechnung aus.[779] In 74% der gemeldeten Erkrankungen waren die Schadensregulierungen abgeschlossen und dafür 5,5 Millionen Mark geleistet worden. Der durchschnittliche Betrag pro Person lag bei 2.652 Mark.[780] Die Durchschnittshöhe für die offiziell noch nicht abgeschlossenen Erkrankungen lag bei 5.300 Mark pro Person. Der Hauptdirektor ging von einem weiteren Anstieg dieses Betrages aus, da die Hepatitis zunehmend länger als sechs Monate dauerte. Die Staatliche Versicherung hatte im Dezember 1979 517 Personen mit langfristigen Erkrankungen registriert. Da die ärztlichen Gutachten noch nicht vorlagen, war noch nicht klar, ob bei den Frauen dauernde Beeinträchtigungen zurückbleiben würden.[781]

Mecklinger hatte seine Weisung von Oktober 1979 in einer Orientierung zur Begutachtung im Januar 1980 näher konkretisiert. Diese erhielten nun auch die medizinischen Dienste verschiedener Ministerien, die Hygieneinspektion der Sowjetisch-Deutschen Aktiengesellschaft (SDAG) Wismut und die Verkehrs-Hygieneinspektion. Auch die Staatliche Versicherung wurde informiert. In der Orientierung war festgehalten, dass man im Allgemeinen davon ausgehen könne, dass bei Transaminasewerten unter 100 IE und subjektivem Wohlbefinden Arbeitsfähigkeit vorliege. Nach einem Jahr Krankheitsdauer sollte eine Leberbiopsie zur Beurteilung herangezogen werden. Das Ergebnis war der Staatlichen Versicherung mitzuteilen. Das Ministerium für Gesundheitswesen ordnete einen Ausgleich des materiellen Schadens nach den bislang festgelegten Grundsätzen an, schrieb aber pauschale Zahlungen in Abhängigkeit von der Begutachtung vor.[782]

---

779  BArch, DQ 1/24452. Hauptdirektor der Staatlichen Versicherung (Anm. 778), unpag.
780  BArch, DQ 1/24452. Hauptdirektor der Staatlichen Versicherung (Anm. 778), unpag.
781  BArch, DQ 1/24452. Hauptdirektor der Staatlichen Versicherung (Anm. 778), unpag.
782  BArch, DQ 1/11705, Teil 1. Ministerium für Gesundheitswesen an alle Bezirksärzte (nachrichtlich an Bezirkshygieniker; Min. d. Inneren, Verwaltung, Med. Dienste; Min. f. Nat. Verteidigung, Med. Verwaltung; Min. f. Staatssicherheit, Med. Dienst; Med. Dienst des Verkehrswesens, Verk.--Hygieneinspektion; SDAG Wismut Hygieneinspektion; Staatliche Versicherung der DDR) Orientierung zur weiteren Verfahrensweise bei verzögert ausheilenden Hepatitiserkrankungen nach Anti-D-Immunprophylaxe, 10.1.1980, unpag.

Bis Februar 1981 waren 2.916 erkrankte Personen und Personen mit Verdacht auf eine Erkrankung bei der Staatlichen Versicherung registriert. Schwerpunktbezirke der Erkrankungen waren: Berlin (216 Erkrankungen), Dresden (282 Erkrankungen), Gera (198 Erkrankungen), Halle (Saale) (313 Erkrankungen), Karl-Marx-Stadt (392 Erkrankungen), Leipzig (351 Erkrankungen) und Potsdam (301 Erkrankungen). Bis zu diesem Zeitpunkt hatte die Staatliche Versicherung 11,2 Millionen Mark an die erkrankten Frauen gezahlt, davon 1,9 Millionen Mark im Jahr 1980. Den Großteil der Ausgleichszahlungen hatten die erkrankten Mütter mit 9,4 Millionen Mark erhalten. An Frauen, die nach einer Schwangerschaftsunterbrechung oder einer Fehlgeburt erkrankt waren, hatte die Staatliche Versicherung 1,7 Millionen Mark gezahlt. Für erkrankte Kontaktpersonen war eine Summe von 72.900 Mark ausgegeben worden.[783]

Das Ministerium für Gesundheitswesen berichtete 1981, dass es seit 1980 nach anfänglich leichtem Krankheitsverlauf und einer längeren Phase der Arbeitsfähigkeit bei einer wachsenden Zahl von Frauen zu „Hepatitisrezidiven oder akuten Schüben eines chronischen Geschehens" gekommen war.[784] Der Verdienstausfall, Pflegekosten und die Einschränkung der Teilnahme am gesellschaftlichen Leben wurde bis zur 78. Woche der Arbeitsunfähigkeit gezahlt, ab da an erhielten die Betroffenen eine Invalidenrente. Die Einschränkungen bestanden in einer Diät, in dem Verbot, Alkohol zu trinken und Ovulationshemmer wie die Antibabypille einzunehmen. In Ausnahmefällen wurde das Alkoholverbot länger als für ein Jahr ausgesprochen. Sobald die Arbeit wiederaufgenommen werde konnte, lagen nach Ansicht das Ministeriums für Gesundheitswesen keine wesentlichen Einschränkungen mehr vor. Der Ausgleichsbeitrag entfiel in diesem Fall und sollte nur bei weiteren Schüben, einer chronischen Hepatitis oder einem dauernden Körperschaden gezahlt werden. Falls den Betroffenen „materielle Nachteile" entstanden, sollten diese „voll ausgeglichen" werden.[785] Dies

---

783 BArch, DQ 1/24452. Hauptabteilung III an Verteiler (Anm. 676), unpag.
784 BArch, DQ 1/24452. Hauptabteilung III an Verteiler (Anm. 676), unpag.
785 BArch, DQ 1/24452. Hauptabteilung III an Verteiler (Anm. 676), unpag.

war der Fall, wenn die Arbeitsunfähigkeit über die Schonarbeit hinausging, der Beruf gewechselt wurde und erhöhte Aufwendungen, zum Beispiel für Diätkost, entstanden.

Die Anfertigung der Gutachten ging nur schleppend voran. Zu 250 Personen hatten die Bezirksdirektionen der Staatlichen Versicherung ein solches angefordert, doch bis Anfang 1981 lagen nur 74 Gutachten vor. Von diesen 74 Personen wiesen sieben einen Körperschaden über 70 % auf und waren damit zum Bezug einer Invalidenrente berechtigt. Die Zuständigen im Ministerium für Gesundheitswesen gingen davon aus, dass Personen mit einer Körperschädigung von unter 70 % wieder eine Arbeit aufnehmen konnten. Hierzu diente das im Arbeitsgesetzbuch festgelegte Konzept der Schonarbeit, das für erkrankte Werktätige den Wechsel an einen anderen Arbeitsplatz vorsah. Das Ministerium für Gesundheitswesen schätzte den weiteren Verlauf der Hepatitiserkrankungen prognostisch „günstig" ein, ohne dies weiter zu belegen.[786] Die Frage, ob ein dauerhafter Körperschaden zurückbleibe, könne erst nach Ablauf einiger Jahre geklärt werden. Nachbegutachtungen waren für Ende 1981 vorgesehen.[787]

Nach dem akuten Krankheitsgeschehen verschob sich der Fokus nach 1979 zunehmend auf die Bewertung der Erkrankung und die damit verbundene Erwerbsminderung. Doch sofern die Betroffenen die Voraussetzungen für den Bezug einer Invalidenrente nicht erfüllten, erhielten sie keine Rente. Dies führte zu weiteren Eingaben, welche die Hauptabteilung Hygiene und Staatliche Hygieneinspektion nun immer häufiger an die Zentralstelle für Ärztliches Begutachtungswesen weiterleitete. 1983 wandte sich der Haupthygieniker an deren Direktor und teilte mit, dass mittlerweile eine „,neue Qualität' der Anti-D-Eingaben" zu verzeichnen sei.[788] Denn viele Frauen waren mit der staatlichen Unterstützung unzufrieden und kritisierten die Dispensaire-Betreuung, die Begutachtung und die Versorgung mit Kuren und Medikamenten.

---

786  BArch, DQ 1/24452. Hauptabteilung III an Verteiler (Anm. 676), unpag.
787  BArch, DQ 1/24452. Hauptabteilung III an Verteiler (Anm. 676), unpag.
788  BArch, DQ 1/11707. Ministerium für Gesundheitswesen an Zentralstelle für Ärztliches Begutachtungswesen, 30.5.1983, unpag.

## 2.5.2 Dispensairebetreuung und Begutachtung

Minister Mecklinger hatte in seiner dritten Weisung im März 1979 festgelegt, dass die erkrankten Frauen in eine Dispensairebetreuung einzubeziehen waren.[789] Die Dispensaires waren wesentlicher Bestandteil des DDR-Gesundheitswesens. Sie bestanden für bestimmte Krankheiten, die aufwendiger zu behandeln waren, wie beispielsweise Tuberkulose. Dispensaires arbeiteten entweder als selbständige Einrichtungen oder waren mit Polikliniken verbunden. Mit der Dispensairebetreuung wurde die Gesundheitsfürsorge in der DDR umgestaltet, denn sie fasste Diagnostik, Therapie, Prophylaxe und Rehabilitation zusammen.[790]

Bei der Dispensairebetreuung der Frauen, die infolge der kontaminierten Anti-D-Prophylaxe an einer Hepatitis erkrankt waren, ging es offenbar vor allem um eine Kontrolle des Gesundheitszustandes, der mithilfe von Blutwerten und Leberbiopsien festgestellt wurde. Dies macht ein Schreiben des Bezirkskrankenhauses Potsdam deutlich: „Die Patienten, die anikterisch erkranken, bemerken selbst ihre Krankheit nicht. Diese kann nur durch Kontrollen der Transaminasen erfaßt werden. Da wir vermuten, daß diese Hepatitis nach Jahren zu einem Leberschaden führen kann, haben wir im ganzen Gesundheitswesen alle Anstrengungen unternommen, um die infizierten Frauen zu erfassen und zu betreuen. Die Höhe der Transaminasebefunde gibt nur Aufschluß über das Ausmaß der Immunantwort der Leber, jedoch keinen Hinweis über das Ausmaß des Leberschadens. Aussagen darüber gibt uns nur die Leberbiopsie."[791] Einige Frauen bemängelten, dass die ärztliche Betreuung nicht mit einer Behandlung verbunden war, sondern lediglich in einer Kontrolle der Leberwerte bestand.[792] Die Blutwerte

---

789 StA Halle (Saale), Handakte 3. Minister für Gesundheitswesen Bezirksärzte (Anm. 130), Bl. 26.
790 Winfried Süß: Gesundheitspolitik. In: Hans-Günter Hockerts (Hg.): Drei Wege staatlicher Sozialstaatlichkeit. NS-Diktatur, Bundesrepublik und DDR im Vergleich. München 1998, S. 55–100, hier S. 67f.
791 BArch, DQ 1/11707. Bezirkskrankenhaus Potsdam, Poliklinik Babelsberg an Minister für Gesundheitswesen, 17.3.1981, unpag.
792 BArch, DQ 1/11707. (…) an Ministerium für Gesundheitswesen, 21.12.1983, unpag.

wurden in kurzen Abständen über einen längeren Zeitraum hinweg kontrolliert. Eine Invalidenrentnerin gab an, dass die Kontrollen während ihrer Erkrankung und auch darüber hinaus im Abstand von drei Wochen erfolgt waren.[793] Eine andere Betroffene kritisierte im November 1979 die langen Wartezeiten bei der alle zwei Wochen stattfindenden Blutkontrolle, ebenso wie die Tatsache, dass ihr Arzt einer Kur „mit an Ablehnung grenzender Zurückhaltung" gegenüberstehe.[794]
Dies zeigt, dass der Bitte des Haupthygienikers, die erkrankten Frauen bevorzugt mit Kuren zu versorgen, nicht überall Folge geleistet wurde. Im Oktober 1979 hatte dieser den Bundesvorstand des Freien Deutschen Gewerkschaftsbunds, der die Sozialversicherung der Arbeiter und Angestellten verwaltete, darum gebeten, für die infizierten Frauen vordringlich Heilkuren zur Verfügung zu stellen. Der Direktor der Sozialversicherung hatte sich daraufhin mit den Bezirksdirektoren in Verbindung gesetzt. Diese sollten gemeinsam mit den Bezirksärzten darüber beraten, wie diese Maßgabe im Rahmen der vorhandenen Möglichkeiten gewährleistet werden konnte.[795]
Einige Frauen erfuhren erst bei ihrer Kur, wie es um ihren Gesundheitszustand bestellt war: „Zur Versorgung in der DDR hat man uns immer gesagt (…) es gibt nichts gegen die Krankheit. Diät halten und ansonsten wenig Aufregung – na. Mir läuft die Galle über heißt nicht umsonst mir läuft die Galle über und ich habe das Glück, drei Wochen Kur in Karlsbad zu bekommen. Und hatte dort einen sehr netten Arzt, der mir auch erstmal verdeutlicht hat, so ungefährlich ist das gar nicht, was ich hab. Bis dahin wusste ich das, also 10 Jahre wusste ich nicht, dass das eine gefährliche Krankheit ist. Und da hat er aufgeschrieben, also ich soll mindestens alle drei Jahre eine Kur bekommen und ich sollte zur Leberstärkung Legalon verordnet bekommen. (…) Und da hat sich die Chefärztin da amüsiert drüber, weil

---

793 BArch, DQ 1/11707. (…) an Ministerium für Gesundheitswesen, Eingabe, 15.2.1981, unpag.
794 BArch, DQ 1/11706, Teil 1. (…) an Ministerium für Gesundheitswesen, Medizinische Betreuung bei durch Anti-D-Immunprophylaxe hervorgerufener Hepatitis – Eingabe, 28.11.1979, unpag.
795 BArch, DQ 1/11705, Teil 1. Direktor der Verwaltung der Sozialversicherung an Ministerium für Gesundheitswesen, 18.10.1979, unpag.

Legalon ist ein Produkt, was man mit Valuta-Mitteln einkaufen müsste, und also das gibt es ja für DDR-Bürger nicht. Also die einzige Versorgung war eigentlich eine, die nicht stattfand, weil man die Mittel nicht dafür hatte."[796] Es gab also Medikamente, mit denen man die Betroffenen hätte behandeln können, diese waren allerdings mit einem Import verbunden, den die DDR sich nicht leisten wollte. Viele langfristig erkrankte Frauen litten besonders darunter, dass ihnen von vielen Seiten Unverständnis entgegenschlug, sobald die Symptome über einen längeren Zeitraum hinweg bestanden. Denn die offizielle Sichtweise des Ministeriums für Gesundheitswesen, dass keine bleibenden Schäden zurückbleiben würden, wurde nicht öffentlich korrigiert. Das hatte auch zur Folge, dass Ärzte die Krankheit verharmlosten und die Betroffenen sich nicht ernst genommen fühlten: „Man ist immer davon ausgegangen, ach, das wird schon und in meinem Falle hatte ich zwar auch Kummer deswegen; ich habe mich auch mit dieser Ärztin da angelegt, weil da sehr unschöne Dinge gelaufen sind und ich wusste auch von anderen Frauen, dass sie gar nicht ohne ihren Partner hingegangen sind weil sie sich immer so in der Bringpflicht sahen. Also man hat immer entgegengebracht bekommen, so eine Krankheit ist nach drei Wochen vorbei und es kann nicht sein, dass da noch Beschwerden sind."[797]

Auch in der Dispensairebetreuung wurden eine umfassende Information und ein öffentlicher Austausch unter den Frauen vermieden. So erinnert sich eine Betroffene, dass sie bei ihrer Ärztin, bei der sie in Dispensairebetreuung war, kaum andere Frauen traf und ihre Erkrankung als singuläres Phänomen hingestellt wurde.[798] Eine andere Betroffene, die an einer chronischen Hepatitis litt, beschwerte sich 1984 beim Ministerium für Gesundheitswesen darüber, dass ihr Arzt zwei Mal versucht habe, die Dispensairebehandlung mit der Begründung abzuwehren, dass ihre Leberwerte nicht schlecht genug seien. Der Facharzt, bei dem sie seit 1979 in Behandlung war, hatte ihr daraufhin erneut eine Leberpunktion vorge-

---

796   Interview mit Frau CPA (Anm. 582).
797   Interview mit Frau CPA (Anm. 582).
798   Interview mit Frau CPA (Anm. 582).

schlagen. Anschließend wurde sie bis zum 22. Januar 1984 aufgrund einer „chronisch-lobulären Hepatitis" krankgeschrieben.[799] Sie gab an, dass sie von ihrem Facharzt auf Nachfragen hin immer widersprüchliche Angaben erhalten habe, die ihrer Ansicht nach die Erkrankung herunterspielen sollten. Gegen diese Einschätzung stand ihr subjektives Empfinden. Als sie von ihrem Facharzt im Februar 1984 vehement eine Erklärung über die Erkrankung eingefordert hatte, habe ihr dieser geantwortet, dass sie „erst einmal ein paar Jahre Medizin studieren sollte und danach wiederkommen" könne.[800] Sie teilte dem Ministerium für Gesundheitswesen daraufhin mit: „Es kann mir hier nur der Eindruck entstehen, daß es hier nicht, so wie es eigentlich sein müßte, um das Wohl des Patienten, und wohlgemerkt des Patienten, der durch Fahrlässigkeit der Ärzte erst in diesen Zustand geriet geht, sondern lediglich um die Ausnutzung der Arbeitskraft um jeden Preis. Ich lasse mich auch nicht mit lapidaren Hinweisen auf meine Leberbefunde, die ja ganz gut seien, abspeisen, wenn es mir nicht gut geht."[801] Sie gab an, dass sie nicht bereit sei, an einer Leberzirrhose zu sterben und bat um eine Prüfung des Sachverhaltes.[802]

Der Haupthygieniker gab die Eingabe an die Zentralstelle für Ärztliches Begutachtungswesen der DDR weiter und verwies darauf, dass er bereits im Januar 1983 um eine grundsätzliche Stellungnahme „zur weiteren Verfahrensweise bei diesem Personenkreis" gebeten habe.[803] Die Zentralstelle für Ärztliches Begutachtungswesen hatte daraufhin eine Besprechung mit der Betroffenen anberaumt. Gleichzeitig war die Chefärztin der Klinik Berlin Prenzlauer Berg gebeten worden, mit dieser die medizinischen Fragen zu klären.[804] In einem Aktenvermerk wurde zudem festgehalten, dass die

---

799 BArch, DQ 1/11707. (…) an Gesundheitsminister der DDR, 15.2.1984, unpag.
800 BArch, DQ 1/11707. (…) an Gesundheitsminister (Anm. 799), unpag.
801 BArch, DQ 1/11707. (…) an Gesundheitsminister (Anm. 799), unpag.
802 BArch, DQ 1/11707. (…) an Gesundheitsminister (Anm. 799), unpag.
803 BArch, DQ 1/11707. Hauptabteilung Hygiene und Staatliche Hygieneinspektion des Ministeriums für Gesundheitswesen an Zentralstelle für Ärztliches Begutachtungswesen der DDR, 2.3.1984, unpag.
804 BArch, DQ 1/11707. Zentralstelle für Ärztliches Begutachtungswesen an (…), Ihre Eingabe vom 15.2.1984, 15.6.1984, unpag.

Begutachtung und Schadensregulierung den gesetzlichen Bestimmungen entspreche. Es müsse festgestellt werden, „daß die Eingabe eine Folge eines sicherlich nicht optimalen Arzt-Patienten-Verhältnisses ist, da sich Frau (…) über eine mangelnde Aufklärung über Prognose der Erkrankung sowie über die Begründung für Vornahme oder Unterlassung von diagnostischen Maßnahmen (Leberpunktionen) beklagte."[805]

Viele Ärzte bestanden auf der Durchführung einer Leberpunktion, obwohl offen bleibt, welchen Effekt diese neben einer reinen Diagnose hatte. So hatte sich eine Frau, die infolge der Anti-D-Prophylaxe an Hepatitis erkrankt war, an das Ministerium gewandt, weil sich ihr gesundheitlicher Zustand bislang nicht gebessert hatte. Sie fürchtete, einen dauerhaften Gesundheitsschaden davongetragen zu haben und forderte eine Information über die Erkrankung sowie eine Entschädigung. Die Bezirkshygienikerin des Bezirkes Dresden kritisierte daraufhin, dass sie eine Leberpunktion – „die einzige Möglichkeit einer exakten Klärung der Ursache" – ausgeschlagen habe.[806] Zudem habe sie auf eine Entlassung aus dem Krankenhaus gedrängt, weshalb einige Kontrollwerte nicht mehr hätten abgewartet werden können. Aufgrund der rückläufigen Werte ging die Bezirkshygienikerin von einem „insgesamt sehr milden Verlauf" der Erkrankung aus.[807] Da sich die Frau immer noch nicht wohl fühlte, befürwortete die Bezirkshygienikerin, ihr durch „eine gründliche medizinische Begutachtung zusätzlich zu helfen."[808] Die Begutachtung sollte durch den Leiter der Infektionsabteilung des Städtischen Krankenhauses Dresden-Neustadt erfolgen und dabei unbedingt eine Leberpunktion beinhalten.[809] Die Bezirkshygienikerin wies darauf hin, dass auch möglicherweise andere Faktoren hinsichtlich des gefühlt schlechten Gesundheitszustands eine Rolle spielten, die man dann „sehr

---

805 BArch, DQ 1/11707. Aktenvermerk, o. D., unpag.
806 BArch, DQ 1/11706, Teil 1. Bezirkshygieneinspektion und -institut Dresden an (…), Betr.: Die Eingabe an das Ministerium für Gesundheitswesen vom 17.9.79 wegen Ihrer Hepatitiserkrankung, 14.12.1979, unpag.
807 BArch, DQ 1/11706, Teil 1. Bezirkshygieneinspektion an (…) (Anm. 806), unpag.
808 BArch, DQ 1/11706, Teil 1. Bezirkshygieneinspektion an (…) (Anm. 806), unpag.
809 BArch, DQ 1/11706, Teil 1. Bezirkshygieneinspektion an (…) (Anm. 806), unpag.

unmißverständlich von der überstandenen Hepatitis abgrenzen" müsse.[810]
Die Reaktion der Betroffenen war deutlich von Angst gekennzeichnet: Sie
nahm sämtliche Forderungen zurück und hatte dem begutachtenden Arzt
Anfang Januar 1980 erklärt, dass sie sich seit Dezember 1979 wohlfühle
und der Aussage ihrer behandelnden Ärzte vertraue, keinen chronischen
Leberschaden davongetragen zu haben. Ansprüche auf finanzielle Entschädigung verneinte sie und verzichtete von sich aus auf eine Begutachtung
mit einer Leberbiopsie, obwohl der Arzt sie „auf die evtl. Folgen der Ablehnung" hingewiesen hatte.[811]

Frauen, die längerfristig erkrankt waren, mussten sich häufig dafür rechtfertigen, dass sie nicht arbeiten konnten. Gleichzeitig wurde die Arbeitsbefreiung von einem ärztlichen Gutachten abhängig gemacht. So hatte sich
eine Betroffene im Juni 1981 einer Leberpunktion unterzogen, die eine
schwere Leberschädigung ergeben hatte. Der behandelnde Arzt hatte sie
im Anschluss daran arbeitsunfähig geschrieben. Nach dreimonatiger Arbeitsunfähigkeit hatte sie für sechs Stunden pro Tag ihre Arbeit wiederaufgenommen. Der entstandene Ausgleich für diesen Zeitraum wurde von
einem erneuten Gutachten, das im zweiten Quartal 1982 erstellt werden
sollte, abhängig gemacht. Die Betroffene verwahrte sich dagegen, „als Versuchsobjekt benutzt zu werden, an dem Punktionen und Laparoskopien
vorgenommen werden für Gutachten, die für die Versicherung nur Makulaturwert haben."[812] Die Bezirksstelle für Ärztliches Begutachtungswesen
und Rehabilitation hielt diesen Vorwürfen entgegen, dass die Begutachtung
entsprechend den gesetzlichen Bestimmungen erfolgt sei. Nach Recherchen
könne davon ausgegangen werden, dass „weder die vorliegenden Gutachten
als Makulatur noch etwa ein Patient für irgendwelche Versuche genutzt"

---

810 BArch, DQ 1/11706, Teil 1. Bezirkshygieneinspektion und -institut Dresden an Chefarzt der I. Med. Klinik des Städt. Krankenhauses Dresden-Neustadt, 18.12.1979, unpag.

811 BArch, DQ 1/11706, Teil 1. I. Med. Klinik Dresden an Bezirkshygieneinspektion und -institut Dresden, 7.1.1980, unpag.

812 Privatarchiv, Aktenordner D. (…) an Leitenden Ärztlichen Gutachter, Betr. Hepatitis (nach Anti-D-Imm.) (…), 13.11.1981, unpag.

worden sei.[813] Die Bezirksstelle hatte die Beschwerde an die Staatliche Versicherung weitergegeben. Diese antwortete fast ein Jahr später, dass die in der Eingabe angesprochenen Probleme in einem persönlichen Gespräch geklärt werden sollten.[814]
Die Betroffene litt auch Jahre später noch unter Beschwerden und konnte nicht wieder vollständig arbeiten. 1984 beschwerte sie sich erneut über die ärztliche Begutachtung, insbesondere über das Verhalten eines Mitglieds der Ärzteberatungskommission.[815] Diese Kommissionen bestanden aus mehreren Ärzten und begutachteten erkrankte Beschäftigte nach Ablauf einer bestimmten Frist. Diese Kollektivbegutachtung diente dazu, Krankschreibungen zu kontrollieren. Damit sollte der Krankenstand gesenkt, und Gelder der Sozialversicherung sollten eingespart werden. Seit der „Anordnung über die Arbeitsbefreiung bei Arbeitsunfähigkeit"[816] aus dem Jahr 1974 waren arbeitsunfähige Beschäftigte den Ärzteberatungskommissionen nach 35 Tagen vorzustellen. In Ausnahmefällen konnte diese Frist verkürzt werden.[817]
Die Sitzung der Ärzteberatungskommission hatte im Oktober 1984 in der Poliklinik Markranstädt stattgefunden. Drei Ärzte waren anwesend. Einer von ihnen hatte der Betroffenen mit Verweis auf den „Buschfunk" unterstellt, dass bei ihrer Erkrankung wohl auch Zigaretten und Alkohol eine Rolle spielten.[818] Eine andere in der Kommission vertretene Ärztin wollte die Betroffene sofort in das Krankenhaus im Ort einweisen. Diese protestierte, da sie in einem anderen Krankenhaus behandelt werden wollte und

---

813  Privatarchiv, Aktenordner D. Bezirksstelle für Ärztliches Begutachtungswesen und Rehabilitation Leipzig an (…), 2.12.1981, unpag.
814  Privatarchiv, Aktenordner D. Staatliche Versicherung der DDR an (…), Leberschädigung infolge Anti-D-Immunprophylaxe (Impfschädigung) (…), 22.11.1982, unpag.
815  Privatarchiv, Aktenordner D. (…) an Kreisärztin Leipzig-Land, Eingabe, Betr. Beschwerde über das Auftreten des (…) während der ÄBK-Sitzung vom 16.10.1984 in der Poliklinik Markranstädt, 2.11.1984, unpag.
816  Anordnung über die Arbeitsbefreiung bei Arbeitsunfähigkeit vom 19. Juli 1974. In: Gesetzblatt der DDR. Teil I. Nr. 34. Berlin 1974, S. 326–328, hier S. 326.
817  Frerich, Frey: Geschichte der Sozialpolitik (Anm. 662), S. 317–319.
818  Privatarchiv, Aktenordner D. Aufzeichnung der mündlichen Aussprache vom 17.4.84, o. D., unpag.

zunächst die Kindesbetreuung organisieren musste. Daraufhin hatte sie der Arzt vor die Wahl gestellt, entweder in das genannte Krankenhaus zu gehen oder am nächsten Tag wieder arbeiten zu müssen. Auf Intervention der Ärztin konnte ein Kompromiss gefunden werden.[819] Diese ließ der Betroffenen später ausrichten, dass sie das Verhalten des Arztes bedauere. Sie schlug vor, diese gesund zu schreiben, wodurch eine stationäre Begutachtung entfalle. Die Betroffene sollte in den folgenden Wochen im Rahmen der Schonarbeit arbeiten und einen Antrag an die Versicherung zur Anerkennung eines Dauerkörperschadens und einer Teilrente stellen.[820]
Welche Spuren die Sitzung der Ärzteberatungskommission bei der betroffenen Frau hinterließen, zeigt ihr Beschwerdeschreiben an die zuständige Kreisärztin. Sie schilderte darin die Ereignisse in der Hoffnung, anderen Patienten eine solche Diskriminierung zu ersparen. Besonders machte ihr zu schaffen, dass sich der Arzt nicht für ihren gesundheitlichen Zustand interessiert, sondern sie von Anfang an als „arbeitsscheues Element" dargestellt habe.[821] Sie bat die Kreisärztin darum, alles Notwendige zu unternehmen, damit „eine solch unwürdige ÄBK [Ärzteberatungskommission]-Sitzung nie wieder stattfindet."[822] Diese hatte die Eingabe „mit großer Betroffenheit" zur Kenntnis genommen und versprach, das geschilderte Vorkommen disziplinarisch auszuwerten.[823] Ob die Eingabe Konsequenzen hatte, bleibt unklar. Sie zeigt allerdings, dass es durchaus Situationen gab, in denen die Symptome der Betroffenen negiert und diese schnellstmöglich wieder arbeitsfähig geschrieben wurden. Sofern sie auf ihre Symptomatik verwiesen, wurden sie mit Beschuldigungen konfrontiert.

---

819 Privatarchiv, Aktenordner D. Aufzeichnung: Verlauf der ÄBK-Sitzung vom 16.10.1984 in der Poliklinik Markranstädt, o. D., unpag.
820 Privatarchiv, Aktenordner D. Aufzeichnung (Anm. 818), unpag.
821 Privatarchiv, Aktenordner D. (…) an Kreisärztin (Anm. 815), unpag.
822 Privatarchiv, Aktenordner D. (…) an Kreisärztin (Anm. 815), unpag.
823 Privatarchiv, Aktenordner D. Kreisärztin Leipzig-Land an (…), 19.11.1984, unpag.

### 2.5.3 Versorgung oder Forschung?

Es bleibt zu fragen, wie stark die Blutkontrollen und Leberbiopsien, denen sich die Frauen unterziehen mussten, exklusiv für ihre klinische Versorgung oder auch für die Erforschung der Krankheit genutzt wurden. Dass es schon in der DDR zu umfangreichen Forschungsaktivitäten kam, machen nicht nur Aussagen von Betroffenen deutlich, die aus heutiger Sicht einschätzen, dass das Forschungsinteresse eindeutig überwog.[824] Das Ministerium für Gesundheitswesen plante bereits im Mai 1979 eine Auswertung der Erkrankungen und tolerierte in der Folgezeit weitere Forschungen, sofern sie nicht mit der Geheimhaltungspraxis kollidierten. Gesundheitsminister Mecklinger bat die Bezirksärzte der Bezirke Dresden, Gera, Halle (Saale), Karl-Marx-Stadt, Leipzig und Potsdam um Unterstützung bei der Anlage eines zentralen Depots von Seren der erkrankten Frauen. Der Minister hielt dieses Vorgehen im „Interesse einer exakten wissenschaftlichen Abklärung" für notwendig.[825] Die zuständigen Bezirke sollten „(vorhandene oder noch abzunehmende) Seren" nach einem festen Schema für das Staatliche Kontrollinstitut für Seren und Impfstoffe bereitstellen. Es handelte sich um eine Summe von 200 Seren. Diese sollte aus Blutproben von etwa 40 Patientinnen und infizierten Kontaktpersonen bestehen. Die Proben sollten zu Beginn der Erkrankung, nach zwei bis vier Wochen, nach zwölf bis 15 Wochen, nach sechs Monaten und nach einem Jahr entnommen werden. Das Ministerium hielt es für „wünschenswert", möglichst viele vollständige Verlaufskontrollen einzelner Patientinnen einzusenden.[826]
Daneben plante das Ministerium für Gesundheitswesen eine größere Auswertung des Geschehens. Der Haupthygieniker stellte in diesem Zusammenhang einen Antrag auf Bereitstellung von Programmier- und Rechenkapazität im Institut für Sozialhygiene und Organisation des Gesund-

---

824 Interview mit Frau HPA und Frau HPB, geführt von Florian Steger in Halle (Saale), 17.3.2016.
825 BArch, DQ 1/24452. Mecklinger an Bezirksärzte Dresden, Gera, Halle, Karl-Marx-Stadt, Leipzig, Potsdam, 30.5.1979, unpag.
826 BArch, DQ 1/24452. Mecklinger an Bezirksärzte (Anm. 825), unpag.

heitswesens Maxim Zetkin (ISOG). Das Institut war verantwortlich für die Medizinalstatistik der DDR und erarbeitete Analysen zum Gesundheitszustand der Bevölkerung. Gleichzeitig untersuchten die Mitarbeiter Fragen der Planung und Ökonomie des Gesundheitswesens. Der Haupthygieniker gab an, dass Daten von etwa 700 Personen, die bereits an Hepatitis erkrankt waren oder bei denen der Verdacht auf eine Erkrankung bestand, erhoben werden sollten. Diese Erhebung war in fünf großen Infektionskliniken in Berlin, Dessau, Dresden, Karl-Marx-Stadt und Leipzig geplant. Die Vorbereitungen liefen bereits und die klinischen Parameter wurden unter der Leitung der II. Medizinischen Klinik der Charité ausgearbeitet. Für den epidemiologischen Teil und die Realisierung mithilfe der EDV waren eine Fachgruppe Hepatitis[827] und die Hauptabteilung Hygiene und Staatliche Hygieneinspektion des Ministeriums für Gesundheitswesen verantwortlich. In Zusammenarbeit mit einem Programmierer sollte ein Erfassungsbogen erarbeitet und die EDV-Strecke abgesichert werden. Erste Ergebnisse waren für Ende 1980 vorgesehen. Der Haupthygieniker bat um Prüfung, ob das Vorhaben im Rechenzentrum realisiert werden könne. Er machte darauf aufmerksam, dass es sich bei den Hepatitiserkrankungen um „eine außergewöhnliche Epidemie von hohem wissenschaftlichen Wert" handele.[828] Schon Ende 1979 hatte eine Arbeitsberatung zu diesem Thema stattgefunden. Der zuständige Koordinator hatte während dieser Beratung Empfehlungen für „unsere gemeinsame Pilotstudie" erstellt. Er bat die beteiligten Ärzte[829] um eine Stellungnahme zur angefügten Konzeption und nannte gleichzeitig als neuen Termin „zur definitiven Abfassung und der Ar-

---

827 BArch, DQ 1/22452. Ministerium für Gesundheitswesen an Verteiler, 22.12.1980, unpag.
828 BArch, DQ 1/24452. HA III/D an (…), Antrag zur Bereitstellung von Programmier- und Rechenkapazität im ISOG, Einmalige Auswertung einer Hepatitisepidemie in der DDR, 14.3.1980, unpag.
829 BArch, DQ 1/22452. (…) an Verteiler, 6.2.1980. Beteiligt waren (…) – Leipzig, (…) – Karl-Marx-Stadt, (…) – Klinik Prenzlauer Berg, (…) – Robert Koch Krankenhaus Dessau, (…) – Medizinische Akademie Dresden, (…) – Path. Institut Charité, (…) – Bezirkshygienikerin Erfurt sowie (…) und (…) vom Ministerium für Gesundheitswesen, unpag.

beitsorganisation" den 11. Februar 1980.⁸³⁰ Eine weitere Besprechung zur Durchführung des klinischen Auswertungsprogramms der „Non-A-non-B-Hepatitiden nach Anti-D-Prophylaxe" fand am 13. August 1980 statt. Das Ministerium für Gesundheitswesen lud hierzu unter anderem die beteiligten Ärzte und den Leiter des Staatlichen Kontrollinstituts für Seren und Impfstoffe ein.⁸³¹

Schon bald geriet die Forschung zu den Hepatitiserkrankungen, die auch wissenschaftliche Publikationen nach sich zog, in Konflikt mit der festgelegten Geheimhaltungspraxis. Im April 1980 erreichte den Minister für Gesundheitswesen ein Schreiben des Vertreters des Generalstaatsanwalts. Dieser verwies darauf, dass ihm im Strafverfahren gegen Schubert bekannt geworden sei, dass ein Mitglied der Expertenkommission, Dr. Friedrich Renger (1918–2015),⁸³² in zwei Zeitschriften über das Thema berichtet hatte.⁸³³ Zusätzlich hatte die Generalstaatsanwaltschaft den Fußnoten der beiden Artikel entnehmen können, dass dieses Mitglied nicht nur auf einer Tagung in Erfurt 1979, sondern auf einem internationalen Kongress in Basel über die Thematik referiert hatte. Der Vertreter des Generalstaatsanwalts bat Mecklinger um eine Prüfung der Angelegenheit, „da die Publikationen im Widerspruch zu unserer Absprache über die absolute Geheimhaltung des Vorkommnisses stehen."⁸³⁴ Er betonte zudem, dass die Justizorgane diese Absprache bisher „voll gewährleistet" hatten.⁸³⁵

---

830 BArch, DQ 1/22452. (…) an Verteiler, 6.2.1980 (Anm. 829), unpag.
831 BArch, DQ 1/22452. Ministerium an Verteiler (Anm. 827), unpag.
832 Caris-Petra Heidel, Marina Lienert (Hg.): Die Professoren der medizinischen Fakultät Carl Gustav Carus und ihrer Vorgängereinrichtungen 1814–2004. München 2005, S. 181 f.
833 Friedrich Renger, Karl-Heinz Frank, Wolfgang Reimann, Heiner Porst, Liesbeth Tschöpel, H.-U. Lehmann: Erste Ergebnisse zur Virushepatitis C als klinisch und immunologisch definierbare Form der Non-A/Non-B-Hepatitiden. In: Medizin aktuell 5 (1979), S. 518–519; Friedrich Renger, Karl-Heinz Frank, Heiner Porst, Georg Klaus Hinkel: Klinische und immunologische Parameter zur non-A, non-B-Hepatitis und daraus abzuleitende Empfehlungen für die Früherkrankung und Prophylaxe in den Dialysezentren. In: Deutsches Gesundheitswesen 35 (1980), S. 443–446.
834 BArch, DQ 1/24452. Stellvertreter des Generalstaatsanwaltes der DDR an Minister für Gesundheitswesen, 16.4.1980, unpag, handschriftliche Hervorhebung im Original.
835 BArch, DQ 1/24452. Stellvertreter des Generalstaatsanwaltes an Minister (Anm. 834), unpag.

Ein Mitarbeiter des Ministeriums für Gesundheitswesen informierte den Vertreter des Generalstaatsanwalts daraufhin, dass die erste Veröffentlichung mit dem Stellvertreter des Ministers für Gesundheitswesen abgestimmt worden war: „Die Erlaubnis wurde gegeben, da als wesentlicher Inhalt der Publikation neue wissenschaftliche Erkenntnisse von internationaler Bedeutung zur Entstehung einer speziellen Form der Virushepatitis herausgestellt wurden. In gleicher Form erfolgte auch die Verlautbarung in Basel. Bezüge zu dem Gesamtgeschehen fehlten."[836] Allerdings wies er darauf hin, dass die Veröffentlichung in der Zeitschrift „Deutsches Gesundheitswesen" nicht korrekt sei und eindeutige Bezugspunkte zum Gesamtgeschehen herstelle. Offenbar war in diesem Fall keine Abstimmung erfolgt. Gesundheitsminister Mecklinger hatte „in Auswertung dieses Vorfalls Anfang Mai 1979 festgelegt, daß Veröffentlichungen zu dieser Problematik bis auf weiteres vollständig unterbleiben, ohne die Weiterführung der wissenschaftlichen Arbeiten zur Auswertung des Geschehens zu vernachlässigen."[837] Hiervon waren die Redakteure der Fachzeitschriften ebenso wie Renger informiert worden.[838]

Renger und seine Arbeitsgruppe hatten in dem Artikel darauf hingewiesen, dass sie systematische Untersuchungen von 151 Frauen „denen kontaminiertes Anti-D-Globulin verabfolgt war" sowie von 118 Säuglingen „potentiell infizierter, zum Teil manifest erkrankter Mütter" durchgeführt hatten.[839] Die Überwachung der Probandengruppe sei unmittelbar erfolgt, nachdem die mögliche Infektion bekannt geworden war. Renger hatte 118 Mütter dafür gewinnen können, ihre Säuglinge untersuchen zu lassen. Zu „Methodik und Material" gab er an, dass es sich bei der Untersuchungsgruppe um ein „homogenes Patientenkollektiv junger, gesunder Frauen"

---

836  BArch, DQ 1/24452. (…) an Stellvertreter des Generalstaatsanwaltes, 25.7.1980, unpag.
837  BArch, DQ 1/24452. (…) an Stellvertreter des Generalstaatsanwaltes (Anm. 836), unpag.
838  BArch, DQ 1/24452. (…) an Stellvertreter des Generalstaatsanwaltes (Anm. 836), unpag.
839  Friedrich Renger, Karl-Heinz Frank, Heiner Porst, Georg Klaus Hinkel: Klinische und immunologisch Parameter zur non-A, non-B-Hepatitis und daraus abzuleitende Empfehlungen für die Früherkennung von Prophylaxe in den Dialysezentren. In: Deutsches Gesundheitswesen 35 (1980), S. 443–445, hier S. 443.

handele, „bei denen Infektionsmodus und -zeitpunkt bekannt" seien.[840] Die Arbeitsgruppe hatte ein Antigen-Antikörper-System zum immunologischen Nachweis vorgelegt, das identisch mit den Ergebnissen einer japanischen Arbeitsgruppe war. Renger hatte auch das Blut der fünf erkrankten Spender aus Neubrandenburg untersucht und bei drei einen spezifischen Antikörper gefunden, den er vorschlug, mit Hepatitis C zu benennen. Ein wichtiges Ergebnis von Rengers Studie war, dass dieser die Hepatitis C für außerordentlich infektiös hielt. Denn er hatte nachweisen können, dass bei Müttern, die nicht erkrankt waren, die Säuglinge durchaus erkrankt sein konnten. Die Arbeitsgruppe hielt daher auch Antigenträger ohne manifeste Krankheitszeichen für eine „besonders gefährliche, weil nicht erkannte, und häufige Infektionsquelle".[841] Ein weiteres wichtiges Ergebnis war, dass eine Hepatitis C nur aufgrund der erhöhten Transaminasen (SGPT und SGOT) erfasst werden konnte.[842] Gemeinsam mit Georg Klaus Hinkel, Heiner Porst und Karl-Heinz Frank hatte Renger diese Ergebnisse zudem in der Wissenschaftlichen Zeitschrift der Humboldt-Universität veröffentlicht. Diese hatte die Generalstaatsanwaltschaft offenbar übersehen. Denn auch hier war die Rede davon, dass die Immunisierung mit kontaminiertem Anti-D-Immunglobulin von November 1978 bis März 1979 zu einer begrenzten Hepatitis-Epidemie geführt hatte. Dabei wurde angegeben, dass das „Kontrollprogramm (…) auf eine unmittelbare und eine langfristige systematische Pilotstudie ausgerichtet" sei.[843] Mit diesem sollten „möglichst exakte Aussagen über Epidemiologie und klinisches Bild dieser (…) in der

---

840 Renger, Frank, Porst, Hinkel: Klinische und immunologisch Parameter (Anm. 839), S. 443.
841 Renger, Frank, Porst, Hinkel: Klinische und immunologisch Parameter (Anm. 839), S. 444.
842 Renger, Frank, Porst, Hinkel: Klinische und immunologisch Parameter (Anm. 839), S. 444.
843 Friedrich Renger, Karl-Heinz Frank, Heiner Porst, Georg Klaus Hinkel: Non-A, non-B-Hepatitis (NANBH) bei jungen Säuglingen von parental bei der Anti-D-Prophylaxe infizierten Müttern. In: Wissenschaftliche Zeitschrift der Humboldt-Universität zu Berlin/Mathematisch-naturwissenschaftliche Reihe 29 (1980), S. 575–577, hier S. 575.

Erforschung befindlichen Hepatitisform" gewonnen werden.[844] Auch bei den 118 Säuglingen waren Leberpunktionen durchgeführt worden. Die Arbeitsgruppe kam zu dem Ergebnis: „Der Vergleich in Tabelle 1 zeigt eine größere Bereitschaft zu Kontrolluntersuchungen bei den Kindern mit erhöhten Transaminasen. Die Mütter wurden durch die Begleitsymptome offensichtlich beunruhigt und folgen der Aufforderung mit einer höheren Bereitwilligkeit als die Mütter der gesund gebliebenen Kinder."[845] Dass die Forschungsgruppe mit dieser Einschätzung richtiglag, zeigt sich deutlich in den Eingaben.[846]

Die Blutspenden konnten auch vergütet werden, wie ein Schreiben aus dem Klinikum St. Georg an eine betroffene Frau deutlich macht: „[B]ei Spezialuntersuchungen in der Universitätsklinik für Innere Medizin (Charité) zu Berlin sind in Ihrem Blut noch Anteile des Hepatitisvirus gefunden worden. Für weiterführende wissenschaftliche Untersuchungen wäre eine Blutspende sehr günstig. Diese Blutspende würde mit 1 M pro ml Blut, d. h., bei einer normalen Blutspende von 200–250 ml mit ca. 200 M vergütet."[847] Im August 1981 wandte sich die Chefärztin der Klinik für Infektionskrankheiten des Küchwald-Klinikums Karl-Marx-Stadt an den Haupthygieniker und teilte mit, dass im Juni 1981 das Untersuchungsprogramm der Pilotstudie „Virushepatitis C" nach Anti-D-Prophylaxe abgeschlossen worden war. Es handele sich um 169 Probanden, davon 130 Erkrankte und 39 Nichterkrankte, die den Wirkstoff der Chargen 8 und bis 21 erhalten hatten.[848] Sie hatte dem zuständigen Koordinator die restlichen 81 ausgefüllten Datenträger übersandt. Alle Frauen aus den Kreisen Flöha, Karl-Marx-Stadt-Land und Karl-Marx-Stadt-Stadt, die eine Anti-D-Prophylaxe der Chargen 8 bis 21 erhalten hatten, waren erfasst, fast ausschließlich stationär behandelt und betreut worden. Weitere acht Einzelpersonen waren in das Programm mit

---

844 Renger, Frank, Porst, Hinkel: Non-A, non-B-Hepatitis (Anm. 843), S. 575.
845 Renger, Frank, Porst, Hinkel: Non-A, non-B-Hepatitis (Anm. 843), S. 575.
846 BArch, DQ 1/11706, Teil 1. (…) an Ministerium (Anm. 561), unpag.
847 BArch, DQ 1/11707. Klinik für Infektionskrankheiten des Bezirkskrankenhauses St. Georg Leipzig, (…) an (…), 30.7.1982, unpag.
848 BArch, DQ 1/11705, Teil 1. Chefärztin Klinik für Infektionskrankheiten des Bezirkskrankenhauses Karl-Marx-Stadt Ministerium für Gesundheitswesen, 24.8.1981, unpag.

aufgenommen worden, sodass 169 Erkrankte eingeschlossen worden waren. 88 Erfassungsbögen hatte der zuständige Koordinator bereits erhalten. Erkrankungen von Neugeborenen waren nicht aufgetreten.[849]
Der Direktor der Universitätsklinik für Innere Medizin der Charité hatte sich im April 1983 an das Ministerium für Gesundheitswesen gewandt und um die Genehmigung gebeten, ihm von einigen der mit Hepatitis kontaminierten Anti-D-Immunglobulin-Chargen Material zu Forschungszwecken auszuhändigen: „Unsere Zielstellung ist die Reinigung und Konzentration des Antigens und Verbesserung des Nachweises. Nach vielfältigen vergeblichen Versuchen ist es uns ja 1981/82 gelungen, das Antigen mittels Immundiffusion und Überwanderungselektrophorese nachzuweisen. Nach Kenntnis der Literatur ist über den Nachweis in therapeutischen Seren noch nicht berichtet worden."[850] Der Direktor bat um je 50 Ampullen aus den Chargen 8 und 9.[851] Der Haupthygieniker antwortete ihm, dass er die Restbestände zu Forschungszwecken erhalten werde. Er sollte sich diesbezüglich mit dem neuen Direktor des Staatlichen Kontrollinstituts für Seren und Impfstoffe in Verbindung setzen. Der Haupthygieniker gab aber in Hinsicht auf die Untersuchungen zu bedenken, „daß Publikationen wissenschaftlicher Ergebnisse in diesem Zusammenhang bzw. die Zusammenarbeit mit anderen Institutionen zu dieser Problematik der Genehmigung des Ministeriums für Gesundheitswesen" bedurften.[852]
Forschungen von erheblichem Ausmaß fanden zudem im Leipziger Klinikum St. Georg statt. Manfred Wiese, damaliger Oberarzt der Infektionsabteilung Hepatitis, gibt an, dass von den „2 867 Betroffenen des ‚Anti-D-Geschehens'" in der Infektionsambulanz des Klinikums 500 über den

---

849  BArch, DQ 1/11705, Teil 1. Chefärztin Klinik für Infektionskrankheiten des Bezirkskrankenhauses Karl-Marx-Stadt an (…), Bereich Medizin (Charité) der Humboldt-Universität Berlin, 16.6.1981, unpag.
850  BArch, DQ 1/11705, Teil 1. Direktor der Universitätsklinik für Innere Medizin „Theodor Brugsch" an Ministerium für Gesundheitswesen, 4.4.1983, unpag.
851  BArch, DQ 1/11705, Teil 1. Direktor an Ministerium (Anm. 850), unpag.
852  BArch, DQ 1/11705, Teil 1. Ministerium für Gesundheitswesen an Direktor der Universitätsklinik für Innere Medizin „Theodor Brugsch", 26.4.1983, unpag.

Zeitraum von 20 Jahren kontinuierlich betreut wurden.[853] Da im ersten Jahrzehnt nach der Infektion „keine serologischen oder molekularvirologischen Verfahren zur Verlaufsbeobachtung zur Verfügung standen, lag der Schwerpunkt auf der histologischen Verlaufsbeurteilung."[854] Insgesamt waren über 600 Leberbiopsien der Gruppe ausgewertet worden. Diese waren auch Grundlage für eine 1991 von ihm veröffentlichte Publikation zur Hepatitis C.[855]

Schon 1987 hatte Wiese in seiner Dissertation die Daten einer großen Gruppe von Frauen, die durch die Anti-D-Prophylaxe mit Hepatitis C infiziert worden waren, ausgewertet. Die Bedeutung der Erforschung von Hepatitisinfektionen machte er unter anderem daran fest, dass diese eine „ökonomische Belastung für die Gesellschaft" darstellten, aber „auch das Vertrauensverhältnis der Bevölkerung zu unserem sozialistischen Gesundheitswesen [belaste], vor allem zu den operativen Fächern, zu invasiv diagnostischen Techniken und Impfungen, da Virushepatitiden als Nosokomialinfektionen in unmittelbarem Zusammenhang mit solchen Eingriffen übertragen werden können."[856] Dabei hob er vor allem die Homogenität der Patientinnengruppe hervor, die „von konkurrierenden Einflüssen" wie anderen Erkrankungen frei sei.[857] Stattdessen biete die Gruppe durch gleiches Geschlecht, ein junges Lebensalter, die gleiche „Infektionsart und -dosis" eine „solide Basis für aussagekräftige Ergebnisse".[858] Wiese hatte über 400 Leberbiopsien von 479 Non-A-Non-B-Hepatitis-Patienten ausgewertet. Die Anti-D-Empfängerinnen und ihre Säuglinge machten mit 362 Personen den Großteil der Untersuchungsgruppe aus. Wiese gibt an, dass diese Gruppe seit neun Jahren betreut worden war. Die Patentinnengruppe hatte sich allerdings

---

853 Manfred Wiese: Infektionsmedizin gestern und heute. Die Betreuung von Patienten mit virusbedingten Lebererkrankungen. 50 Jahre St. Georg – Erinnerungen früherer Mitarbeiter. Leipzig 2001.
854 Wiese: Infektionsmedizin gestern und heute (Anm. 853).
855 Wiese: Infektionsmedizin gestern und heute (Anm. 853).
856 Manfred Wiese: Klinisch-epidemiologische Studie zur NANB-Hepatitis unter besonderer Berücksichtigung des chronischen Verlaufes. Dissertation. Leipzig 1987, S. 4.
857 Wiese: Klinisch-epidemiologische Studie zur NANB-Hepatitis (Anm. 856), S. 4.
858 Wiese: Klinisch-epidemiologische Studie zur NANB-Hepatitis (Anm. 856), S. 5.

im Laufe der Zeit verringert, was er auf „persönliche Veränderungen (Umzug, Geburt weiterer Kinder, Heirat, Scheidung usw.)" zurückführte. Daher hatte er mithilfe der Polizei (Pass- und Meldewesen) versucht, „alle in der DDR lebenden Patientinnen wieder aufzuspüren."[859] So konnten 157 der ursprünglich 189 stationär betreuten Frauen „nachkontrolliert" werden.[860] Wie die Patientinnengruppe überhaupt entstanden war, schilderte Wiese in seiner Dissertation nur knapp. Als Ursache gab er an, dass sich die Antigenspenderin zum Zeitpunkt der Spende im Anfangsstadium oder zwischen zwei Schüben einer Non-A-Non-B-Hepatitis befunden habe. Zu der Kontamination der Chargen führte er nur knapp Folgendes aus: „Infolge mangelhafter Kenntnis der NANBH (gedankliche Reduzierung des PTH-Problems auf die B-Hepatitis) und unter der falschen Annahme, dass ev. vorhandene Hepatitisviren bei den einzelnen Verarbeitungsschritten inaktiviert würden (…), wurde das NANBHV-haltige Plasma zur Anti-D-Immunglobulinproduktion eingesetzt. (…) Diese (unbeabsichtigt) iatrogen entstandene Patientengruppe ermöglicht u. a. wissenschaftliche Aussagen über die Anzahl der Patienten, die nach einer hinsichtlich Erreger, Inokulationsart und -menge definierten Infektion ikterisch, anikterisch oder subklinisch erkrankten, bzw. über die Zahl der Nichterkrankten."[861] Seine Studie hatte ergeben, dass 65 % der Erkrankungen nicht entdeckt worden wären, wenn der epidemiologische Zusammenhang nicht gezielte Screeningtests ermöglicht hätte. Er kam zu dem Schluss, dass eine „[m]ilde bis fehlende Symptomatik" die Non-A-Non-B-Hepatitis kennzeichne.[862] Ein Großteil seiner Untersuchungsgruppe von 149 Personen hatte keine Medikamente, sondern nur Vitamin-B-Komplex und Vitamin C erhalten. Diese „Lebergrundtherapie" sei bei 33 der untersuchten Frauen mit einer medikamentösen Zusatztherapie kombiniert worden. Bei sieben Frauen war Prednisolon verwendet worden, dem Wiese allerdings keinen erkennbaren Nutzen zuschrieb.[863]

---

859 Wiese: Klinisch-epidemiologische Studie zur NANB-Hepatitis (Anm. 856), S. 34.
860 Wiese: Klinisch-epidemiologische Studie zur NANB-Hepatitis (Anm. 856), S. 34.
861 Wiese: Klinisch-epidemiologische Studie zur NANB-Hepatitis (Anm. 856), S. 41.
862 Wiese: Klinisch-epidemiologische Studie zur NANB-Hepatitis (Anm. 856), S. 3.
863 Wiese: Klinisch-epidemiologische Studie zur NANB-Hepatitis (Anm. 856), S. 66 f.

Leberzirrhosen waren in der Untersuchungsgruppe nicht beobachtet worden. Wiese bezog sich aber auch auf den Todesfall der 23-Jährigen, die neben der Non-A-Non-B-Hepatitis auch das Hepatitis-B-Virus in sich getragen habe und daher an einem Leberkoma verstorben sei. Wiese gab an, dass die Behandlung bei einer chronisch-persistierenden Non-A-Non-B-Hepatitis und der „mild verlaufende[n] chronisch-aggressive[n] Hepatitis" nur „symptomatischer Behandlungsmassnahmen [sic!] und laufender (auch bioptischer) Überwachung" bedürfen, damit eine Entwicklung zu einer Leberzirrhose rechtzeitig erkannt werden könne.[864] Zur Chronizität der Non-A-Non-B-Hepatitis gab er an, dass diese auch bei normalen Alanin-Aminotransferase-Werten bestehe. Wenn man den histologischen Befund einbeziehe, liege die Chronifizierungsrate höher, als wenn nur der Enzymverlauf beobachtet werde.

Dass nicht nur Forschungen am Klinikum St. Georg stattfanden, zeigt Wieses Verweis auf andere „DDR-Autoren", die einschätzten, dass drei Jahre nach Krankheitsbeginn zwischen 50 und 81,5 % der Erkrankungen ausgeheilt waren.[865] Zu den genannten Autoren gehörten unter anderem Renate Baumgarten und Friedrich Renger. Diese hatten mehrere Artikel unter anderem in der Zeitschrift „Deutsches Gesundheitswesen" veröffentlicht.[866]

---

864 Wiese: Klinisch-epidemiologische Studie zur NANB-Hepatitis (Anm. 856), S. 31.
865 Wiese: Klinisch-epidemiologische Studie zur NANB-Hepatitis (Anm. 856), S. 29.
866 Renate Baumgarten, R. Markus, J. D. Fengler, Ellen Vergien: Ist die chronisch-persistierende Hepatitis eine benigne Erkrankung? In: Deutsches Gesundheitswesen 39 (1984), S. 1970–1974; Brigitte Burow: Klinischer Verlauf und Prognose der Virushepatitis C. Prospektive Studien über 2 Jahre. In: Deutsches Gesundheitswesen 37 (1982), S. 56–60; R. Markus, Renate Baumgarten, J.-D. Fengler, K. V. Richter: Zur Chronifizierung der Hepatitis Non-A, Non-B. In: Deutsche Zeitschrift für Verdauungs- und Stoffwechselkrankheiten 42 (1982), S. 121–128; Manfred Reinhardt, Dietfried Jorke, Bruno Krombholz, Gisela Jahn, Christoph Haufe: Untersuchung zur Häufigkeit von posthepatitischen Folgezuständen nach akuter Virushepatitis C. In: Zeitschrift für die gesamte innere Medizin und ihre Grenzgebiete 38 (1983), S. 37–39; Friedrich Renger, Karl-Heinz Frank, Wolfgang Reimann, Heiner Porst, Liesbeth Tschöpel, H.-U. Lehmann: Erste Ergebnisse zur Virushepatitis C (Anm. 833); Friedrich Renger, Karl-Heinz Frank, Heiner Porst, Georg Klaus Hinkel: Klinische und immunologische Parameter (Anm. 833); Friedrich Renger, Karl-Heinz Frank, Heiner Porst, Liesbeth Tschöpel, H.-U. Lehmann, Georg Klaus Hinkel, G. Kunze, K. Schentke: Klinik, Epidemiologie und Prognose der Virushepatitis C. In: Deutsches Gesundheitswesen 36 (1981), S. 560–567; Renger, Friedrich, Heiner Porst,

Ob die Betroffenen wussten, dass ihr Material zu Forschungszwecken verwendet worden war, ist unklar. Wiese hob hervor, dass es sich bei seiner Studie um „den längsten Beobachtungszeitraum" und die „grösste einheitliche Patientengruppe" handelte, die bisher untersucht worden sei.[867] Nach sieben Jahren hatte er festgestellt, dass bei 52,2 % der von ihm untersuchten Frauen die Hepatitis ausgeheilt sei.[868] Von den Frauen, die chronisch erkrankt waren, litt mehr als die Hälfte an Oberbauchbeschwerden, Speiseunverträglichkeiten und einer Leistungsminderung. Auffällig ist in diesem Zusammenhang, dass nur 6,4 % der Frauen „Störungen" in der „beruflichen Pflichterfüllung", die zum Beispiel in eine Arbeitszeitverkürzung mündeten, aufwiesen.[869] Das bedeutet, dass die Frauen, obwohl ein großer Teil gesundheitliche Beschwerden aufwies, kaum weniger oder verkürzt arbeiteten. Ob dies auf ihren eigenen Willen oder die rigide ärztliche Praxis bei Krankschreibungen zurückzuführen war, bleibt offen.

Wiese hatte ferner herausgefunden, dass ein Großteil der Säuglinge ebenfalls infiziert war. Im Gegensatz zu einer Partnerinfektion, die nur bei 3 % der Untersuchungsgruppe nachgewiesen werden konnten, sei es in 72 % zu einer Übertragung auf Säuglinge gekommen. Dabei waren auch Infektionen von Säuglingen aufgetreten, deren Mütter als nicht erkrankt eingeschätzt worden waren.[870] Dieses Ergebnis hätte dem Ministerium für Gesundheitswesen eigentlich zu denken geben müssen.

Sowohl die Überlieferung des Ministeriums für Gesundheitswesen als auch die wissenschaftlichen Publikationen verdeutlichen, dass die Erkrankung der Frauen schon in der DDR stark für Forschungsinteressen genutzt wurde. Offenbar fanden nicht nur in Leipzig, sondern auch in anderen Kliniken großangelegte Studien statt. Die Tatsache, dass solche Studien, die vom Ministerium für Gesundheitswesen selbst ins Leben gerufen worden waren,

---

Karl-Heinz Frank, D. Kunze: Ergebnisse zur Epidemiologie, Klinik, Immunologie und Morphologie der non-A/non-B-Hepatitis. In: Zeitschrift für ärztliche Fortbildung 75 (1981), S. 894–897.

867 Wiese: Klinisch-epidemiologische Studie zur NANB-Hepatitis (Anm. 856), S. 140.
868 Wiese: Klinisch-epidemiologische Studie zur NANB-Hepatitis (Anm. 856), S. 72.
869 Wiese: Klinisch-epidemiologische Studie zur NANB-Hepatitis (Anm. 856), S. 77.
870 Wiese: Klinisch-epidemiologische Studie zur NANB-Hepatitis (Anm. 856), S. 141 f.

im Rahmen der Dispensairebetreuung stattfanden, lässt es fraglich erscheinen, ob hier zum Wohl des Patienten gehandelt wurde oder ob nicht eher der Erkenntnisgewinn und die Profilierung der DDR im internationalen Forschungskontext im Vordergrund standen. Denn Spezialisten zeichneten ein düsteres Bild der modernen Medizin in der DDR. So hatte Otto Prokop (1921–2009)[871] in den 1980er Jahren festgestellt, dass die DDR auf dem medizinischen Gebiet und vor allem im Immunsektor etwa 20 Jahre im Rückstand sei. Neben seinem Lehrstuhl für Gerichtsmedizin an der Charité leitete Prokop auch das Bezirksinstitut für Blutspende- und Transfusionswesen in Berlin.[872]

Die regelmäßigen Blutuntersuchungen sind ein wichtiger Punkt, um die Frage zu beantworten, ob die Forschungen zum Wohl des Patienten durchgeführt wurden. Zudem ist bedeutsam, dass für eine längerfristige Arbeitsbefreiung immer ein Gutachten beigebracht werden musste, das mit einer Leberbiopsie verbunden war. Interessant ist auch die Tatsache, dass die unmittelbar durchgeführten Studien, über deren Ergebnisse das Ministerium für Gesundheitswesen sehr wohl informiert war, nicht ausgewertet wurden. So wurde dem von Renger konstatierten Ergebnis, dass es sich bei der Hepatitis C um ein hochinfektiöses Virus handelte, im praktischen Kontext der Behandlung und Aufklärung der Frauen überhaupt keine Beachtung geschenkt. Auch die schon Anfang der 1980er Jahre bestehende Meinung, dass zur vollständigen Erfassung häufigere Tests auch der nicht erkrankten Frauen hätten stattfinden müssen, wurde in keiner Weise beachtet. Stattdessen trat der Fall ein, dass nach 1990 durch die politischen Initiativen von Betroffenengruppen und der Nachweisbarkeit des Hepatitis-C-Virus viele Frauen überhaupt erst von ihrer Krankheit erfuhren. Zuvor hatten sie jahrelang nichts davon gewusst. Sie hatten zum Teil Blut gespendet und

---

871 Peter Schneck: Prokop, Otto. In: Helmut Müller-Enbergs, Jan Wielgohs, Dieter Hoffmann, Andreas Herbst, Ingrid Kirschey-Feix (Hg.): Wer war wer in der DDR? Ein Lexikon ostdeutscher Biographien. Bd. 2. Berlin 2010, S. 1029–1030.
872 Rainer Erices: Otto Prokop und die Gerichtsmedizin der DDR. Das Wirken einer „unpolitischen Koryphäe" an Grenzen. In: Frewer, Erices, Medizinethik in der DDR (Anm. 31), S. 197–204, hier S. 198.

arbeiteten in Berufen, in denen sie potenziell andere Menschen infizieren konnten.[873]

Die Forschungen zu den Frauen endeten nicht mit der Wiedervereinigung, sondern gingen darüber hinaus. Auch hier spielt vor allem Manfred Wiese eine bedeutende Rolle, der 1991 erneut eine Monographie zur Non-A-Non-B-Hepatitis (Virushepatitis C) vorlegte, deren Ergebnisse auf Forschungen an Frauen beruhen, welche die kontaminierte Anti-D-Prophylaxe erhalten hatten. Auch in dieser Publikation ging Wiese nicht näher auf die Hintergründe der Erkrankung ein. Stattdessen übernahm er fast wortgleich die Darstellung aus seiner Dissertation, bei der er sich auf eine Darstellung des Kontrollinstituts für Seren und Impfstoffe berief.[874] Gleichzeitig führte er aus, dass in den folgenden Jahren entsprechende Maßnahmen bei der Produktion wie eine Quarantänelagerung von Einzelplasmen konsequent durchgeführt worden seien.[875] Gegen diese Aussage spricht die Tatsache, dass in Berlin offenbar wissentlich das Blut einer mit Hepatitis C infizierten Spenderin verwendet worden war. Wiese gab in dieser Arbeit an, dass etwa 80% der im Klinikum St. Georg beobachteten Frauen an einer Hepatitis erkrankten. Er relativierte dies dahingehend, dass der Anteil von 20% Nichterkrankten mit neueren Untersuchungsmethoden sicher geringer ausgefallen wäre. Zur vollständigen Erfassung sei ein noch häufigeres Screening als 2,5 Siebtests pro Person notwendig gewesen. Auch an anderer Stelle gibt er an, dass die Siebtests, die „in den Ländern der damaligen DDR gesetzlich vorgesehen waren keine ausreichende Sicherheit in der Aufdeckung von NonA-nonB-(C-)Hepatitiden bieten." So war im Klinikum St. Georg bei einer Frau erst bei einer Blutspende ein Jahr später aufgefallen, dass diese erkrankt war.[876]

---

873 Interview mit Frau HPA und Frau HPB (Anm. 824).
874 Hans-Georg Patzwaldt, Friedrich Oberdoerster: Zum Risiko der Übertragung einer Virushepatitis mit Immunglobulinen. In: Deutsches Gesundheitswesen 35 (1980), S. 1500–1505.
875 Manfred Wiese: Non A-non-B-Hepatitis – Virushepatitis C. Forschung und Praxis. Stuttgart 1991, S. 137 f.
876 Wiese: Non A-non B-Hepatitis (Anm. 875), S. 146 ff.

Die Publikation macht deutlich, dass Wiese weiter zu der bereits in seiner Dissertation untersuchten Gruppen forschte, die ursprünglich aus 266 Frauen und 96 Säuglingen bestand. Davon waren 189 wegen eindeutiger Non-A-Non-B-Hepatitis behandelt worden, wohingegen 27 ambulant behandelt worden waren und 50 als nicht erkrankt galten. Wiese gab an, dass von diesen 189 stationär behandelten Frauen 181 „mehr als 10 Jahre lang regelmäßig untersucht werden" konnten. Von den nicht erkrankten Frauen war die Hälfte und von den ambulant behandelten Frauen waren 63 % nach sieben Jahren nachuntersucht worden.[877]

Auch in dieser Arbeit hob Wiese die Bedeutung der histologischen Untersuchung, der Leberbiopsie, hervor. Insgesamt waren an der Untersuchungsgruppe, die sich auf 190 Personen belief, im Zeitraum von zehn Jahren 26 Laparoskopien und 326 Leberbiopsien durchgeführt worden.[878] Wiese und seine Arbeitsgruppe hatten zudem versucht, „durch Auswertung der Befunde der am häufigsten bioptierten Patienten Aussagen über die Dynamik der histologischen Veränderungen und damit des Krankheitsprozesses zu erhalten." Dazu wurden 155 Leberbiopsate von 44 Frauen ausgewählt, bei denen im Zeitraum von zehn Jahren mindestens drei Mal eine Leberbiopsie durchgeführt worden war. Die Zahlen geben Aufschluss darüber, dass von diesen 44 Frauen bei 22 drei Mal eine Leberbiopsie erfolgt war, bei 11 Frauen vier Mal, bei fünf Frauen fünf Mal, bei vier Frauen sechs Mal und bei zwei Frauen sogar sieben Mal.[879] In diesem Kontext stellt sich die Frage, inwieweit diese häufigen Biopsien zu einer Heilung der Patientinnen beigetragen haben oder ob es vorranging darum ging, Forschungsmaterial zu erhalten. Dass eine Leberbiopsie eine schmerzhafte Behandlung darstellt, die ebenfalls Risiken für den Patienten birgt, erwähnt Wiese hingegen mit keinem Wort. Stattdessen hebt er hervor, dass „bei einer aussagekräftigen Analyse zur Chronifizierung stets eine sehr hohe Biopsierate angestrebt werden" müsse.[880]

---

877 Wiese: Non A-non B-Hepatitis (Anm. 875), S. 21.
878 Wiese: Non A-non B-Hepatitis (Anm. 875), S. 246.
879 Wiese: Non A-non B-Hepatitis (Anm. 875), S. 255 f.
880 Wiese: Non A-non B-Hepatitis (Anm. 875), S. 283.

Wiese ging zudem auf die beruflichen Beeinträchtigungen der Betroffenen ein. So wiesen von 80 Patientinnen etwa 57 % eine primäre Arbeitsunfähigkeit länger als ein Jahr auf. In der Folgezeit waren die 80 Patientinnen durchschnittlich einmal pro Jahr arbeitsunfähig geschrieben, davon 40 % aufgrund von akuten Schüben mit einer durchschnittlichen Dauer von 38,3 Tagen. 38 % der Zeiten der Arbeitsunfähigkeit erfolgten aufgrund von Leberkuren und 22 % infolge diagnostischer Eingriffe wie Leberbiopsien oder Laparoskopien.[881] Auf weitere persönliche Folgen ging Wiese kurz ein und hob das Verbot von Ovulationshemmern hervor. Dieses habe bei der untersuchten Gruppe zu 70 Schwangerschaften geführt, von denen mehr als die Hälfte durch eine Abtreibung abgebrochen worden waren. Die Untersuchung der Gruppe hatte ergeben, dass die Hepatitis bei 62 % der Personen chronisch geworden war.[882]

Weitere Studien von Wiese zeigen, dass dieser seine wissenschaftliche Karriere maßgeblich auf den Ergebnissen von Forschungen an den durch die Anti-D-Prophylaxe infizierten Frauen aufgebaut hat. So veröffentlichte er beispielsweise 1995 einen Aufsatz über die Übertragbarkeit der Erkrankung auf Kontaktpartner und Säuglinge, die auch von der Bundesregierung in ihrer Großen Anfrage zitiert wurde, da in ihr auf die geringe Übertragbarkeit von Hepatitis C eingegangen wurde. Dabei werden die Hintergründe der Erkrankung nur kurz umrissen, und es ist die Rede davon, dass bei 2.533 Frauen eine Erkrankung ausgebrochen sei.[883] Neuere Studien Wieses, die sich bis zum aktuellen Zeitpunkt fortsetzen, gehen meist davon aus, dass etwa 2.867 Frauen infiziert wurden. Weder wird das Geschehen kritisch hinterfragt, noch die Forschungen an den Frauen. Obwohl die damaligen Testmethoden nicht aussagekräftig waren, bleibt Wiese bei der vom Ministerium für Gesundheitswesen der DDR offiziell ausgegebenen Zahl im Gutachten.

---

881 Wiese: Non A-non B-Hepatitis (Anm. 875), S. 307.
882 Wiese: Non A-non B-Hepatitis (Anm. 875), S. 321.
883 Helga Meisel, Angela Reip, Beate Faltus, Mengji Lu, Heiner Porst, Manfred Wiese, Michael Roggendorf, Detlev H. Krüger: Transmission of hepatitis C virus to children and husbands infected with contaminated anti-D immunoglobulin. In: The Lancet 345 (1995), S. 1209–1211.

## 2.5.4 Einschnitte in die Lebensplanung

Die Lebensverläufe der Frauen, die schon vor der Wiedervereinigung wussten, dass sie an einer mittlerweile chronischen Hepatitis litten, stellen das Forschungsergebnis eines milden Verlaufes mit fehlenden Symptomen stark in Frage. Zudem wird in den Studien mit keinem Wort erwähnt, welchen tiefen Einschnitt die Erkrankung in das persönliche Leben der Frauen darstellte und mit welchen psychischen Belastungen dies verbunden war. Neben gesundheitlichen Beschwerden infolge der Hepatitis beeinflusste die Infektion die Lebensplanung deutlich. Dies betraf unter anderem die Frage nach weiteren Schwangerschaften. Vielen Frauen wurde die Einnahme der Antibabypille untersagt, womit erhebliche Konsequenzen verbunden waren. Denn es war nicht leicht, auf andere sichere Verhütungsmittel auszuweichen. Ein Beispiel war die mangelhafte Versorgung mit Spiralen, die aus dem Bezirk Rostock gemeldet wurde. Das Ministerium für Gesundheitswesen hielt eine Bereitstellung „aus gesundheitspolitischen Gründen [für] vordringlich."[884] Durch das Verbot der Antibabypille ergab sich aber nicht nur die Frage nach einer alternativen Verhütung. Viele Frauen wurden deshalb schwanger und konnten das Kind dann nicht austragen, da dies von den Ärzten als zu riskant eingestuft wurde. So hatte eine Frau nach einem Partnerwechsel kein weiteres Kind mit ihrem Partner bekommen können, da die Ärzte ein weiteres Ansteigen der Leberwerte und eine Hepatitis-Erkrankung des Neugeborenen befürchteten.[885] Eine andere Betroffene war trotz „freikäuflicher Mittel" schwanger geworden und hatte eine Abtreibung vornehmen lassen müssen. Mittlerweile hatte sie sich eine Spirale einsetzen lassen, die sie nicht vertrug, „aber besser als die ständige Angst, schwanger zu werden."[886] Da die meisten Frauen zum Zeitpunkt der In-

---

884 BArch, DQ 1/11705, Teil 1. Ministerium für Gesundheitswesen, Hausmitteilung von HA III/D an HA III/D, HA IV/I, Betr.: Hepatitis-Erkrankung nach Anti-D-Immunprophylaxe, 24.7.1979, unpag.
885 BArch, DQ 1/12709. (…) an den Minister für Gesundheitswesen, Eingabe, 25.8.1979, unpag.
886 BArch, DQ 1/11707. (…) an Hauptabteilung Hygiene und Staatliche Hygieneinspektion des Ministeriums für Gesundheitswesen, 14.3.1983, unpag.

fektion noch sehr jung waren, war die Familienplanung für viele von ihnen noch nicht abgeschlossen. Trotzdem ließen sich einige aufgrund ihrer Hepatitiserkrankung sterilisieren: „Ich hatte zwei Fehlgeburten und musste mir dann einen Abbruch machen lassen, der mich auch völlig traumatisiert hat. Ein bisschen darüber hinweggeholfen hat mir dann, dass ich dann doch bei der sechsten Schwangerschaft noch mal ein Kind bekommen habe. Das hat dann schon ein bisschen wieder was gut gemacht und ja, dann immer die Aussage, also sie dürfen auf keinen Fall mehr schwanger werden, weil die Leber verkraftet das nicht. (…) Das ging dann soweit, (…), da ich ja mit einer Spirale auch schwanger geworden bin, die Pille nicht nehmen durfte, dann hat man mir empfohlen (…) mich sterilisieren zu lassen."[887]

Neben dem Bereich der Familienplanung hatte die Erkrankung auch Auswirkungen auf die berufliche Entwicklung. Diese beschrieb zum Beispiel eine Frau, die 1989 eine Eingabe an das Ministerium für Gesundheitswesen gerichtet hatte. Sie hatte von 1976 bis 1978 den Beruf eines „Agro-Techniker-Mechanisators" erlernt und war in einer Landwirtschaftlichen Produktionsgenossenschaft (LPG) im Kreis Meißen tätig gewesen.[888] Nach ihrem Krankenhausaufenthalt und der sich daran anschließenden Arbeitsunfähigkeit hatte man ihr das Fahren von landwirtschaftlichen Fahrzeugen und Lastkraftwagen untersagt. Sie wurde anschließend außerhalb ihres Ausbildungsberufes beschäftigt und hatte aufgrund der erheblichen Lohneinbußen schließlich gekündigt. Dies empfand sie im Nachhinein als folgenschwere Fehlentscheidung. Denn trotz Weiterqualifikation zur Finanzkauffrau und anschließender Tätigkeit bei der Staatlichen Versicherung erreichte sie nie wieder ihr früheres Gehalt. Die Informationen und die Ausgleichszahlungen hatte sie als unzureichend empfunden: „Leider, so muß ich heute sagen, habe ich mich damals damit zufrieden gegeben. Auch schätze ich ein, daß ich in den darauffolgenden Jahren nicht energisch genug um gründlichere ärztliche Betreuung gekämpft habe. Meinem

---

887 Interview mit Frau CPA (Anm. 582).
888 BArch, DQ 1/12709. (…) an Minister (Anm. 885), unpag.

Geburtsalter [Sie war 1979 gerade zwanzig Jahre alt] können Sie aber auch entnehmen, daß ich damals noch wenig Lebenserfahrung besaß und außerdem auf keinen Fall abzusehen [war], welche Weiterungen der Gesundheitsschaden nehmen würde."[889] Sie bat um Prüfung einer ständigen finanziellen Unterstützung zum Ausgleich des verloren gegangenen Verdiensts und der stark gehinderten Teilnahme am gesellschaftlichen Leben. Ferner sah sie als Ziel ihrer Eingabe eine intensive fachärztliche Betreuung, von der sie sich eine Verbesserung ihres Gesundheitszustandes versprach. Dazu gehörte auch die Feststellung, ob sie möglicherweise noch einmal ein Kind bekommen könnte. Fernziel war eine „Wiederherstellung der vollen beruflichen Einsatzfähigkeit einschließlich beruflicher Entwicklungsmöglichkeiten".[890] Sie bat den Minister daher um Unterstützung.[891]

Den Bezirksarzt von Dresden, an den die Eingabe weitergeleitet worden war, hatten die „Darlegungen sehr bewegt".[892] Trotz der Zusage, dass „die von Ihnen angeschnittenen Fragen im Zusammenwirken mit erfahrenen Fachärzten gründlich untersucht werden" sollten,[893] geschah zunächst nicht viel. Im Juni 1990 wandte sich die Frau an den Minister für Gesundheits und Sozialwesen und machte darauf aufmerksam, dass sie nun schon die dritte Regierung kontaktierte. Sie forderte eine Auswertung ihres Gutachtens und rechnete mit einem günstigen Bescheid. Es sei wichtig, dass dies schnell erfolge: „Da es bei der Angleichung an die bundesdeutsche Gesetzgebung keine Staatshaftung, sondern nur eine Produkthaftung gibt, wäre es für mich schwer, dann noch zu meinem Recht zu kommen. Mir bliebe dann nur der Weg einer Klageführung und es würde wieder viel Zeit verstreichen. Mein Gesundheitszustand verlangt aber eine baldmöglichste konzentrierte Hilfe. Außerdem sind häufige Erkrankungen, auf Grund der Leberschädi-

---

889 BArch, DQ 1/12709. (…) an Minister (Anm. 885), unpag.
890 BArch, DQ 1/12709. (…) an Minister (Anm. 885), unpag.
891 BArch, DQ 1/12709. (…) an Minister (Anm. 885), unpag.
892 BArch, DQ 1/12709. Bezirksarzt Dresden an (…), 18.9.1989, unpag.
893 BArch, DQ 1/12709. Bezirksarzt an (…) (Anm. 892), unpag.

gung, in Zukunft mit noch mehr finanziellen Einbußen verbunden."[894] Diese Befürchtung sollte sich bewahrheiten, denn nach der Wiedervereinigung wurde vor allem die finanzielle Absicherung bei verkürzten Arbeitszeiten für die Betroffenen ein wichtiges Thema.

---

894 BArch, DQ 1/12709. (…) an Ministerium für Gesundheits- und Sozialwesen, 30.6.1990, unpag.

# 3 Von der Wiedervereinigung bis heute

## 3.1 Auf dem Weg zu einem eigenständigen Entschädigungsgesetz

### 3.1.1 Situation der Betroffenen nach der Wiedervereinigung

In der DDR gab es keine Vertretung der Frauen, die das kontaminierte Anti-D-Immunglobulin erhalten hatten. Dies ist auf mehrere Ursachen zurückzuführen und war auch der Geheimhaltungspraxis geschuldet. Der Minister für Gesundheitswesen hatte schon im März 1979 angewiesen, die Frauen nicht mehr gemeinsam auf Krankenstationen unterzubringen.[895] Zwar hatten sich die Frauen im Krankenhaus ausgetauscht und auch gemeinsam Eingaben verfasst. Doch nach dem Krankenhausaufenthalt hatten sie diese Kontakte meist nicht aufrechterhalten. In der Dispensairebetreuung trafen die erkrankten Frauen nur selten auf andere Betroffene, die eine kontaminierte Anti-D-Prophylaxe erhalten hatten. Mehrere von ihnen führen dies auf eine von staatlicher Seite organisierte Terminvergabe zurück: „Er [der behandelnde Arzt] verwendete, wie von ‚Oben' gewünscht, ein ausgeklügeltes Bestellsystem, um tunlichst zu vermeiden, dass die gleichen Geschädigten im Wartezimmer öfters aufeinander trafen. Der ‚Gefahr', dass unter Betroffenen Kontakte geknüpft und individuelle Erfahrungen bezüglich der Infektionsfolgen ausgetauscht werden könnten, sollte damit vorgebeugt werden."[896] Eine andere Betroffene erinnert sich, dass sie zwar etwa

---

895 StA Halle (Saale), Handakte 1. Minister für Gesundheitswesen an Bezirksärzte (Anm. 15), Bl. 177.
896 Privatarchiv, Aktenordner A. (…) an (…) (per E-Mail), 9.3.2009, unpag.

20 andere Frauen kannte, aber nicht auf die Idee gekommen war, sich nach dem Krankenhausaufenthalt ausführlich auszutauschen und gemeinsam Rechte einzufordern.[897] Dies hing ihrer Ansicht nach auch mit der Sozialisation in der DDR zusammen: „Man ist vom Kindergarten an die Hand genommen worden, du machst jetzt das, und du gehst dahin und du machst jetzt das. Und auf einmal sollte man selber denken, selber tun und soll handeln. Das konnten wir gar nicht."[898]

Erst nach der Wiedervereinigung hatten sich in Chemnitz und Leipzig einige Frauen zu Selbsthilfegruppen zusammengeschlossen. Sie wollten „nicht mehr still duldende Opfer sein, sondern für unsere Rechte aktiv eintreten."[899] Die Frauen forderten einen Ausgleich für finanzielle Verluste im Beruf und eine angemessene Altersrente, die nicht durch Arbeitsunfähigkeit und ärztlich verordnete Teilzeitarbeit gemindert war. Weitere Ziele waren die Absicherung der Angehörigen im Todesfall und der Schutz vor einem Arbeitsplatzverlust infolge krankheitsbedingter Fehlzeiten. Darüber hinaus ging es den Betroffenen nicht zuletzt um eine Entschädigung für ihre geminderte Lebensqualität infolge der Infektion.[900]

1989 war es gelungen, das Hepatitis-C-Virus, das bis dahin als Non-A-Non-B-Virus nur durch klinische Symptome und erhöhte Leberwerte vermutet werden konnte, zu identifizieren und nachzuweisen. Einige Frauen hatten erst nach diesem Zeitpunkt erfahren, dass sie den Hepatitis-C-Virus in sich trugen. Dies konnte mit gravierenden beruflichen Einschnitten verbunden sein. So hatte eine Frau, die in der DDR bei der Kriminalpolizei tätig war, von ihrer Dienststelle eine Zusage erhalten, dass sie nach einem längeren Auslandsaufenthalt wieder zu den gleichen Bedingungen eingestellt würde. Nach ihrer Rückkehr musste sie sich 1992 einer polizeiärztlichen Untersuchung beim Medizinischen Dienst unterziehen. Dabei waren erhöhte Leberwerte und eine chronische Hepatitis C diagnostiziert worden,

---

897 Interview mit Frau CPA (Anm. 582).
898 Interview mit Frau HPA und Frau HPB (Anm. 824).
899 Privatarchiv, Aktenordner D. (…) an Schutzbund für Impfgeschädigte, 24.8.1994, unpag.
900 Privatarchiv, Aktenordner D. (…) an Schutzbund (Anm. 899), unpag.

die ein Ausschlusskriterium für den Polizeivollzugsdienst und eine Verbeamtung darstellten.[901]
Neben der Tatsache, dass das Virus entdeckt war, das der Erkrankung ursprünglich war, wurden einigen Betroffenen auch die Hintergründe der kontaminierten Anti-D-Prophylaxe deutlicher. So hatten sich beide Selbsthilfegruppen mit dem ehemaligen Leiter der Technischen Kontrollorganisation des Bezirksinstituts für Blutspende- und Transfusionswesen Halle (Saale) getroffen.[902] Dieser hatte von dem Prozess gegen ihn und Schubert berichtet. Er hatte auch darauf hingewiesen, dass Importe von Blutkonserven aus Devisengründen trotz einer sinkenden Spenderzahl nicht genehmigt wurden. Aus diesem Grund sei die Karenzzeit von sechs Monaten zur Beobachtung der Spender nicht eingehalten worden, wenn die Hersteller den Bedarf decken wollten.[903] Tatsächlich war das Blut der mit Hepatitis C infizierten Blutspender 1978 schon kurz nach der Spende verwendet worden.[904]
Die neuen Erkenntnisse motivierten die Frauen dazu, sich an Entscheidungsträger aus Politik und Gesellschaft zu wenden. Der Hauptgrund war für viele Frauen das Empfinden, dass sich ihre Situation nach der deutschen Wiedervereinigung verschlechtert hatte. Dies betraf vor allem den finanziellen Ausgleich von Lohneinbußen infolge verkürzter Arbeitszeit, der in der DDR weitgehend durch die Staatliche Versicherung ausgeglichen worden war. So erinnert sich eine Betroffene: „[U]nd während der ganzen Zeit, Ostdeutschland, hat sich mein Arbeitgeber darum bemüht, dass alles, was ich an Finanziellem eingebüßt habe durch die Krankheit, mir durch die Staatliche Versicherung ersetzt wurde. Also ich musste mich da nicht mal selbst bemühen, das hat mein Chef gemacht. (…) alles, was mir an Prämiengeldern entgangen ist – hat der immer dafür gesorgt, dass die diese Zahlungen leisten. Also ich habe gesagt bekommen ich habe keinen Rentenausfall

---

901 Fragebogen von Frau ZPA, 22.3.2016.
902 Privatarchiv, Aktenordner D. (…) an Schutzbund (Anm. 899), unpag.
903 Privatarchiv, Aktenordner D. Erste Info zu Ursachen der Verseuchung des Anti-D-Serums mit Hep.-C-Viren, 10.8.1994, unpag.
904 StA Halle (Saale), Handakte 1. Anlage (Anm. 11).

dadurch, dass ich verkürzt arbeite, ich hatte das Gefühl, was ich bekommen kann wird für mich getan."[905] Die Staatliche Versicherung hatte den Betroffenen zugesichert, dass ihre Erkrankung bei der Rente berücksichtigt werden sollte. So hatte sie einer Betroffenen, die eine Invalidenrente erhielt, mitgeteilt, dass die Rentenminderung, die aus der Hepatitis resultiere, bei Eintritt ins Rentenalter als Impfschadensfall reguliert werde.[906] In der DDR waren die Erkrankungen der Frauen als Impfschaden nach dem „Gesetz zur Verhütung und Bekämpfung übertragbarer Krankheiten beim Menschen" (GÜK) anerkannt. Die Einstufung als Impfschaden blieb nach der Wiedervereinigung bestehen und wurde nach dem Bundesseuchengesetz in Verbindung mit dem Bundesversorgungsgesetz entschädigt. Im Einigungsvertrag war eine Weiterzahlung der in der DDR gewährten Leistungen festgehalten, bis Leistungen nach der neuen gesetzlichen Grundlage erbracht wurden.[907] Für finanzielle Einbußen infolge einer beruflichen Beeinträchtigung sah das Bundesseuchengesetz in Verbindung mit dem Bundesversorgungsgesetz einen Ausgleich in Form von Versorgungskrankengeld und Berufsschadensausgleich vor.[908] Je nach Schwere der Erkrankung wurden Pflegezulagen, Schwerstbeschädigtenzulagen und Ausgleichsrenten beziehungsweise Berufsschadensausgleich gewährt. Die Bundesregierung hatte mit den Ländern vereinbart, auch Personen zu entschädigen, bei denen Folgen erst jetzt auftraten und die erstmals eine Anerkennung begehrten. Nach der Rentenüberleitung bestand zudem weiterhin ein Anspruch auf Invalidenrenten, unabhängig von der Ursache der Erkrankung.[909] Zuständig für die Finanzierung von Leistungen bei Impfschäden waren die Länder. Bis

---

905   Interview mit Frau CPA (Anm. 582).
906   Privatarchiv, Aktenordner D. Staatliche Versicherung an Frau (…) 17.6.1981.
907   Bundestags-Drucksache (BT-Drs.) 13/2732. Antwort der Bundesregierung auf die Große Anfrage der Abgeordneten Horst Schmidbauer (Nürnberg), Iris Follak, Christel Hanewinckel (…) und der Fraktion der SPD – Drucksache 13/1649, 24.10.1995, S. 1–35, hier S. 23, http://dip21.bundestag.de/dip21/btd/13/027/1302732.pdf (aufgerufen am 15. Juli 2016).
908   Bundestags-Drucksache (BT-Drs.) 13/2732. Antwort der Bundesregierung (Anm. 907), S. 30.
909   Bundestags-Drucksache (BT-Drs.) 13/2732. Antwort der Bundesregierung (Anm. 907), S. 31.

die Akten an die Versorgungsämter abgegeben worden waren, hatte die Deutsche Versicherungs-AG als Nachfolgerin der Staatlichen Versicherung der DDR die Zahlungen übernommen.[910]

Diese Neuregelung bedeutete für viele Betroffene gravierende Veränderungen. Hinzu kam, dass diese infolge der politischen und wirtschaftlichen Umbruchssituation von Arbeitslosigkeit bedroht waren. Sie versuchten daher, Arbeitsausfälle möglichst zu vermeiden und nahmen dafür auch persönliche Belastungen in Kauf.[911] Vor die Wahl gestellt, arbeitslos zu werden oder in Vollzeit zu arbeiten, hatte sich beispielsweise eine Frau trotz ihres Gesundheitszustandes und gegen den Rat ihres Arztes für die Vollzeittätigkeit entschieden. Die Folgen schilderte sie eindrücklich: „Die Vollbeschäftigung belastet mich so stark, dass ich keine Kraft mehr für die Hausarbeit und Freizeitaktivitäten habe, da ich nach meinem Arbeitstag mit meinen Kräften total am Ende bin. Bei aller Toleranz meines Mannes, der inzwischen arbeitslos ist und die Hausarbeit weitgehend übernommen hat, leidet unser Familienleben sehr unter diesem Zustand."[912] Sie gab an, unter ständiger Abgeschlagenheit, Kraftlosigkeit und einer „häufigen, fast aggressiven Nervosität" zu leiden.[913] Dazu kamen weitere körperliche Beschwerden wie Juckreiz, Druckschmerz, Oberbauch- und Verdauungsbeschwerden und Konzentrationsstörungen.[914]

Die Leipziger Selbsthilfegruppe, die sich an politische Entscheidungsträger auf Landes- und Bundesebene gewandt hatte,[915] erhielt 1994 Unterstützung von der SPD-Fraktion im Bundestag. Der Sprecher der Bundestagsfraktion im Untersuchungsausschuss „HIV-Infektion durch Blut und Blutprodukte", Horst Schmidbauer (* 1940), setzte sich auch für die Frauen ein, die durch die Anti-D-Prophylaxe mit Hepatitis C infiziert worden waren. Er

---

910  Bundestags-Drucksache (BT-Drs.) 13/2732. Antwort der Bundesregierung (Anm. 907), S. 29.
911  Privatarchiv, Aktenordner D. Selbsthilfegruppe Anti-D-Geschädigter in Leipzig an Schmidbauer, 1.10.1994, unpag.
912  Privatarchiv, Aktenordner D. (…) an Schutzbund (Anm. 899), unpag.
913  Privatarchiv, Aktenordner D. (…) an Schutzbund (Anm. 899), unpag.
914  Privatarchiv, Aktenordner D. (…) an Schutzbund (Anm. 899), unpag.
915  Privatarchiv, Aktenordner D. (…) an Schutzbund (Anm. 899), unpag.

hatte im Mai 1994 im Namen der SPD-Fraktion eine kleine Anfrage zur HCV-Epidemie in Deutschland gestellt.[916] Konkrete Zahlen, wie viele Menschen in Deutschland damit infiziert waren, lagen nicht vor. Die Fraktion schätzte die Zahl auf 150.000 bis 600.000 und warf der Regierung vor, das Risiko zu verharmlosen sowie eine Aufklärung zu unterlassen. Das Gefährliche an der Krankheit sei, dass sie jahrelang völlig symptomlos verlaufen könne, um dann mit schwerwiegenden Spätfolgen wie Leberzirrhose und Leberkrebs einherzugehen. Auch die Ereignisse in Halle (Saale) 1978/1979 wurden kurz angeschnitten.[917]

Die Bundesregierung hielt es für notwendig, dies gesondert zu betrachten, da die Ereignisse in Halle (Saale) durch einen Verstoß gegen die Herstellungsregelungen gekennzeichnet seien. Der Wirkstoff sei in der DDR nach einem Verfahren hergestellt worden, das in der Bundesrepublik nicht akzeptiert werde. „Unter Verletzung jeglicher Prinzipien der Guten Herstellungspraxis (GMP)" sei zudem die Waschflüssigkeit zur Ausbeute genutzt worden.[918] Die Bundesregierung verwies darauf, dass dieses Verhalten, das auch gegen die gesetzlichen Regelungen in der DDR verstoßen habe, durch ein Gerichtsverfahren geahndet und die Produktion des Anti-D-Immunglobulins eingestellt worden sei.[919]

Schmidbauer hielt den Umgang mit den Frauen, die mit der Anti-D-Prophylaxe infiziert worden waren, für „skandalös" und „menschenunwürdig".[920] Eine Möglichkeit zur Entschädigung der Frauen sah er im „Gesetz

---

916 Privatarchiv, Aktenordner D. Arbeitsgruppe 3. Untersuchungsausschuss (HIV-Infektionen durch Blut und Blutprodukte) der SPD-Fraktion im Deutschen Bundestag (Schmidbauer) an Leipziger Selbsthilfegruppe, 30.9.1994, unpag.
917 Bundestags-Drucksache (BT-Drs.) 12/8264. Antwort der Bundesregierung auf die Kleine Anfrage der Abgeordneten Horst Schmidbauer (Nürnberg), Dr. Hans-Hinrich Knaape, Wilhelm Schmidt, weiterer Abgeordneter und der Fraktion der SPD – Drucksache 12/7609, 12.7.1994, S. 1–23, http://dipbt.bundestag.de/doc/btd/12/082/1208264.pdf (aufgerufen am 15. Juli 2016).
918 Bundestags-Drucksache (BT-Drs.) 12/8264. Antwort der Bundesregierung (Anm. 917), S. 14.
919 Bundestags-Drucksache (BT-Drs.) 12/8264. Antwort der Bundesregierung (Anm. 917), S. 14.
920 Privatarchiv, Aktenordner D. Untersuchungsausschuss (HIV-Infektionen durch Blut und Blutprodukte) (Schmidbauer) an Leipziger Selbsthilfegruppe, 30.9.1994, unpag.

über den Abschluss von Unterstützungen der Bürger der ehemaligen DDR bei Gesundheitsschäden infolge medizinischer Maßnahmen."[921] Dieses sah laufende Zahlungen und Einmalzahlungen für Personen vor, die infolge eines medizinischen Eingriffs, eines ärztlich verordneten Arzneimittels oder eines medizintechnischen Erzeugnisses einen Gesundheitsschaden erlitten hatten. Der Schaden musste allerdings auf nicht bekannte oder nicht vorhersehbare schädliche Wirkungen oder technisches Versagen des medizintechnischen Erzeugnisses zurückzuführen sein.[922]
Politiker in den neuen Bundesländern lehnten eine spezielle Entschädigung der betroffenen Frauen ab. So argumentierte beispielsweise der Sächsische Gesundheitsminister der CDU, Hans Geisler (* 1940), dass diese bereits zur Zeit der DDR stattgefunden habe.[923] Damit argumentierten Politiker nach der Wiedervereinigung mit den Unterstützungsleistungen in der DDR, die wohlgemerkt nur unmittelbar erkrankte Frauen erhalten hatten, gegen eine eigenständige Entschädigungsregelung für alle Betroffenen. Geisler hob hervor, dass er sich schon 1991 für einen Einbezug aller Geschädigten nach bundesdeutschem Impfschadensrecht eingesetzt habe. Hierfür sei ausreichend, dass der Schaden auf die Ereignisse von 1979 zurückgeführt werden könne, wofür entsprechende Nachuntersuchungen angeboten worden waren. Der sächsische Gesundheitsminister hielt die Berufsschadensausgleichsrente für ein Äquivalent zu einer rentenrechtlichen Anpassung für die Zeit, in der die Frauen verkürzt gearbeitet und von der Staatlichen Versicherung einen finanziellen Ausgleich erhalten hatten. Er sah aufgrund des „funktionierenden Entschädigungssystems" keinen Grund für die Gewährung weiterer staatlicher Leistungen.[924] Der Minister hielt die Situation der

---

921 Gesetz über den Abschluss von Unterstützungen der Bürger der ehemaligen DDR bei Gesundheitsschäden infolge medizinischer Maßnahmen. In: Bundesgesetzblatt. Teil I. Bonn 1994, S. 990–992.
922 Gesetz über den Abschluss von Unterstützungen (Anm. 921), S. 990.
923 Privatarchiv, Aktenordner D. Selbsthilfegruppe Anti-D-Geschädigter (Anm. 911), unpag.
924 Privatarchiv, Aktenordner D. Sächsisches Staatsministerium für Soziales, Gesundheit und Familie an Selbsthilfegruppe Anti-D-Geschädigter in Leipzig, 10.11.1994, unpag.

mit dem Humanen-Immundefizienz-Virus (HIV) in der Bundesrepublik infizierten Personen und der Anti-D-Geschädigten für nicht vergleichbar. Er begründete diese Einschätzung damit, dass die Angelegenheit schon in der DDR rechtlich geregelt und dann in bundesdeutsches Impfschadenrecht überführt worden sei. Den HIV-Infizierten sei der Zugang zum sozialen Entschädigungsrecht hingegen verschlossen geblieben. Er beurteilte die Situation der mit HIV infizierten Personen in Hinsicht auf die Lebenserwartung, Krankheit und Therapiemöglichkeiten zudem als deutlich schlechter. Im Gegensatz dazu würden die medizinischen Erkenntnisse Anlass zu der Hoffnung geben, dass sich der klinische Verlauf und die Epidemiologie der Hepatitis C günstiger gestalteten.[925]

Die Leipziger Selbsthilfegruppe war mit dieser Sichtweise nicht einverstanden und bat die SPD-Bundestagsfraktion um Unterstützung.[926] Schmidbauer antwortete hierauf, dass er sich der Thematik in der kommenden Legislaturperiode annehmen werde. Sein Ziel war es, möglichst schnell eine Große Anfrage über die Fraktion einbringen zu lassen.[927] Im Februar 1995 hatte sich die Leipziger Selbsthilfegruppe zu einem Verein, dem Deutschen Verein HCV-Geschädigter e. V., zusammengeschlossen.[928] Der Verein forderte vom Bundesgesundheitsminister der CSU, Horst Seehofer (* 1949), einen angemessenen Schadensersatz.[929] Die Betroffenen machten Seehofer darauf aufmerksam, dass in der DDR nur Frauen als Geschädigte anerkannt worden waren, bei denen die Hepatitis C als akute Erkrankung ausgebrochen war. Viele Frauen wussten aber jahrelang nichts

---

925 Privatarchiv, Aktenordner D. Sächsisches Staatsministerium an Selbsthilfegruppe (Anm. 924), unpag.
926 Privatarchiv, Aktenordner D. Selbsthilfegruppe Anti-D-Geschädigter Leipzig an Schmidbauer, 27.11.1994, unpag.
927 Privatarchiv, Aktenordner D. Schmidbauer an Selbsthilfegruppe Anti-D-Geschädigter Leipzig, 16.12.1994, unpag.
928 Privatarchiv, Aktenordner B. Selbsthilfegruppe Anti-D-Geschädigter Leipzig, Deutscher Verein HCV-Geschädigter e. V., Satzung, unpag.
929 Privatarchiv, Aktenordner D. Deutscher Verein HCV-Geschädigter e. V. i. G. an Bundesminister für Gesundheit, Ihr Schreiben vom 25.10.94, Anti-D-Impfgeschädigte der Jahre 1978/79, 26.5.1995, unpag.

von ihrer Erkrankung und hatten zum Teil sogar noch Blut gespendet.[930] Ein weiterer wichtiger Aspekt war der Hinweis auf personelle Kontinuitäten seit der DDR-Zeit: „Wir stehen heute leider zu oft den selben Personen gegenüber, die bereits zu DDR-Zeiten analoge Tätigkeiten ausübten. Sie haben damals verharmlost und die Opfer desinformiert bzw. bezüglich der wahren Ursachen des Impfskandals belogen und betrogen. Diese Personen haben auch heute kein gesteigertes Bedürfnis, der Wahrheit und dem Recht Geltung zu verschaffen."[931] Die Frauen wiesen darauf hin, dass ohne Druck vonseiten des Ministeriums für Staatssicherheit immerhin die Möglichkeit bestehe, sich zu informieren und „Lügen als solche zu entlarven".[932]

Die personellen Kontinuitäten im Bereich der ärztlichen Begutachtung waren ein wichtiger Streitpunkt zwischen den Versorgungsämtern und den Betroffenen. Viele Frauen empfanden die Gutachterregelung als „Zumutung" und „Nötigung".[933] Der Deutsche Verein HCV-Geschädigter e. V. beschwerte sich im Juli 1995 beim Amt für Familie und Soziales, dass keine anderen Gutachter eingesetzt worden waren, worum sie dringend baten.[934] Die Frauen wollten nicht von Ärzten begutachtet und behandelt werden, die „identisch sind mit den Ärzten, die 1979 augenscheinlich vorrangig wegen ihrer politischen Eignung, vom DDR-Staatsapparat explizit für die Gesundheitskontrolle der Geschädigten" eingesetzt worden waren.[935] In diesem Zusammenhang wollten die Betroffenen erreichen, dass die nach 1979 durchgeführten operativen Eingriffe wie Leberpunktionen und Lapa-

---

930 Privatarchiv, Aktenordner D. Deutscher Verein HCV-Geschädigter an Bundesminister (Anm. 929), unpag.
931 Privatarchiv, Aktenordner D. Deutscher Verein HCV-Geschädigter an Bundesminister (Anm. 929), unpag.
932 Privatarchiv, Aktenordner D. Deutscher Verein HCV-Geschädigter an Bundesminister (Anm. 929), unpag.
933 Privatarchiv, Aktenordner D. Deutscher Verein HCV-Geschädigter e. V. an Amt für Familie und Soziales Leipzig, Ihr Schreiben vom 14.6.95, 2.7.1995, unpag.
934 Privatarchiv, Aktenordner D. Deutscher Verein HCV-Geschädigter an Amt (Anm. 933), unpag.
935 Privatarchiv, Aktenordner D. Deutscher Verein HCV-Geschädigter e. V. an die Vereinsmitglieder, 17.10.1995, unpag.

roskopien bei einer Entschädigung berücksichtigt wurden, da sie vermuteten, dass diese primär für wissenschaftliche Ziele durchgeführt worden waren.[936]

### 3.1.2 Große Anfrage der SPD

Die SPD-Fraktion griff diese Punkte in einer Großen Anfrage an die Bundesregierung am 7. Juni 1995 auf. Thematisiert wurden unter anderem die mangelnde Aufklärung der Betroffenen, die sozialrechtlichen Einbußen nach der Wiedervereinigung und die Benachteiligung durch die Versorgungsämter. Auch Leberpunktionen wurden angesprochen, die im Rahmen von Kontrolluntersuchungen durchgeführt worden waren. Da diese weder therapeutischen noch diagnostischen Zwecken dienten, lag für die Fraktion der Schluss nahe, dass die Frauen hier für wissenschaftliche Ziele benutzt worden waren.[937]
Bundesgesundheitsminister Seehofer übermittelte die Antwort der Bundesregierung am 24. Oktober 1995. Die Bundesregierung gab an, dass die Angelegenheit im Rahmen des Einigungsvertrages mit dem DDR-Gesundheitsministerium verhandelt worden war. Erst zu diesem Zeitpunkt habe sie von den „anerkannten Impfschädigungen" im Rahmen der Anti-D-Prophylaxe erfahren.[938] Die Bundesregierung räumte ein, dass nicht alle Schäden erkannt und anerkannt worden waren. Sie machte darauf aufmerksam, dass sie die Anstrengungen der Länder unterstütze, alle Empfänger der Chargen ausfindig zu machen und über die Infektion aufzuklären.

---

936 Privatarchiv, Aktenordner D. Deutscher Verein HCV-Geschädigter e. V. (Anm. 935), unpag.
937 Bundestags-Drucksache (BT-Drs.) 13/1649. Große Anfrage der Abgeordneten Horst Schmidbauer (Nürnberg), Iris Follak, Christel Hanewinckel (…) und der Fraktion der SPD, 7.6.1995, S. 1–8, http://dip21.bundestag.de/dip21/btd/13/016/1301649.pdf (aufgerufen am 15. Juli 2016).
938 Bundestags-Drucksache (BT-Drs.) 13/2732. Antwort der Bundesregierung (Anm. 907), S. 23.

Diese hatten Nachuntersuchungen, Presseverlautbarungen und Aufrufe an Ärzte zu einer Aufklärung der Betroffenen initiiert.[939]

Die SPD-Fraktion hatte die Zahl der HCV-infizierten Frauen mit 7.200 Personen angegeben.[940] Die Bundesregierung befand diese Zahl mit Blick auf das Gutachten von 1979 für zu hoch. Wenn man die Zahl der noch aufgefundenen Ampullen von der Gesamtzahl der Ampullen der einzelnen Chargen abziehe, ergebe sich maximal eine Zahl von 6.773. Es wurde aber davon ausgegangen, dass die Zahl der Erkrankungen aus zwei Gründen höher war, als vor der Wiedervereinigung angenommen. Diese Einschätzung begründete die Bundesregierung damit, dass Hepatitis C erst seit 1990 diagnostiziert werden konnte und aufgrund des angeblich „milden" Verlaufes nicht bei allen Frauen deutlich geworden war. Zudem habe sich Mecklingers Weisung an die Kreishygieneinspektionen nur auf die Empfängerinnen der Chargen 8 bis 15 bezogen, die übrigen Chargen blieben davon ausgeklammert.[941] Dies entsprach nicht den Tatsachen, da Mecklinger in seinen späteren Weisungen angeordnet hatte, auch die Frauen, die eine Anti-D-Prophylaxe der Chargen 16 bis 23 erhalten hatten, in die Maßnahmen einzubeziehen.

Bei der Zahl der mittelbar infizierten Personen, darunter auch Säuglinge, ging die Bundesregierung von Einzelfällen aus und verwies auf eine Studie, die eine Übertragbarkeit des Virus auf Intimpartner und Kinder weitgehend ausgeschlossen hatte.[942] Auch dass das Virus durch Muttermilch übertragen worden war, hielt die Bundesregierung aufgrund der Maßnahmen der Kreishygieneinspektionen für unwahrscheinlich. In Bezug auf die Folgen der chronischen Hepatitis C wurde davon ausgegangen, dass „bei einer

---

939 Bundestags-Drucksache (BT-Drs.) 13/2732. Antwort der Bundesregierung (Anm. 907), S. 13.
940 Bundestags-Drucksache (BT-Drs.) 13/1649 Große Anfrage der Abgeordneten (Anm. 937), S. 3.
941 Bundestags-Drucksache (BT-Drs.) 13/2732. Antwort der Bundesregierung (Anm. 907), S. 8.
942 Bundestags-Drucksache (BT-Drs.) 13/2732. Antwort der Bundesregierung (Anm. 907), S. 5.

Vielzahl der Frauen die Erkrankung langsam abklingt oder nicht schwerwiegend wird."[943] Dagegen stand allerdings eine zuvor zitierte Einschätzung des Leipziger Klinikums St. Georg, dass die Hälfte der Patientinnen eine „chronisch-persistierende Hepatitis oder einen chronischen Viruscarrierstatus" entwickelt hätte.[944] Mit Leberzirrhosen und eventuell auch Leberzellkarzinomen sei zu rechnen, wenn die chronische Virusträgerschaft nicht durch neue Therapien beendet werden könne.

Eine Versorgung nach dem 1994 entstandenen Unterstützungsabschlussgesetz schloss die Bundesregierung aus. Als Grund hierfür gab sie an, dass die Tatbestände, die hierfür erforderlich waren, im Fall der Anti-D-Geschädigten nicht vorlagen. Eine Unterstützung könne nur erfolgen, wenn die Gesundheitsschädigung im „krassen Mißverhältnis" zum damals bekannten Risiko stehe. Das Risiko einer Hepatitis-Infektion durch Blutpräparate sei aber bekannt und könne nicht ausgeschlossen werden.[945]

Nach den bundesdeutschen Regelungen erhielten die erkrankten Frauen Zahlungen, die sich nach der Minderung der Erwerbsfähigkeit richteten. Die Frauen wurden zu diesem Zweck von Ärzten begutachtet, die sich an den vom Bundesministerium für Arbeit herausgegebenen „Anhaltspunkten für die ärztliche Gutachtertätigkeit im sozialen Entschädigungsrecht und nach dem Schwerbehindertengesetz" orientierten. Darin war eine Minderung der Erwerbsfähigkeit definiert als „Maß für die gegenwärtig tatsächlich vorliegenden Auswirkungen eines Mangels an funktioneller Intaktheit, also für einen Mangel an körperlichem, geistigem oder seelischem Vermögen in allen Lebensbereichen, wobei auch seelische Begleiterscheinungen und Schmerzen zu beachten sind."[946] Der Grad der Minderung der Erwerbsfähigkeit unterschied sich dabei von dem für den Erhalt eines Schwerbehin-

---

943  Bundestags-Drucksache (BT-Drs.) 13/2732. Antwort der Bundesregierung (Anm. 907), S. 15.
944  Bundestags-Drucksache (BT-Drs.) 13/2732. Antwort der Bundesregierung (Anm. 907), S. 15.
945  Bundestags-Drucksache (BT-Drs.) 13/2732. Antwort der Bundesregierung (Anm. 907), S. 28.
946  Bundestags-Drucksache (BT-Drs.) 13/2732. Antwort der Bundesregierung (Anm. 907), S. 16.

dertenausweises zugrunde gelegten Grad der Behinderung. Die Zahl der als schwerbehindert anerkannten Frauen befand die Bundesregierung für bedeutungslos, da nach diesen Grundsätzen alle Gesundheitsstörungen in die Berechnung einbezogen wurden. Insgesamt waren 1995 804 Frauen als HCV-Geschädigte anerkannt und der Großteil mit einem Grad von unter 25 % einer Minderung der Erwerbsfähigkeit eingestuft worden.[947] Der ausschließlich serologisch erbrachte Nachweis einer Hepatitis C rechtfertigte es nach Ansicht der Bundesregierung nicht, von einer Minderung der Erwerbsfähigkeit auszugehen. Als Vorteil gegenüber den Regelungen in der DDR wurde herausgestellt, dass die bundesdeutschen Regelungen monatliche Zahlungen nach der Minderung der Erwerbsfähigkeit vorsahen.[948]

Die SPD-Fraktion hatte danach gefragt, ob die Bundesregierung die Praxis der Versorgungsämter gutheiße, bestimmte Ärzte, die auch schon in der DDR mit dem Thema befasst waren, als Gutachter zuzulassen. Die Verantwortung schob die Bundesregierung hier auf die Landesbehörden ab. Sie wies darauf hin, dass die frühere Tätigkeit der Ärzte nicht zu Zweifeln an den von ihnen erstellten Gutachten berechtige. Nicht immer sei es möglich, auf die in der DDR mit der Thematik Hepatitis C befassten Ärzte zu verzichten. Dem Wunsch der Betroffenen nach einem anderen Gutachter könne in Einzelfällen Rechnung getragen werden. In Hinsicht auf die durchgeführten Leberpunktionen wollte die Bundesregierung nicht bestätigen, dass diese zu wissenschaftlichen Zwecken erfolgt waren. Hierzu müsse jeder Einzelfall geprüft werden.[949]

Die Frage nach einer Staatshaftung erübrigte sich für die Bundesregierung. Da weder die Bundesrepublik noch die neuen Länder Gesamtrechtsnachfolger der DDR seien, müssten sie auch nicht für Haftungsansprüche gegen die DDR aus Staatshaftung einstehen. Eine erneute Strafverfolgung wegen

---

947 Bundestags-Drucksache (BT-Drs.) 13/2732. Antwort der Bundesregierung (Anm. 907), S. 18.
948 Bundestags-Drucksache (BT-Drs.) 13/2732. Antwort der Bundesregierung (Anm. 907), S. 31.
949 Bundestags-Drucksache (BT-Drs.) 13/2732. Antwort der Bundesregierung (Anm. 907), S. 27.

derselben Tat wurde aufgrund „des mit der früheren Entscheidung verbundenen Strafklageverbrauchs" als nicht zulässig abgelehnt.[950] Die Frage, ob ein Gutachten dazu beitragen könne, die komplizierte rechtliche Situation zu erklären, die aus dem Übergang von DDR-Recht zu bundesdeutschem Recht entstanden war, verneinte die Bundesregierung. Sie wollte an den Grundsätzen nichts verändern, weil sie das „umfassende Versorgungssystem" des Bundesversorgungsgesetzes für ausreichend ansah.[951]

Der Bundesrat hingegen hielt eine angemessene Entschädigung der Frauen nach einer Entschließung des Landes Brandenburg für notwendig und erwartete die Ausarbeitung eines Konzeptes durch eine Bund-Länder-Gruppe. Diese war offenbar schon gebildet worden und sollte „ein Konzept zur humanitären Hilfe" für die betroffenen Frauen erarbeiten.[952] Die Bundesregierung hielt es nicht für notwendig, eine soziale Ausgrenzung der Betroffenen durch gesonderte Maßnahmen zu vermeiden, da Hepatitis C ein geringes Ansteckungsrisiko aufweise. Es müssten allerdings Lösungen gefunden werden, damit die Betroffenen nicht den Bezug zum Arbeitsleben und zum gesellschaftlichen Leben verlören. Diese Aufgabe delegierte sie an die Beratungsstellen für Ehe-, Familien- und Lebensplanung.[953]

### 3.1.3 Gespräche in den Bundesländern und Diskussionen im Bundestag

In der Folgezeit fanden Gespräche der Betroffenen mit politischen Entscheidungsträgern auf Landesebene statt, so beispielsweise mit dem Sächsischen Staatsministerium für Gesundheit, Familie und Soziales. Dieses hatte den

---

950 Bundestags-Drucksache (BT-Drs.) 13/2732. Antwort der Bundesregierung (Anm. 907), S. 26.
951 Bundestags-Drucksache (BT-Drs.) 13/2732. Antwort der Bundesregierung (Anm. 907), S. 33.
952 Bundestags-Drucksache (BT-Drs.) 13/2732. Antwort der Bundesregierung (Anm. 907), S. 33.
953 Bundestags-Drucksache (BT-Drs.) 13/2732. Antwort der Bundesregierung (Anm. 907), S. 34.

Frauen mitgeteilt, dass die Bundesregierung eine neue Entschädigungsregelung in Betracht ziehe.[954] Die Betroffenen kritisierten bei den Gesprächen die bestehende Situation. Sie fühlten sich häufig von Ämtern und Ärzten diskriminiert und gaben an, dass diese sie wie Alkohol- oder Drogenabhängige behandelten.[955] Die von den Ämtern zum Teil durchgeführte psychiatrische Begutachtung empfanden sie als „zusätzlichen Streß, Demütigungen und Diskriminierungen".[956] Sie schilderten, dass die Psychiater und Psychologen meist wenig über die Erkrankung wussten und in einem Fall sogar geraten wurde, die Erkrankung einfach zu vergessen.[957] Der Deutsche Verein HCV-Geschädigter e. V. warf die Frage auf, warum die psychische Belastung der Betroffenen nicht generell mit einer Minderung der Erwerbsfähigkeit von 10 % anerkannt werde. Eine Betroffene schilderte diese Belastung eindrücklich: „Ich weiß aus eigener schmerzlicher Erfahrung, daß die Krankheit eine erhebliche psychische Belastung darstellt. Man kann seine Ängste und Sorgen zeitweise verdrängen. Im Unterbewußtsein sind sie aber immer vorhanden. Unvermittelt brechen sie dann hervor, wenn man es am wenigsten erwartet. Dann kommt das, was ich das ‚heulende Elend' nenne. Irgendwie gelingt es dann wieder, seine HCV-bedingten Ängste und Sorgen für eine gewisse Zeit in den Hintergrund zu drängen, los bekommt man sie aber nie."[958] Neben den Gesprächen auf Landesebene fand auch eine Debatte im Bundestag statt. Die SPD-Fraktion hatte zuvor ein Rechtsgutachten über Staatshaftungsansprüche in Auftrag gegeben, das ergeben hatte, dass der Gesetzgeber zu einer Entschädigungsregelung verpflichtet war.[959] Ange-

---

954 Privatarchiv, Aktenordner D. Protokoll (4.6.1996) zur Information des Vorstandes und der Mitglieder des Deutschen Vereins HCV-Geschädigter zum Clearinggespräch über Initiativen der Lösung der Entschädigungsfrage in der „Anti-D-Problematik", 5.6.1996, unpag.
955 Privatarchiv, Aktenordner D. Protokoll (Anm. 954), unpag.
956 Privatarchiv, Aktenordner D. Gespräch mit Herrn (…), Sachgebietsleiter im Sächsischen Staatsministerium für Familie, Gesundheit und Soziales am 13.9.1996, unpag.
957 Privatarchiv, Aktenordner D. Gespräch mit Herrn (Anm. 956), unpag.
958 Privatarchiv, Aktenordner D. Deutscher Verein HCV-Geschädigter an (…), Sächsisches Staatsministerium für Soziales, Gesundheit und Familie, 22.9.1996, unpag.
959 Privatarchiv, Aktenordner D. AG Gesundheit, Frauen im größten Arzneimittel-Skandal der DDR haben eindeutig Anspruch auf Entschädigung, unpag.

fertigt hatte das Gutachten der Jurist Dr. Helmut Goerlich (*1943), der den Lehrstuhl für Staats- und Verwaltungsrecht, Verfassungsgeschichte und Staatskirchenrecht an der Juristenfakultät der Universität Leipzig innehatte. Im November 1996 wurde über die Große Anfrage beraten. Schmidbauer hatte einen Entschließungsantrag gestellt und forderte ein soziales Entschädigungsgesetz für die betroffenen Frauen. In der einstündigen Beratung informierte er die anderen Fraktionen über deren Situation. Viele Frauen hätten aufgrund der Geheimhaltungspraxis erst nach der Deutschen Einheit erfahren, dass sie durch die Anti-D-Prophylaxe mit dem Virus infiziert worden waren.[960]

Die Parlamentarische Staatssekretärin der CDU beim Bundesministerium für Gesundheit, Dr. Sabine Bergmann-Pohl (*1946), verteidigte die Ärzte, dass diese ihre Arbeit damals gut gemacht hätten.[961] Sie wies Schmidbauers Vorwurf der Geheimhaltung der Angelegenheit zurück.[962] Bergmann-Pohl war von April bis Oktober 1990 als Präsidentin der Volkskammer de jure das letzte Staatsoberhaupt der DDR.[963] Die Staatssekretärin signalisierte zwar Bereitschaft, über eine neue Entschädigungsregelung zu diskutieren, setzte hierfür jedoch eine finanzielle Beteiligung der Länder voraus. Die damalige Grünen-Politikerin Monika Knoche (*1954) riet der Bundesregierung daraufhin, sich nicht hinter einer Länderregelung zu verstecken.[964] Ruth Fuchs (*1946) von der PDS stellte sich ebenfalls gegen Schmidbauers Aussage, dass die Infektion geheim gehalten worden war. Sie behauptete, dass etliche Fachpublikationen das Thema aufgegriffen hätten und

---

960   Plenarprotokoll 13/135. Stenographischer Bericht des Bundestages. Protokoll der Bundestagssitzung vom 07.11.1996, TOP 7, S. 12178–12187, hier S. 12178, http://dip21.bundestag.de/dip21/btp/13/13135.pdf (aufgerufen am 15. Juli 2016).
961   Plenarprotokoll 13/135. Stenographischer Bericht des Bundestages (Anm. 960), S. 12180.
962   Plenarprotokoll 13/135. Stenographischer Bericht des Bundestages (Anm. 960), S. 12180.
963   Helmut Müller-Enbergs: Bergmann-Pohl, Sabine. In: Helmut Müller-Enbergs, Jan Wielgohs, Dieter Hoffmann, Andreas Herbst, Ingrid Kirschey-Feix (Hg.): Wer war wer in der DDR? Ein Lexikon ostdeutscher Biographien. Bd. 1. Berlin 2010, S. 106.
964   Plenarprotokoll 13/135. Stenographischer Bericht des Bundestages (Anm. 960), S. 12181.

ein Stellvertreter des Gesundheitsministers sogar auf einer Konferenz der Weltgesundheitsorganisation in Genf über die Ereignisse berichtet habe. Sie verwies auch auf die Auswertung des Geschehens durch leitende Ärzte und Arzneimittelhersteller in der DDR. Angesichts des „unübersehbar korrekten Umgangs der DDR-Behörden" irritierte sie, dass häufiger „statt von zwei konkret Schuldigen (…) von ‚den Verantwortlichen in der DDR'" die Rede sei.[965] Gegen derartige „Unterstellungen" wandte sie ein, dass keine zuständige Aufsichtsbehörde und kein Arzt von einer Kontamination der Chargen gewusst hatten.[966] Harald Kahl (* 1941) von der CDU/CSU nahm in seinem Redebeitrag das Klinikum St. Georg in Leipzig und insbesondere Manfred Wiese in Schutz. Er warf den Betroffenen vor, durch einen Gutachterwechsel nur eine höhere Minderung der Erwerbsfähigkeit bestätigt bekommen zu wollen. Die Leistungen nach bundesdeutschem Recht stellte er stattdessen als Errungenschaft für die Betroffenen dar.[967]

Die SPD strebte für die mit Hepatitis C infizierten Frauen eine ähnliche Lösung an, wie das HIV-Hilfsgesetz es für die infizierten Hämophilen vorsah. Der SPD-Abgeordnete Richard Schuhmann (* 1938) betrachtete es als eine moralische Pflicht, die Betroffenen angemessen zu entschädigen, da ihre Gesundheit nicht ersetzt werden könne. Der Entschließungsantrag der SPD wurde zur Beratung an den Ausschuss für Gesundheit, zur Mitberatung an den Ausschuss für Familie, Senioren, Frauen und Jugend sowie an den Rechtsausschuss überwiesen.[968] Ein wichtiges Ergebnis der Debatte war, dass das Bundesgesundheitsministerium zum ersten Mal Handlungsbedarf eingestanden und eine Diskussion über eine Entschädigungsregelung in Aussicht gestellt hatte.

---

965 Plenarprotokoll 13/135. Stenographischer Bericht des Bundestages (Anm. 960), S. 12183.
966 Plenarprotokoll 13/135. Stenographischer Bericht des Bundestages (Anm. 960), S. 12183.
967 Plenarprotokoll 13/135. Stenographischer Bericht des Bundestages (Anm. 960), S. 12185 f.
968 Plenarprotokoll 13/135. Stenographischer Bericht des Bundestages (Anm. 960), S. 12187.

Im April 1997 diskutierte der Ausschuss für Gesundheit erneut über das Thema. Schmidbauer stellte dabei unter Bezugnahme auf einen Artikel der Ärztezeitung die schweren Folgen einer Hepatitis C dar. Meist beginne die Erkrankung harmlos, aber 70 bis 80 % der Patienten entwickelten eine chronische Leberentzündung und 40 % eine Leberzirrhose. Schmidbauer forderte, die „Fehlentscheidung", aus einem Arzneimittelschaden einen Impfschaden zu machen, durch eine neue Entschädigungsregelung zu korrigieren.[969] Er regte an, die Modalitäten zunächst mit den Betroffenen selbst zu klären, wie dies bei den HIV-Infizierten geschehen war.[970] Nicht alle Mitglieder der SPD unterstützten Schmidbauers Kurs. Der SPD-Abgeordnete Dr. Hans-Hinrich Knaape (*1934) beispielsweise behauptete, dass den Frauen „entsprechend den damals vorhandenen Möglichkeiten (…) Gerechtigkeit widerfahren" sei und man ihnen die Spätfolgen finanziell ausgeglichen habe.[971] Bergmann-Pohl warf ein, dass erst eine Entscheidung der Länder abgewartet werden müsse und bat die SPD darum, auf die Minister der Länder einzuwirken, um zu einem positiven Ergebnis zu kommen. Denn mittlerweile hatten 4.491 Betroffene einen Antrag gestellt. Bei 1.809 Frauen war eine Minderung der Erwerbsfähigkeit anerkannt worden. Der Vorsitzende schloss den Tagesordnungspunkt damit, dass ein Konsens darüber bestehe, dass sich zunächst Bund und Länder einigen müssten.[972]

### 3.1.4 Stagnation und Regierungswechsel

Doch zunächst kam es zu keiner Entscheidung. Die Betroffenen sahen sich als „Opfer eines unwürdigen Spiels", bei dem sich Bund und Länder gegenseitig den „Schwarzen Peter" zuschoben.[973] Sie versuchten weiterhin, Poli-

---

969 Privatarchiv, Aktenordner D. 13. Wahlperiode, Ausschuss für Gesundheit, 91. Sitzung am Mittwoch, den 16.4.1997, Zu Punkt 8 der Tagesordnung, S. 7.
970 Privatarchiv, Aktenordner D. Zu Punkt 8 der Tagesordnung (Anm. 969), S. 8.
971 Privatarchiv, Aktenordner D. Zu Punkt 8 der Tagesordnung (Anm. 969), S. 8.
972 Privatarchiv, Aktenordner D. Zu Punkt 8 der Tagesordnung (Anm. 969), S. 8.
973 Privatarchiv, Aktenordner A. Deutscher Verein HCV-Geschädigter e. V., Briefe an Bundestagsabgeordnete, 22.4.1997, unpag.

tiker auf ihr Anliegen aufmerksam zu machen. So initiierte der Deutsche Verein HCV-Geschädigter e. V. 1997 eine Briefaktion an Bundestagsabgeordnete.[974] Das Bundesgesundheitsministerium betonte daraufhin die Bereitschaft der Bundesregierung, über eine entsprechende Gesetzesinitiative zu diskutieren. Voraussetzung hierfür war eine Kostenübernahme durch die Länder. Seehofer hatte die Gesundheitsminister und -senatoren um eine Stellungnahme hierzu gebeten.[975] Auf Länderebene befasste sich die Arbeitsgemeinschaft der leitenden Ministerialbeamtinnen und -beamten am 17. und 18. April 1997 mit dem Thema. Die Arbeitsgruppe hatte die Vorsitzende der Gesundheitsministerkonferenz darum gebeten, mit Seehofer über eine mögliche finanzielle Beteiligung von Bund und Ländern zu sprechen.[976]

Zwischenzeitlich hatte das Bundesministerium für Gesundheit eine Stellungnahme zu dem von der SPD eingeholten Rechtsgutachten erarbeiten lassen.[977] Schmidbauer stützte sich gegenüber Seehofer im Mai 1998 auf Goerlichs juristisches Gutachten, der einen Entschädigungsanspruch auch aus rechtlichen Gründen für geboten halte.[978] Schmidbauer machte darauf aufmerksam, dass die Frage, ob die Schädigung durch eine schuldhafte Handlung herbeigeführt wurde, im bundesdeutschen Recht für eine Zuordnung zu unterschiedlichen Entschädigungssystemen entscheidend sei. Goerlich habe in seinem Rechtsgutachten von einem „Impfbegleitschaden" gesprochen, um deutlich zu machen, dass es sich eben nicht um einen Impfschaden gehandelt habe.[979] Schmidbauer wandte sich entschieden ge-

---

974 Privatarchiv, Aktenordner A. Deutscher Verein HCV-Geschädigter e. V., Briefe (Anm. 973), unpag.
975 Privatarchiv, Aktenordner A. Bundesministerium für Gesundheit an (…), 4.6.1997, unpag.
976 Privatarchiv, Aktenordner A. Bundesministerium für Gesundheit an Frederick Schulze MdB, 15.5.1997, S. 1–3, hier S. 2.
977 Privatarchiv, Aktenordner C. Prof. Dr. Helmut Goerlich an Horst Schmidbauer MdB, HCV-Fälle. Schreiben des Bundesministeriums für Gesundheit vom 22.12.1997, 26.1.1998, unpag.
978 Privatarchiv, Aktenordner C. Goerlich an Schmidbauer (Anm. 977), unpag.
979 Privatarchiv, Aktenordner D. Horst Schmidbauer an Bundesminister für Gesundheit, Durch Anti-D-Prophylaxe mit Hepatitis C-infizierte Frauen der ehemaligen DDR;

gen die in einer Stellungnahme des Bundesgesundheitsministeriums vertretene Einschätzung, dass die Einstufung als Impfschaden zu einer Besserstellung der Geschädigten geführt hätte, da ansonsten alle Ansprüche mit der Wiedervereinigung entfallen wären.[980] Er sah hierin stattdessen eine Benachteiligung der Betroffenen, da die „deliktische Komponente" bei der Schadensverursachung unberücksichtigt blieb.[981] Er hielt es aus zwei Gründen für angemessen, dass sich der Bund an den Kosten beteilige. Zum einen habe der Bund eine Staatshaftung indirekt anerkannt, indem er die nach den DDR-Regelungen anerkannten Personen nach dem Bundesseuchengesetz versorgt habe. Zum anderen habe er die Kosten hierfür allein den neuen Ländern auferlegt und diese an der Entscheidung hierüber nicht beteiligt. Schmidbauer schlug vor, sich an der Verteilung im Ersten SED-Unrechtsbereinigungsgesetz zu orientieren, welche eine Kostenbeteiligung des Bundes in Höhe von 65 % vorsah. Als Entschädigungsmodell war seiner Ansicht nach die Bildung eines Fonds besonders vorteilhaft, der, gestaffelt nach der Schwere der Schädigung, um ein einmaliges Schmerzensgeld ergänzt werden sollte. Eine Entschädigungsleistung, die sich allein an den Leistungen des Bundesversorgungsgesetzes orientierte, lehnte Schmidbauer ab. Denn diese wurden nach dem Grad der Minderung der Erwerbsfähigkeit gewährt, womit eine HCV-Infektion allein nicht entschädigt wurde. Schmidbauer bat Seehofer darum, seiner Bewertung zu folgen.[982]

Zwischenzeitlich war eine Neubegutachtung für die Betroffenen geplant worden, die an eine Leberbiopsie gekoppelt werden sollte. Im April 1998 hatte zu dieser Thematik ein Gespräch der Staatssekretäre der neuen Länder stattgefunden. Im Juni 1998 waren Gespräche zwischen den Staats-

---

Rechtsfragen in Zusammenhang mit Versorgungs-/Entschädigungsregelungen; Sitzung des Gesundheitsausschusses vom 22.11.1997; Schreiben von (…) vom 22.12.1997, 28.5.1998, unpag.
980  Privatarchiv, Aktenordner D. Schmidbauer an Bundesminister (Anm. 979), unpag.
981  Privatarchiv, Aktenordner D. Schmidbauer an Bundesminister (Anm. 979), unpag.
982  Privatarchiv, Aktenordner D. Schmidbauer an Bundesminister (Anm. 979), unpag.

sekretären und den Interessenvertretungen der Betroffenen vorgesehen.[983] Diese forderten eine eigenständige Entschädigungsregelung. Sie verwiesen dabei auf das HIV-Hilfegesetz und die Einrichtung einer Stiftung für die durch Contergan geschädigten Personen.[984] Im Modell der Betroffenen waren Einmalzahlungen und monatliche Zahlungen vorgesehen. Betroffene, welche die Prophylaxe erhalten hatten, bei denen das Virus aber nicht nachweisbar war, sollten 5.000 DM erhalten. Bei einem positiven Test auf das Erbmaterial des Virus wurde eine Zahlung von einmalig 10.000 DM und monatlich 1.000 DM gefordert. Sonographisch erkennbare Veränderungen der Leber sollten mit einer einmaligen Zahlung von 15.000 DM und monatlichen Leistungen von 2.000 DM rückwirkend bis zum Zeitpunkt der Wiedervereinigung entschädigt werden. Für Hinterbliebene waren Zahlungen in Höhe von 800 DM vorgesehen, welche Ehegatten bis zu fünf Jahre und Kinder bis zum Abschluss der Berufsausbildung erhalten sollten.[985] Die monatlichen Zahlungen sollten in Verbindung mit einer Meistbegünstigungsklausel auf die Leistungen nach dem Bundesversorgungsgesetz in Verbindung mit dem Bundesseuchengesetz angerechnet werden. Auf weitere Ansprüche sollten sie hingegen nicht anrechenbar sein. Die Betroffenen bezifferten den finanziellen Aufwand auf etwa 15 Millionen DM für die Einmalzahlung und jährlich zehn Millionen DM für die monatlichen Leistungen. Für die rückwirkenden Zahlungen wurde eine Summe von 72,6 Millionen DM veranschlagt.[986]

Auf der Gesundheitsministerkonferenz, die im Juni 1998 in Überherrn stattfand, wurde schließlich eine Entschädigung im Rahmen eines Bundesgesetzes vorgeschlagen. Dieses sah monatliche Zahlungen vor, für die bis zu zehn Millionen DM pro Jahr eingeplant werden sollten. Eine durch die Ge-

---

983  Privatarchiv, Aktenordner C. Leitstelle für Frauenpolitik Sachsen-Anhalt, Die Staatssekretärin, 19.5.1998, unpag.
984  Privatarchiv, Aktenordner C. Rechtsanwalt (...) an Sächsisches Staatsministerium für Soziales, Gesundheit und Familie, 5.6.1998, unpag.
985  Privatarchiv, Aktenordner C. (...) an Sächsisches Staatsministerium (Anm. 984), unpag.
986  Privatarchiv, Aktenordner C. (...) an Sächsisches Staatsministerium (Anm. 984), unpag.

sundheitsministerkonferenz eingesetzte Arbeitsgruppe wurde beauftragt, bis Ende August 1998 einen Gesetzentwurf vorzulegen, der anschließend in den Bundesrat eingebracht werden sollte. Auch der durch den Rechtsanwalt der beiden Verbände eingebrachte Vorschlag sollte dabei geprüft werden.[987] Die beiden Betroffenenverbände, der Bundesverband Anti-D-geschädigter Frauen e. V. und der Deutsche Verein HCV-Geschädigter e. V., wurden über ein Jahr später zu einem Gespräch in das Bundesministerium für Gesundheit eingeladen. Hier sollten die Frauen ihre Bedenken gegen den im September 1998 vorgelegten Gesetzesentwurf äußern.[988]

Dieser sah eine monatliche Rente vor, die sich nach der Minderung der Erwerbsfähigkeit richtete und zwischen 500 DM und 2.000 DM lag. Gleichzeitig waren Einmalzahlungen zwischen 5.000 DM und 15.000 DM geplant, die ebenfalls an das Kriterium der Erwerbsminderung gebunden waren. Sie sollten bei einer Minderung der Erwerbsfähigkeit von 20 % beginnen, sahen bei 30 und 40 % 10.000 DM und bei 50 % und einer höheren Minderung der Erwerbsfähigkeit 15.000 DM vor.[989] Nach dem Entwurf waren alle Frauen anspruchsberechtigt, die durch eine kontaminierte Charge mit dem Hepatitis-C-Virus infiziert worden waren. Auch infizierte Kontaktpersonen, worunter Kinder, Ehegatten und längerfristige Lebenspartner verstanden wurden, erhielten einen Anspruch. Bei den Sozialleistungen sollten die Renten zur Hälfte und die Einmalzahlung komplett unberücksichtigt bleiben. Ferner waren Leistungen für Hinterbliebene nach dem Vorschlag der Betroffenenverbände vorgesehen. Als Waisen galten auch Stief- und Pflegekinder. Der Gesetzentwurf sah zudem Heilbehandlungen für die Betroffenen im Rahmen des Fünften Sozialgesetzbuchs vor. Eine darüber hin-

---

987 Privatarchiv, Aktenordner D. Ergebnisniederschrift der 71. Gesundheitsministerkonferenz am 18. und 19. Juni 1998 in Überherrn, TOP 6: Entschädigungsregelung bei Hepatitis-C-Infektionen durch Anti-D-Immunprophylaxe in der ehemaligen DDR, unpag.
988 Privatarchiv, Aktenordner D. Bundesministerium für Gesundheit an Deutscher Verein HCV-Geschädigter, Hilfegesetz für durch Anti-D-Prophylaxe mit Hepatitis C infizierte Frauen der ehemaligen DDR, hier: Besprechungstermin, 25.6.1999, unpag.
989 Privatarchiv, Aktenordner C. Entwurf, Gesetz über die Hilfe für infolge einer Anti-D-Prophylaxe in der ehemaligen DDR mit Hepatitis C infizierten Personen (Anti-D-Hilfegesetz, Anti-D-HG), Stand 28.9.1998, unpag.

ausgehende Behandlung in einer Kureinrichtung konnte mit Zustimmung der für die Kriegsopferversorgung zuständigen obersten Landesbehörde bewilligt werden.[990]
Dieser Entwurf wurde unter der alten Bundesregierung nicht mehr umgesetzt. Im Oktober 1998 kam es zum Regierungswechsel und die Entwicklung stoppte. Dies motivierte die Betroffenen, erneut Briefe an die Abgeordneten zu schreiben. Ende 1999 meldeten sich einige Abgeordnete auf das Schreiben zurück.[991] Die Parlamentarische Geschäftsführerin der Bundestagsfraktion von Bündnis 90/Die Grünen teilte einer Betroffenen Anfang November 1999 mit, dass die neue Bundesregierung eine „umfassende Entschädigungsregelung" auf den Weg gebracht habe.[992] Die Staatssekretärin im Gesundheitsministerium berichtete, dass die Betroffenen eine monatliche Zahlung, eine Einmalzahlung sowie ergänzende Leistungen erhalten sollten. Ferner sichere eine Besitzstandswahrklausel, dass „in keinem Fall eine Verschlechterung eintreten" könne.[993] Weitere Vorschläge waren hingegen nicht umgesetzt worden. Dies betraf die Erhöhung der monatlichen Renten und rückwirkende Zahlungen.[994] An den Grundsätzen des Gesetzentwurfes war kaum etwas geändert worden.[995]
Gemeinsam organisierten der Bundesverband Anti-D-geschädigter Frauen e. V. und der Deutsche Verein HCV-Geschädigter e. V. im Oktober 1999 eine Demonstration vor dem Bundesgesundheitsministerium. Die Betroffenen warfen der neuen Bundesregierung „Wortbruch" vor.[996] Sie hiel-

---

990 Privatarchiv, Aktenordner C. Entwurf, Gesetz über die Hilfe (Anm. 989), unpag.
991 Privatarchiv, Aktenordner A. Stellvertretende Vorsitzende der SPD-Bundestagsfraktion an (…), Ihr Bürgeranliegen/Ihr Schreiben vom 22.3.1999, 22.11.1999, unpag.
992 Privatarchiv, Aktenordner A. Parlamentarische Geschäftsführerin der Fraktion Bündnis 90/Die Grünen an (…), Entschädigung für Hepatitis-Opfer, 1.11.1999, unpag.
993 Privatarchiv, Aktenordner A. Bundesministerium für Gesundheit, Pressemitteilung Nr. 81, Nickels: Hoffnung für Hepatitis-Opfer der ehemaligen DDR, 28.10.1999, unpag.
994 Privatarchiv, Aktenordner A. Pressemitteilung (Anm. 993), unpag.
995 Privatarchiv, Aktenordner C. Entwurf, Gesetz über die Hilfe für durch Anti-D-Prophylaxe mit Hepatitis C infizierte Personen (Anti-D-Hilfegesetz, Anti-D-HG), Stand 27.9.1999, S. 1–21, hier S. 15.
996 Privatarchiv, Aktenordner D. Gemeinsame Arbeitsgruppe von Bundesverband Anti-D-Geschädigter Frauen e. V. und Deutscher Verein HCV-Geschädigter e. V., Presseinformation Demo der Anti-D-Straftatsopfer 1978/1979, unpag.

ten dieser vor, als Opposition den Entwurf eines Entschädigungsgesetzes zuvor als „unangemessene Billiglösung" verurteilt zu haben und nun als neue Regierung denselben Entwurf vorzulegen.[997] Besonders empörte die Betroffenen die in § 6 vorgesehene Anrechnung der Hälfte der monatlichen Leistungen auf die Leistungen der Sozialhilfe. Da schon ein großer Teil der Betroffenen bereits Sozialhilfe beziehe, sei hier mit einer „sehr nennenswerten Anrechnung der monatlichen Leistungen" zu rechnen.[998] Kritisiert wurde zudem, dass der Rohentwurf weder das von den Betroffenenverbänden gewünschte Meistbegünstigungsprinzip noch rückwirkende Leistungen enthielt.[999]

Die Verbände beließen es nicht bei Kritik, sondern legten auch Verbesserungsvorschläge vor, die in ihren Augen nur einen Kompromiss darstellten. Darin war eine Erhöhung der monatlichen Leistungen bei einer Minderung der Erwerbsfähigkeit ab 30 % vorgesehen, die zwischen 800 DM (30 %) und 2.000 DM (70 %) lag. Der Neuregelung wollten die Betroffenen nur unter der Bedingung zustimmen, dass die Kranken- und Heilbehandlung nach dem Bundesversorgungsgesetz in das neue Entschädigungsgesetz übernommen wurden.[1000] Sie forderten zudem erneut rückwirkende Leistungen sowie eine Meistbegünstigungsklausel, um eine Schlechterstellung gegenüber dem derzeitigen Stand zu verhindern. Die Anrechnung der Leistungen auf die Sozialhilfe sowie eine Versteuerung lehnten die Betroffenen vehement ab.[1001]

---

997 Privatarchiv, Aktenordner D. Gemeinsame Arbeitsgruppe von Bundesverband (Anm. 996), unpag.
998 Privatarchiv, Aktenordner D. Stellungnahme der Anti-D-Geschädigten zum Thüringer Rohentwurf des Anti-D-Hilfegesetzes, Stand 28.9.1998, unpag.
999 Privatarchiv, Aktenordner D. Stellungnahme (Anm. 998), unpag.
1000 Privatarchiv, Aktenordner D. Deutscher Verein HCV-Geschädigter e. V., Nachbesserungs- und Ergänzungsfolgen der Anti-D-Straftatopfer, o. D., unpag.
1001 Privatarchiv, Aktenordner D. Nachbesserungs- und Ergänzungsfolgen (Anm. 1000), unpag.

## 3.2 Das Anti-D-Hilfegesetz

Die Vorschläge der beiden Verbände wurden nicht berücksichtigt. Das Bundeskabinett beschloss am 23. Februar 2000 den vorliegenden Gesetzentwurf über die Hilfe für die durch Anti-D-Immunprophylaxe mit HCV infizierten Personen. Im Gesetzesentwurf war, gestaffelt nach dem Grad der Minderung der Erwerbsfähigkeit, eine monatliche Rentenzahlung in Höhe von 500 DM bis 2.000 DM vorgesehen.[1002] Gleichzeitig war eine Einmalzahlung geplant, die auch Betroffene mit einer Minderung der Erwerbsfähigkeit zwischen 10% und 20% einschloss. Die Kosten für die Einmalzahlung sollte der Bund allein finanzieren, die Kosten für die Renten sollten zur Hälfte von Bund und Ländern getragen werden.[1003] Insgesamt war bis Ende 1999 infolge der Nachuntersuchungen bei 2.252 Frauen, 57 Kindern und acht Kontaktpersonen eine Hepatitis-C-Infektion anerkannt worden.[1004]

Das Bundesministerium für Gesundheit kritisierte die bislang bestehenden Regelungen und hielt es für unbefriedigend, dass eine Anerkennung als Impfschaden und nicht als Arzneimittelschaden erfolgt war. Die Tatsache, dass kein Schmerzensgeld gezahlt worden war und ein Teil der Betroffenen nur eine Mindestrente oder gar keine Leistungen nach dem Bundesversorgungsgesetz erhielt, wurden kritisiert.[1005] Das neue Gesetz sollte daher „klare Rechtsgrundlagen" schaffen und „angemessene materielle Leistun-

---

[1002] Bundesrat Drucksache 127/00. Gesetzentwurf der Bundesregierung. Entwurf eines Gesetzes über die Hilfe für durch Anti-D-Immunprophylaxe mit dem Hepatitis-C-Virus infizierte Personen (Anti-D-Hilfegesetz, AntiDHG), 25.2.2000, S. 1–31, http://www.antidhilfe.de/pdf/br_antidhg_127_25.02.2000.pdf (aufgerufen am 15. Juli 2016).
[1003] Privatarchiv, Aktenordner C. Bundesministerium für Gesundheit, Pressemitteilung: „Kabinett beschließt verbesserte Hilfe für die Opfer des DDR-Hepatitis-Skandals", 23.2.2000, unpag.
[1004] Privatarchiv, Aktenordner C. Bundesministerium für Gesundheit, Informationspapier über den Entwurf eines Gesetzes über die Hilfe für durch Anti-D-Immunprophylaxe mit dem Hepatitis-C-Virus infizierte Personen (Entwurf eines Anti-D-Hilfegesetzes), März 2000, S. 1–8, hier S. 1.
[1005] Privatarchiv, Aktenordner C. Bundesministerium für Gesundheit, Informationspapier (Anm. 1004), S. 2.

gen für die Betroffenen" ermöglichen.[1006] Das Finanzministerium hatte eine Finanzierung von 50 % bei einer jährlichen Summe von zehn Millionen zugesagt. Daraufhin hatten die Länder in der Gesundheitsministerkonferenz 1999 zugestimmt, die andere Hälfte der Kosten zu übernehmen.[1007] Das Bundesministerium für Gesundheit hatte sich gegen eine Anrechnung der monatlichen Rentenzahlungen auf die Sozialhilfeleistungen ausgesprochen. Hier konnte es sich aber nicht gegen die Länder durchsetzen.[1008] Die Renten sollten jährlich dynamisiert werden und waren an den Grad der Minderung der Erwerbsfähigkeit gebunden. Grundlage für die Einstufung waren die „Anhaltspunkte für die ärztliche Gutachtertätigkeit im sozialen Entschädigungsrecht und nach dem Schwerbehindertengesetz" (Tab. 2).[1009] Diese sahen für die Hepatitis C bestimmte Einstufungen vor.[1010]

| | MdE (in %) |
|---|---|
| **Chronische Hepatitis ohne Progression** | 20 |
| **Chronische Hepatitis mit Progression** | |
| – geringe entzündliche Aktivität | 30 |
| – mäßige entzündliche Aktivität | 40 |
| – starke entzündliche Aktivität je nach Funktion | 50–70 |
| – Leberzirrhose (dekompensiert) | 60–100 |

Tab. 2 Grade der Minderung der Erwerbsfähigkeit (MdE) bei chronischer Hepatitis

---

1006   Privatarchiv, Aktenordner C. Bundesministerium für Gesundheit, Informationspapier (Anm. 1004), S. 2.
1007   Privatarchiv, Aktenordner C. Bundesministerium für Gesundheit, Informationspapier (Anm. 1004), S. 3.
1008   Privatarchiv, Aktenordner C. Bundesministerium für Gesundheit, Informationspapier (Anm. 1004), S. 6 f.
1009   Privatarchiv, Aktenordner C. Bundesministerium für Gesundheit, Informationspapier (Anm. 1004), S. 4.
1010   Privatarchiv, Aktenordner C. Bundesministerium für Gesundheit, Informationspapier (Anm. 1004), S. 4.

Die Einmalzahlung berechnete sich ebenfalls nach der Minderung der Erwerbsfähigkeit. Im Vergleich zu den Renten wurde diese bereits bei einer Minderung der Erwerbsfähigkeit von 10 % gewährt.[1011] Sie sollte diejenigen Betroffenen unterstützen, die trotz chronischer Hepatitis C bislang keine Rente erhielten und auch nach dem neuen Gesetz nicht erhalten würden. Die Zahlen machen deutlich, dass trotzdem etwa 45 % der Betroffenen von den Unterstützungsleistungen ausgeschlossen blieben (Tab. 3).[1012]

| Minderung der Erwerbsfähigkeit (in %) | Zahl der Personen | Einmalzahlung (in DM) | Gesamtkosten (in Millionen DM) |
|---|---|---|---|
| 0 | 1.040 | – | – |
| 10 und 20 | 360 | 7.000 | 2,52 |
| 30 | 756 | 12.000 | 9,07 |
| 40 | 121 | 15.000 | 1,81 |
| 50 | 21 | 20.000 | 0,42 |
| 60 und mehr | 12 | 30.000 | 0,36 |

Tab. 3 Geplante Einmalzahlungen nach Grad der Minderung der Erwerbsfähigkeit (MdE)

Zudem musste innerhalb einer Frist bis zum 31. Dezember 2000 ein Antrag gestellt werden, um eine Einmalzahlung zu erhalten.[1013] Somit musste ein Antrag auch dann gestellt werden, wenn noch keine Minderung der Erwerbsfähigkeit festgestellt oder das Verfahren über die Feststellung noch nicht rechtskräftig abgeschlossen war.[1014]

---

1011 Bundesrat Drucksache 127/00. Gesetzentwurf der Bundesregierung (Anm. 1002).
1012 Privatarchiv, Aktenordner C. Bundesministerium für Gesundheit, Informationspapier (Anm. 1004), S. 5.
1013 Privatarchiv, Aktenordner C. Bundesministerium für Gesundheit, Informationspapier (Anm. 1004), S. 8.
1014 Privatarchiv, Aktenordner C. Rechtsanwalt (…) an den Deutschen Verband HCV-Geschädigter e. V., Kabinettsvorlage des Entwurfs des Anti-D-Hilfegesetzes, Bundesverband HCV-geschädigter Frauen nach Immunprophylaxe „Anti-D", e. V. und Deutscher Verein HCV-Geschädigter e. V., 24.2.2000, S. 1–7, hier S. 4.

Vorschläge der Verbände blieben ungehört. Stattdessen wurde das neue Anti-D-Hilfegesetz auf den Weg gebracht und Kritik daran war unerwünscht. Dies machte die Parlamentarische Staatssekretärin des Bundesministeriums für Gesundheit (Bündnis 90/Die Grünen), Christa Nickels (*1952), im Bundesrat am 7. April 2000 deutlich. Sie erklärte dort, dass sie zwar Verständnis habe, wenn die Betroffenen für weitere Verbesserungen kämpften. Dennoch dürfe man den „mühsam hergestellten Konsens" zwischen den unterschiedlichen Akteuren „nun nicht durch neue zusätzliche Forderungen gefährden."[1015]

Im Mai 2000 fand ein Sachverständigen-Gespräch zum Anti-D-Hilfegesetz im Ausschuss für Gesundheit statt, zu dem auch die Vorsitzenden der beiden Betroffenenverbände eingeladen worden waren.[1016] Neben Sachverständigen und Experten waren Vertreter des Deutschen Städtetags, des Deutschen Landkreistags, des AOK-Bundesverbandes und der Leiter des Sächsischen Landesversorgungsamtes eingeladen.[1017] Die ärztlichen Sachverständigen hoben hervor, dass es sich bei einer Hepatitis C um ein komplexes Krankheitsbild handelte und die Betroffenen unter extrahepatischen Folgen wie Juckreiz, Gelenkbeschwerden und Gefäßentzündungen litten.[1018] Der Immunologe Dr. Gerhard Metzner schlug vor, diese bei der Einschätzung der Erwerbsfähigkeit stärker zu berücksichtigen.[1019] Metzner hatte diesen Punkt zuvor auch in einem Schreiben an den Ausschuss für Gesundheit des Deutschen Bundestags unterstrichen und auf die Ergebnisse einer Studie verwiesen. Bei 74 % der darin untersuchten 1.614 Frauen

---

1015 Privatarchiv, Aktenordner D. Bundesministerium für Gesundheit – Pressemitteilung – Rede der Parlamentarischen Staatssekretärin Christa Nickels im Bundesministerium für Gesundheit im Bundesrat zum Anti-D-Hilfsgesetz am 7. April 2000, S. 1–4, hier S. 3.
1016 Privatarchiv, Aktenordner B. Deutscher Bundestag, Ausschuss für Gesundheit an Deutscher Verein HCV-Geschädigter, 13.4.2000, unpag.
1017 Privatarchiv, Aktenordner B. Teilnehmerliste der Sachverständigen für die Anhörung am 10. Mai 2000 zum Anti-D-Hilfegesetz, Anti-DHG, Stand 13.4.2000, unpag.
1018 Privatarchiv, Aktenordner D. 14. Wahlperiode, Ausschuss für Gesundheit, 54. Sitzung, Mittwoch, 10.5.2000, S. 1–14, hier S. 2.
1019 Privatarchiv, Aktenordner D. Ausschuss für Gesundheit, 54. Sitzung (Anm. 1018), S. 10.

mit einer chronischen HCV-Infektion traten klinisch relevante extrahepatische Manifestationen auf. Metzner forderte, diese bei der Festlegung des Grads der Minderung der Erwerbsfähigkeit zu berücksichtigen. Er befürwortete einen Anspruch auf Schmerzensgeld für alle betroffenen Frauen aufgrund deren Leidensgeschichte und der psychischen Belastungen. Die Frauen seien 1979 von ihren Familien getrennt und der Kontakt zum Kind sowie das Stillen seien ihnen verboten worden. In den folgenden Jahren habe die Infektion Partnerschaft, soziale Kontakte und Berufsleben stark belastet. Viele Frauen litten zudem unter einer zunehmenden Sorge vor den Folgen der Krankheit.[1020]

Auch Goerlich sprach sich in der Sitzung für eine Einmalzahlung ab einer Minderung der Erwerbsfähigkeit von 0 % aus: „Hier einfach zu sagen, es sind keine Symptome da, es sind keine Symptome infolge der Infektion sichtbar, ist nicht korrekt."[1021] Er bewertete die im Gesetzentwurf verankerten Leistungen mit Blick auf die Staatshaftung als „sehr zurückhaltend und sehr bescheiden."[1022] Zuvor hatte Goerlich in einer Stellungnahme zum Entwurf des Anti-D-Hilfegesetzes bemängelt, dass die Leistungen an den Grad der Minderung der Erwerbsfähigkeit gekoppelt waren.[1023] Er kritisierte, dass man mit dem Gesetz „eine Art ‚Sonder-BVG [Bundesversorgungsgesetz]'" mit neuen Rentensätzen für eine Grundrente schaffe. Gleichzeitig blieben wichtige Entschädigungsmöglichkeiten nach dem Bundesversorgungsgesetz wie der Berufsschadensausgleich den Betroffenen nun verschlossen.[1024] Die Anrechnung der Leistungen auf die Sozialhilfe beurteilte

---

1020 Privatarchiv, Aktenordner B. Institut für klinische Immunologie und Transfusionsmedizin der Universitätsklinik Leipzig (Metzner), an Deutschen Bundestag, Ausschuss für Gesundheit, Stellungnahme zum Entwurf des Anti-D-Hilfegesetzes, BT Drs. 14/2958, 15.5.2000, unpag.
1021 Privatarchiv, Aktenordner D. Ausschuss für Gesundheit, 54. Sitzung (Anm. 1018), S. 10.
1022 Privatarchiv, Aktenordner D. Ausschuss für Gesundheit, 54. Sitzung (Anm. 1018), S. 10.
1023 Privatarchiv, Aktenordner B. Professor Dr. Helmut Goerlich, Lehrstuhl für Staats- und Verwaltungsrecht Universität Leipzig, Stellungnahme zum Entwurf eines Anti-D-Hilfegesetzes vom 20.3.2000 (BT-Drs. 14/2958), S. 4–9, hier S. 6.
1024 Privatarchiv, Aktenordner B. Stellungnahme (Anm. 1023), S. 7.

er als „unangemessen" und hielt eine Verbesserung des Gesetzentwurfes in einzelnen Punkten für notwendig.[1025]

Im Expertengespräch wiederholte Goerlich diese Punkte, als er darum gebeten wurde, die Behandlung der Angelegenheit im Einigungsvertrag einzuschätzen. Er machte in seinen Ausführungen deutlich, dass es sich nicht um einen Impfschaden gehandelt habe. Denn bei einem Impfschaden werde kein schadhaftes Medikament verwendet, dem eine Infektion folge, sondern ein an sich taugliches Medikament, welches eine unerwartete Reaktion hervorrufe. Die Verwendung der kontaminierten Anti-D-Prophylaxe hielt er für einen klassischen Fall des „Staatsunrechts".[1026] Denn hier seien „bewußt und wissentlich schadhafte Arzneimittel mit der Folge einer vorhersehbaren Infektion" eingesetzt worden.[1027] Goerlich hielt die Ereignisse daher für vergleichbar mit den Infektionen durch HIV-kontaminierte Blutprodukte in der Bundesrepublik in den 1980er Jahren. Als zweiten „Akt des Unrechts" betrachtete er die Einordnung der Vorgänge als Impfschäden.[1028] Eine Korrektur dieses Weges hielt er daher für sinnvoll.

Die Vorsitzende des Deutschen Vereins HCV-Geschädigter e. V. bezeichnete den vorliegenden Entwurf im Expertengespräch als ein „Gesetz gegen die Interessen der Betroffenen."[1029] Sie schilderte die psychosozialen Folgen der Infektion. Die chronisch HCV-Erkrankten seien dauerhaft mit dem Virus konfrontiert und litten unter Arbeitsplatz- und Partnerverlust sowie Problemen bei der Partnerfindung. Daneben gab sie materielle Verluste durch eingeschränkte Karrieremöglichkeiten an. Auch die geistige Kraft sei durch Konzentrationsstörungen stark eingeschränkt. Der Rechtsanwalt der beiden Verbände bemängelte, dass der von den Betroffenen zuvor unterbreitete Kompromissvorschlag nicht berücksichtigt worden war.[1030] Er hielt es für problematisch, die einfache Infektion mit einem Grad der Minderung der

---

1025 Privatarchiv, Aktenordner B. Stellungnahme (Anm. 1023), S. 9.
1026 Privatarchiv, Aktenordner D. Ausschuss für Gesundheit, 54. Sitzung (Anm. 1018), S. 3.
1027 Privatarchiv, Aktenordner D. Ausschuss für Gesundheit, 54. Sitzung (Anm. 1018), S. 3.
1028 Privatarchiv, Aktenordner D. Ausschuss für Gesundheit, 54. Sitzung (Anm. 1018), S. 4.
1029 Privatarchiv, Aktenordner D. Ausschuss für Gesundheit, 54. Sitzung (Anm. 1018), S. 3.
1030 Privatarchiv, Aktenordner D. Ausschuss für Gesundheit, 54. Sitzung (Anm. 1018), S. 6.

Erwerbsfähigkeit von 0 % einzustufen. Dies vernachlässige den Leidensweg der Betroffenen, da ein Nachweis völliger Virusfreiheit bisher nicht möglich sei und die Infektion trotzdem immer angegeben werden müsse. Besonders kritisch bewertete der Rechtsanwalt, dass die monatlichen Renten auf die Sozialleistungen angerechnet werden sollten. Der Vertreter des Landkreistags sprach sich hingegen vehement hierfür aus. Er hielt die Regelung im Gesetzentwurf bereits für einen weitgehenden Kompromiss gegenüber dem Kriegsopferversorgungs- und Opferentschädigungsrecht und für ein Entgegenkommen der Kommunen. Der Vertreter des Landkreistags kritisierte, dass bestimmte Gruppen mittlerweile zu einer „gehobenen" Fürsorge gehörten: „Ich frage mich nur, was macht der Gesetzgeber demnächst mit der Problematik der Dopingopfer. Da kommt ja dann dieselbe Frage. Sie werden durch diese Gesetze immer mehr in die Zwangslage kommen, für besondere Fürsorgegruppen besondere Leistungen zu erbringen."[1031]

Im Anschluss an das Expertengespräch brachte der Ausschuss für Gesundheit Änderungsvorschläge ein. Diese betrafen Einzelheiten, wohingegen die grundsätzlichen Festlegungen nicht verändert werden sollten. Eine Ausnahme bildete der Vorschlag, § 2 des Gesetzentwurfes zu ändern. Dieser sah eine Krankenbehandlung nach dem fünften Sozialgesetzbuch vor. Stattdessen wurde vorgeschlagen, die Heil- und Krankenbehandlung nach § 10 und § 24 a des Bundesversorgungsgesetzes zu gewähren. Als Begründung wurde angegeben, dass sich das bestehende System für die Betroffenen in der Praxis bewährt habe und daher beibehalten werden sollte.[1032]

Das Anti-D-Hilfegesetz wurde schließlich am 2. August 2000 im Bundesgesetzblatt veröffentlicht.[1033] Darin war festgehalten, dass die Frauen, die infolge einer kontaminierten Charge mit dem Hepatitis-C-Virus infiziert worden waren, „aus humanitären und sozialen Gründen" Krankenbehand-

---

1031 Privatarchiv, Aktenordner D. Ausschuss für Gesundheit, 54. Sitzung (Anm. 1018), S. 14.
1032 Bundestags-Drucksache (BT-Drs.) 14/3538. Beschlussempfehlung und Bericht des Ausschusses für Gesundheit (14. Ausschuss) zu dem Gesetzentwurf der Bundesregierung – Drucksachen 14/2958, 14/3282, 7.6.2000, S. 1–12, hier S. 11, http://dip21.bundestag.de/dip21/btd/14/035/1403538.pdf (aufgerufen am 15. Juli 2016).
1033 Gesetz über die Hilfe für durch Anti-D-Prophylaxe (Anm. 22).

lung und eine finanzielle Hilfe erhalten sollten.[1034] Auch infizierte Kontaktpersonen fielen unter das Gesetz. Tatsächlich war der Abschnitt über die Krankenbehandlung geändert worden. Diese sollte nun nach den Grundsätzen des Bundesversorgungsgesetzes erfolgen.[1035] Bei den Graden einer Minderung der Erwerbsfähigkeit von zehn und 20 % war eine Einmalzahlung in Höhe von 7.000 DM vorgesehen, bei höheren Graden wurden bis zu 30.000 DM bei einer Minderung der Erwerbsfähigkeit von 60 % und darüber gezahlt.[1036]

Alle Fraktionen hatten das Gesetz begrüßt. Nur die PDS hatte bemängelt, dass die monatlichen Zahlungen nicht ausreichten und Änderungsvorschläge eingebracht, die allerdings keine Mehrheit fanden.[1037] Neben den Betroffenen waren auch einige Abgeordnete darüber enttäuscht, dass das Gesetz ohne weitere Änderungen verabschiedet worden war. Schmidbauer hatte aus Protest sein Amt als Berichterstatter im Gesundheitsausschuss niedergelegt. Richard Schumann (* 1938) von der SPD bezeichnete das Gesetz als „ausgemachte Schweinerei".[1038] Die betroffenen Frauen hingegen sahen sich als „Opfer eines politischen Kuhhandels"[1039] und konnten nicht nachvollziehen, warum ihre Änderungsvorschläge nicht berücksichtigt worden waren.[1040]

Nach Beschwerden der Betroffenen über die Praxis der Versorgungsämter[1041] wurde im November 2000 auf einer Sitzung der Sektion Versorgungsmedizin gefordert, die Kriterien für eine Begutachtung chronischer Hepa-

---

1034  Gesetz über die Hilfe für durch Anti-D-Prophylaxe (Anm. 22).
1035  Gesetz über die Hilfe für durch Anti-D-Prophylaxe (Anm. 22).
1036  Gesetz über die Hilfe für durch Anti-D-Prophylaxe (Anm. 22).
1037  Bundestags-Drucksache (BT-Drs.) 14/3538. Beschlussempfehlung (Anm. 1032), S. 11.
1038  Privatarchiv, Aktenordner D. Silvia Ottow: „Frauen fühlen sich verhöhnt. Änderungsvorschläge der Betroffenen im Hilfsgesetz unberücksichtigt.", Neues Deutschland, 10./11.6.2000, unpag.
1039  Privatarchiv, Aktenordner D. „Wir sind die Opfer eines politischen Kuhhandels", von Reinhard Zweigler, Leipziger Volkszeitung 10.6.2000, unpag.
1040  Privatarchiv, Aktenordner D. „Frauen fühlen sich verhöhnt (Anm. 1038).
1041  Privatarchiv, Aktenordner B. Sächsisches Landesamt für Familie und Soziales – Landesversorgungsamt – an (…), Durchführung des BSeuchG, Ihr Schreiben vom 22.8.2000, 13.10.2000, unpag.

titiden in den Anhaltspunkten zu überarbeiten. Aus diesem Grund wurde ein Sachverständigengespräch durchgeführt.[1042] Im März 2001 sollten die Kriterien für die Einstufung der Minderung der Erwerbsfähigkeit durch die Sektion Versorgungsmedizin neu definiert werden.[1043] Auf einer im März 2001 stattfindenden Sitzung wurden vor allem die Begrifflichkeiten geändert. In Zukunft sollten die Begriffe „chronische Hepatitis ohne Progression" und „chronische Hepatitis mit Progression" nicht mehr verwendet werden.[1044] Auf der Sitzung wurde weiterhin daran festgehalten, dass ein serologischer Nachweis von Antikörpern als Zeichen einer durchgemachten HCV-Infektion noch keinen Grad der Behinderung oder der Minderung der Erwerbsfähigkeit rechtfertige.[1045] An der generellen Einstufung hatte sich nichts verändert. Bei fehlender Histologie sollten die Laborparameter herangezogen werden.[1046] Die neuen Richtlinien, die am 6. April 2001 ergingen, wurden von den Betroffenen als Verschlechterung wahrgenommen.[1047]

---

1042 Privatarchiv, Aktenordner B. Bundesministerium für Arbeit und Sozialordnung an die Minister und Senatoren für Arbeit und Soziales der Länder, Betreff: Anhaltspunkte für die ärztliche Gutachtertätigkeit im sozialen Entschädigungsrecht und nach dem Schwerbehindertengesetz – Neuausgabe 1996 – hier: Gutachterliche Beurteilung chronischer Hepatitiden, 6.4.2001, S. 1–5, hier S. 1.
1043 Privatarchiv, Aktenordner D. MdB Horst Schmidbauer an Parlamentarische Staatssekretärin im BMA (…), Sektion Versorgungsmedizin des ärztlichen Sachverständigenbeirates beim BMA, hier speziell: Anti-D-Hilfsgesetz, 14.2.2001, S. 1–6, hier S. 4f.
1044 Privatarchiv, Aktenordner B. Bundesministerium für Arbeit und Sozialordnung (Anm. 1042), unpag.
1045 Privatarchiv, Aktenordner B. Bundesministerium für Arbeit und Sozialordnung (Anm. 1042), unpag.
1046 Privatarchiv, Aktenordner B. Bundesministerium für Arbeit und Sozialordnung (Anm. 1042), unpag.
1047 Privatarchiv, Aktenordner A. (…) an Bundesverband HCV-geschädigter Frauen nach Immunprophylaxe Anti-D e.V., Bundesverband HCV-geschädigter Frauen nach Immunprophylaxe Anti-D e.V., Bundesministerium für Gesundheit, hier: Begutachtungskriterien, S. 1–5, hier S. 1.

## 3.3 Weitere Kritikpunkte nach dem Anti-D-Hilfegesetz

### 3.3.1 Verfassungsbeschwerde und Petitionen

Nach Erscheinen des Anti-D-Hilfegesetzes gab es mehrere Initiativen von Betroffenen, um eine Verbesserung des Gesetzes zu erreichen. Diese führten mehrere Kritikpunkte gegen das Anti-D-Hilfegesetz an. Hierzu gehörte unter anderem der Ausschluss von Personen, die nach dem Anti-D-Gesetz nicht als Kontaktpersonen galten, sich aber mit dem Hepatitis-C-Virus infiziert hatten. Es wurde bemängelt, dass das Gesetz einen Großteil der Betroffenen schon im Vorfeld ausschloss, da zwei Drittel der anerkannten Betroffenen eine Minderung der Erwerbsfähigkeit von weniger als 25 % aufwiesen. Die Anrechnung der Renten auf die Sozialleistungen und die Stichtagsregelung wurden als verfassungswidrig angesehen. Die Betroffenen hielten den Zeitraum von viereinhalb Monaten für zu kurz, um die Erfolgsaussichten eines Antrages abzuschätzen und vermuteten, dass in dieser Zeit auch nicht alle Betroffenen von dem Gesetz erfahren hatten.[1048]

Diese Kritikpunkte waren Teil einer Verfassungsbeschwerde, welche einige Betroffene eingereicht hatten. Die Beschwerdeführer bemängelten darin auch, dass fehlende Rentenansprüche im Gegensatz zu den Regelungen der DDR nicht ausgeglichen wurden und das Anti-D-Hilfegesetz hierzu keine Regelung vorsah. Als Kritikpunkt führten sie zudem an, dass der Differenzbetrag zwischen neuen und bisherigen Leistungen nicht dynamisch an die Leistungen nach dem Bundesseuchengesetz angepasst werde.[1049] Dies betraf vor allem den Berufsschadensausgleich, der im Anti-D-Hilfegesetz nicht mehr enthalten war. In § 13 des Anti-D-Hilfegesetzes war eine Besitzstandsregelung festgelegt worden, die einen Differenzbetrag für die Frauen

---

1048 Privatarchiv, Aktenordner A. (…) und Partner GbR an Bundesverfassungsgericht Karlsruhe, Verfassungsbeschwerde, 10.8.2001, S. 144.
1049 Privatarchiv, Aktenordner A. Verfassungsbeschwerde (Anm. 1048), S. 4.

vorsah, bei denen ein Berufsschaden anerkannt war. Dieser Differenzbetrag wurde nicht dynamisiert und blieb damit bei einer nachträglichen Erhöhung des Durchschnittseinkommens auf dem Stand des Jahres 2000 eingefroren. Die „verunglückte Besitzstandsregelung" war auch für diejenigen Betroffenen bedeutsam, bei denen erst nach Inkrafttreten des Gesetzes eine Minderung der Erwerbsfähigkeit eingetreten war.[1050] Sie erhielten nun keinen Berufsschadensausgleich mehr, sondern konnten nur noch die finanziellen Hilfen nach dem Anti-D-Hilfegesetz in Anspruch nehmen.[1051] Das Bundesverfassungsgericht lehnte die Verfassungsbeschwerde wegen Unzulässigkeit ab, da die Beschwerdeführer zuvor den Rechtsweg nicht beschritten hatten. Stattdessen wurde ihnen nahegelegt, sich an die Sozialgerichte zu wenden.[1052]

2004 initiierten Betroffene eine Briefaktion, weil sie festgestellt hatten, dass ihre HCV-bedingten Krankheitszeiten nicht als „berücksichtigungsfähige Rentenanrechnungszeiten" galten.[1053] Dieser Punkt war auch Bestandteil von Petitionen, welche einige Frauen an den Petitionsausschuss des Deutschen Bundestags gesandt hatten. Denn die Bundesversorgungsanstalt für Angestellte berücksichtigte die nach der Immunprophylaxe erfolgten Ausgleichszahlungen der Staatlichen Versicherung nicht bei der Rentenberechnung.[1054] Der Petitionsausschuss antwortete auf die Petition einer Betroffenen, dass für die Rentenberechnung grundsätzlich nur Arbeitsverdienste berücksichtigt werden konnten, für die Beiträge entrichtet worden waren. Eine Ausnahme für Lohnersatzzahlungen nach dem genannten Gesundheitsschaden hielt der Petitionsausschuss für nicht gerechtfertigt und befürchtete eine „Aushöhlung des Prinzips der Lohn- und Beitragsbezogenheit".[1055] Für die von der Staatlichen Versicherung der DDR geleisteten

---

1050 Privatarchiv, Aktenordner A. Verfassungsbeschwerde (Anm. 1048), S. 21.
1051 Privatarchiv, Aktenordner A. Verfassungsbeschwerde (Anm. 1048), S. 21.
1052 Privatarchiv, Aktenordner A. Kopie: Bundesverfassungsgericht – 1 BvR 1357/01, o. D., unpag.
1053 Privatarchiv, Aktenordner A. (…) an Abgeordnete, 12.7.2004, unpag.
1054 Privatarchiv, Aktenordner A. Pet.3-15-15-823-002534, Allgemeine Regelungen zur Rentenhöhe, Beschlussempfehlung, o. D., S. 37–42, hier S. 38.
1055 Privatarchiv, Aktenordner A. Pet.3-15-15-823-002534 (Anm. 1054), S. 39.

Ausgleichszahlungen seien keine Beiträge zur Sozialpflichtversicherung und zur freiwilligen Zusatzrentenversicherung der DDR geleistet worden, da diese beitragsfrei waren. Der Petitionsausschuss verwies darauf, dass die beigelegten Unterlagen einer Petentin lediglich den Abzug eines fiktiven Beitrages zur freiwilligen Zusatzrentenversicherung in Höhe von 10 % belegten. Eine tatsächliche Beitragszahlung an die freiwillige Zusatzrentenversicherung sei nicht erfolgt. Die Betroffene hatte in ihrer Petition auf die Zusage der Staatlichen Versicherung verwiesen, dass Verdienstminderungen bei der Rente berücksichtigt würden. Der Petitionsausschuss entgegnete daraufhin, dass die Staatliche Versicherung diese Zusage in ihrer Funktion als „privates Versicherungsunternehmen" und nicht als Träger der Rentenversicherung getätigt habe.[1056] Die Deutsche Versicherungs-AG Allianz habe diese Schäden im Auftrag der Abwicklungsanstalt weiterbearbeitet. Nur sie könne „als Haftpflichtversicherer des Schädigers dem Geschädigten die aufgrund des Schadensereignisses entstandenen Rentenausfälle" ersetzen.[1057] Ein Anspruch gegenüber der Deutschen Rentenversicherung komme nicht in Betracht, da es sich um einen schadensrechtlichen Anspruch gegenüber der DDR gehandelt habe. Entsprechende Vorschriften für die in der ehemaligen DDR gezahlten Entschädigungsleistungen seien vom Bundesgesetzgeber nicht geschaffen worden. Der Petitionsausschuss sah daher keine Möglichkeit, das Anliegen zu unterstützen und empfahl, die Petition abzuschließen.[1058]

Zu einer weiteren Petition, welche die Berücksichtigung „der Arzneimittelstraftat Anti-D-Immunprophylaxe" im Rentenrecht und die daraus entstehende Rentenminderung beanstandete,[1059] nahm das Bundesministerium für Gesundheit und Soziale Sicherung direkt Stellung.[1060] Das Ministerium

---

1056 Privatarchiv, Aktenordner A. Pet.3-15-15-823-002534 (Anm. 1054), S. 39.
1057 Privatarchiv, Aktenordner A. Pet 3-15-15-823, Allgemeine Regelungen zur Rentenhöhe, Beschlussempfehlung, Anl. 3 z. Prot. 15/51, S. 112–116, hier S. 116.
1058 Privatarchiv, Aktenordner A. Pet.3-15-15-823-002534 (Anm. 1054), S. 41.
1059 Privatarchiv, Aktenordner A. (…) an Petitionsausschuss des Landtages Sachsen-Anhalt, 12.7.2004, unpag.
1060 Privatarchiv, Aktenordner A. Petitionsausschuss des Deutschen Bundestages an (…), Anrechnung von Zeiten in der gesetzlichen Rentenversicherung, 2.8.2004, unpag.

gab an, dass Anrechnungszeiten wegen Krankheit mit einem Durchschnitt in die Rentenberechnung eingingen, der sich an der individuellen Beitragsleistung während des Versicherungslebens orientiere. Durch die Anrechnung von Zurechnungszeiten würden Nachteile in der Rentenhöhe infolge einer Erwerbsminderung ausgeglichen. Einen darüber hinausgehenden Ausgleich von Zeiten, in denen aufgrund von verminderter Erwerbsfähigkeit keine versicherte Beschäftigung ausgeübt werden konnte, könne die gesetzliche Rentenversicherung nicht leisten.[1061]

Auch die Bewertung der chronischen Hepatitis C und der extrahepatischen Manifestationen war Gegenstand von Petitionen.[1062] Eine Betroffene kritisierte, dass psychische und neurologische Beschwerden, die im Zusammenhang mit der chronischen Hepatitis C standen, von Gutachtern „zumeist gänzlich ignoriert" würden.[1063] Sie machte deutlich, dass sich andere Erkrankungen infolge des geschwächten Immunsystems und der eingeschränkten Therapierbarkeit aufgrund der HCV-Infektion stärker auswirkten.[1064] Die Anhaltspunkte bezogen sich ihrer Ansicht nach nur auf eine Schädigung der Leber und klammerten andere, im Zusammenhang damit stehende Probleme aus. Sie forderte aus diesem Grund eine erneute Überarbeitung der Richtlinien. In diesen müssten aktuelle Forschungsergebnisse über HCV berücksichtigt und die sogenannten „üblichen Beschwerden" des jeweiligen Grads der Minderung der Erwerbsfähigkeit eindeutig definiert werden.[1065]

Da zahlreiche Petitionen zum Anti-D-Hilfegesetz beim Petitionsausschuss eingegangen waren, wollte der Ausschuss dem Bundestag eine Beschluss-

---

1061 Privatarchiv, Aktenordner A. Deutscher Bundestag, Petitionsausschuss, an (…), Grundsatzfragen zum Beitrags- und Versicherungsrecht in der gesetzlichen Rentenversicherung, 4.11.2004, unpag.
1062 Privatarchiv, Aktenordner A. (…) an Sächsischer Landtag, Petitionsausschuss, Petition AZ 04/00124/6, Betr. Chronische Hepatitis-C-Infektion, 15.12.2004, unpag.
1063 Privatarchiv, Aktenordner A. (…) an Sächsischen Landtag (Anm. 1062), unpag.
1064 Privatarchiv, Aktenordner A. (…) an Sächsischen Landtag (Anm. 1062), unpag.
1065 Privatarchiv, Aktenordner A. (…) an Petitionsausschuss des Deutschen Bundestages, Dr. Karlheinz Guttmacher MdB, Ihr Schr. v. 13.10.2004 betreffend Pet. 2-15-15-2120-025936, hier: Widerspruch, 2.11.2004, S. 1–8, hier S. 4.

empfehlung vorlegen,[1066] welche im Januar 2005 vorlag. Hauptkritikpunkt in den Petitionen war, dass das Gesetz gegen den Willen der Frauen im Sinn eines sozialen Entschädigungsgesetzes geschaffen worden war. Denn die Betroffenen hatten einen Ausgleich im Sinn eines Haftentschädigungsgesetzes gefordert und sich darauf bezogen, dass eine Arzneimittelstraftat vorlag. Stattdessen war die Entschädigung an den Grad der Minderung der Erwerbsfähigkeit gekoppelt worden. Kritisiert wurde auch, dass hierbei die ärztliche Einschätzung zu Grunde gelegt wurde, dass Patienten nach einer erfolgreichen Interferontherapie vollständig geheilt seien. Juristisch könne jedoch nicht von einer Virusfreiheit ausgegangen werden.[1067] Neben der fehlenden Auflistung extrahepatischer Folgeerscheinungen wurde eine Ungleichbehandlung mit den HIV-infizierten Hämophilen durch das Anti-D-Hilfegesetz bemängelt.

Einen besonderen Raum nahm das Rundschreiben des Bundesministeriums für Arbeit und Sozialordnung vom 6. April 2001 ein, das zu einer inhaltlichen Überarbeitung der gutachterlichen Grundsätze in Bezug auf Hepatitis C geführt hatte. Da diese bald umgesetzt werden sollten und die Betroffenen die neuen Regelungen als Schlechterstellung empfanden, wurde darum gebeten, dem Bundesministerium für Arbeit vorzuschlagen, die Maßnahme auszusetzen. Die Betroffenen forderten zudem „konkrete und objektive Entscheidungskriterien", um eine Minderung der Erwerbsfähigkeit zu beurteilen.[1068]

Der Petitionsausschuss kam jedoch zu dem Ergebnis, dass eine Gleichstellung mit den Leistungen des HIV-Hilfegesetzes nicht in Betracht komme. Letzteres wurde abgelehnt, weil die HCV-Infektion im Vergleich zur HIV-Infektion „als nicht so schwerwiegend" betrachtet wurde.[1069] Der Petitionsausschuss hielt fest, dass man auch sozialrechtlich von einer Virus-

---

1066 Privatarchiv, Aktenordner A. Petitionsausschuss des Deutschen Bundestages an (…), 30.11.2004, unpag.
1067 Privatarchiv, Aktenordner A. Pet-2-14-15-2120, Arzneimittelwesen, Beschlussempfehlung, Prot. Nr. 15/42, S. 15–28, hier S. 17.
1068 Privatarchiv, Aktenordner A. Pet-2-14-15-2120, Arzneimittelwesen (Anm. 1067), S. 19.
1069 Privatarchiv, Aktenordner A. Pet-2-14-15-2120, Arzneimittelwesen (Anm. 1067), S. 21.

freiheit ausgehen könne, sofern diese klinisch bestätigt worden sei. Es sei unerheblich, ob sich das Virus noch im Körper befinde und irgendwann erneut ausbreche. Wenn sich etwas ändere, müsse dies sozialrechtlich neu entschieden werden. Es wurde zudem festgehalten, dass das Anti-D-Hilfegesetz nicht zum Sozialen Entschädigungsrecht gehöre, sondern lediglich die dort geltenden Begutachtungsmaßstäbe übernehme.[1070]

Der Petitionsausschuss hob hervor, dass die neuen Richtlinien den Betroffenen nicht mehr eine „besondere Beweislast" aufbürden, sondern andere Kriterien berücksichtigen würden, falls eine Leberbiopsie nicht möglich war.[1071] Maßgebend blieben die Kriterien zur entzündlichen Aktivität. Das Schreiben vom 6. April 2001 sei „zum Schutz der Betroffenen" erlassen worden, damit nicht „durch günstige Einzelbefunde vorschnell Herabsetzungen der MdE [Minderung der Erwerbsfähigkeit] vorgenommen" würden.[1072] Der Ausschuss bestritt daher, dass eine Änderung der mit dem Rundschreiben des Bundesministeriums für Arbeit und Sozialordnung veröffentlichten Kriterien notwendig sei und verwies bei Schwierigkeiten auf die Sozialgerichtsbarkeit. Das Ministerium für Gesundheit und Soziale Sicherung hatte in einer Stellungnahme davon abgeraten, alle extrahepatischen Manifestationen in die Anhaltspunkte aufzunehmen. Der kausale Zusammenhang müsse im Einzelfall nachgewiesen werden. Es sei Aufgabe des Gutachters, den Zusammenhang zwischen HCV und Gesundheitsstörung darzulegen. Die Anhaltspunkte stellten hierfür lediglich eine Richtlinie dar.[1073]

Der einzige Kritikpunkt, zu dem der Petitionsausschuss Handlungsbedarf sah, war der uneinheitliche Vollzug des Anti-D-Hilfegesetzes in den einzelnen Ländern. Daher wollte der Petitionsausschuss die Petition dem Bundesministerium für Gesundheit und Soziale Sicherung zur Erwägung überweisen. Ansonsten wurde die bestehende Entschädigungslösung für

---

1070   Privatarchiv, Aktenordner A. Pet-2-14-15-2120, Arzneimittelwesen (Anm. 1067), S. 24.
1071   Privatarchiv, Aktenordner A. Pet-2-14-15-2120, Arzneimittelwesen (Anm. 1067), S. 26.
1072   Privatarchiv, Aktenordner A. Pet-2-14-15-2120, Arzneimittelwesen (Anm. 1067), S. 27.
1073   Privatarchiv, Aktenordner A. Pet-2-14-15-2120, Arzneimittelwesen (Anm. 1067), S. 25.

„sachgerecht" gehalten und kein Handlungsbedarf gesehen, damit also empfohlen, das Verfahren in den übrigen Punkten abzuschließen.[1074]

## 3.3.2 Politisches Engagement zur Verbesserung des Anti-D-Hilfegesetzes

Kurz vor dieser Entscheidung des Petitionsausschusses hatte die CDU/CSU eine Kleine Anfrage zur Zwischenbewertung des Anti-D-Hilfegesetzes an die Bundesregierung gestellt.[1075] Insgesamt waren bis März 2004 2.471 Personen nach dem Anti-D-Hilfegesetz anerkannt worden. Ein großer Teil der Betroffenen blieb aber von den Leistungen ausgeschlossen. 1.502 Personen erhielten keine Rente und 1.119 Personen blieben sowohl von einer Rente als auch von einer Einmalzahlung ausgeschlossen. Genaue Zahlen liefert die „Übersicht über die Verteilung der anerkannten Fälle nach der Minderung der Erwerbsfähigkeit (MdE)" (Tab. 4).[1076]

| MdE | 0 | 10 | 20 | 30 | 40 | 50 | 60 | 70 und mehr |
|---|---|---|---|---|---|---|---|---|
| Berlin | 57 | 2 | 38 | 30 | 11 | 3 | 2 | |
| Brandenburg | 179 | 7 | 75 | 164 | 38 | 2 | 3 | 2 |
| Mecklenburg-Vorpommern | 195 | 2 | 17 | 112 | 29 | 1 | 3 | |
| Sachsen | 527 | 1 | 80 | 317 | 40 | 5 | 2 | 4 |
| Sachsen-Anhalt | 161 | 2 | 95 | 90 | 20 | 2 | | 1 |
| Thüringen | | 6 | 58 | 71 | 14 | 2 | | 1 |

Tab. 4 Verteilung anerkannter Fälle nach Minderung der Erwerbsfähigkeit (MdE)

---

1074 Privatarchiv, Aktenordner A. Pet-2-14-15-2120, Arzneimittelwesen (Anm. 1067), S. 28.
1075 Bundestags-Drucksache (BT-Drs.) 15/2698. Kleine Anfrage der Abgeordneten Jens Spahn, Andreas Storm, Annette Widmann-Mauz (…) und der Fraktion der CDU/CSU, Zwischenbewertung des Anti-D-Hilfegesetzes, 9.3.2004, S. 1–2, http://dip21.bundestag.de/dip21/btd/15/026/1502698.pdf (aufgerufen 15. Juli 2016).
1076 Bundestags-Drucksache (BT-Drs.) 15/2792. Antwort der Bundesregierung (Anm. 21), S. 3.

Außerdem hatte die CDU/CSU danach gefragt, welche Folgen sich aus Überarbeitung der Anhaltspunkte ergaben, die das Rundschreiben des Bundesministeriums für Arbeit und Sozialordnung vom 6. April 2001 enthalten hatte. Die Bundesregierung verneinte gravierende Änderungen, räumte aber ein, dass es in Sachsen und Sachsen-Anhalt Rückstufungen „aufgrund einer nachweislich eingetretenen Besserung, in der Regel nach Interferon-Therapie", gegeben habe.[1077] Nur Thüringen hatte eine solche Praxis bestritten. Rückstufungen wurden in keinem der betroffenen Bundesländer statistisch festgehalten. Ein Bericht des Bundesrechnungshofes zur Umsetzung des Anti-D-Hilfegesetzes hatte deutlich gemacht, dass in den Ländern unterschiedlich gehandelt wurde. Als Konsequenz hatte das Bundesministerium für Gesundheit und Soziale Sicherung Besprechungen mit den Ländern vorgesehen, zu denen auch der Bundesrechnungshof eingeladen werden sollte.[1078]

Die CDU/CSU hatte sich auch nach wissenschaftlichen Studien erkundigt. Daraufhin hatte die Bundesregierung einige wissenschaftliche Studien hervorgehoben und deren freie Zugänglichkeit betont. Seit Anfang 2002 förderte sie zudem das „Kompetenznetz Hepatitis" für drei Jahre mit 7,7 Millionen Euro. Dieses Netzwerk umfasste 45 Forschungsprojekte zur Hepatitis, von denen sich 23 mit der Erforschung von Hepatitis C beschäftigten.[1079]

Zur Prognose des zukünftigen Gesundheitszustandes der Betroffenen zitierte die Bundesregierung eine Studie aus dem Jahr 2000. Die Bundesregierung ging aufgrund der Ergebnisse von dem „Trend einer eher geringen Krankheitsprogression" aus.[1080] Die Ansicht, dass bei den Versorgungsämtern unterschiedliche Kriterien angelegt würden, teilte die Bundesregierung nicht. Ebenso wies sie die Auffassung einiger Betroffener zurück, dass

---

[1077] Bundestags-Drucksache (BT-Drs.) 15/2792. Antwort der Bundesregierung (Anm. 21), S. 4.
[1078] Bundestags-Drucksache (BT-Drs.) 15/2792. Antwort der Bundesregierung (Anm. 21), S. 4.
[1079] Bundestags-Drucksache (BT-Drs.) 15/2792. Antwort der Bundesregierung (Anm. 21), S. 4.
[1080] Bundestags-Drucksache (BT-Drs.) 15/2792. Antwort der Bundesregierung (Anm. 21), S. 5.

die Begutachtung nicht dem aktuellen wissenschaftlichen Stand entspreche. Die Hinweise in den Anhaltspunkten seien auf dem aktuellen Stand. Jedoch sei die Aufzählung der Folgekrankheiten nicht „abschließend und vollständig", die Anhaltspunkte stellten nur eine Richtlinie für die Gutachter dar.[1081] Letztlich antwortete die Bundesregierung auf die Frage danach, wie sie die Forderungen der Frauen hinsichtlich entgangener Rentenansprüche bewerte. Sie hob hervor, dass die Rentenversicherung keine Entschädigungsfunktion besitze. Leistungen für Zeiten, in denen wegen verminderter Erwerbsfähigkeit keine versicherungspflichtige Beschäftigung ausgeübt werden konnte, könne die gesetzliche Rentenversicherung nicht leisten. Die Bundesregierung sah keinen Handlungsbedarf für eine Verbesserung des Anti-D-Hilfegesetzes.[1082]

Doch einige Betroffenen empfanden die Verfahrensweisen der Versorgungsämter als zunehmend restriktiv und bemängelten Rückstufungen beim Grad der Minderung der Erwerbsfähigkeit. Daher nahmen sie 2006 erneut Kontakt zu Bundestagsabgeordneten aller Fraktionen auf.[1083] Unterstützung erhielten sie von der Fraktion DIE LINKE, insbesondere von deren gesundheitspolitischem Sprecher, Frank Spieth (*1947). Die Fraktion DIE LINKE richtete Ende 2006 eine Kleine Anfrage an die Bundesregierung. Darin wurde beanstandet, dass ein großer Teil der Betroffenen aufgrund der Praxis der Versorgungsämter keinen Anspruch auf Entschädigung nach dem Anti-D-Hilfegesetz hatte. Denn trotz positivem Antikörpertest bei einer nicht messbaren Viruslast, die unter 50 Kopien/ml lag, werde nicht mehr von einer Erkrankung ausgegangen. Die Anhaltspunkte für die Ärztliche Gutachtertätigkeit des Bundesministeriums für Gesundheit und soziale Sicherung von Juni 2005, an denen sich die Gutachter orientieren, schlossen eine solche Verfahrensweise nicht explizit aus. Die

---

1081 Bundestags-Drucksache (BT-Drs.) 15/2792. Antwort der Bundesregierung (Anm. 21), S. 6.
1082 Bundestags-Drucksache (BT-Drs.) 15/2792. Antwort der Bundesregierung (Anm. 21), S. 7.
1083 Privatarchiv, Aktenordner B. Deutscher Verein HCV-Geschädigter e. V., 05/2007 Tagesordnung. Vorstandssitzung und Mitgliederversammlung vom 29.9.2007, unpag.

Fraktion DIE LINKE verglich die Situation der Betroffenen in Deutschland mit Irland. Dort waren in den 1970er Jahren ebenfalls Frauen durch eine HCV-kontaminierte Anti-D-Immunprophylaxe mit Hepatitis C infiziert worden. Eine in Irland durchgeführte Langzeitstudie hatte ergeben, dass die Viruslast nicht die Stärke der klinischen Symptome wiedergab. In der Anfrage wurde deshalb angezweifelt, ob die Viruslast als Ausschlusskriterium geeignet sei.[1084]

Die Bundesregierung antwortete Anfang Januar 2007 auf die Kleine Anfrage, dass der Nachweis der Viruslastmenge nur dann als Ausschlusskriterium genutzt worden sei, wenn keine klinische Symptomatik vorlag. Der Ärztliche Sachverständigenrat beim Bundesministerium für Arbeit und Soziales hatte dies am 9. November 2000 und 22. März 2001 festgelegt. Anschließend waren diese mit einem Rundschreiben des Bundesministeriums vom 6. April 2001 bekannt gemachten Festlegungen veröffentlicht worden.[1085]

Die Betroffenen kritisierten später, dass es bei dieser Frage nicht um Personen ohne klinische Symptomatik ging, welche einen positiven Test des Erbmaterials des Virus vorwiesen konnten. Denn dies wurde mit einer Minderung der Erwerbsfähigkeit von 10 % anerkannt. Stattdessen hatte sich die Frage auf Betroffene mit chronischer klinischer Symptomatik ohne messbares Virus bezogen. Diesen werde eine Anerkennung nach dem Anti-D-Hilfegesetz verweigert und der Entzug von Leistungen werde damit begründet, dass bei fehlendem Virusnachweis keine Infektion, keine chro-

---

1084 Bundestags-Drucksache (BT-Drs.) 16/3927. Kleine Anfrage der Abgeordneten Frank Spieth, Klaus Ernst, Karin Binder, Dr. Barbara Höll, Katja Kipping, Kersten Naumann, Dr. Ilja Seifert, Jörn Wunderlich und der Fraktion DIE LINKE, Probleme bei der Anerkennung der Entschädigungen für die durch Anti-D-Immunprophylaxe mit dem Hepatitis-C-Virus infizierten Frauen, 18.12.2006, S. 1–3, hier S. 1, http://dip21.bundestag.de/dip21/btd/16/039/1603927.pdf (aufgerufen am 15. Juli 2016).

1085 Bundestags-Drucksache (BT-Drs.) 16/4006. Antwort der Bundesregierung auf die Kleine Anfrage der Abgeordneten Frank Spieth, Klaus Ernst, Karin Binder, weiterer Abgeordneter und der Fraktion DIE LINKE – Drucksache 16/3927, 8.1.2007, S. 1–8, hier S. 2, http://dipbt.bundestag.de/dip21/btd/16/040/1604006.pdf (aufgerufen am 15. Juli 2016).

nische Erkrankung oder weitere klinische Symptome vorliegen könnten.[1086] Viele Versorgungsämter verwiesen zudem darauf, dass die Minderung der Erwerbsfähigkeit gemäß Anti-D-Hilfegesetz nach den Grundsätzen des Bundesversorgungsgesetzes ermittelt werde. Aus diesem Grund wurde in vielen Fällen eine zuvor festgestellte Minderung der Erwerbsfähigkeit nach dem Bundesseuchengesetz nicht mehr anerkannt. Die betroffenen Frauen kritisierten den Auslegungsspielraum, den das Rundschreiben und die Anhaltspunkte boten. Der darin festgehaltene Hinweis, dass der Nachweis von Antikörpern noch keine Minderung der Erwerbsfähigkeit rechtfertige, werde so ausgelegt, dass zusätzlich ein Virusnachweis zwingend erbracht werden müsse.[1087]

In der Kleinen Anfrage hatte die DIE LINKE danach gefragt, warum die Betroffenen nur dann nach dem Anti-D-Hilfegesetz anerkannt würden, wenn die Viruslast über der technischen Nachweisgrenze liege. Die Bundesregierung hatte daraufhin geantwortet, dass auch bei der Behandlung einer Hepatitis C die technische Nachweisgrenze limitierend für die An- oder Abwesenheit eines Agens sei.[1088] Die Betroffenen kritisierten jedoch, dass mit dieser Grenze keine Aussage über eine Abwesenheit des Hepatitis-C-Virus getroffen werden könne. Abwesend könne das Virus nur dann sein, wenn niemals eine Infektion stattgefunden habe.[1089] Die Bundesregierung verneinte die Frage, ob ein Hinweis in den Anhaltspunkten hilfreich sei, dass ein Antikörpernachweis zur Feststellung einer Hepatitis C ausreiche. Sie verwies auf das Rundschreiben, in welchem festgehalten war, dass Antikörper auch nach einer Heilung vorhanden sein könnten.[1090] Die Betroffenen hingegen sahen in einer solchen Regelung eine große Erleichterung. Ebenso sei ein Hinweis notwendig, dass der Nachweis einer erhal-

---

1086 Privatarchiv, Aktenordner B. Anmerkungen zur Antwort, ohne Titel, o. D., S. 1–5, hier S. 1.
1087 Privatarchiv, Aktenordner B. Anmerkungen (Anm. 1086), S. 1.
1088 Bundestags-Drucksache (BT-Drs.) 16/4006. Antwort der Bundesregierung (Anm. 1085), S. 2.
1089 Privatarchiv, Aktenordner B, unpag. Anmerkungen (Anm. 1086), S. 2.
1090 Bundestags-Drucksache (BT-Drs.) 16/4006. Antwort der Bundesregierung (Anm.1085), S. 5.

tenen Chargennummer ausreiche und das Virus nicht erneut nachgewiesen werden müsse.[1091] Auch die Petitionen der vergangenen Jahre wurden in der Kleinen Anfrage thematisiert. Die Bundesregierung machte darauf aufmerksam, dass trotz sorgfältiger Prüfung kein gesetzlicher Änderungsbedarf des Anti-D-Hilfegesetzes gesehen werde.[1092]
Besondere Diskussionen lösten die in der Antwort vorgelegten Zahlen der nach dem Anti-D-Hilfegesetz anerkannten Betroffenen aus. Im Vergleich zur Anfrage aus dem Jahr 2004 wird deutlich, dass sich der Anteil der Anerkennungen stark verringert hatte. Ausnahmen bildeten die Bundesländer Thüringen und Sachsen-Anhalt, in denen sich die Zahlen kaum verändert hatten. Mecklenburg-Vorpommern hatte keine Zahlen angegeben.[1093] In Sachsen hatte sich die Zahl der nach dem Gesetz anerkannten Betroffenen mehr als halbiert und war von 976 auf 421 gesunken. Bei näherer Betrachtung fällt auf, dass von der Verringerung fast ausschließlich diejenigen Personen, die zuvor eine Minderung der Erwerbsfähigkeit von 0 % aufgewiesen hatten, betroffen waren. Anstelle von 527 Personen im Jahr 2004 war 2007 in Sachsen nur noch eine Person mit diesem Grad der Minderung der Erwerbsfähigkeit anerkannt. Auch in Berlin und Brandenburg hatte sich die Zahl der Personen mit einer Minderung der Erwerbsfähigkeit unter 40 % sehr stark verringert.[1094] Insgesamt verfügten nur 22 Personen über eine Anerkennung der Minderung der Erwerbsfähigkeit über 50 %.[1095] Auf die Frage nach Herabstufungen hatten sich die Länder nur zögerlich geäußert. Im Zeitraum von 2004 bis 2006 war in Berlin bei zwölf Personen, in Sachsen-Anhalt bei elf Personen und in Thüringen bei 28 Personen der

---

1091 Privatarchiv, Aktenordner B. Anmerkungen (Anm. 1086), S. 3.
1092 Bundestags-Drucksache (BT-Drs.) 16/4006. Antwort der Bundesregierung (Anm. 1085), S. 3.
1093 Bundestags-Drucksache (BT-Drs.) 16/4006. Antwort der Bundesregierung (Anm. 1085), S. 3.
1094 Bundestags-Drucksache (BT-Drs.) 15/2792. Antwort der Bundesregierung (Anm. 21), S. 3; Bundestags-Drucksache (BT-Drs.) 16/4006. Antwort der Bundesregierung (Anm. 1085), S. 3.
1095 Bundestags-Drucksache (BT-Drs.) 16/4006. Antwort der Bundesregierung (Anm. 1085), S. 3.

Grad der Minderung der Erwerbsfähigkeit herabgestuft worden. Brandenburg und Sachsen gaben an, dass eine entsprechende Statistik nicht vorliege.[1096] Für die Betroffenen war das Absinken der Zahl der nach dem Gesetz anerkannten Frauen um insgesamt 1.215 Personen nicht nachvollziehbar. Sie wandten ein, dass die rechtliche Grundlage für eine Anerkennung der Nachweis einer erhaltenen Immunprophylaxe aus den kontaminierten Chargen sei. Auch wenn nur eine Minderung der Erwerbsfähigkeit von 0 % vorliege, müssten diese Personen zumindest in der Statistik erfasst sein.[1097]
DIE LINKE hatte auch danach gefragt, warum die Aufwendungen des Bundes jährlich sanken, obwohl sie laut Gesetz und auch nach der Information des Bundesministeriums für Gesundheit von März 2000 steigen sollten.[1098] Die Bundesregierung führte dies auf die Kranken- und Heilbehandlung nach dem Bundesversorgungsgesetz zurück. Aufgrund der „guten medizinischen Versorgung" komme es seltener zu weiteren Erkrankungen und Verschlimmerungen, als dies erwartet worden war.[1099] Gerade diese Aussage wurde von den Betroffenen scharf kritisiert. Denn eine Therapie, welche darin bestand, die Virenlast im Körper zu reduzieren, war erst seit Mitte der 1990er Jahre möglich. Somit hatte sich das Hepatitis-C-Virus über einen Zeitraum von etwa 14 Jahren „ungestört entfalten" können.[1100]
Die Fraktion DIE LINKE hatte in ihrer Kleinen Anfrage auch auf eine zusätzliche Kontamination der Chargen mit dem Hepatitis-G-Virus verwiesen und nach der Aufklärung der Betroffenen und Maßnahmen hierzu gefragt.[1101]
Die Frage bezog sich auf einen 1998 erschienenen Forschungsbericht. Das Robert Koch-Institut hatte im Auftrag des Bundesgesundheitsministeriums von Januar 1996 bis Dezember 1997 sowohl die 15 infizierten Chargen als

---

1096 Bundestags-Drucksache (BT-Drs.) 16/4006. Antwort der Bundesregierung (Anm. 1085), S. 4 f.
1097 Privatarchiv, Aktenordner B, Anmerkungen (Anm. 1086), S. 2.
1098 Bundestags-Drucksache (BT-Drs.) 16/3927. Kleine Anfrage (Anm. 1084), S. 3.
1099 Bundestags-Drucksache (BT-Drs.) 16/4006. Antwort der Bundesregierung (Anm. 1085), S. 8.
1100 Privatarchiv, Aktenordner B. Anmerkungen (Anm. 1086), S. 4.
1101 Bundestags-Drucksache (BT-Drs.) 16/3927. Kleine Anfrage (Anm. 1084), S. 2.

auch die Seren der Erythrozytenspenderin und der zwei erkrankten Plasmaspender untersucht. Zudem wurden aufgrund einer Zusammenarbeit mit dem Klinikum St. Georg in Leipzig, dem Virchow-Klinikum Berlin und dem Landesuntersuchungsamt Sachsen Seren der infizierten Frauen bis 1996 genutzt. Ob dies in deren Einverständnis geschah, ist unklar. Das vorliegende Material wurde als „einmalige Gelegenheit" betrachtet, die Veränderlichkeit des Hepatitis-C-Virus in einem „Patientenkollektiv", dessen Erkrankung auf eine einheitliche Infektionsquelle zurückzuführen war, zu untersuchen.[1102] 1995 war ein neues Hepatitis-Virus, das Hepatitis-G-Virus (HGV oder GBV-C), entdeckt worden. Daher war das vorhandene Material auch auf dieses Virus getestet worden – mit überraschendem Ergebnis. Tatsächlich fand sich das Erbmaterial des Hepatitis-G-Virus in 14 Chargen, das Erbmaterial des Hepatitis-C-Virus hingegen nur in zehn. Dieses Ergebnis wirft die Frage auf, um welche Chargen es sich hierbei handelte und inwieweit sich die geschätzte Zahl der Infektionen dadurch verringerte. Im Material der Erythrozytenspenderin und der Plasmaspender war das Erbmaterial beider Viren enthalten. In 14 von 50 (28 %) der untersuchten Serenabnahmen von infizierten Frauen aus dem Jahr 1979 war das Hepatitis-G-Virus ebenfalls enthalten. 18 Jahre konnte das Virus noch bei 7 % bis 12 % nachgewiesen werden. Es wurde von einer Ko-Übertragung des Hepatitis-G-Virus auf die Rezipientinnen ausgegangen.[1103] Die Bundesregierung antwortete auf die Frage der Fraktion DIE LINKE, dass der Schlussbericht der Staatsanwaltschaft Halle (Saale) keinen Hinweis auf das Hepatitis-G-Virus enthalte. Dieses Virus sei erst Mitte der 1990er Jahre entdeckt worden und die Frage nach einer klinischen Relevanz werde „von den meisten Experten" verneint.[1104]
Die Antwort der Bundesregierung auf die Kleine Anfrage war für die Betroffenen nicht zufriedenstellend. Auch der gesundheitspolitische Sprecher

---

1102 Privatarchiv, Aktenordner B. Bundesministerium für Gesundheit, Forschungsbericht vom 1.4.1998.
1103 Privatarchiv, Aktenordner B. Forschungsbericht (Anm. 1102).
1104 Bundestags-Drucksache (BT-Drs.) 16/4006. Antwort der Bundesregierung (Anm. 1085), S. 6.

der Fraktion DIE LINKE, Frank Spieth, konstatierte, dass sich die Bundesregierung offenbar für die Strategie des „Aussitzens" entschieden habe.[1105] Kersten Naumann (* 1958) von der Fraktion DIE LINKE und Vorsitzende des Petitionsausschusses forderte eine Nachbesserung des Anti-D-Hilfegesetzes. Dieses werde „nicht wirkungsvoll und sinngemäß umgesetzt", da die Versorgungsämter „am medizinisch unhaltbaren Kriterium der nicht messbaren Viruslast im Blut" festhielten.[1106]
Spieth hatte die Situation der Betroffenen offenbar in der Sitzung des Gesundheitsausschusses des Deutschen Bundestags am 23. Mai 2007 thematisiert. Daraufhin bat die Leiterin des Referats „Gesundheitsrecht, Patientenrechte" des Bundesministeriums für Gesundheit die Betroffenenverbände, sie bei der Aufklärung „der Vorwürfe einer angeblichen Verweigerung von Entschädigungszahlungen" zu unterstützen.[1107] Denn bei der Sitzung des Gesundheitsausschusses sei angesprochen worden, „dass ‚nach Aussage des Interessenverbands der Betroffenen bei einigen hundert Frauen' ... [sic!] ‚die Minderung der Erwerbsfähigkeit allein wegen der fehlenden Nachweisbarkeit der HCV-Konzentration im Blut aberkannt' worden sei."[1108] Nach den ihr vorliegenden Zahlen waren am 31. Dezember 2006 2.461 Frauen nach dem Anti-D-Hilfegesetz anerkannt.[1109] Im Gegensatz dazu war in der Antwort auf die Kleine Anfrage eine Zahl von 1.256 Personen ohne Angaben aus Mecklenburg-Vorpommern genannt worden.[1110] Dass sich die Zahl innerhalb von zwei Wochen so stark reduziert hatte, ist unwahrscheinlich.

---

1105 Frank Spieth: Eine unendliche Geschichte. Wenn die parlamentarischen Mühlen langsam mahlen. In: Gesellschaftspolitische Kommentare 6 (2007), S. 12–14, hier: S. 14.
1106 Privatarchiv, Aktenordner B. Kersten Naumann, Bundesregierung lässt Opfer der Anti-D-Prophylaxe im Stich, 22.5.2007, unpag.
1107 Privatarchiv, Aktenordner B. Leiterin des Referates „Gesundheitsrecht, Patientenrechte" des Bundesministeriums für Gesundheit (...) an Deutscher Verein HCV-Geschädigter e.V. und Bundesverband HCV-Geschädigter Frauen nach Immunprophylaxe „Anti-D", Durchführung des Gesetzes über die Hilfe für durch Anti-D-Immunprophylaxe mit Hepatitis-C-Virus infizierte Personen (AntiDHG), 24.7.2007, unpag.
1108 Privatarchiv, Aktenordner B. Leiterin des Referates (Anm. 1107), unpag.
1109 Privatarchiv, Aktenordner B. Statistik, Vergleichende Gegenüberstellung der Anerkennungen, o. D., unpag.
1110 Privatarchiv, Aktenordner B. Statistik (Anm. 1109), unpag.

Der Deutsche Verein HCV-Geschädigter e. V. hatte im Juni 2007 die Obleute des Ausschusses für Gesundheit darum gebeten, sich mit dem Anti-D-Hilfegesetz zu befassen. Hintergrund seien die „großen Schwierigkeiten, die es bei der Ausführung der Umsetzung des Gesetzes" gebe.[1111] Es ging dabei um die Bewertung extrahepatischer Manifestationen, das Ausschlusskriterium Viruslast, die Hepatitis-G-Virusinfektion, die gesunkene Zahl der anerkannten Fälle und die Praxis der Sozialgerichte. Die Betroffenen kritisierten, dass extrahepatische Manifestationen häufig als übliche Begleiterscheinungen der durch das Virus verursachten Hepatitis betrachtet und im Regelfall nur die Leberbiopsiebefunde oder leberspezifischen Laborwerte sowie der Virusnachweis zugrunde gelegt würden.[1112] Zum Kriterium der Viruslast wurde bemerkt, dass es keinen Einfluss auf das Allgemeinbefinden habe, wenn das Virus im Blut durch antivirale Therapien bis unter die messbare Nachweisgrenze gesenkt worden war. Trotzdem werde häufig das Vorliegen einer Hepatitis-C-Erkrankung negiert und der Grad der Minderung der Erwerbsfähigkeit herabgesetzt. Dabei werde den Betroffenen die Beweislast für die Erkrankung aufgebürdet, welche letztlich nur durch den operativen Eingriff einer Leberpunktion erbracht werden könnte.[1113]

Der Deutsche Verein HCV-Geschädigter e. V. bemängelte zudem, dass die Bundesregierung nicht veröffentlicht habe, welche der Chargen mit dem Hepatitis-G-Virus kontaminiert seien: „Dass 1979 in der DDR die 15 Chargen ohne jegliche Nummerierung archiviert worden seien, und von 1996 bis 1997 das Robert Koch-Institut ins Blaue hinein geforscht haben könnte" erscheine „alles andere als glaubwürdig".[1114] Weiterhin kritisierten die Betroffenen die stark verringerte Zahl der nach dem Anti-D Hilfegesetz

---

1111 Privatarchiv, Aktenordner B. Deutscher Verein HCV-Geschädigter e. V. an Obleute des Ausschusses für Gesundheit, Deutscher Bundestag, Stellungnahme zum Anti-D-Hilfegesetz, 28.6.2007, S. 1–10.
1112 Privatarchiv, Aktenordner B. Deutscher Verein HCV-Geschädigter e. V. (Anm. 1111), S. 2.
1113 Privatarchiv, Aktenordner B. Deutscher Verein HCV-Geschädigter e. V. (Anm. 1111), S. 7.
1114 Privatarchiv, Aktenordner B. Deutscher Verein HCV-Geschädigter e. V. (Anm. 1111), S. 8.

anerkannten Geschädigten zwischen 2004 und 2007. Sie machten darauf aufmerksam, dass die Anerkennungsvoraussetzung die Chargennummern seien. Als letzter Punkt wurde die Situation vor Gericht thematisiert. Gerichtsverfahren führten für die Betroffenen „selten zum Erfolg, oft zu einer Kette von Traumatisierungen."[1115] Nur wenige Frauen hätten die finanziellen Möglichkeiten und die Kraft, in die zweite gerichtliche Instanz zu gehen. Trotz der in der Stellungnahme geschilderten Probleme hatten sich die Obleute gegen eine Anhörung der Betroffenen entschieden. Stattdessen war in ihrem Gespräch am 3. Juli 2007 eine interne Berichterstattung vereinbart worden.[1116] Das Bundesministerium für Gesundheit hatte die beiden Betroffenenverbände zu einem Gespräch im November 2007 eingeladen.[1117]

### 3.3.3 Kritik der Betroffenen an Forschungsprojekten

Neben den Gesprächen auf der politischen Ebene, die für die Betroffenen keine Verbesserung brachten, waren diese auch weiterhin mit dem Thema Forschung konfrontiert. Die sensible Reaktion vieler Frauen auf Forschungsprojekte zur Hepatitis C macht deutlich, wie stark sie in der Vergangenheit unter solchen Forschungen gelitten hatten. Einige Betroffene führten zudem Rückstufungen ihrer Erwerbsminderung auch auf die „Nähe zu den ehemaligen Machtstrukturen in der DDR" zurück. Es wurde konstatiert, dass in den Ämtern zum Teil dieselben Ärzte saßen, „die ihren Patientinnen zu DDR-Zeiten jahrelang wissentlich ihre wahre strafrechtlich relevante Ursache ihrer Diagnose (NonA-NonB-Virusinfektion) vorenthalten haben, sie belogen haben, ihnen Einblick in ihre Krankenunterlagen verweigert haben, ihnen unnötige Leberpunktionen aufgenötigt haben etc.

---

1115 Privatarchiv, Aktenordner B. Deutscher Verein HCV-Geschädigter e. V. (Anm. 1111), S. 10.
1116 Privatarchiv, Aktenordner B. Deutscher Verein HCV-Geschädigter e. V. an Rechtsanwalt (…), Anti-D-Hilfegesetz, 23.8.2007, unpag.
1117 Privatarchiv, Aktenordner B. Rechtsanwalt (…) an Deutschen Verein HCV-Geschädigter e. V., Anti-D-Hilfegesetz, hier: Einladung zur Länder-Referenten-Besprechung am 8.11.2007, 19.9.2007, unpag.

Die heutigen Gutachter sind zum Teil dieselben Spezialisten, die ohne Wissen der betroffenen Frauen medizinische Forschungen an ihnen durchgeführt haben. (…) Aus jahrelanger Erfahrung wissen die Opfer, dass diese Ärzte von Anfang an die Folgen der Virusinfektion verharmlost und negiert haben."[1118]

Schwere Vorwürfe trafen vor allem den Leipziger Arzt Manfred Wiese. Diesem wurde vorgehalten, den Aspekt einer Arzneimittelstraftat zu negieren. Denn Wiese hatte in Studien angeführt, dass die Ursache der Ereignisse auf „Unkenntnis" und „Fahrlässigkeiten im Anti-D-Produktionsverfahren" zurückzuführen war.[1119] Dabei hatte er auf die Tatsache hingewiesen, dass das Hepatitis-C-Virus noch nicht entdeckt war und behauptet, dass es dementsprechende Infektionen „in vielen Ländern auf der Welt (…), z. B. in Irland" gegeben habe.[1120] Das Produktionsverfahren habe man damals fälschlicherweise für virussicher gehalten.[1121] Diese Einschätzung wurde auch von anderen Ärzten geteilt. So hatte der betreuende Hepatologe einer Patientin aus Thüringen mit Verweis auf Wieses Aussagen geraten, „Straftats-Behauptungen" zu unterlassen.[1122]

In Wieses Studien, die er auch zum Teil gemeinsam mit weiteren ehemaligen DDR-Ärzten publiziert hat, unterbleibt bis heute eine kritische Auseinandersetzung mit den Ereignissen.[1123] Die Hintergründe der Erkrankungen werden nur kurz oder gar nicht thematisiert. Stattdessen wird vor allem die Einmaligkeit der Untersuchungsgruppe aufgrund des jungen Alters und des guten Gesundheitszustandes zum Zeitpunkt der Infektion thematisiert

---

1118 Privatarchiv, Aktenordner B. Briefentwurf, 1.7.2007, unpag.
1119 Privatarchiv, Aktenordner A. Manfred Wiese: Hepatitis C: Lebenserwartung bei unbehandeltem Verlauf der HCV-Infektion. In: Lebenszeichen 1 (2006), S. 5.
1120 Privatarchiv, Aktenordner A. Manfred Wiese: Hepatitis C (Anm. 1019).
1121 Privatarchiv, Aktenordner A. Manfred Wiese: Hepatitis C (Anm. 1019).
1122 Privatarchiv, Aktenordner A. (…) an Rechtsanwalt (…) (per E-Mail), 28.7.2008, unpag.
1123 Manfred Wiese, Janett Fischer, Micha Löbermann, Uwe Göbel, Kurt Grüngreiff, Wolfgang Gütthoff, Ulrike Kullig, Franziska Richter, Ingolf Schiefke, Hannelore Tenckhoff, Alexander Zipprich, Thomas Berg, Tobias Müller: Evaluation of Liver Disease Progression in the German Hepatitis C Virus (1b)-Contaminated Anti-D-Cohort at 35 Years after Infection. In: Hepatology 59 (2014), S. 49–57.

und deren Bedeutung für die Forschung herausgehoben.[1124] In einigen Studien wird überhaupt nicht auf die Ursachen der Erkrankungen eingegangen, sondern lediglich erwähnt, dass es 1978 und 1979 zu einem Ausbruch der Hepatitis C kam.[1125]

Wiese hat zahlreiche wissenschaftliche Studien zu den betroffenen Frauen durchgeführt und seine wissenschaftliche Karriere beruht auf diesen Ergebnissen. In den Studien wird dabei die Zahl von 2.847 Frauen genannt, die mit den kontaminierten Chargen infiziert wurden.[1126] Wiese verschweigt hierbei, dass der potenziell infizierte Kreis deutlich größer ist. Denn die kontaminierten Chargen wurden an etwa 6.700 Frauen verabreicht. Die Statistiken der Staatlichen Versicherung zeigen zudem, dass die Zahl der erkrankten Frauen bereits 1981 höher war.[1127] Wiese ignoriert damit, dass bei vielen Frauen die Krankheit erst nach der Wiedervereinigung entdeckt wurde und es auch möglich ist, dass einige bis heute nichts von ihrer Erkrankung wissen. In Forschungsberichten hatte er unter anderem behauptet, dass die „Kreishygiene" die betroffenen Frauen „vollständig" ermittelt hätte und diese untersucht und weiter betreut worden wären.[1128] Tatsächlich waren aber nur die Frauen weiter behandelt worden, die auch Symptome wie erhöhte Leberwerte, Ikterus und Oberbauchbeschwerden aufwiesen. Die anderen wurden nach negativen Siebtests nicht mehr in die Untersuchungen einbezogen.

Einige Betroffene kritisieren zudem Wieses Aussage, dass zwei Drittel der von ihm untersuchten 1.980 Personen „gar nichts oder fast nichts während des Akutverlaufes verspürt" und deshalb trotz erhöhter Leberwerte „niemals

---

1124 Wiese: Non A-non-B-Hepatitis (Anm. 875), S. 137f.
1125 Wiese, Fischer, Löbermann, Göbel, Grüngreiff, Gütthoff, Kullig, Richter, Schiefke, Tenckhoff, Zipprich, Berg, Müller: Evaluation of Liver Disease Progression (Anm. 1123), S. 50.
1126 Wiese, Fischer, Löbermann, Göbel, Grüngreiff, Gütthoff, Kullig, Richter, Schiefke, Tenckhoff, Zipprich, Berg, Müller: Evaluation of Liver Disease Progression (Anm. 1123), S. 51.
1127 BArch, DQ 1/24452. HA III an Verteiler (Anm. 676), unpag.
1128 Privatarchiv, Aktenordner A. Manfred Wiese: Hepatitis C (Anm. 1119), S. 5.

einen Arzt aufgesucht hätten".[1129] Sie verweisen darauf, dass ihnen von „ärztlicher Seite ganz entschieden ausgeredet" worden sei, dass ein möglicher Zusammenhang zwischen Beschwerden und der Anti-D-Immunprophylaxe bestehe.[1130] Diese Verfahrensweise habe dazu geführt, dass die Geschädigten ihre Beschwerden nicht mehr angegeben hätten, weil sie sonst wie „Hypochonder" oder „Simulanten" behandelt worden wären.[1131] Angegebene Beschwerden seien in ärztlichen Unterlagen zudem nicht oder nur sehr allgemein und „verharmlosend" dokumentiert worden.[1132]

Anhand einer Nachuntersuchung von 1.718 Personen war Wiese zu dem Schluss gekommen, dass nach 25 Jahren nur noch 46 % der Betroffenen weiterhin das Virus in sich trugen und eine chronische Hepatitis C aufwiesen. Bei dem Rest sei eine spontane Heilung erfolgt oder das Virus sei nach Interferon-Therapie verschwunden. Nur 0,5 % der Betroffenen hätten eine Zirrhose entwickelt, womit die Ergebnisse „außerordentlich günstig" seien.[1133] Von den 16 Frauen, die nach 25 Jahren gestorben waren, wurde angegeben, dass dies bei sieben im Zusammenhang mit weiteren schädigenden Einflüssen stehe und sich weitere sieben Frauen nicht in medizinische Behandlung begeben hätten.[1134] Wiese hatte in einer Stellungnahme zum Anti-D-Hilfegesetz vorgeschlagen, bei der Entschädigung einen Unterschied zwischen einer spontanen Heilung und einer Heilung nach Interferon-Therapie zu machen. Selbst bei den chronischen Hepatitiden würde er zwischen den Frauen unterscheiden, die sich behandeln ließen und denen, die keiner Behandlung zugestimmt hatten. Er hatte zudem abgelehnt, sich an den Alanin-Aminotransferase-Werten zu orientieren, da diese diejenigen Frauen bevorzugen würden, „die durch Alkoholgenuß, Adipositas, anderweitige ungesunde Lebensweise oder Zweitleiden höhere ALAT-Werte" hätten.[1135]

---

1129 Privatarchiv, Aktenordner A. Manfred Wiese: Hepatitis C (Anm. 1119), S. 4.
1130 Privatarchiv, Aktenordner A. (…), Anlage ohne Titel, 9.3.2009, S. 1–8, hier S. 6.
1131 Privatarchiv, Aktenordner A. (…), Anlage (Anm. 1130), S. 6.
1132 Privatarchiv, Aktenordner A. Anlage (Anm. 1130), S. 6.
1133 Privatarchiv, Aktenordner A. Manfred Wiese: Hepatitis C (Anm. 1119), S. 5.
1134 Privatarchiv, Aktenordner A. Manfred Wiese: Hepatitis C (Anm. 1119), S. 5.
1135 Privatarchiv, Aktenordner A. East German Hepatitis C Study Group, Coordinator:

2009 sorgte eine Aktion des Thüringer Landesverwaltungsamtes Suhl zum Erhalt von Daten für Aufregung.[1136] Am 20. Februar 2009 hatte das Amt die Betroffenen angeschrieben und mitgeteilt, dass das Bundesministerium für Bildung und Forschung ein Projekt zum Verlauf der HCV und den damit verbundenen Folgeerkrankungen fördere. Das Landesverwaltungsamt gab an, dass die Gesellschaft zum Studium HCV e. V. für eine Erhebung nach dreißig Jahren die Alanin-Aminotransferase- und PCR-Werte der Patientinnen benötigte. Zudem sollte angegeben werden, ob die Betroffenen anti-HCV-positiv oder -negativ seien. Diese Daten sollten pseudonymisiert erfasst werden.[1137] Dem Schreiben lag eine Einwilligungserklärung bei, welche die Erfassung der genannten Werte erlaubte. Gleichzeitig wurde damit auch das Einverständnis erklärt, dass die Gesellschaft zum Studium HCV e. V. die im Landesverwaltungsamt Suhl vorliegenden Unterlagen einsehen könne.[1138] Sofern keine Antwort erfolgt war, erhielten die Betroffenen einen Monat später erneut ein Erinnerungsschreiben des Landesverwaltungsamtes und wurden um eine baldige Rücksendung der beigelegten Einwilligungserklärung gebeten.[1139]

Die Betroffenen sahen hierin eine „arglistige Täuschung" und vermuteten hinter der Gesellschaft zum Studium der HCV e. V., die sie im Vereinsregister nicht gefunden hatten, in der DDR tätige Ärzte.[1140] Angenommen wurde, dass es Ziel der Einverständniserklärung sei, sich uneingeschränkten Zugriff auf das Krankengut der Betroffenen zu verschaffen. Diese vermissten neben konkreten Angaben zum Forschungsprojekt wie Förderkennzei-

---

Manfred Wiese an Deutscher Bundestag, Sekretariat Ausschuss Gesundheit, Vorab-Stellungnahme Anti-D-Hilfegesetz, Anhörung 10.5.2000, unpag.
1136 Privatarchiv, Aktenordner A. (…) an Rechtsanwalt (…) (per E-Mail), 2.4.2008, unpag.
1137 Privatarchiv, Aktenordner A. Thüringer Landesverwaltungsamt, Datenerfassung für eine Studie des Bundesministeriums für Bildung und Forschung zum natürlichen Verlauf der Hepatitis-C-Virusinfektion, 20.2.2009, unpag.
1138 Privatarchiv, Aktenordner A. Thüringer Landesverwaltungsamt (Anm. 1137), unpag.
1139 Privatarchiv, Aktenordner A. Thüringer Landesverwaltungsamt (Anm. 1137), unpag.
1140 Privatarchiv, Aktenordner A. Deutscher Verein HCV-Geschädigter e. V. an Rechtsanwalt (…), hier: aktuelle Aktivitäten des Thüringer Landesverwaltungsamtes, 2.4.2009, S. 1–3, hier S. 2.

chen, Titel, Zeitrahmen für die Erhebung auch eine zeitliche Limitierung des Zugriffs. Aus ihrer Sicht war die Einwilligungserklärung ein „unbefristeter, pauschaler Freibrief für eine exzessive Verwendung von Daten" durch die Gesellschaft zum Studium HCV e. V.[1141] Die Betroffenen baten ihren Rechtsanwalt um Hilfe und Unterstützung, da sie „nicht erneut in dieser makabren Weise verheizt und weiterhin getäuscht und geschädigt werden" wollten.[1142] Sie erkundigten sich, welche Handhabe gegen derartige Vorgehensweisen bestehe.[1143] Die Nachfrage des Rechtsanwalts beim Landesversorgungsamt hatte ergeben, dass der Vorstandsvorsitzende der Gesellschaft tatsächlich Wiese war. Die Weitergabe der Bitte zur Datenakquise sei durch den Datenschutzbeauftragten Thüringens genehmigt worden.[1144]

Das vom Thüringer Landesverwaltungsamt Suhl benannte Forschungsprojekt war Teil einer größeren Studie zum Verlauf der Hepatitis-C-Virus-Infektion, welche vom Kompetenznetz Hepatitis (Hep-Net) durchgeführt wurde. Die Studie trug den Titel „Multizentrische prospektive Studie zum natürlichen Verlauf der Hepatitis-C-Virus-Infektion".[1145] Das Kompetenznetz Hepatitis wurde durch das Bundesministerium für Bildung und Forschung gefördert und sollte zur Erforschung der chronischen Hepatitis B und C dienen. Das Netzwerk war in fünf Modellregionen (Nord, West, Ost, Süd, Süd-West) aufgeteilt. Zur Modellregion Ost gehörten die Bundesländer Sachsen, Sachsen-Anhalt, Thüringen und Teile Brandenburgs. Das Koordinationszentrum der Modellregion Ost befand sich an der Universi-

---

1141 Privatarchiv, Aktenordner A. Deutscher Verein HCV-Geschädigter e. V. an Rechtsanwalt (Anm. 1140), S. 1.
1142 Privatarchiv, Aktenordner A. Deutscher Verein HCV-Geschädigter e. V. an Rechtsanwalt (Anm. 1140), S. 3.
1143 Privatarchiv, Aktenordner A. Deutscher Verein HCV-Geschädigter e. V. an Rechtsanwalt (Anm. 1140), S. 1.
1144 Privatarchiv, Aktenordner A. Rechtsanwalt (…) an Deutscher Verein HCV-Geschädigter e. V., Deutscher Verein HCV-Geschädigter/Bundesministerium für Gesundheit, hier: 1. Anti-DHG/Länder-Referenten-Besprechung vom 20.11.2007, 2.4.2009, S. 1–3, hier S. 2 f.
1145 Privatarchiv, Aktenordner A. Kompetenznetz Hepatitis, Patienteninformation, Multizentrische prospektive Studie zum natürlichen Verlauf der Hepatitis-C-Virus-Infektion (Genotyp 1b), unpag.

tät Leipzig. Die Modellregion Ost hatte sich auf die seit den 1990er Jahren existierende „Ostdeutsche Gesellschaft zum Studium der Hepatitis C." aufgebaut.[1146]

Der Verein riet seinen Mitgliedern, die Einwilligungserklärungen nicht zu unterzeichnen und, sofern dies schon geschehen war, die Einwilligung schriftlich zu widerrufen. Nur auf einer seriösen Basis könnten sich die Geschädigten selbst eine Meinung bilden und eine persönliche Entscheidung treffen. Als Beispiel hierfür wurde eine von der Medizinischen Hochschule Hannover durchgeführte Studie herangezogen.[1147] Der Rechtsanwalt der Betroffenen hatte sich außerdem an den Thüringer Landesbeauftragen für Datenschutz gewandt und gefordert, eine Löschung der bereits gesammelten Daten vorzunehmen. Der Landesbeauftragte teilte mit, dass unter der Gesellschaft zum Studium HCV e. V. die Geschäftsstelle Kompetenznetz Hepatitis an der Universität Leipzig registriert sei. Die Gesellschaft zum Studium HCV e. V. habe weder zugesagt, die Daten zu löschen, noch mitgeteilt, wann die Daten gelöscht werden sollten. Er empfahl dem Rechtsanwalt daher, sich an den Sächsischen Datenschutzbeauftragten zu wenden, der die zuständige Aufsichtsbehörde darstelle.[1148]

## 3.4 Ausblick: Entwicklungen bis heute

2011 kam es erneut zu einem Vorstoß einiger Abgeordneter, die eine Änderung des Anti-D-Hilfegesetzes vorschlugen. Die Fraktion DIE LINKE kritisierte, dass die Versorgungsämter Leistungen verweigerten, weil die

---

1146 Privatarchiv, Aktenordner A. Die Modellregion Ost im Verbund des Kompetenznetzes Hepatitis, unpag.
1147 Privatarchiv, Aktenordner A. Deutscher Verein HCV-Geschädigter e. V. an alle Mitglieder, Aktuelle Information, 24.6.2009, unpag.
1148 Privatarchiv, Aktenordner A. Thüringer Landesbeauftragter für den Datenschutz an Rechtsanwalt (…), Deutscher Verein HCV-Geschädigter, Bundesministerium für Gesundheit. Datenübermittlung von 1978/79 durch kontaminierte Anti-D-Immunprophylaxe mit Hepatitis-C-Virus infizierter Personen durch Landesversorgungsämter, 18.3.2010, unpag.

Betroffenen nicht nachweisen konnten, dass ihre gesundheitlichen Einschränkungen Folgen ihrer Hepatitis-C-Infektion waren. Sie schlug daher eine Umkehr der Beweislast vor, womit die zuständigen Behörden nachweisen sollten, dass die Schädigungsfolgen nicht auf die HCV-Infektion zurückgingen.[1149]

Aufgrund dieses Vorschlages fand am 28. September 2011 eine Anhörung vor dem Ausschuss für Gesundheit statt. Neben Abgeordneten aller Parteien waren auch die beiden Vorsitzenden der Betroffenenverbände und ihr Rechtsanwalt als Sachverständige geladen. Ferner waren die Deutsche Leberhilfe e. V., die Deutsche Leberstiftung, die Bundesärztekammer, der Deutsche Richterbund e. V. und der Deutsche Anwaltsverein e. V. vertreten. Die Vertreter des Deutschen Anwaltsvereins und des Deutschen Richterbundes lehnten den Vorschlag einer Beweislastumkehr ab. Sie schlugen stattdessen vor, die versorgungsmedizinischen Grundsätze zu ändern.[1150]

Anschließend wurden der Rechtsanwalt der Betroffenen und der Vertreter der Deutschen Leberhilfe e. V. befragt, die zuvor Stellungnahmen zum Sachverhalt abgegeben hatten. Der Rechtsanwalt der Betroffenen hatte eine Änderung der Versorgungsmedizin-Verordnung, welche die Anhaltspunkte zur ärztlichen Begutachtung mittlerweile abgelöst hatte, vorgeschlagen. Mit neuen Formulierungen in der Versorgungsmedizin-Verordnung sollte verhindert werden, „dass die Versorgungsverwaltungen der verschiedenen Bundesländer entgegen dem Stand der medizinischen Wissenschaft nahezu alle schädigungsbedingten gesundheitlichen Folgen als sogenannte ‚übliche Befindlichkeitsstörungen' der Leber-Krankheit ‚chronische Hepatitis C' i. S. d. AHP bzw. VersMedV zu qualifizieren versuchen."[1151] Es müsse er-

---

1149 Bundestags-Drucksache (BT-Drs.) 17/5521. Gesetzentwurf der Abgeordneten Dr. Martina Bunge, Dr. Ilja Seifert, Kathrin Senger-Schäfer, Kathrin Vogler, Harald Weinberg und der Fraktion DIE LINKE, 13.4.2011, S. 1–4, hier S. 1, http://dip21.bundestag.de/dip21/btd/17/055/1705521.pdf (aufgerufen am 15. Juli 2016).

1150 Privatarchiv, Aktenordner A. Deutscher Bundestag, 17. Wahlperiode, Ausschuss für Gesundheit, Wortprotokoll 51. Sitzung, 28.9.2011, Protokoll Nr. 17/51, S. 1–18, hier S. 6 f.

1151 Privatarchiv, Aktenordner A. Rechtsanwalt (…) an die Vorsitzende des Gesundheitsausschusses im Deutschen Bundestag, Gutachterliche Stellungnahme zur Anhörung

kannt werden, dass Hepatitis C nur eine von mehreren Schädigungsfolgen darstelle. Dieser Aspekt werde oft übersehen und sei nicht allen Gutachtern geläufig.[1152] Der Rechtsanwalt sprach sich dafür aus, die betroffenen Frauen durch einen anderen gesetzgeberischen Weg aus ihren langjährigen Rechtsstreitigkeiten zu entlassen. Denn nach einer Zeit von mehr als dreißig Jahren andauernden Infektionsfolgen sei nicht mehr mit einer Spontanheilung im Sinn eines Gesundwerdens zu rechnen.[1153]

Auch die Vertreter der Deutschen Leberhilfe e. V. betonten die Bedeutung der extrahepatischen Manifestationen. Sie seien zwar in den Leitlinien verankert, würden aber meist nicht berücksichtigt, weil die Versorgungsämter häufig fachfremde Gutachter bestellten.[1154] Zudem sollten Nebenwirkungen der antiviralen Therapie als indirekte Folge der chronischen HCV ausdrücklich als Folgeschäden benannt werden.[1155] Der Vertreter der Bundesärztekammer hielt den Vorschlägen entgegen, dass man nicht alle Personen, die mit der Anti-D-Prophylaxe kontaminiert worden waren, „als weiterhin krank" erklären könne.[1156] Er hielt es für problematisch, Symptome bei Betroffenen als Spätfolge zu deklarieren, wenn bei diesen schon seit Jahren kein Virus mehr vorliege.[1157] Der Vertreter der Deutschen Leberstiftung stellte hingegen heraus, dass extrahepatische Manifestationen von den Krankheitsfolgen einer Hepatitis C unterschieden werden müssten. Denn selbst ausgeheilte Patienten wiesen diese auf. Im Gegensatz zu dem Vertreter der Bundesärztekammer hielt er den Zusammenhang mit einer kognitiven Störung für klar nachweisbar und verwies dabei auf For-

---

im Gesundheitsausschuss des Deutschen Bundestages vom 28.9.2011 aus Anlass des Entwurfs zur Änderung des Anti-DHG, Drs. 17/552 vom 13.4.2011, 14.9.2011, S. 1–6, hier S. 4.

1152 Privatarchiv, Aktenordner A. Ausschuss für Gesundheit, 51. Sitzung (Anm. 1150), S. 10.
1153 Privatarchiv, Aktenordner A. Gutachterliche Stellungnahme (Anm. 1151), S. 4.
1154 Privatarchiv, Aktenordner A. Ausschuss für Gesundheit, 51. Sitzung (Anm. 1150), S. 8.
1155 Privatarchiv, Aktenordner A. Deutsche Leberhilfe e. V. (…), Stellungnahme der Deutschen Leberhilfe e. V. zur Anfrage der Linken zum Thema: Chronische Hepatitis C bei Frauen nach Rhesusprophylaxe in der ehemaligen DDR, 2.9.2011, S. 1–3, hier S. 2.
1156 Privatarchiv, Aktenordner A. Ausschuss für Gesundheit, 51. Sitzung (Anm. 1150), S. 8.
1157 Privatarchiv, Aktenordner A. Ausschuss für Gesundheit, 51. Sitzung (Anm. 1150), S. 8.

schungen der Medizinischen Hochschule Hannover. Eindeutig belegt sei auch der Zusammenhang mit einer Kryoglobulinämie, einer Erkrankung aus der Gruppe der Gefäßentzündungen. Belegt sei zudem, dass eine Insulinresistenz bei Hepatitis-C-Patienten öfter vorkomme als bei der übrigen Bevölkerung. Der Vertreter der Deutschen Leberhilfe e. V. verwies zudem auf die Nebenwirkungen der Therapien.[1158]

Auch die Vertreterinnen der Betroffenenverbände kamen zu Wort und schilderten die langdauernden Rechtsstreitigkeiten. So hatte die Vorsitzende des Deutschen Vereins HCV-Geschädigter e. V. 1999 einen Verschlimmerungsantrag gestellt, zu dem erst 2011 ein Urteil ergangen war. Sie gab an, dass Erfahrungen, wie den begutachtenden Arzt bei der Begutachtung nur fünf bis zehn Minuten zu sehen und sich wie eine Simulantin zu fühlen, zu immer neuen Traumatisierungen führten. Viele Frauen trauten sich nicht, ihren Rechtsanspruch geltend zu machen und berichteten über Schwierigkeiten bei der Suche nach einem kompetenten Rechtsanwalt.[1159] Bei der Vorsitzenden des Bundesverbandes Anti-D-geschädigter Frauen e. V. hatte der Prozess 15 Jahre gedauert und war ebenfalls nicht erfolgreich gewesen. Sie schilderte, dass der Gutachter, der ihr Anliegen unterstützt hatte, bei der Anhörung vor Gericht ausgelacht worden sei. Harald Terpe (*1954) von Bündnis 90/Die Grünen schlug schließlich vor, gesetzliche Regelungen zur Auswahl von Gutachtern zu schaffen. Gegen diesen Vorschlag hatten der Deutsche Anwaltsverein und der Deutsche Richterbund keine Bedenken.[1160]

Das Sachverständigengespräch vor dem Ausschuss für Gesundheit war Hintergrund für eine Kleine Anfrage der SPD im Frühjahr 2012. Diese forderte statistische Vergleichszahlen, da das Gespräch ergeben habe, dass das Anti-D-Hilfegesetz in den Bundesländern unterschiedlich umgesetzt werde. Die Bundesregierung antwortete am 10. April 2012 auf diese Anfrage.

---

1158 Privatarchiv, Aktenordner A. Ausschuss für Gesundheit, 51. Sitzung (Anm. 1150), S. 13.
1159 Privatarchiv, Aktenordner A. Ausschuss für Gesundheit, 51. Sitzung (Anm. 1150), S. 9.
1160 Privatarchiv, Aktenordner A. Ausschuss für Gesundheit, 51. Sitzung (Anm. 1150), S. 17 f.

Die Antwort war nicht aussagekräftig, da die Bundesländer mit den bisher höchsten Fallzahlen – Brandenburg und Sachsen – keine Angaben gemacht hatten.[1161]

Die SPD reagierte mit einem Antrag, um den „betroffenen Frauen nach dem Anti-D-Hilfegesetz zu mehr Transparenz und Verfahrenssicherheit" zu verhelfen. Die Antwort der Bundesregierung habe nicht erkennen lassen, ob die Länder das Gesetz einheitlich anwendeten.[1162] Gefordert wurde in diesem Antrag ebenfalls eine Beweiserleichterung, indem nicht die Frauen, sondern die Versorgungsverwaltung beziehungsweise die Sozialgerichtsbarkeit den Nachweis einer Schädigung erbringen sollte. Die SPD forderte eine transparente Statistik und eine regelmäßige Evaluation des Anti-D-Hilfegesetzes. Sie schlug zudem die Überarbeitung der Versorgungsmedizin-Verordnung hinsichtlich extrahepatischer Manifestationen und eine gesonderte Information der Gutachter zur Beurteilung von HCV vor. Die Bundesregierung sollte zeitnah über die Einschätzungen zur Überarbeitung der Versorgungsmedizin-Verordnung durch den Ärztlichen Sachverständigenbeirat Versorgungsmedizin beim Bundesministerium für Arbeit und Soziales berichten.[1163]

Der Ausschuss für Gesundheit sowie die mitberatenden Ausschüsse für Arbeit und Soziales sowie für Familien, Senioren, Frauen und Jugend hatten empfohlen, den Antrag abzulehnen.[1164] Die CDU/CSU begründete ihre

---

1161 Bundestags-Drucksache (BT-Drs.) 17/9277. Antwort der Bundesregierung auf die Kleine Anfrage der Abgeordneten Steffen-Claudio Lemme, Dr. Marlies Volkmer, Bärbel Bas und weiterer Abgeordneter und der Fraktion der SPD – Drucksache 17/9071, 10.4.2012, S. 1–14, hier S. 4, http://dipbt.bundestag.de/dip21/btd/17/092/1709277.pdf (aufgerufen am 15. Juli 2016).

1162 Bundestags-Drucksache (BT-Drs.) 17/10645. Antrag der Abgeordneten Steffen-Claudio Lemme, Dr. Marlies Volkmer, Bärbel Bas, Dr. Carola Reimann, weiterer Abgeordneter und der Fraktion der SPD, Betroffenen Frauen nach dem Anti-D-Hilfegesetz zu mehr Verfahrenssicherheit und Transparenz verhelfen, 11.9.2012, S. 1–5, hier S. 2, http://dip21.bundestag.de/dip21/btd/17/106/1710645.pdf (aufgerufen am 15. Juli 2016).

1163 Bundestags-Drucksache (BT-Drs.) 17/10645. Antrag der Abgeordneten (Anm. 1162), S. 4.

1164 Bundestags-Drucksache (BT-Drs.) 17/13138. Beschlussempfehlung und Bericht des Ausschusses für Gesundheit (14. Ausschuss) zu dem Antrag der Abgeordneten Steffen-

Haltung damit, dass sie neue gesetzliche Initiativen nicht für notwendig erachte, und lehnte insbesondere die halbjährliche Berichterstattung ab. Die Überarbeitung der Versorgungsmedizin-Verordnung sei vielversprechender und erfolge derzeit.[1165] Das Bundesgesundheitsministerium hatte nach Rücksprache mit der Union zugesagt, dass zukünftig keine unnötigen Untersuchungen der Betroffenen mehr stattfinden sollten. Auch die FPD sah keinen politischen Handlungsbedarf und verwies darauf, dass extrahepatische Manifestationen seit 2001 zwingend Bestandteil bei der Begutachtung seien. SPD und Bündnis 90/Die Grünen blieben bei ihrer Haltung und hoben insbesondere die Überarbeitung der Versorgungsmedizin-Verordnung hervor. Die Fraktion DIE LINKE hatte sich enthalten, da der Antrag ihrer Ansicht nach keine wirklichen Neuerungen vorschlug, mit denen der „Geburtsfehler des Anti-D-Hilfegesetzes" ausgeräumt werden könne. Sie verwies stattdessen auf ihre eigenen Vorschläge zur Beweislastumkehr, Abschaffung der hälftigen Anrechnung auf die Sozialleistungen, spezielle Schulung der Gutachter und bessere Berücksichtigung des wissenschaftlichen Forschungsstandes.[1166]

Die Begutachtung und Einstufung des Grads der Schädigungsfolgen, der mit der Einführung der Versorgungsmedizin-Verordnung 2009 die Minderung der Erwerbsfähigkeit ersetzte, blieben ein Streitpunkt zwischen den Betroffenen und den Versorgungsämtern. Trotz eines im November 2014 stattgefundenen Gesprächs zwischen den Betroffenen und dem Bundesministerium für Gesundheit änderte sich an den Grundsätzen nichts. Die Fraktion DIE LINKE stellte daher im Dezember 2014 eine Kleine Anfrage an die Bundesregierung, auf die die Parlamentarische Staatssekretärin der CDU im Bundesministerium für Gesundheit, Annette Widmann-Mauz (* 1966), im Januar 2015 im Namen der Bundesregierung antwortete. Die

---

Claudio Lemme, Dr. Marlies Volkmer, Bärbel Bas, weiterer Abgeordneter und der Fraktion der SPD – Drucksache 17/10645, 17.4.2013, S. 1–4, hier S. 1, http://dip21.bundestag.de/dip21/btd/17/131/1713138.pdf (aufgerufen am 15. Juli 2016).

1165 Bundestags-Drucksache (BT-Drs.) 17/13138. Beschlussempfehlung und Bericht (Anm. 1164), S. 4.

1166 Bundestags-Drucksache (BT-Drs.) 17/13138. Beschlussempfehlung und Bericht (Anm. 1164), S. 5.

Abgeordneten hatten bemängelt, dass trotz der vorhergehenden Bemühungen keine Verordnungen oder Gesetze erlassen oder geändert worden waren und sich auch die Praxis in den Ländern nicht verbessert hatte. Bei der Gewährung von Leistungen werde restriktiv vorgegangen und die extrahepatischen Manifestationen werden nur unzureichend berücksichtigt.[1167] Die Bundesregierung schätzte dies anders ein und betonte, dass sich eine kleine Gruppe von Frauen seit Jahren immer wieder an die zuständigen Ministerien, Abgeordneten des Deutschen Bundestags und andere politische Entscheidungsträger wende: „Sie sind der Meinung, dass die Bundesregierung Deutschland sie für das erlittene Unrecht entschädigen müsse, unabhängig davon, ob eine gesundheitliche Beeinträchtigung noch vorliegt." Zwar wurde den Frauen zugestanden, dass diesen „ein erhebliches Unrecht in der DDR" widerfahren war. Die Bundesregierung räumte ein, dass viele noch heute unter gesundheitlichen Beeinträchtigungen litten, die aber laut medizinischer Begutachtung nicht auf die HCV-Infektion zurückzuführen seien. Für diese gesundheitlichen Beeinträchtigungen sehe das Anti-D-Hilfegesetz keine Leistungen vor.[1168]

---

1167 Bundestags-Drucksache (BT-Drs.) 18/3526. Kleine Anfrage der Abgeordneten Birgit Wöllert, Sabine Zimmermann (Zwickau), Katja Kipping, Cornelia Möhring, Kathrin Vogler, Harald Weinberg, Pia Zimmermann und der Fraktion DIE LINKE, 9.12.2014, S. 1–6, http://dip21.bundestag.de/dip21/btd/18/035/1803526.pdf (aufgerufen am 15. Juli 2016).
1168 Bundestags-Drucksache (BT-Drs.) 18/3901. Antwort der Bundesregierung auf die Kleine Anfrage der Abgeordneten Birgit Wöllert, Sabine Zimmermann (Zwickau), Katja Kipping, weiterer Abgeordneter und der Fraktion DIE LINKE, – Drucksache 18/3526, 5.2.2105, S. 1–28, hier S. 3 f. http://dipbt.bundestag.de/dip21/btd/18/039/1803901.pdf (aufgerufen am 15. Juli 2016).

## 4 Schluss

In den Jahren 1978/1979 wurden in der DDR Frauen durch eine politisierte Medizin geschädigt. Sie hatten eine mit dem Hepatitis-C-Virus kontaminierte Anti-D-Prophylaxe erhalten. Diese Arzneimittelstraftat war ein wesentlicher Einschnitt in die persönliche Biographie der Frauen, der bei vielen bis heute fortwirkt. Auch Angehörige, meist die Kinder der Frauen, waren und sind unmittelbar betroffen, da einige mit dem Hepatitis-C-Virus infiziert sind. Die betroffenen Frauen wurden nach der Entbindung von ihren Kindern und Familien isoliert und teilweise über Wochen von ihnen getrennt. Diese Trennung hatte Auswirkungen auf das Verhältnis von Mutter und Kind, aus dem sich auch psychische Beeinträchtigungen ergaben. Für die Frauen war es ein unmittelbarer Schock, nach der Geburt beziehungsweise einer Fehlgeburt oder einem Schwangerschaftsabbruch ins Krankenhaus eingewiesen zu werden. Erschwerend kam hinzu, dass sie zumindest anfangs gar nicht den Grund hierfür wussten. Die Zwangseinweisungen geschahen auch unter Drohungen, sofern sich die Frauen weigerten. Im Krankenhaus erhielten die Zwangseingewiesenen kaum Informationen über die Erkrankung und deren Ursachen. Das vom Ministerium für Gesundheitswesen herausgegebene Informationsmaterial für die behandelnden Ärzte enthielt nur knappe Informationen an die Betroffenen. Die fehlende Aufklärung der Frauen über die Ereignisse und die möglichen Folgen der Erkrankung entsprachen nicht den Vorgaben der ärztlichen Informationspflicht, zumal die anschließende ärztliche Behandlung unter Zwang stattfand. Die Frauen tragen zum Teil bis heute unverschuldet ein Virus in sich. Auch wenn die Viruslast durch die Therapie unter die Nachweisgrenze gesenkt werden kann, bleibt über die künftige Entwicklung eine gewisse Unsicherheit. Hinzu kommt, dass die Frauen das Hepatitis-C-Virus über 30 Jahre lang im Körper getragen haben und es dort Schäden verursacht hat. Gravierend wirken sich zudem die Erlebnisse in der DDR aus. Dort ist den Frauen ein erhebliches Unrecht geschehen. Hierzu gehört auch die Infektion selbst, die auf eine Arzneimittelstraftat zurückgeht. Denn der Hersteller des Produktes wusste, dass das von ihm verwendete Plasma möglicherweise mit Viren kontaminiert war.

Die Straftat wurde nach Bekanntwerden juristisch verfolgt. Im Rahmen der Strafverfolgung wurde ermittelt, dass der Leiter des Bezirksinstituts für Blutspende- und Transfusionswesen in Halle (Saale), Wolfgang Schubert, bereits im April 1978 die Information erhalten hatte, dass mindestens zwei Plasmaspender des Bezirksinstituts für Blutspende- und Transfusionswesen Neubrandenburg erkrankt waren. Das Plasma der beiden Spender war in Halle (Saale) schon verarbeitet worden. Ermittelt wurde darüber hinaus, dass das Staatliche Kontrollinstitut für Seren und Impfstoffe, das die Wirkstoffe kontrollierte und anschließend freigab, die Freigabe verweigert hatte. Schubert befürchtete aufgrund von Baumaßnahmen einen Engpass an Anti-D-Immunglobulin; Importe aus dem Nichtsozialistischen Wirtschaftsgebiet (NSW) wurden abgelehnt; deshalb entschloss sich Schubert zur Weiterverarbeitung der verdächtigen Chargen. Die fertiggestellten Chargen wurden zu einer neuen Charge umgearbeitet. Anschließend reichte Schubert die Chargen beim Staatlichen Kontrollinstitut für Seren und Impfstoffe ein, das die Chargen freigab und an die Bezirke der DDR verteilte. Anhand der Strafprozessunterlagen konnte rekonstruiert werden, dass seit Ende Dezember 1978 immer mehr Frauen in Krankenhäuser eingeliefert wurden, die eine Anti-D-Immunprophylaxe erhalten hatten. Das Ministerium für Gesundheitswesen hielt die Anti-D-Prophylaxe für die Ursache und informierte alle Bezirksärzte darüber, dass die verdächtigen Chargen Mitte Januar 1979 gesperrt worden waren. Gleichzeitig hatte eine Kontrolle im Bezirksinstitut für Blutspende- und Transfusionswesen Halle (Saale) stattgefunden, bei der festgestellt wurde, dass das verdächtige Plasma für die Produktion verwendet worden war. Bis Anfang März 1979 erkrankten 1.247 Frauen und 30 Säuglinge an einer Hepatitis. Der Minister hatte angeordnet, alle Frauen, die seit dem 1. September 1978 eine Anti-D-Prophylaxe erhalten hatten, medizinisch zu überwachen. Im März 1979 meldeten die Krankenhäuser, dass auch Frauen an Hepatitis erkrankt waren, die den Wirkstoff aus nachfolgenden Chargen erhalten hatten. Das Bezirksinstitut für Blutspende- und Transfusionswesen Halle (Saale) wurde zum zweiten Mal kontrolliert. Dabei stellten die Kontrolleure fest, dass das Virus durch Wiederverwendung der Waschflüssigkeit und unter Missachtung der Herstellungspraxis auf weitere acht Chargen übergegangen war. Diese waren mit Ausnahme einer Charge bereits an die Krankenhäuser ausgeliefert worden. Sie wurden vom Ministerium für Gesundheitswesen gesperrt und zurückgefordert. Insgesamt waren von den 16 kontaminierten Chargen maximal 6.773 Ampullen verwendet worden und damit war ein sehr großer Kreis von Frauen potenziell mit Hepatitis C infiziert. Bis Anfang September 1979 erkrankten etwa 2.769 Personen, darunter 133 infizierte Kontaktpersonen. Der Gesundheitsminister reagierte mit Anweisungen an die Bezirksärzte und erstattete Anzeige gegen Schubert und den Leiter der Technischen Kontrollorganisation des Instituts. Nach Bekanntwerden der Infektionen hatte das Ministerium für Gesundheitswesen die Erfassung und Untersuchung aller Frauen angewiesen, die eine Prophylaxe aus den kontaminierten Chargen erhalten hatten. Sofern die Frauen erhöhte Blutwerte oder Symptome einer Hepatitis aufwiesen, wurden sie meist zwangsweise ins Krankenhaus eingewiesen und von ihren Säuglingen, Kindern und Partnern getrennt. Um das tatsächliche Vorliegen einer Hepatitis C nachweisen zu können, war eine Leberbiopsie erforderlich. Ein Test auf das Erbmaterial des Virus war erst mit dessen Entdeckung Anfang der 1990er Jahre möglich. In den Jahren nach der Erkrankung, in denen sich viele Frauen weiterhin in ärztlicher Behandlung befanden, wurden Biopsien durchgeführt, bei einigen Frauen sogar sehr häufig. Dies wirft die Frage nach der Notwendigkeit solcher Maßnahmen für die klinische Versorgung auf. Bedenklich erscheint dies vor dem Hintergrund, dass schon in der DDR wissenschaftliche Forschungen zu dieser Patientengruppe betrieben wurden.

Im Ministerium für Gesundheitswesen bestand schon Anfang 1979 die Einschätzung, dass die Krankheit auch länger dauern und einen schweren Verlauf nehmen konnte. Vor diesem Hintergrund den Betroffenen zuzusichern, dass die Krankheit schnell wieder ausheile, war unverantwortlich. Die Weisungen des Ministers sorgten außerdem dafür, dass die Frauen, die nicht erkrankt waren und auch nach einer weiteren Nachkontrolle keine auffälligen Symptome aufwiesen, nicht weiter beachtet wurden. Dies hatte zur Folge, dass sie später Blut oder Muttermilch spendeten oder auch in Berufen arbeiteten, in denen sie potenziell andere Menschen mit dem Virus infizieren konnten. Zwar handelten die beteiligten staatlichen Institutionen rasch, um eine weitere Ausbreitung der Infektion zu verhindern. Doch die betroffenen Frauen hatten keine Wahl, sich den staatlichen Fürsorgemaßnahmen zu entziehen und ihnen fehlten Selbstbestimmungsmöglichkeiten. Es gab im Fall der Anti-D-Prophylaxe zumindest in der Anfangszeit keine freie Arztwahl. Stattdessen wurden die Betroffenen von Ärzten betreut, die durch das staatliche Gesundheitswesen sorgfältig ausgewählt und vorab vorbereitet worden waren. Verweigerten die Betroffenen eine Untersuchung, wurden sie zu persönlichen Gesprächen einbestellt, in denen sie von den entsprechenden Maßnahmen überzeugt wurden. In der Regel erhielten die Betroffenen kaum schriftliche Informationen, sondern alle Fragen wurden mündlich geklärt. Dies trug zu einer mangelnden Belegbarkeit bei und diente der Geheimhaltung der Angelegenheit, die im Vordergrund stand.

Die konsequente Geheimhaltung wurde auch im Rahmen des Strafprozesses fortgeführt, da der Prozess nicht öffentlich war. Frauen, die eine Anzeige erstattet hatten, wurden nur davon informiert, dass ihre Anzeigen in einem laufenden Ermittlungsverfahren aufgenommen wurden und sie nach Abschluss des Verfahrens eine Nachricht erhalten sollten. Das Ermittlungsverfahren unter Ausschluss der Öffentlichkeit zog sich über mehrere Monate hin und wies zahlreiche Ungereimtheiten auf. Schubert hatte das Material eigenständig verarbeitet. Er war dadurch in einer schwierigen Situation, da er einerseits eine Produktionslücke kommen sah, aber das Staatliche Kontrollinstitut für Seren und Impfstoffe andererseits Importe aus dem Ausland abgelehnt hatte. Es bleibt offen, was geschehen wäre, wenn die Prophylaxe unterbrochen worden wäre. Schubert hatte zumindest eine Wahl, er hätte sich auch gegen eine Verarbeitung des verdächtigen Plasmas entscheiden können. In diesem Fall hätte er wahrscheinlich den Posten des Ärztlichen Direktors im Bezirksinstitut für Blutspende- und Transfusionswesen verloren.

Die Geheimhaltung der Ereignisse von 1978/1979 wurde lediglich im Rahmen der wissenschaftlichen Forschung ausgehebelt. Dem Ministerium für Gesundheitswesen war durchaus bewusst, dass die von den Frauen entnommenen Blutproben und die Ergebnisse von Leberbiopsien für wissenschaftliche Ziele besonders interessant waren. Schon 1979 fanden Forschungen im Auftrag des Ministeriums für Gesundheitswesen statt. In ausgewählten größeren Kliniken wie Berlin, Dresden, Karl-Marx-Stadt oder Leipzig wurden Blutentnahmen der Betroffenen gesammelt und nach Berlin geschickt. Auch hier ist nicht klar, ob die betroffenen Frauen überhaupt davon wussten, dass ihre Blutproben zu Zwecken der Forschung verwendet wurden. Obwohl alle Veröffentlichungen zum Thema vom Ministerium für Gesundheitswesen geprüft werden sollten, war eine wissenschaftliche Veröffentlichung ohne Absprache erfolgt. Mit dieser Veröffentlichung wurden vor allem ein Forschungsgewinn und eine Anerkennung in der internationalen Fachwelt verfolgt. Die betroffenen Frauen wurden hingegen auch hierüber nicht aufgeklärt. Sie wussten nichts von Berichten auf Konferenzen der Weltgesundheitsorganisation oder von Aufsätzen in Fachzeitschriften. Die Frauen wurden in der Dispensairebetreuung versorgt. Beschwerden vieler Frauen über häufige Blutentnahmen und Leberbiopsien im Rahmen der Dispensairebetreuung, die sie als ärztliche Behandlung für zu wenig befanden, wurden nicht verfolgt. Die Entnahmen dienten keinem therapeutischen Zweck, sondern dem Nachweis einer noch bestehenden Erkrankung. Schon im Krankenhaus war kaum eine medikamentöse Behandlung erfolgt. Belegt ist auch, dass bei Kuraufenthalten vorgeschlagene Medikamente mit der Begründung von behandelnden Ärzten abgelehnt wurden, dass diese mit Devisen aus dem Ausland hätten importiert werden müssen. Die Rekonstruktion des Ermittlungsverfahrens hat gleichzeitig deutlich gemacht, dass Schubert ein „Bauernopfer" war. Ihm und dem Mitangeklagten wurde nicht einmal die Anklageschrift zugestellt, sondern er musste zur Einsichtnahme die Staatsanwaltschaft aufsuchen. Mit Schubert und dem Mitangeklagten wurden Schuldige gesucht, um die wissentliche Involviertheit anderer Stellen zu verschleiern. Dafür gibt es mehrere Anhaltspunkte. Die zuständigen Kontrollinstitutionen wie das Staatliche Kontrollinstitut für

Seren und Impfstoffe wurden überhaupt nicht beachtet, sondern es wurde nur gegen das Bezirksinstitut für Blutspende- und Transfusionswesen Halle (Saale) ermittelt. Der zuständige Staatsanwalt berücksichtigte nicht, dass keine ordnungsgemäße Untersuchung der Spender in Neubrandenburg erfolgt war, bevor das Plasma an das Bezirksinstitut für Blutspende- und Transfusionswesen Halle (Saale) geliefert worden war. Diese Information wurde als unerheblich eingestuft. Zudem sollte im Ermittlungsverfahren die Schuld Schuberts herausgearbeitet werden. Dies lässt sich anhand zahlreicher Anmerkungen des zuständigen Staatsanwalts belegen. Zudem ist eine Mitverantwortung des Kontrollinstituts und auch des Ministeriums für Gesundheitswesen in Bezug auf die Kontamination weiterer Chargen gegeben. Behandelnde Ärzte aus den Krankenhäusern hatten die Verwendung der Chargen 16 bis 23 kritisiert und stattdessen Importe vorgeschlagen. Das Ministerium war darauf aber nicht eingegangen, denn das Material war von der Expertenkommission, die das Bezirksinstitut in Halle (Saale) geprüft hatte, für unbedenklich eingestuft worden. Obwohl die Gefahr bestand, dass weitere Chargen mit dem Virus kontaminiert waren, hatte das Ministerium für Gesundheitswesen der Verwendung zugestimmt. Gleichzeitig hatte Mecklinger die Ärzte angewiesen, zu prüfen, ob weitere Erkrankungen nach der Verwendung dieser Chargen auftraten. Damit wurde bewusst ein Risiko in Kauf genommen. Die Verantwortlichkeit des Kontrollinstituts wurde anschließend in keiner Weise thematisiert. Stattdessen konnte das Staatliche Kontrollinstitut für Seren und Impfstoffe das Ermittlungsverfahren sogar mitgestalten. Der Leiter und ein Mitarbeiter traten im Verfahren als Gutachter und Sachverständige auf. Ein Mitarbeiter des Kontrollinstituts konnte zudem bei den Vernehmungen anwesend sein und tauschte sich anschließend mit der Staatsanwaltschaft aus, die mit dem Sachverhalt deutlich überfordert schien. Im Gutachten sollten zudem explizit Rechtfertigungen von Schubert und dem Leiter der Technischen Kontrollorganisation in den ersten Befragungen widerlegt werden. Das Gutachten war damit klar darauf ausgerichtet, die Schuldigkeit der beiden Angeklagten zu belegen. Andere Gutachten unabhängiger Personen wurden nicht zugelassen, stattdessen wurde ein weiteres Sachverständigengutachten von einem

Mitarbeiter des Ministeriums für Gesundheitswesen angefertigt. Damit war ein neutrales Verfahren nicht gegeben.
Besonderen Aufschluss geben die Akten des Ministeriums für Staatssicherheit. Diese machen deutlich, dass es nicht um eine neutrale Erfassung des Sachverhaltes ging. Stattdessen standen Schuberts persönliche Eigenschaften im Vordergrund. Hierzu gehörte nicht nur der Vorwurf, dass Schubert seit Jahren alkoholabhängig sei. Die von Mitarbeitern des Instituts und dem Bezirksarzt angeführte Alkoholabhängigkeit wurde nicht strafmildernd, sondern zu Lasten Schuberts ausgelegt. Durch eine äußerst negative Beurteilung des Bezirksarztes, der eine deutlich positive Einschätzung desselben Arztes vorangegangen war, wurden Schubert negative Eigenschaften wie Überheblichkeit zur Last gelegt. Dies wurde durch im Oktober 1979 durchgeführte Vernehmungen mit Mitarbeitern des Bezirksinstituts für Blutspende- und Transfusionswesen Halle (Saale) gestützt. Mit den persönlichen Eigenschaften wurde auch das Strafmaß begründet. Schubert wurde schließlich zu zwei Jahren Gefängnis und einer Geldstrafe verurteilt. Ferner wurde ihm seine Approbation als Arzt entzogen. Der Leiter der Technischen Kontrollorganisation erhielt eine Bewährungsstrafe. Auch Schuberts Gefängnisstrafe wurde schließlich zur Bewährung ausgesetzt. Obwohl Schubert in einem Gnadengesuch um die Rückgabe der Approbation bat, wurde dies abgelehnt. Auch das macht deutlich, dass es vor allem darum ging, Schuberts Tätigkeit als Arzt zu unterbinden. Einer zunächst positiven Einschätzung seines neuen Arbeitgebers, bei dem er permanent mit den Folgen seiner Fehlentscheidung konfrontiert war, folgte kurze Zeit später eine negative Einschätzung. Doch der Bezirksarzt und der Bezirkshygieniker hatten bereits gemeinsam über Schuberts Schicksal entschieden – er sollte invalidisiert werden. Er starb kurze Zeit später.
Die betroffenen Frauen wussten von den Hintergründen des Ermittlungsverfahrens nichts. Bei vielen von ihnen folgte nach dem ersten Schock die Erkenntnis, dass die Krankheit nicht wie angekündigt ausgeheilt war, sondern lebenslange Beschwerden zur Konsequenz hatte. Öffentlich wurden diese Konsequenzen in der DDR aber nicht thematisiert, und die Folgen wurden auch nicht durch entsprechende Entschädigungsleistungen groß-

zügig abgegolten. Die Infektionen wurden als Impfschaden bewertet und nach der Zweiten Durchführungsbestimmung zum „Gesetz zur Verhütung und Bekämpfung übertragbarer Krankheiten beim Menschen" (GÜK) vom 27. Februar 1975 behandelt. Die Zahlungen in der DDR waren gering. Nur ein Teil der infizierten Frauen wusste hiervon und konnte die Zahlungen in Anspruch nehmen. Immerhin ist festzustellen, dass die DDR den Frauen eine solche Zahlung zukommen ließ und auch in den folgenden Jahren Lohnausgleichszahlungen vornahm. Dabei ist zu erwähnen, dass die Eingaben und Beschwerden der Frauen Wirkung zeigten, da das Ministerium für Gesundheitswesen aufgrund dessen die zunächst uneinheitlichen Zahlungen auf alle Frauen ausdehnte. Langfristig gesehen führten die Zahlungen aber zu Nachteilen nach der Wiedervereinigung. Die Einstufung als Impfschäden wurde von der Bundesrepublik zunächst unkritisch in das bundesdeutsche Versorgungsrecht übernommen. Den Betroffenen wurde damit über mehrere Jahre eine angemessene Anerkennung ihrer Schädigung in der Bundesrepublik verweigert. Bemühungen in den 1990er Jahren, hieran etwas zu ändern, wurden unter anderem auch damit abgeblockt, dass der SED-Staat die Frauen bereits entschädigt habe. Das hat dazu geführt, dass viele einen erbitterten Kampf um Leistungen und Anerkennung führten. Erst im Jahr 2000 erließ die rot-grüne Bundesregierung das Anti-D-Hilfegesetz. Nach dem Anti-D-Hilfegesetz waren im Jahr 2004 2.471 Frauen anerkannt. Mit dem Gesetz wurde für eine öffentliche Anerkennung gesorgt. Das Anti-D-Hilfegesetz gewährte einem Teil der Frauen eine Einmalzahlung, die zwischen 5.000 und 30.000 DM lag, sowie monatliche Renten zwischen 500 und 2.000 DM. Die Voraussetzung für den Bezug einer Rente und den Erhalt einer Einmalzahlung wurde an die Minderung der Erwerbsfähigkeit geknüpft und nach dem jeweiligen Grad gewährt. Viele Frauen empfinden es als ungerecht, dass sie nach dem Grad der Schädigungsfolgen keine Rente erhalten. Dieser hat den Grad der Minderung der Erwerbsfähigkeit mittlerweile abgelöst. In den zahlreichen politischen Diskussionen, die bis in die Gegenwart reichen, stehen die unterschiedliche Durchführung des Anti-D-Hilfegesetzes in den Ländern und die Anerkennung nach den Grundsätzen der Versorgungsmedizin-Verordnung im

Vordergrund. Daneben liegen zahlreiche Frauen seit Jahren im Rechtsstreit mit den Versorgungsämtern. Hinzu kommt die Befürchtung vieler betroffener Frauen, dass die eigene Krankheit nach wie vor für wissenschaftliche Forschung genutzt wird. Einige Betroffene haben die Behandlung durch die jeweiligen Ärzte als negativ erlebt und zweifeln an der Uneigennützigkeit von wissenschaftlichen Studien zum Thema Hepatitis C. Bei neuen Methoden zur Bestimmung und Bewertung der Krankheit befürchten sie zudem Nachteile durch eine Aberkennung der Leistungen. Eine Diskussion über die Entschädigung der Frauen anzustoßen, ist nicht die Aufgabe der Wissenschaft, sondern es geht darum, diese Diskussion zu begleiten und Denkanstöße zu liefern. Die historische Analyse der Ereignisse hat gezeigt, wie stark die Medizin von politischen Interessen bestimmt war, wie sehr sie aber auch von Forschungsinteressen durchdrungen war, bei denen das Wohl der Patienten in den Hintergrund gestellt wurde.

# 5 Quellen und Literatur

## 5.1 Quellen

### Gedruckte Quellen

Anordnung über die Arbeitsbefreiung bei Arbeitsunfähigkeit vom 19. Juli 1974. In: Gesetzblatt der DDR. Teil I. Nr. 34. Berlin 1974, S. 326–328.

Arbeitsgesetzbuch der Deutschen Demokratischen Republik vom 16. Juni 1977. In: Gesetzblatt der DDR. Teil I. Nr. 18. Berlin 1977, S. 185.

Baumgarten, Renate, R. Markus, J.D. Fengler, Ellen Vergien: Ist die chronisch-persistierende Hepatitis eine benigne Erkrankung? In: Deutsches Gesundheitswesen 39 (1984), S. 1970–1974.

Baumgarten, Renate: Not macht erfinderisch. Drei Jahrzehnte Chefärztin in Ost und West. Halle (Saale) 2004.

Brandenburger, Britt: Die Frau(en) und das Virus. Verloren geglaubte Hoffnung. Gelnhausen 2006.

Brandenburger, Britt: Frauen klagen an. Das wütende Virus. Neckenmarkt 2011.

Bundesrat Drucksache 127/00. Gesetzentwurf der Bundesregierung. Entwurf eines Gesetzes über die Hilfe für durch Anti-D-Immunprophylaxe mit dem Hepatitis-C-Virus infizierte Personen (Anti-D-Hilfegesetz, AntiDHG), 25.2.2000, S. 1–31, http://www.antidhilfe.de/pdf/br_antidhg_127_25.02.2000.pdf (aufgerufen am 15. Juli 2016).

Bundestags-Drucksache (BT-Drs.) 12/8264. Antwort der Bundesregierung auf die Kleine Anfrage der Abgeordneten Horst Schmidbauer (Nürnberg), Dr. Hans-Hinrich Knaape, Wilhelm Schmidt, weiterer Abgeordneter und der Fraktion der SPD – Drucksache 12/7609, 12.7.1994, S. 1–23, http://dipbt.bundestag.de/doc/btd/12/082/1208264.pdf (aufgerufen am 15. Juli 2016).

Bundestags-Drucksache (BT-Drs.) 13/1649. Große Anfrage der Abgeordneten Horst Schmidbauer (Nürnberg), Iris Follak, Christel Hanewinckel (…) und der Fraktion der SPD, 7.6.1995, S. 1–8, http://dip21.bundestag.de/dip21/btd/13/016/1301649.pdf (aufgerufen am 15. Juli 2016).

Bundestags-Drucksache (BT-Drs.) 13/2732. Antwort der Bundesregierung auf die Große Anfrage der Abgeordneten Horst Schmidbauer (Nürnberg), Iris Follak, Christel Hanewinckel (…) und der Fraktion der SPD – Drucksache 13/1649, 24.10.1995, S. 1–35, http://dip21.bundestag.de/dip21/btd/13/027/1302732.pdf (aufgerufen am 15. Juli 2016).

Bundestags-Drucksache (BT-Drs.) 14/3538. Beschlussempfehlung und Bericht des Ausschusses für Gesundheit (14. Ausschuss) zu dem Gesetzentwurf der Bundesregierung – Drucksachen 14/2958, 14/3282, 7.6.2000, S. 1–12, http://dip21.bundestag.de/dip21/btd/14/035/1403538.pdf (aufgerufen am 15. Juli 2016).

Bundestags-Drucksache (BT-Drs.) 15/2698. Kleine Anfrage der Abgeordneten Jens Spahn, Andreas Storm, Annette Widmann-Mauz (…) und der Fraktion der CDU/CSU, Zwischenbewertung des Anti-D-Hilfegesetzes, 9.3.2004, S. 1–2, http://dip21.bundestag.de/dip21/btd/15/026/1502698.pdf (aufgerufen 15. Juli 2016).

Bundestags-Drucksache (BT-Drs.) 15/2792. Antwort der Bundesregierung auf die Kleine Anfrage der Abgeordneten Jens Spahn, Andreas Storm, Annette Widmann-Mauz, weiterer Abgeordneter und der Fraktion der CDU/CSU, 26.3.2004, S. 1–7, http://dip21.bundestag.de/dip21/btd/15/027/1502792.pdf (aufgerufen am 15. Juli 2016).

Bundestags-Drucksache (BT-Drs.) 16/3927. Kleine Anfrage der Abgeordneten Frank Spieth, Klaus Ernst, Karin Binder, Dr. Barbara Höll, Katja Kipping, Kersten Naumann, Dr. Ilja Seifert, Jörn Wunderlich und der Fraktion DIE LINKE, Probleme bei der Anerkennung der Entschädigungen für die durch Anti-D-Immunprophylaxe mit dem Hepatitis-C-Virus infizierten Frauen, 18.12.2006, S. 1–3, http://dip21.bundestag.de/dip21/btd/16/039/1603927.pdf (aufgerufen am 15. Juli 2016).

Bundestags-Drucksache (BT-Drs.) 16/4006. Antwort der Bundesregierung auf die Kleine Anfrage der Abgeordneten Frank Spieth, Klaus Ernst, Karin Binder, weiterer Abgeordneter und der Fraktion DIE LINKE – Drucksache 16/3927, 8.1.2007, S. 1–8, http://dipbt.bundestag.de/dip21/btd/16/040/1604006.pdf (aufgerufen am 15. Juli 2016).

Bundestags-Drucksache (BT-Drs.) 17/5521. Gesetzentwurf der Abgeordneten Dr. Martina Bunge, Dr. Ilja Seifert, Kathrin Senger-Schäfer, Kathrin Vogler, Harald Weinberg und der Fraktion DIE LINKE, 13.4.2011, S. 1–4, http://dip21.bundestag.de/dip21/btd/17/055/1705521.pdf. (aufgerufen am 15. Juli 2016).

Bundestags-Drucksache (BT-Drs.) 17/9277. Antwort der Bundesregierung auf die Kleine Anfrage der Abgeordneten Steffen-Claudio Lemme, Dr. Marlies Volkmer, Bärbel Bas und weiterer Abgeordneter und der Fraktion der SPD – Drucksache 17/9071, 10.4.2012, S. 1–14, http://dipbt.bundestag.de/dip21/btd/17/092/1709277.pdf (aufgerufen am 15. Juli 2016).

Bundestags-Drucksache (BT-Drs.) 17/10645. Antrag der Abgeordneten Steffen-Claudio Lemme, Dr. Marlies Volkmer, Bärbel Bas, Dr. Carola Reimann, weiterer Abgeordneter und der Fraktion der SPD, Betroffenen Frauen nach dem Anti-D-Hilfegesetz zu mehr Verfahrenssicherheit und Transparenz verhelfen, 11.9.2012, S. 1–5, http://dip21.bundestag.de/dip21/btd/17/106/1710645.pdf (aufgerufen am 15. Juli 2016).

Bundestags-Drucksache (BT-Drs.) 17/13138. Beschlussempfehlung und Bericht des Ausschusses für Gesundheit (14. Ausschuss) zu dem Antrag der Abgeordneten Steffen-Claudio Lemme, Dr. Marlies Volkmer, Bärbel Bas, weiterer Abgeordneter und der Fraktion der SPD – Drucksache 17/10645, 17.4.2013, S. 1–4, http://dip21.bundestag.de/dip21/btd/17/131/1713138.pdf (aufgerufen am 15. Juli 2016).

Bundestags-Drucksache (BT-Drs.) 18/3526. Kleine Anfrage der Abgeordneten Birgit Wöllert, Sabine Zimmermann (Zwickau), Katja Kipping, Cornelia Möhring, Kathrin Vogler, Harald Weinberg, Pia Zimmermann und der Fraktion DIE LINKE, 9.12.2014, S. 1–6, http://dip21.bundestag.de/dip21/btd/18/035/1803526.pdf (aufgerufen am 15. Juli 2016).

Bundestags-Drucksache (BT-Drs.) 18/3901. Antwort der Bundesregierung auf die Kleine Anfrage der Abgeordneten Birgit Wöllert, Sabine Zimmermann (Zwickau), Katja Kipping, weiterer Abgeordneter und der Fraktion DIE LINKE – Drucksache 18/3526, 5.2.2015, S. 1–28, http://dipbt.bundestag.de/dip21/btd/18/039/1803901.pdf (aufgerufen am 15. Juli 2016).

Burow, Brigitte: Klinischer Verlauf und Prognose der Virushepatitis C. Prospektive Studien über 2 Jahre. In: Deutsches Gesundheitswesen 37 (1982), S. 56–60.

Gesetz zur Verhütung und Bekämpfung übertragbarer Krankheiten beim Menschen vom 20. Dezember 1965. In: Gesetzblatt der DDR. Teil I. Nr. 3. Berlin 1966, S. 29–42.

Gesetz über den Abschluss von Unterstützungen der Bürger der ehemaligen DDR bei Gesundheitsschäden infolge medizinischer Maßnahmen. In: Bundesgesetzblatt. Teil I. Bonn 1994, S. 990–992.

Gesetz über die Hilfe für durch Anti-D-Prophylaxe mit dem Hepatitis-C-Virus infizierte Personen (Anti-D-Hilfegesetz). In: Bundesgesetzblatt. Teil I. Nr. 38. Bonn 2000, S. 1270–1272.

Kenny-Walsh, Elizabeth: Clinical Outcomes after Hepatitis C Infection from Contaminated Anti-D Immune Globulin. In: The New England Journal of Medicine 340 (1999), S. 1228–1233.

Loeff, Dietrich: Hygienearzt in zwei Gesellschaften. Erlebnisse und Ergebnisse meines Lebens. Werben 2009.

Markus, R., Renate Baumgarten, J.-D. Fengler, K. V. Richter: Zur Chronifizierung der Hepatitis Non-A, Non-B. In: Deutsche Zeitschrift für Verdauungs- und Stoffwechselkrankheiten 42 (1982), S. 121–128.

Meisel, Helga, Angela Reip, Beate Faltus, Mengji Lu, Heiner Porst, Manfred Wiese, Michael Roggendorf, Detlev H. Krüger: Transmission of hepatitis C virus to children and husbands infected with contaminated anti-D immunoglobulin. In: The Lancet 345 (1995), S. 1209–1211.

Patzwaldt, Hans-Georg, Friedrich Oberdoerster: Zum Risiko der Übertragung einer Virushepatitis mit Immunglobulinen. In: Deutsches Gesundheitswesen 35 (1980), S. 1500–1505.

Plenarprotokoll 13/135. Stenographischer Bericht des Bundestages. Protokoll der Bundestagssitzung vom 07.11.1996, TOP 7, S. 12178–12187, http://dip21.bundestag.de/dip21/btp/13/13135.pdf (aufgerufen am 15. Juli 2016).

Reinhardt, Manfred, Dietfried Jorke, Bruno Krombholz, Gisela Jahn, Christoph Haufe: Untersuchung zur Häufigkeit von posthepatitischen Folgezuständen nach akuter Virushepatitis C. In: Zeitschrift für die gesamte innere Medizin und ihre Grenzgebiete 38 (1983), S. 37–39.

Renger, Friedrich, Karl-Heinz Frank, Wolfgang Reimann, Heiner Porst, Liesbeth Tschöpel, H.-U. Lehmann: Erste Ergebnisse zur Virushepatitis C als klinisch und immunologisch definierbare Form der Non-A/Non-B-Hepatitiden. In: Medizin aktuell 5 (1979), S. 518–519.

Renger, Friedrich, Karl-Heinz Frank, Heiner Porst, Georg Klaus Hinkel: Non-A, non-B-Hepatitis (NANBH) bei jungen Säuglingen von parental bei der Anti-D-Prophylaxe infizierten Müttern. In: Wissenschaftliche Zeitschrift der Humboldt-Universität zu Berlin/Mathematisch-naturwissenschaftliche Reihe 29 (1980), S. 575–577.

Renger, Friedrich, Karl-Heinz Frank, Heiner Porst, Georg Klaus Hinkel: Klinische und immunologische Parameter zur non-A, non-B-Hepatitis und daraus abzuleitende Empfehlungen für die Früherkennung von Prophylaxe in den Dialysezentren. In: Deutsches Gesundheitswesen 35 (1980), S. 443–446.

Renger, Friedrich, Karl-Heinz Frank, Heiner Porst, Liesbeth Tschöpel, H.-U. Lehmann, Georg Klaus Hinkel, G. Kunze, K. Schentke: Klinik, Epidemiologie und Prognose der Virushepatitis C. In: Deutsches Gesundheitswesen 36 (1981), S. 560–567.

Renger, Friedrich, Heiner Porst, Karl-Heinz Frank, D. Kunze: Ergebnisse zur Epidemiologie,

Klinik, Immunologie und Morphologie der non-A/non-B-Hepatitis. In: Zeitschrift für ärztliche Fortbildung 75 (1981), S. 894–897.

Siebente Durchführungsbestimmung zum Arzneimittelgesetz – Staatliche Prüfung von Seren, Impfstoffen und anderen Arzneimitteln vom 16. Dezember 1969. In: Gesetzblatt der DDR. Teil II. Nr. 6. Berlin 1970, S. 27–34.

Verordnung über die Verlängerung des Wochenurlaubs und die Verbesserung von Leistungen bei Mutterschaft vom 27. Mai 1976. In: Gesetzblatt der DDR. Teil I Nr. 19. Berlin 1976, S. 269–270.

Wiese, Manfred: Klinisch-epidemiologische Studie zur NANB-Hepatitis unter besonderer Berücksichtigung des chronischen Verlaufes. Dissertation. Leipzig 1987.

Wiese, Manfred: Non A-non-B-Hepatitis – Virushepatitis C. Forschung und Praxis. Stuttgart 1991.

Wiese, Manfred: Infektionsmedizin gestern und heute. Die Betreuung von Patienten mit virusbedingten Lebererkrankungen. 50 Jahre St. Georg – Erinnerungen früherer Mitarbeiter. Leipzig 2001.

Wiese, Manfred, Janett Fischer, Micha Löbermann, Uwe Göbel, Kurt Grüngreiff, Wolfgang Gütthoff, Ulrike Kullig, Franziska Richter, Ingolf Schiefke, Hannelore Tenckhoff, Alexander Zipprich, Thomas Berg, Tobias Müller: Evaluation of Liver Disease Progression in the German Hepatitis C Virus (1b)-Contaminated Anti-D-Cohort at 35 Years after Infection. In: Hepatology 59 (2014), S. 49–57.

Wiese, Manfred: Infektionsmedizin und Hepatitistherapie. Eine Spurensuche. In: Sächsische Landesärztekammer (Hg.): Erinnerungen sächsischer Ärzte 1949–1989. Dresden 2015, S. 71–79.

Zweite Durchführungsbestimmung zum Gesetz zur Verhütung und Bekämpfung übertragbarer Krankheiten beim Menschen – Schutzimpfungen und andere Schutzanwendungen – vom 27.2.1975. In: Gesetzblatt der DDR. Teil I. Nr. 21. Berlin 1975, S. 353–357.

## Ungedruckte Quellen

### Archiv der Staatsanwaltschaft Halle (Saale) (StA)

Handakte 1 und 2, Strafsache gegen Dr. Schubert und Dr. B. – Verstoß gegen das Arzneimittelgesetz.

Handakte 3, Strafsache gegen Dr. Schubert und Dr. B. – fahrlässige Körperverletzung pp.

Handakte 4, Strafsache gegen Dr. Schubert und Dr. B. – Verstoß gegen das Arzneimittelgesetz.

Strafakte I, Ia und II

### Bundesarchiv Berlin (BArch)

Bestand DQ 1, Nr. 11705. Hepatitiserkrankungen nach Anti-D-Prophylaxe – Bd. 4.
Bestand DQ 1, Nr. 11706. Hepatitiserkrankungen nach Anti-D-Prophylaxe – Eingaben – Bd. 1.
Bestand DQ 1, Nr. 11707. Hepatitiserkrankungen nach Anti-D-Prophylaxe – Eingaben – Bd. 2.

Bestand DQ 1, Nr. 12709. Eingaben aus der Bevölkerung zu Impfschäden (Anti-D-Prophylaxe) und Maßnahmen zum AIDS-Schutz.
Bestand DQ 1, Nr. 24452. Hepatitiserkrankungen nach Anti-D-Prophylaxe – Bd. 3.
Bestand DQ 1, Nr. 24453. Hepatitiserkrankungen nach Anti-D-Prophylaxe – Bd. 2.
Bestand DQ 1, Nr. 26535. Hepatitiserkrankungen nach Anti-D-Prophylaxe – Bd. 1.

*BStU Archiv Außenstelle Halle (Saale)*
BStU, AOPK Halle 1142/81 TK. Abteilung XX/1, Abschlussbericht zur OPK Schubert, 8.4.1981, Bl. 72–75.
BStU, AOPK Halle 1142/81 TK. Abteilung XX/1, Information, 22.2.1979, Bl. 62.
BStU, AOPK Halle 1142/81 TK. Abteilung XX/1, Mündlicher Bericht des GMS Lehmann, 22.2.1979, Bl. 63.
BStU, AOPK Halle 1142/81 TK. Bezirksverwaltung Halle, Akute Erkrankungen im Bezirk Halle nach Gabe von Anti-D-Prophylaxe, 23.2.1979, Bl. 64–67.
BStU, Rückverfilmung AOPK 1142/81. Abteilung XX/1, Bericht, 8.8.1979, Bl. 169.
BStU, Rückverfilmung AOPK 1142/81. Abteilung XX/1, Bericht zu Dr. Schubert (IM Dr. Förster), 24.10.1979, Bl. 185–187.
BStU, Rückverfilmung AOPK 1142/81. Abteilung XX/1, Maßnahmeplan zur OPK [Operativen Personenkontrolle] Schubert, 15.10.1979, Bl. 13–14.
BStU, Rückverfilmung AOPK 1142/81. Abteilung XX/1, Mündlich informierte der IM zu nachfolgenden Problemen (IM Dr. Förster), 14.6.1979, Bl. 168.
BStU, Rückverfilmung AOPK 1142/81. Aktenvermerk, 15.1.1980, Bl. 197.
BStU, Rückverfilmung AOPK 1142/81. Bezirksarzt Halle (Saale) an Schubert, 14.12.1979, Bl. 192–193.

*Privatarchiv Deutscher Verein Anti-D-HCV-Geschädigter e. V.*
Aktenordner A–D

## Fragebögen und Interviews

Fragebogen von Frau GPA, o. D.
Fragebogen von Frau LPA, o. D.
Fragebogen von Frau PPA, Mai 2015.
Fragebogen von Frau ZPA, 22.3.2016.
Interview mit Frau CPA, geführt von Florian Steger in Dresden am 22.3.2016.
Interview mit Frau HPA und Frau HPB, geführt von Florian Steger in Halle (Saale), 17.3.2016.

## 5.2 Literatur

o. A.: Oberdoerster, Friedrich. In: Andreas Herbst, Winfried Ranke, Jürgen Winkler (Hg.): So funktionierte die DDR. Lexikon der Funktionäre. Bd. 3. Reinbek bei Hamburg 1994, S. 247.

Baumgartner, Gabriele: Sandig, Helmut. In: Gabriele Baumgartner, Dieter Hebig (Hg.): Biographisches Handbuch der SBZ/DDR. Bd. 2. Berlin, Boston 2011, S. 754.

Beer, Kornelia: Der lange Schatten der Geschichte. Weiterleben nach politischer Haft in der DDR. In: Andreas Frewer, Rainer Erices (Hg.): Medizinethik in der DDR. Moralische und menschenrechtliche Fragen im Gesundheitswesen. Stuttgart 2015, S. 81–100.

Bigl, Siegwart, Wilfried Oettler: Nur eine Spritze. Der größte Medizinskandal der DDR. In: Ärzteblatt Sachsen 12 (2012), S. 512–516.

Briedigkeit, Walter: Karl Landsteiner. Arzt – Forscher – Entdecker der menschlichen Blutgruppen. Berlin 2012.

Charlton, Thomas Lee, Lois E. Myers, Rebecca Sharpless (Hg.): Thinking about oral history. Theories and applications. Lanham, New York, Toronto, Plymouth 2008.

Erices, Rainer: Otto Prokop und die Gerichtsmedizin der DDR. Das Wirken einer „unpolitischen Koryphäe" an Grenzen. In: Andreas Frewer, Rainer Erices (Hg.): Medizinethik in der DDR. Moralische und menschenrechtliche Fragen im Gesundheitswesen. Stuttgart 2015, S. 197–204.

Erices, Rainer, Antje Gumz: „Hier läuft bald gar nichts mehr". BStU-Quellen zur Entwicklung des Gesundheitswesens in der DDR. In: Andreas Frewer, Rainer Erices (Hg.): Medizinethik in der DDR. Moralische und menschenrechtliche Fragen im Gesundheitswesen. Stuttgart 2015, S. 15–28.

Erices, Rainer, Antje Gumz, Andreas Frewer: Arzt, Akademiepräsident, Aufsichtsrat. Der DDR-Mediziner Horst Klinkmann im Dienst des Staates. In: Andreas Frewer, Rainer Erices (Hg.): Medizinethik in der DDR. Moralische und menschenrechtliche Fragen im Gesundheitswesen. Stuttgart 2015, S. 185–196.

Frerich, Johannes, Martin Frey: Handbuch der Geschichte der Sozialpolitik in Deutschland. Sozialpolitik in der Deutschen Demokratischen Republik. Bd. 2. München 1993.

Frewer, Andreas, Rainer Erices: Medizin und Ethik in der DDR. Zur Einführung. In: Andreas Frewer, Rainer Erices (Hg.): Medizinethik in der DDR. Moralische und menschenrechtliche Fragen im Gesundheitswesen. Stuttgart 2015, S. 7–14.

Heidel, Caris-Petra, Marina Lienert (Hg.): Die Professoren der medizinischen Fakultät Carl Gustav Carus und ihrer Vorgängereinrichtungen 1814–2004. München 2005.

Käser, Elke Beatrice: Der Hallesche HCV-Impfschadensfall 1978/79 und die Verantwortung der Bundesrepublik Deutschland – gleichzeitig ein Beitrag zur intertemporalkollisionsrechtlichen Fragestellungen aus einfachgesetzlicher und verfassungsrechtlicher Ebene. Leipzig 1999.

Kiefel, Volker: Transfusionsmedizin und Immunhämatologie. Grundlagen – Therapie – Methodik. 4. Aufl. Berlin, Heidelberg 2013.

Mesecke, Anne: Nur eine Spritze. Die Hepatitis-C-Virusinfektionen durch Anti-D-Immunisierung in der DDR. In: Andreas Frewer, Rainer Erices (Hg.): Medizinethik in der DDR. Moralische und menschenrechtliche Fragen im Gesundheitswesen. Stuttgart 2015, S. 119–127.

Müller-Enbergs, Helmut: Bergmann-Pohl, Sabine. In: Helmut Müller-Enbergs, Jan Wielgohs, Dieter Hoffmann, Andreas Herbst, Ingrid Kirschey-Feix (Hg.): Wer war wer in der DDR? Ein Lexikon ostdeutscher Biographien. Bd. 1. Berlin 2010, S. 106.

Müller-Enbergs, Helmut: Böhm, Siegfried. In: Helmut Müller-Enbergs, Jan Wielgohs, Dieter Hoffmann, Andreas Herbst, Ingrid Kirschey-Feix (Hg.): Wer war wer in der DDR? Ein Lexikon ostdeutscher Biographien. Bd. 1. Berlin 2010, S. 144–145.

Rosskopf, Annette: Friedrich Karl Kaul. Anwalt im geteilten Deutschland (1906–1981). Berlin 2002.

Sabrow, Martin: Der führende Repräsentant. Erich Honecker in generationsbiographischer Perspektive. In: Zeithistorische Forschungen 10 (2013), S. 61–88.

Schneck, Peter: Mecklinger, Ludwig. In: Helmut Müller-Enbergs, Jan Wielgohs, Dieter Hoffmann, Andreas Herbst, Ingrid Kirschey-Feix (Hg.): Wer war wer in der DDR? Ein Lexikon ostdeutscher Biographien. Bd. 2. Berlin 2010, S. 860–861.

Schneck, Peter: Prokop, Otto. In: Helmut Müller-Enbergs, Jan Wielgohs, Dieter Hoffmann, Andreas Herbst, Ingrid Kirschey-Feix (Hg.): Wer war wer in der DDR? Ein Lexikon ostdeutscher Biographien. Bd. 2. Berlin 2010, S. 1029–1030.

Skyba, Peter: Sozialpolitik der Ära Honecker aus institutionentheoretischer Perspektive. In: Christoph Boyer, Peter Skyba (Hg.): Repression und Wohlstandsversprechen. Zur Stabilisierung von Herrschaft in der DDR und der ČSSR. Dresden 1999, S. 49–62.

Spieth, Frank: Eine unendliche Geschichte. Wenn die parlamentarischen Mühlen langsam mahlen. In: Gesellschaftspolitische Kommentare 6 (2007), S. 12–14.

Steger, Florian, Maximilian Schochow: Disziplinierung durch Medizin. Die geschlossene Venerologische Station in der Poliklinik Mitte in Halle (Saale) 1961–1982. 3. Aufl. Halle (Saale) 2015.

Steger, Florian, Maximilian Schochow: Traumatisierung durch politisierte Medizin. Geschlossene Venerologische Stationen in der DDR. Berlin 2016.

Süß, Sonja: Politisch mißbraucht? Psychiatrie und Staatssicherheit in der DDR. Berlin 1999.

Süß, Winfried: Gesundheitspolitik. In: Hans-Günter Hockerts (Hg.): Drei Wege staatlicher Sozialstaatlichkeit. NS-Diktatur, Bundesrepublik und DDR im Vergleich. München 1998, S. 55–100.

Trobisch-Lütge, Stefan, Karl-Heinz Bomberg (Hg.): Verborgene Wunden. Spätfolgen politischer Traumatisierung in der DDR und ihre transgenerationale Weitergabe. Gießen 2015.

Wasem, Jürgen, Doris Mill, Jürgen Willhelm: Gesundheitswesen und Sicherung bei Krankheit und im Pflegefall. In: Christoph Boyer, Klaus-Dietmar Henke, Peter Skyba (Hg.): Geschichte der Sozialpolitik in Deutschland seit 1945. 1971–1989. Deutsche Demokratische Republik. Bewegung in der Sozialpolitik, Erstarrung und Niedergang. Bd. 10. Baden-Baden 2008, S. 365–415.

Weil, Francesca: Zielgruppe Ärzteschaft. Ärzte als inoffizielle Mitarbeiter des Ministeriums für Staatssicherheit der DDR. Göttingen 2008.

Weil, Francesca: Ärzte als inoffizielle Mitarbeiter des Ministeriums für Staatssicherheit der DDR. In: Andreas Frewer, Rainer Erices (Hg.): Medizinethik in der DDR. Moralische und menschenrechtliche Fragen im Gesundheitswesen. Stuttgart 2015, S. 29–58.

# Autorenverzeichnis

Prof. Dr. Florian Steger ist Direktor des Instituts für Geschichte, Theorie und Ethik der Medizin der Universität Ulm. Seine Forschungsschwerpunkte setzen in der Antiken Medizin ein und reichen bis zu Fragen der Medizin in totalitären Staaten sowie aktuellen ethischen Fragen in der Medizin.

Dr. Carolin Wiethoff hat Neuere und Neueste Geschichte, Osteuropäische Geschichte und Volkskunde studiert und 2015 ihre Promotion abgeschlossen. Sie arbeitet als Wissenschaftliche Mitarbeiterin im Institut für Geschichte, Theorie und Ethik der Medizin der Universität Ulm.

Dr. Maximilian Schochow hat an der Universität Leipzig Theater- und Politikwissenschaft studiert und wurde dort promoviert. Er arbeitet als Wissenschaftlicher Mitarbeiter im Institut für Geschichte, Theorie und Ethik der Medizin der Universität Ulm.

Ebenfalls in der
**Studienreihe der Landesbeauftragten für die Unterlagen des Staatssicherheitsdienstes der ehemaligen DDR in Sachsen-Anhalt**
erschienen:

Florian Steger/Maximilian Schochow
**Disziplinierung durch Medizin**
Die geschlossene Venerologische Station
in der Poliklinik Mitte in Halle (Saale) 1961 bis 1982
Sonderband, 3. Auflage

184 S., geb., 148 × 210 mm, mit s/w-Abb.
ISBN 978-3-95462-351-8

Mehr Informationen unter www.mitteldeutscherverlag.de

Ebenfalls in der
**Studienreihe der Landesbeauftragten für die Unterlagen des Staatssicherheitsdienstes der ehemaligen DDR in Sachsen-Anhalt**
erschienen:

Freihart Regner
**Sich-frei-Sprechen**
Zur (psychosozialen) Bedeutung des Zugangs
zur demokratischen Öffentlichkeit für Verfolgte der SED-Diktatur
Empirische Untersuchung anhand von Experten-Interviews
Band 6

344 S., Br., 148 × 210 mm
ISBN 978-3-95462-638-0

Mehr Informationen unter www.mitteldeutscherverlag.de

Ebenfalls in der
**Studienreihe der Landesbeauftragten für die Unterlagen des Staatssicherheitsdienstes der ehemaligen DDR in Sachsen-Anhalt**
erschienen:

Birgit Neumann-Becker/Jörg Frommer/Freihart Regner/Stefanie Knorr (Hg.)
**SED-Verfolgte und das Menschenrecht auf Gesundheit**
Die Anerkennung gesundheitlicher Folgeschäden sowie
psychosoziale, therapeutische und seelsorgische Perspektiven
Band 5

216 S. · Br. · ISBN 978-3-95462-551-2

Mehr Informationen unter www.mitteldeutscherverlag.de